图书在版编目（CIP）数据

宋仁宗时代的大人物 / 唐博著. — 广州：广东人民出版社，2021.6（2021.9重印）

ISBN 978-7-218-14920-2

Ⅰ.①宋… Ⅱ.①唐… Ⅲ.①历史人物—生平事迹—中国—北宋 Ⅳ.①K820.441

中国版本图书馆CIP数据核字（2021）第057500号

SONGRENZONG SHIDAI DE DARENWU

宋仁宗时代的大人物

唐博 著

出 版 人：肖风华

选题策划：柏 峰
责任编辑：赵 璐 陈其伟
责任校对：张贤明 周惊涛 李沙沙
责任技编：周星奎
装帧设计：赵焜森 张雪烽 苏 钺
封面绘图：李 亮
制 图：刘敏仪

出版发行：广东人民出版社
地 址：广州市海珠区新港西路204号2号楼（邮政编码：510300）
电 话：（020）85716809（总编室）
传 真：（020）85716872
网 址：http://www.gdpph.com
印 刷：恒美印务（广州）有限公司
开 本：787mm×1092mm 1/16
印 张：28.5 字 数：425千
版 次：2021年6月第1版
印 次：2021年9月第2次印刷
定 价：88.00元

如发现印装质量问题，影响阅读，请与出版社（020-85716849）联系调换。

人物关系图

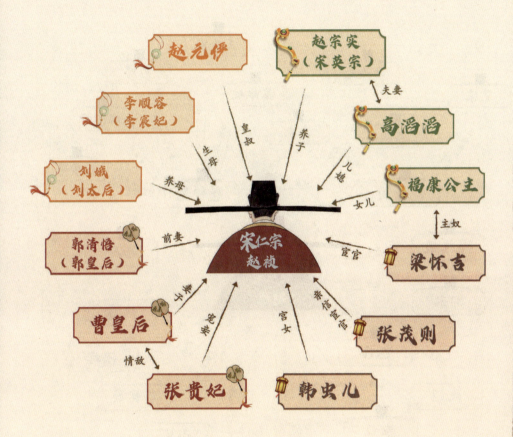

赵元俨

赵宗实
（宋英宗）

李顺容
（李宸妃）

高滔滔

夫妻

刘娥
（刘太后）

皇叔

养子

生母

养母

儿媳

福康公主

女儿

梁怀吉

主奴

郭清悟
（郭皇后）

前妻

宋仁宗
赵祯

宦官

曹皇后

妻子

宠妾

宫女

养进侍血

张茂则

张贵妃

情敌

韩虫儿

人物关系图

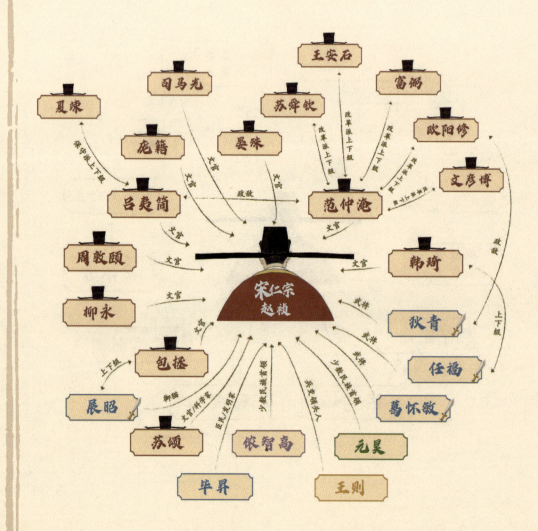

我和我的时代

我是赵祯，若干年后，他们尊我为"宋仁宗"。

整个宋朝，就属我在位最久。四十二年皇帝时光，足够写好几本书，称得上是一个"时代"了。

一、我是个好人

我十三岁当皇帝，却不得不先做十二年傀儡。

刘太后垂帘听政，大权在握。我要做的事，就是她点头的事，我也点头。下班以后，她继续召见大臣们，而我还要跟着师傅读书习字。

刘太后号称是我的生母，她的话我必须信，也必须服从。她是个女政治家，把我爹宋真宗的"天书"闹剧体面地画了句号，把心怀鬼胎的大臣们玩弄于股掌之间，小心翼翼地维持着朝廷的稳定。

一个寡居女人，能做到这个份儿上，我佩服。

让我不爽的是，直到她死后，我才听说，自己真正的亲娘是李顺容。我们见过面，却从来没有相认。每次想到她，我都想哭。我好想见到她，当面叫她一声娘，哪怕是在梦里。

这是宫闱秘闻，却搞得人尽皆知，被坊间编成了"狸猫换太子"的传说。我不想辩解什么，也不想报复太后。因为，她冒充我亲娘，把我从娘手里抱走，是一笔交易。她让李顺容衣食无忧，李顺容帮她母以子贵，当上皇后。

后人在《宋史》给我点了赞，说"为君者，止于仁，帝诚无愧焉"。

作为皇帝，"仁"是最难得的品质。我做到了。

太后让我母子分离，我却没有降低她的尊号，破坏她的声誉。

大臣们在朝堂上很嚣张，动不动就大吵大嚷，根本无视我的存在，范仲淹甚至领着一帮谏官砸宫门。我宽容他们，毕竟，理不辩不明嘛。吵着吵着，善恶忠奸都能分辨出来了。

包拯是急性子，给我提意见，情绪激动，唾沫星子乱飞，甚至口水喷我一脸。我没有动怒，而是静静地擦了擦，继续洗耳恭听，保持笑容。

王拱辰为了劝我收回成命，揪着我的袖子不放。如果我不听他的，他就不撒手。这号人我实在拗不过，只好照办。要知道，他是个状元。敢情状元也这么粗鲁啊！

每次上朝，都闹哄哄的，我还都能泰然处之，很少发脾气。回到宫里，虽说这儿才是我的家，但我依然先人后己。

吃饭被石头子硌了牙，我不发火，也不让身边人声张，为的是不让做饭的人受到惩罚。

在园子里散步，走得口干舌燥，也要忍着口渴，回宫以后再抱着茶壶狂饮，为的是不让奉茶的宫女宦官受到责骂。

出席宴会，听说一只蛤蜊要一千个铜钱，顿时觉得太贵，没胃口不吃了。

晚上肚子饿了，想吃烧羊肉，想得流哈喇子，但我忍了，没说。我不想让御厨为了一顿夜宵，宰杀那么多活泼可爱的羊羔。

京城闹瘟疫，我按照御医给的方子，亲自给老百姓煎汤药。

不管哪里有水旱灾害，我要么在宫里偷偷祈祷，要么大冬天光着脚丫子在殿外祈祷，也要祈求上苍宽恕百姓，有什么事冲我来。

大臣们建议扩建我的园子，我没同意。先帝给我留下来的园子，足够大了，干吗还要花这个冤枉钱？

《帝鉴图说》中的《夜止烧羊图》，讲述宋仁宗忍饥不食烧羊肉。法国国家图书馆藏

我坚信一点，活着比什么都重要。全国各地存疑的死刑案子，我都要过目，大笔一挥，每年少杀上千人。我专门交代吏部，如果有哪个官员，把不该定死罪的人定了死罪，制造了冤假错案，这样的官员终身不得提拔。

晚上，远处传来歌舞声，我问宫女：何处作乐？宫女答说：是宫外的酒楼。她很是感慨：民间这么快活，哪像宫里这么冷清。我没有失落，反而得意：正是宫里冷落，民间才能快活；如果宫里快活，民间就冷落了。

从本质上看，我应该算是个好人。

二、我是个官家

景祐二年（1035），我刚亲政不久，宰相王曾、吕夷简都要求退休。

我搞不懂，这两个老家伙到底想干什么，就把参知政事盛度找来，问个究竟。

盛度很滑头，说了一句模棱两可的话："二人腹心之事，臣不得而知，陛下询二人以孰可代者，则其情可察矣！"（《宋史·盛度传》）于是，我就去分别询问这两个老头。结果，王曾推荐蔡齐接替他，吕夷简推荐宋绶接替他。我终于搞明白了，原来他俩是在培植提线木偶，自己躲在幕后继续遥控。于是，我做出了一个让他们都想不到的决定：王曾、吕夷简、蔡齐、宋绶，就地免职。只有盛度，职位不变。

我是官家，我的小心思和大谋略，决不能让大臣们猜透。

童年的特殊经历，让我很受伤；尔虞我诈的宫斗、欺上瞒下的内讧，又让我警醒，甚至到了猜疑、敏感、揣度的地步。反映在用人问题上，就是不按常理出牌，让亲信大臣也发蒙。

狄青是我一手栽培的名将，又是我一手猜忌而死的。范仲淹是我一手栽培的名臣，又被我贬出了京城，只能不以物喜，不以己悲。

他们的生与死，升与贬，全在我一念之间。

小心思琢磨太多，大事就考虑不周了。换句话说，"仁"可以御人，却不足以成事。我没有勇气了却前朝遗留的边患问题，也没有魄力改变日益严重的政策困境。

庆历年间，西夏的元昊要称帝，我派兵去打，连吃败仗，而且都是全军覆没的败仗。最后，只能花钱买了西夏名义上的臣服。

北方的契丹（辽国）一看这都可以，也叫嚣发兵南下。我派富弼出使，据理力争，谈下来的，也只是破财免灾。

我坚信，能用钱办成的事，就不要动刀兵。我也咬定，我的地盘我做主，不能割出去。

也许有人说我懦弱，但我是花小钱办大事，还顺便控制了契丹和西夏的经济命脉，连他们市场上流通的钱，都是我大宋的。试问，到底谁厉害？

在我的时代，大宋军队打仗不行，兵却很多；大宋官员办事繁琐，官却很多；买和平花的都是小钱，给官员和将士开工资，养活宫里宫外一大家子人的花销，却是天文数字。

冗兵、冗官、冗费，已经成了社会问题，就像癌细胞一样，扩散蔓延。直到跟西夏打仗吃了大亏，我才真正下决心，搞改革。

前线主守的范仲淹，被我调了回来，我要用这位当世"圣人"的人格魅力，感召全天下。

决心有了，措施出了，策略不对，阻力太大，范仲淹的庆历新政，一年多就黄了。

讨伐他的大臣，大多是既得利益者。都说"不惜一切代价"，谁会真的去当那个"代价"呢？都说要"壮士断腕""剜肉补疮"，又有谁真的愿意当"腕"当"肉"呢？

对于富人来说，我的时代是极好的。经济繁荣，社会稳定，文化昌盛，思想学说吐故纳新，连坊市的界限都消除了，夜市也花样翻新地给人们带来新的乐趣。

对于穷人来说，我的时代是很糟的。一遭灾就破产，一当兵就送死，税负不低，剥削不轻，当个佃农，丰年仅能果腹，灾年有可能饿死。这显然不是个盛世。

四十二年，看起来很太平，实际上小规模民变、兵变也不少，王则兵变算是影响最大的。

有人说，我百事不会做，只会做官家。

没错，我不是秦始皇，不是汉武帝，不是唐太宗，也不是我的伯祖父宋太祖。我这辈子没做出什么可以彪炳青史的大事业。

我就是我，一个普普通通的官家，小心翼翼地驾驶这艘大船，向彼岸慢慢开。只要不触礁，不搁浅，不偏航，爱怎么折腾都行。

三、我是个俗人

我爹爹宋真宗是笃信道教的，为了追求"天书"，甚至到了走火入魔的地步。

我跟他不一样。其实，我是一个俗人。

我长得帅，回头率高。我"粉丝"很多，不乏辽道宗耶律洪基这样的"超级粉丝"。嘉祐二年（1057），耶律洪基让使臣求得一幅我的画像，像宝贝一样珍藏，还喃喃自语道："如果我生在他的地盘上，只配给他举黄罗伞盖，当个都虞候。"

我有七情六欲。最渴求的，就是有个好伴侣，生个好儿子。可是，老天爷连这点愿望都不打算满足我。

我这辈子有过两个皇后，都是包办婚姻。

郭皇后是刘太后指婚，名义上是皇后，实际上更像是"窃听器"。我在宫里的一举一动，她都向太后打小报告。我真的不太喜欢她，但又觉得她年龄小，好可爱，舍不得。

后来，我爱上了尚美人和杨美人，郭皇后争风吃醋，扭打之间，误伤了我。这下子，各种不满喷涌而出，她靠边站了，出家当了尼姑。没过多久，竟然死于非命。

曹皇后是大臣们选的，大家闺秀，知书达理，跟我有共同语言。可是，她长得实在一般，还是个二婚。虽说她的头婚，新郎有婚姻恐惧症，压根没进洞房，就逃之夭夭，但我见了她，还是没感觉。

没感觉的婚姻是冷冰冰的。我们一直没孩子。

我最爱的，还是张贵妃。她出身卑微，是我将她从宫女级别提拔起来的。我俩算是宫里的自由恋爱。她很活泼，又有心计，给沉闷的宫廷生活带来了些许快感，比总在讲规矩、很传统很拘谨的曹皇后，更有"人味儿"。

张贵妃很想当皇后，又很想提拔娘家人，表现得太突出、太心急；她跟曹皇后斗，每次都能占点便宜，但从来没赢过。

曹皇后比张贵妃命硬。宫里闹乱子，她临危不乱，一直护在我身边，把我当成她翅膀下的小小鸟。那一刻，我好没面子，我真的想把她废了。

宫里的宦官们，有的很文静，有的很霸道，有的有绯闻，有的沾命案，有的捞外快，有的拉圈子，还有的在谈恋爱。

其实，只要把宫里的事做好了，宦官们爱干嘛干嘛，但有一件事不能干，那就是打我女儿福康公主的主意。

这辈子我最对不起的，就是福康公主。为了她的幸福，也为了补偿我的母族，我让她嫁到了李家，却没想到害了她，让她变得疯疯癫癫，除了一个叫梁怀吉的小宦官，谁也劝不住。

有时候我在想，如果她是个男孩，我一定立她为太子。我有过三个儿子，却都没有成年，这是我平生最遗憾的事。

《大驾卤簿图书》（局部），宋佚名。卤簿是古代皇宫仪仗队，该画表现了北宋皇帝前往城南祭祀天地时的宏大场面。中国国家博物馆藏

为了"国本"，我选了赵宗实当养子，接进宫里培养。

其实，他就是个"备胎"。当我有儿子的时候，他就走人。当儿子夭折的时候，他的名字又频繁出现在大臣们的奏章里。

平心而论，他不是我亲生的，没那个感情。生儿子这种事，只要自己能办成，绝不指望别人。于是，我顾不得自己的小腰子，经常换不同的姑娘"床震"。结果，身体垮了，几次病重，搞得我形神枯槁，但事与愿违。

心急吃不了热豆腐，生儿子越来越看不到希望。架不住大臣们叽叽喳喳，我只好把赵宗实又召回宫，给他个皇子的名分，总算让列祖列宗放心了。

虽然有个叫韩虫儿的宫女，又闹出了怀孕风波，但已经改变不了养子接班的大局了。

四、我这个时代的大人物

我的时代，最大的人物当然是我。

除了我之外，家里的大人物莫过于太后、皇后、养子、女儿，即便是宦官、宫女这样的小人物，翻腾起来，也了不得，能量不比大人物小。

不过，这个时代更重要、更露脸的大人物，是文官武将。他们表现如

何，对这个时代的成色更有说服力。

我若垂拱而治，大臣们就有施展的空间；我若抢戏太多，啥都要管，大臣们就只好三缄其口，唯唯诺诺。相比之下，我选择了前者——天子与士大夫共治天下。

历史证明，我是对的。

这四十二年，我的官员阵容可谓群星璀璨：范仲淹、司马光、欧阳修、王安石、文彦博、庞籍、吕夷简、晏殊、包拯、韩琦、富弼、狄青……

没想到，这些人不但在一千年后的中小学课本上频繁露面，还被搬上了银幕，在电视剧和戏曲唱段里同框。

这些政坛明星，多半也是文坛明星。他们并非完人。有的偏执，有的鸡贼，有的拉帮结派，有的年少轻狂，有的不讲人情，有的醉心副业。

我要做的，就是把他们捏在一起，为我效力。"水至清则无鱼"，能把这潭水维持好，我就非常知足。

我的时代，是属于文人的幸福时光。这不光源自重文轻武的国策，更源于我对人才的渴求。为了延揽人才，我不惜把科举考试的日期推迟。

苏轼和苏辙，是这个时代的后起之秀、青年才俊。他俩一同进京赶考，连宰相都预言："今考生有苏轼苏辙，其余考生皆当陪衬。"

两人顺利通过吏部考试，榜上有名，但最后一场考试，也就是殿试前夕，苏辙病了，没法应考。消息传来，满朝哗然。

有官员建议，延期再考。有官员认为，不能因为一个人，就轻易更改制度。在制度和人才之间，我思前想后，决定要人才，将殿试延期一个月。

殿试考完，考官阅卷，苏辙的答卷言辞过激，引发争论。有大臣建议，让他出局。我思忖良久，一锤定音："吾以直言求士，士以直言告我。"我要拿苏辙做个榜样，让天下读书人来改变官僚体制的风气，倡导说实话、办实事的新风尚。

苏轼、苏辙同榜进士，我很得意地预言："朕今日为子孙得两宰相矣。"

果然，三十年后，苏辙给宋哲宗当了宰相，而苏轼成了一代文豪。如果没有那次延期，哪有这样的文坛佳话呢？

我的时代，也是属于匠人的黄金时代。苏颂、毕昇，用他们的聪明智慧，让大宋科技独步天下，领跑寰宇，让我们这个国家不偏科，有后劲。尤其是毕昇，一介民间人士，扛起了活字印刷术的大旗，让"四大发明"在大宋朝再创辉煌。

我的时代，涌现出许多传奇。无论是柳三变的艳词，还是曹国舅的神话，抑或是展昭的传说，脍炙人口，令人难忘。

我的时代，就是这样，用一个个小故事，构筑起一个嬉笑怒骂的社会图景。而我的帝王形象，通过这些小故事，显得更加可亲可近可敬可信，让许多人拥戴。

这样的拥戴，据说在我去世以后，达到了高潮。

《后山谈丛》写道："仁宗崩，天下丧之如亲，余时为童，与同僚聚哭，不自知其哀也。仁宗既疾，京师小儿会阙下，然首臂以祈福，日数百人，有司不能禁。将葬，无老幼男女，哭哀以过丧。"就连雄踞北方的契丹（辽国），也举国哀恸，辽道宗耶律洪基甚至给我修了一座衣冠冢，给他的老百姓哀悼祭拜。

皇帝做到这个份儿上，也算是"振古无及"了。

仁者爱人。爱人者，人恒爱之。安葬我的永昭陵，如今成了河南巩义的地标性建筑，以及深受欢迎的市民公园，让我在另一个世界，也能继续与民同乐。

我节俭了一辈子，连衣服破了都不舍得扔，但我的养子有点过分了。他修这座陵墓，动用了四万将士，五十万两银子，一百五十万贯铜钱，两百五十万匹绸绢。

这到底是要厚葬我，还是要毁我的名声呢？

无论是作为皇帝，还是作为男子汉大丈夫，我相信，我做到了畏天、爱民、奉宗庙、好学、纳谏。或许，这才是"仁"的由来。能做到这五点的皇帝，哪怕是普通人，也不会太多。

关于我和我的时代，大概就讲这么多。接下来，我们一起来看看我的家里人、文化人和带兵人。他们才是塑造这个时代的主角。

所有的时间线，都用我的年号纪年。因为，他们再"大"，也依然属于我的时代。

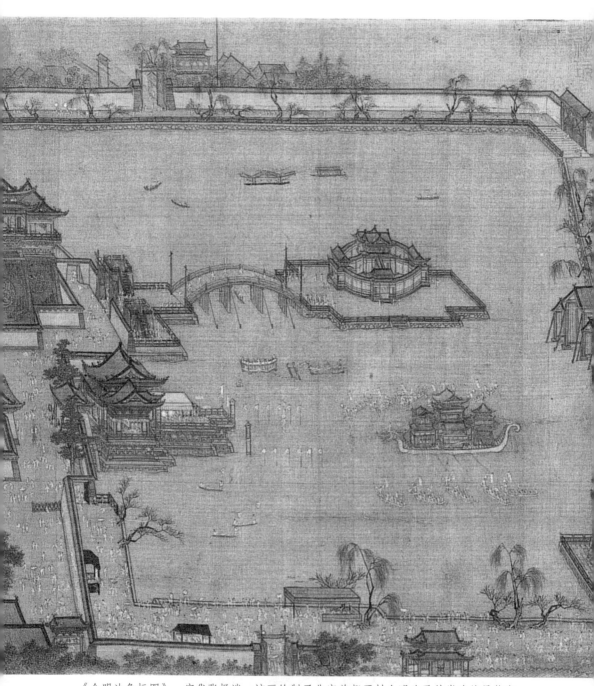

《金明池争标图》，宋代张择端。该画绘制了北宋首都开封金明池及其岸边的景物和
人物。天津博物馆藏

目 录

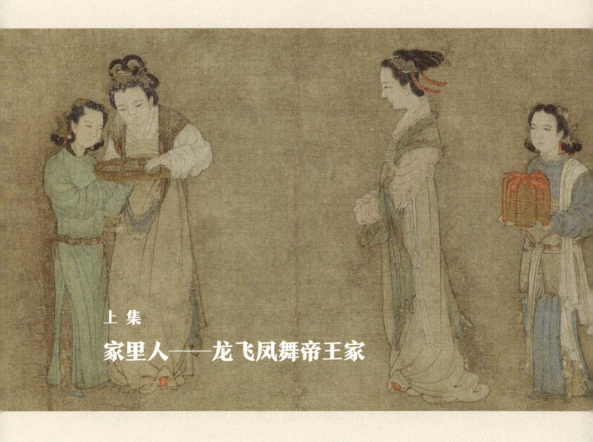

上 集

家里人——龙飞凤舞帝王家

每个成功或者不成功的皇帝背后，都有一大家子人。

宋仁宗也不例外。

比较特殊的是，宋仁宗的家人身上，有着很多传闻和谜团，比如"狸猫换太子"。

人多的地方，就有江湖。宋仁宗的家人们，也共同凑出了一个大家族。

太后、亲妈、皇后、贵妃、王爷、国舅、养子、养女、宦官、宫女，共同构成了一幅光怪陆离的风景线。

宫里的风云诡谲，不只是茶壶里的风暴。她们对于宋代乃至中国历史的轨迹，都有影响，不可低估。至少，让《清平乐》等影视剧更有料，具备了上"热搜"的潜质。

对于宫墙外猎奇的老百姓来说，家人们都是隐性的大人物。

生母李顺容：宋版"代孕"与"狸猫换太子"

> 茅檐低小，溪上青青草。醉里吴音相媚好，白发谁家翁媪？
>
> 大儿锄豆溪东，中儿正织鸡笼。最喜小儿亡赖，溪头卧剥莲蓬。

这是南宋词人辛弃疾的词作《清平乐·村居》。

曾经，他是抗金勇士，致力于收复失地，有着"醉里挑灯看剑，梦回吹角连营"的雄心。

如今，他是山野村夫，壮志未酬，赋闲在家，调整心态。《清平乐·村居》描绘的是农村五口之家的生活画面，展现的正是他不得不寄情山水，怡然自得的清新淡雅。

不过，比他早一百多年的北宋皇宫里，有个位阶不高的宫女李氏，在生育儿子之后，非但无法享受三口之家的天伦之乐，反而只在顺容的位阶上聊度残生，一直没能与儿子相认，演绎了一出尽人皆知的传说，名曰"狸猫换太子"。

历史上究竟有没有这个故事？又是怎样传开的？这个故事对于北宋王朝的皇位继承和宫廷秩序究竟产生了怎样的影响呢？

一、祸起后宫

北宋大中祥符三年（1010），宋真宗还没有儿子。

不过，两个嫔妃刘氏和李氏都接近临产。她俩谁生了儿子，谁就有可能成为皇后，儿子也有可能成为太子。

算了算日子，李氏的预产期更早。

李氏对生活的要求并不高，只希望孩子平安降生，而刘氏不满足于此。她有个当皇后的梦。可是，一旦李氏生了儿子，自然是长子，刘氏的皇后梦可能就毁了。为了扫清自己通向皇后宝座的障碍，刘氏决定玩一出狠的。

李氏临盆，分娩时出血过多，昏了过去。刘氏就跟宦官郭槐合谋，买通接生婆，趁机偷走了刚出世的小皇子，换成了一只扒了皮的狸猫，血淋淋、光溜溜的。

接着，刘氏让宫女寇珠把这个小皇子弄死。

寇珠心地善良，有心让小皇子活下去。可是，一个姑娘家，就生活在宫里，怎么可能把小皇子拉扯大？无奈之下，她只好把小皇子偷偷交给了宦官陈琳。

陈琳也是个好人，把小皇子装进了提盒里，偷偷带出宫，送到了八贤王的府上，秘密抚养起来，对外就说这是八贤王的儿子。八贤王对这个孩子关爱有加，悉心照顾。

再说李氏这边。

宋真宗听说李氏分娩，赶紧去看望，掀开抱被，看到了那只扒了皮的狸猫。他以为李氏生了个怪物，非常生气。于是，李氏被打入了冷宫。

就这样，刘氏以为自己再无对手，可以踏踏实实生娃了。

过了一段时间，刘氏临盆，生了个儿子，毫无悬念地被立为太子。母凭子贵，刘美人也升级为刘皇后，如愿以偿。不过，这样的好日子没维持太久。六年后，刘皇后生的这个太子夭折了。

从此以后，刘皇后再没生儿子，宋真宗也再无新的子嗣。

为了皇储的事，宋真宗急得抓耳挠腮。情急之下，把皇兄八贤王的儿子，也就是那位被换走的皇子，收为义子，立为太子。这样，这位小皇子，终于有机会随意出入后宫了。

后来的历史告诉我们，老皇帝没儿子，不得不收宗室王爷的儿子当养子，培养几年后升格为皇太子接班，这种案例在宋朝层出不穷。宋英宗、宋孝宗都是这样上位的。

一个偶然的机会，这位太子在冷宫跟李氏见了面。毕竟是亲娘俩，一见面就有天然的母子亲情，两人面带泪痕，得以相认。

这件事传到了刘皇后的耳朵里，激起了她的嫉妒心。她立即拷问寇珠。为了免受皮肉之苦，保护太子，寇珠选择自杀，撞墙而死。可是，刘皇后还是不依不饶，在宋真宗耳边吹风造谣。宋真宗听信谗言，传旨要将冷宫里的李氏赐死。

小太监余忠同情李氏的悲惨遭遇，愿意以身相护，给李氏当替死鬼，帮她逃出监狱。另一太监秦凤将李氏接出，送往陈州，而自己为了守口如瓶，竟然自焚而死。

李氏到了陈州，人生地不熟，又没有谋生技能，只能住破窑洞，靠沿街乞讨要饭勉强度日。

她的运气不错，赶上时任陈州知州是包拯，也就是传说中的"包青天"。包拯得知实情，索性认李氏当妈，以这个名义做掩护，把她带回了首都开封。

眼下，宋真宗已经驾崩。狸猫换出的皇太子做了皇帝，这就是宋仁宗。

借着给皇后祝寿的机会，包拯把双目失明的李氏带进了后宫，跟当朝皇帝来了个母子相认。已经做了太后的刘皇后，见阴谋败露，自尽而死。

包拯成了这桩公案的最大受益者，因功晋升，跻身一线名臣行列。

"狸猫换太子"这个故事，最早出现在元杂剧《金水桥陈琳抱妆盒》里，后来改编成了不同版本，包括京剧、评剧、豫剧、黄梅戏、吕剧、湘剧、潮剧、歌仔戏，并出现在小说《三侠五义》里。近年来，还曾改编成电视剧，搬上银屏，提升了知名度。

"狸猫换太子"这个故事，情节曲折，流传甚广，但很多细节经不起推敲。

比如，生个孩子就能调包，这后宫管理是不是太失败了？

比如，谁先生儿子，就一定能被立为太子吗？立嫡立长的传统并不是历代皇帝都严格遵循的。

其实，只要认真对照历史文献，就能还原真相。

下面，我们就来看看真相到底是怎样的。

二、生母亮相

《宋史》对宋仁宗身世的记载简明扼要："母李宸妃也……章献皇后无子，取为己子养之。"这就意味着，官修正史承认，宋仁宗赵祯的亲生妈妈是李氏，而不是刘氏（刘皇后）。刘氏由于膝下无子，就把赵祯拿来当作亲生儿子来养。

那么，为什么会出现刘氏抱养李氏之子的事呢？

先说说李氏，也就是《宋史》里提到的李宸妃。

李氏是杭州人。爷爷李延嗣曾任吴越国金华县主簿，父亲李仁德是个平头百姓。显然，李氏的家庭背景很一般。对她来说，要想改变命运，最好的方式就是嫁个贵人。然而，在那个讲究门当户对的年代里，靠婚姻改变命运谈何容易？

于是，她选择进宫，去给嫔妃当侍女。她服侍的对象，就是刘氏。两人是主仆关系。当时，刘氏在宫里的位阶是美人。

北宋的后妃体系，比汉唐时代稍微复杂点。

皇后等级最高，其次是正一品的五个妃：贵妃、贤妃、德妃、淑妃、宸妃。正二品有十七个妃：太仪、贵仪、淑仪、淑容、顺仪、顺容、婉仪、婉容、昭仪、昭容、昭媛、修仪、修容、修媛、充仪、充容、充媛。正三品有婕妤，正四品有美人，正五品有才人。还有没品级的贵人、国夫人、郡夫人、郡君、县君、红霞帔、紫霞帔、侍御八个等级。

这样来看，刘氏这个美人也只是四品。距离后宫之主的皇后，还有很远很远的路。

景德四年（1007），郭皇后去世。宋真宗想让刘美人取而代之。

朝堂之上，大臣们议论纷纷，多数人反对。后宫之中，刘美人忧心忡忡，生怕这次千载难逢的好机会溜走了。可是，她自己最大的软肋，就是出身卑微，且嫁过一次人。如果能生个儿子，就有希望弥补这个软肋。这样一来，宋真宗提拔她当皇后，也就顺理成章了。

皇储问题在历朝历代都是国本。宋真宗膝下无子，很伤脑筋。谁能帮他解决这个难题，谁就牵住了大宋王朝的牛鼻子。

刘美人运气不好，跟宋真宗拍拖许久，也没怀上龙种。她在琢磨：既然自己不行，何不借助别人，借腹生子呢？于是，她打起了侍女李氏的主意。

某天，李氏请教刘美人：自己做了个奇怪的梦，梦见一个赤脚仙人下凡，要做自己的儿子。这究竟是个怎样的梦呢？

或许，李氏洞察到宋真宗求子心切，决定赌一把。作为宠妃的侍女，她还是有机会接近宋真宗的。

这天，宋真宗心情不错，就跟身旁服侍的李氏闲聊起来，听李氏聊起那个奇怪的梦，不由得春心萌动。对于年已不惑、膝下无子的皇帝来说，李氏说这话，不啻于刺激和勾引。

于是，宋真宗决定，帮助李氏圆梦，当天就临幸了她。

宋真宗多年不育，仅此一次云雨，李氏竟然就怀孕了。不过，她并没有得到像样的封号。毕竟，宋真宗只是一时兴起，并不真的喜欢她。

几个月后，搞不清是谁先动议，总之宋真宗、刘美人、李氏达成了三方口头协议，以借腹生子的方式把孩子生下来，随即过继给刘美人。这大概就算是宋版的"代孕"吧。

大中祥符三年（1010），李氏果然生了个男孩。见借腹生子的目的已经达到，宋真宗赶紧对外宣布，刘美人诞育皇子，晋升为德妃。这个男孩取名赵受益。就是后来的宋仁宗赵祯。

至于李氏，生娃有功，封为崇阳县君。虽然没有品级，但总算结束了侍女的日子，成了皇帝诸多老婆中的一员。后来，李氏还生了个女儿，因此还先后封为正五品的才人、正二品的婉仪。可是，这个女儿后来夭折了。

一人生娃，全家享福。李氏的父亲李仁德也被赏了个官做。名号叫左班殿直，正九品，属于禁军里的低级军官，俸禄不高，一个月五千文。这个薪水，天天吃饼是足够养活全家的，但要顿顿吃肉，恐怕是捉襟见肘。

刘美人和杨淑妃关系不错，襁褓中的赵受益就被送到杨淑妃的宫里，代为养育。

生娃有功，让刘美人的底气更足。两年后，也就是大中祥符五年（1012），刘美人正式被册封为皇后。

这个当上皇后的刘美人，就是宋仁宗初期临朝听政的太后刘娥。

三、真相大白

乾兴元年（1022），宋真宗病逝。刘娥以皇后之尊和新皇生母的双重资历，登上了太后宝座。由于宋仁宗赵祯年幼，刘太后成了军国大事的实际决策者。

刘娥很想效仿武则天称帝，但她自始至终没法突破儒家传统观念，不敢做对不起夫君和先帝的事。虽然没能圆皇帝梦，但刘娥生前，威严浩荡，谁也不敢造次。

明道二年（1033）三月，刘娥去世。北宋王朝政局突变。有些先前不敢说话的人，开始语出惊人。带头的就是燕王赵元俨。

赵元俨在赵氏皇族里威名远扬，由于在宋太宗的儿子里排行第八，又是宋真宗的弟弟，人称"八贤王"。刘娥当权的十几年里，他一直装疯卖傻，称病不朝，保护自己，等待时机。如今，刘娥已死，他立即进宫给宋仁宗上眼药："陛下乃李宸妃所生，妃死以非命。"

他特别强调，李氏被虐待而死，死于非命。

宋仁宗听罢，根本不相信自己的耳朵。抚养宋仁宗成人的杨太妃（即杨淑妃）告诉他："陛下的亲生母亲确是李宸妃，如今已经不在人世了。"

直到这时，宋仁宗才恍然大悟：原来自己尽心孝顺的刘太后，竟然不是亲妈。而亲生妈妈李氏，自己竟然从来没有相认过。宋仁宗悲痛欲绝，几天没法上朝，随后下诏自责，并派兵包围刘氏家眷的府邸，派人去李氏灵柩所在的洪福院查看。

不查不知道，一查吓一跳：李氏去世后，不但没有被虐待，而且高规格下葬。水银包裹，面色如生，面容端庄，像刚刚去世一样。原来，刘娥当上皇太后，并没有忘记曾经的侍女李氏。已是婉仪的李氏，被晋升为顺容（仍是正二品）。只不过，刘娥不愿看到母子相认的场面。

因为，宋仁宗一旦知道真相，极有可能大幅提升李顺容的地位，甚至出现"一个后宫，两个太后"的局面。这不但不利于刘娥独揽朝政，也会造成大臣们的结党和分裂。

为了防止母子相认，刘娥把李氏送到宋真宗的陵寝永定陵守陵。

当然，刘娥也没亏待李家，派人访其亲属，得知李氏的父亲李仁德已经去世，还有个弟弟李用和在世，靠给死人穿纸钱混口饭吃，就让李用和"补三班奉职"，相当于从九品的禁军低级军官，吃上了皇粮。

李氏深知自己的处境和地位，毫无怨言。终其一生，也没有以皇帝亲妈自居。明道元年（1032），李氏病重，刘娥不但派太医医治，还宣布将其册封为宸妃。遗憾的是，高水平医治和晋升册封，都没能挽回李氏的性命。册封当日，李氏就去世了，享年四十六岁。

刘娥本打算按照低级别嫔妃身份，把李氏草草安葬得了。可是，宰相吕夷简进言："太后您要不考虑刘氏家族的未来，就当我没说，您要是想让刘家以后继续荣华富贵，李氏就应该厚葬。"

刘娥一琢磨也对。自己已经六十四岁了，来日无多。宋仁宗知道真相是迟早的事。还是生前积点德吧。

她采纳了吕夷简的建议，让李氏穿上皇后的衣服，按照一品礼节，在洪福院装殓，把水银灌入棺材。

历史证明，这些做法不仅让吕夷简飞黄腾达，也救了刘氏一家。

宋仁宗获悉这一切后，将刘娥葬于宋真宗的永定陵，谥号"章献明肃"皇后。

这也是个突破惯例的做法。以往皇后的谥号都是两个字，但刘娥由于临朝称制，谥号增加到四个字。

李氏也被尊为"章懿"皇后，陪葬宋真宗的永定陵。李氏生前没有看到的荣耀，在死后都被亲生儿子实现了。

李氏的弟弟李用和，稀里糊涂地成了国舅，被越级提拔为二品的彰信军节度使、检校侍中。宋仁宗甚至把女儿福康公主下嫁给李用和的儿子李玮，亲上加亲，就是为了补偿生母，让李家的日子过得好些。

福康公主嫁给了自己的表叔，这桩婚姻看起来怪怪的，经营起来也不美好，亏大了。

至此，宋仁宗的身世大白于天下。仁宗认母的故事也成了轰动朝野的大事。宋仁宗不希望全国老百姓都来讨论他的八卦，传旨不准议论刘娥临朝时期的往事。

越是不允许议论，民间越会议论，久而久之就越传越邪乎，越传越离谱。元杂剧《金水桥陈琳抱妆盒》、明代的《金丸记》，特别是《狸猫换太子》的故事，广为流传，家喻户晓，让人们似乎忘却了历史，只记得传奇。

关于"狸猫换太子"的真实历史，并不像传说中那样离奇、血腥。它只是一个中年男人的求子欲、两个年轻女子的升职欲，交织在一起，共同演绎的一幕人生大戏。

吕夷简在这场大戏中扮演了关键角色。他的建议，让刘氏家族免去了一场灭顶之灾，也让刘太后以从善如流的好形象载入史册。

仁宗认母发生之时，包拯无官一身轻，专心在家伺候年迈的父母，不可能参与这些政治事件。

可以说，"狸猫换太子"的故事，有历史原型，但情节几近虚构。

至于李顺容，对亲生儿子不能相认，默默走完了物质富足、精神空虚的一生。幸运的是，在残酷的宫廷斗争中，非但保全了自己，还保住了儿子。这或许也算是她对大宋王朝的一点贡献吧。

刘太后：落魄歌女到一代权后的逆袭

> 春归何处。寂寞无行路。若有人知春去处。唤取归来同住。
>
> 春无踪迹谁知。除非问取黄鹂。百啭无人能解，因风飞过蔷薇。

这是北宋词人黄庭坚的《清平乐·春归何处》。

在这首感慨时光去而不返的惜春词里，黄庭坚用凄婉的笔法，抒发了对春天逝去的惋惜，展现了他对美好时光的眷恋。

睹物思人，他怀念的是逝去的青春，憧憬的是美好的未来。

五十四岁的刘娥，坐在皇太后的宝座上，大概也有这样的感受。

一千年前，北宋第三位皇帝宋真宗去世，十三岁的宋仁宗上台。刘娥宣布临朝，垂帘听政。这是北宋第一位临朝听政的皇太后，也开启了宋代太后多次临朝掌权的先例。

刘娥早年父母双亡，生活艰辛，两次嫁人，她是怎样实现人生逆袭，走向权力之巅的呢？

一、歌女上位

刘娥祖籍太原，爷爷是右骁卫大将军，父亲是嘉州刺史。嘉州位于今天的四川乐山。刘娥从小跟着父亲生活在那里。

"官三代"的出身看起来很美，但刘娥压根无福享受。还在襁褓的时候，她就父母双亡，成了孤女，寄养在姥姥家。成年后，她学了唱歌和乐器，靠卖艺谋生。

娘家人把她嫁给了一个叫龚美的银匠。两口子不甘心在小地方待一辈子，便双双离开四川，到京城闯一闯。

历朝历代，当京漂都不容易。北宋也不例外。京城开封房价高、物价贵、生意不好做，让龚美陷入了困境。为了活下去，他打算把刘娥卖掉。

幸运的是，刘娥被韩王府的指挥使张耆偶遇和买下，献给了韩王赵元休（宋太宗第三子）。韩王一见刘娥，惊为天人，非常喜爱，就留在身边侍寝。结果，韩王被搞得形神憔悴。

宋太宗听说此事，大为恼火：堂堂皇子，怎能跟出身卑微且来路不明的民间女子厮混？于是，一边让韩王把刘娥赶出王府，一边安排赐婚，把开国功臣潘美的女儿嫁给韩王，为的是让他断了对刘娥的念想。

刘娥离开了王府，但没走远，张耆把她秘密安顿到自己家里。韩王对刘娥念念不忘，经常打着拜会、视察的名义，去跟刘娥幽会。

张耆很清楚，韩王喜欢刘娥，刘娥又是自己推荐给韩王的，只能小心伺候。为了避嫌，他不敢回家，干脆在外面另找房子暂住。

潘美的女儿嫁给韩王六年后，就病故了。膝下没有留下一儿半女。而韩王赵元休这些年混得不错，深得宋太宗信任，被立为太子，更名赵恒。

至道三年（997），宋太宗驾崩，太子赵恒登基，这就是宋真宗，刘娥也就被他光明正大地弄进了宫。

面对郭皇后和一众妃嫔，没有名分的刘娥保持沉默，不去争宠，倒是跟同样受宠的杨淑妃关系不错，情同姐妹。多年的沉默，让刘娥躲过了后宫的一次次惊涛骇浪，熬出了头。

景德元年（1004），刘娥获得了美人的四品头衔。她把前夫龚美找来，捐弃前嫌，认作兄长。龚美索性改姓刘，成了外戚。

二、女人改嫁

一般来说，为了维系皇族的血统纯正，皇帝和王爷很在乎配偶的处子之身。像刘娥这种嫁过人的姑娘，是不可能给皇帝或者王爷当老婆的。

然而，宋真宗不但甘当"接盘侠"，还善待刘娥的前夫。

无独有偶，宋仁宗的曹皇后也是个二婚。只不过，初婚第一夜，新郎逃婚了，曹氏只能独守空房。因此，曹皇后嫁给宋仁宗之前，只扯过证，没办过事，仍是处子之身。

刘娥和曹氏都经历了两次婚姻。嫁给皇帝的这次，算是改嫁。

对于改嫁，宋代社会是宽容的。南宋学者洪迈在《夷坚志》里记载了六十一个改嫁案例，其中改嫁一次的五十五例，改嫁两次的六例。范仲淹在《义庄规矩》里规定："嫁女支钱三十贯，再嫁二十贯；娶妇支钱二十贯，再娶不支。"给女人再嫁的资助比男人再娶要多。

对于改嫁，宋代法律是宽容的。只有居丧改嫁、强迫改嫁、背夫改嫁是明令禁止的。北宋前期，宋英宗还把宗室女改嫁禁令给废了。宋仁宗时期，参知政事吴育有个弟媳妇守寡，没有改嫁，竟然还遭到了御史弹劾。

对于改嫁，宋代官方是宽容的。宋人丘濬的《孙氏记》里，写过一位年轻女性孙氏，结了三次婚。朝廷非但没给她差评，反而因为她有个当官的老公，还封她为命妇。

对于改嫁，宋代官员是宽容的。范纯祐去世后，老爸范仲淹做主，把儿媳改嫁给自己的门生王陶。王安石因为儿子跟儿媳合不来，怕儿媳受委屈，干脆出面替儿媳另选丈夫。

北宋理学家程颐曾说过："饿死事小，失节事大。"许多人据此认为，程朱理学压制女性改嫁的权利。其实，这句话主要针对的不是女性，而是士大夫，强调士大夫要有气节。

其实，程颐本人并不反对改嫁。朱熹在《河南程氏遗书》里记载，程颐的侄女当了寡妇，程父出面帮她再嫁。对这件事，程颐是表扬的。

为什么宋代对妇女改嫁能这么宽容呢？

一是生存因素。丈夫死了，寡妇无论是留在丈夫家，还是回娘家，都要吃饭，增加了家庭负担。迫于生存压力，娘家大多会倾向于让她改嫁。

二是财产因素。如果寡妇守寡，可以继承丈夫的遗产，但如果改嫁，就没有继承权了。丈夫的各种亲戚为了瓜分这笔遗产，巴不得让寡妇早点改嫁。

三是榜样因素。北宋的皇室对社会风尚的引领，是有示范带动作用的。宋真宗和宋仁宗都娶了二婚的皇后，意味着向全国宣告，女人改嫁不但没什么错，还有可能改变命运，一步登天。有皇帝带头，大家还忌讳什么呢？

四是性别比例因素。北宋时期边境战事频繁，男子出征战死，导致大量妇女成为寡妇。中国古代社会的婚姻，首先考虑的是传宗接代，重男轻女的观念深入人心，因而杀死女婴的现象并不少见，这就导致男女比例失调。因此，允许女子改嫁有助于缓解这一社会矛盾。

五是宗族因素。宋代的平民化宗族组织刚刚兴起，宗族法规还算宽松，族权对妇女的约束比较少，贞节牌坊、三从四德对女性生活的束缚还不大。

尽管宋代女性的社会地位不低，看起来相对自由，但仍然做不到男女平等。妇女再嫁虽然得到了各方面的宽容，但做起来并不容易。

三、皇后之争

景德四年（1007），郭皇后去世。宋真宗准备立新皇后。

新皇后的人选，在他脑海里酝酿良久。他属意刘娥。然而，这个动议遭到了寇准等一批重臣的坚决反对。他们认为，刘娥出身微贱，不可以为一国之母。

宋真宗原以为，立皇后是"朕之家事"。拿给大臣们讨论，无非就是走个过场，让大家附议。没想到还碰一鼻子灰，只好从长计议了。

还有个更麻烦的问题，就是立太子。

宋真宗最苦恼的，是一直没儿子。刘娥清楚，如果自己能生个儿子，就能弥补出身卑微这个先天不足，为她当上皇后增加砝码。既然自己生不了，那就借腹生子。于是，就有了"狸猫换太子"的故事。

刘娥成功了。生娃两年后，她终于当上了皇后。

宋真宗坐像。台北故宫博物院藏　　　刘娥坐像。台北故宫博物院藏

这是个不简单的皇后。她不仅把后宫事务打理得井井有条，还参与军国大事的决策，是宋真宗在事业上的贤内助。

《梦粱录》记载："帝退朝，阅天子封奏多至中夜，后皆预闻，帝深重之，由是渐干外政。"没有哪个后妃能像刘娥那样，经常陪着宋真宗批阅奏章，直至深夜。耳濡目染之间，刘娥对国家大事逐渐熟悉起来。

刘娥为什么有机会参与军国大事呢？

其一，刘娥有先天优势。她出身卑微，但头脑清醒，反应迅速；谙熟历史，有文化积淀；对"国之大者"如数家珍，心思缜密。宋真宗随口询问宫闱事务，她都能引经据典，对答如流，深得信任。

其二，宋真宗的决断能力不足。宋真宗处理军国大事，事无巨细都要跟大臣商量。回到后宫批阅奏章的时候，大臣都不在身边，拿不准的问题只能依赖刘娥帮忙。久而久之，刘娥也就获得了参与国家大事决策处理的事权。

在位后期，宋真宗又是封禅，又是炼丹，又是搞"天书运动"，折腾得精疲力竭。

越渴望长生不老，疾病越多。天禧四年（1020）以后，宋真宗身患严重的风湿病，无力处理军国大事。

放眼宫里宫外，宋真宗觉得，自己最信得过的人，莫过于皇后。于是，他放手让刘娥替自己批阅奏章。就这样，刘娥成了宋真宗晚期国家大事的实际决策者。

宋真宗对刘娥的满意，没有维持太久。一个奇怪的天象，让他慌了。

四、天降异象

天禧三年（1019），"太白昼现"。

"太白"就是天文学上的金星（启明星）。《西游记》里有个名叫太白金星的老神仙，就在天庭做官。从地球看过去，金星在夜空中的亮度仅次于月球，最明亮的时刻一般出现在日出前夕和日落稍后。换句话说，金星和太阳不大可能同时出现在天空。

"太白昼现"的意思是说，金星和太阳"同框"了，近乎两个太阳。俗话说，"天无二日，民无二主"。天有二日，世上也会有两个皇帝。

除了宋真宗，另一个皇帝在哪里？宋真宗很迷信，赶紧让星象家去分析，占卜的结论是"女主昌"。

这把他吓坏了。

宋真宗担心，刘娥会成为第二个武则天，年幼的太子无法平稳接班。想到这儿，他不由得捏了把汗。然而，身体状况的下滑，又让他有心无力。

有一天，宋真宗和参知政事李迪闲聊，突然犯病，胡说八道："昨晚宫里的人都去了刘皇后的娘家，只有我一个人在宫里，无人照顾。"其实，宫里的人各有职责，谁敢擅离职守，随意翘班呢？

或许宋真宗只是借犯病吐真言，表达担忧。李迪听出了弦外之音，便顺着皇帝的意思问："何不以法治之？"

宋真宗沉默良久，没有回答。他明白，刘娥的影响力已尾大不掉了。

寇准曾奉密旨策划太子监国，架空刘娥。然而，消息走漏。刘娥先发制人，纠集丁谓等人，找宋真宗质问。

面对强悍的老婆，宋真宗吓坏了，连忙甩锅，说自己不记得跟寇准商量过。于是，寇准百口莫辩，不得不罢相。

宦官周怀政参与了太子监国的密谋，曾替皇帝向寇准传话。如今，密谋失败，他怕刘娥、丁谓搞政治报复，便铤而走险，策划兵变，打算软禁刘娥，杀掉丁谓，拥寇准官复原职，让太子登基，宋真宗退位做太上皇。可是，周怀政的同伙提前向丁谓告密。丁谓立即进宫，密报刘娥，布置应对。

第二天一早，周怀政等人还没起事，就被捕杀。紧接着，刘娥、丁谓等人追查幕后主使，矛头直指寇准。

寇准很背。他并没有参与这场未遂兵变，却背了大锅，不但丢了莱国公的爵位，而且被四连贬，一直贬到广东的雷州半岛。

只不过，寇准被贬的事，是刘娥和丁谓假传圣旨干出来的。宋真宗毫不知情。《宋史·寇准传》记载，被蒙在鼓里的宋真宗曾问身边人，为什么多日没见到寇准。身边官员都不敢说实话。寇准被贬出京城那天，几乎没有官员敢出面送行。

新的问题来了：兵变的目标是要拥立太子。兵变输了，太子就危险了。

五、保住太子

周怀政策划的未遂兵变，着实吓坏了宋真宗，他决心追查到底。首当其冲的，就是太子赵祯。

危难关头，参知政事李迪挺身而出。他是太子的老师，自然要拼死保护太子。李迪问宋真宗："官家在收拾太子之前好好想想，您究竟有几个儿子？"

宋真宗被问愣了。他很清楚，自己膝下六子，夭折了五个，只有赵祯活了下来。如果把赵祯也处死，大宋江山真就后继无人了。

宋真宗心软了，不查了。太子转危为安。

寇准被贬，但关于太子监国的讨论并没有结束。

丁谓主张皇后临朝。他认为，皇帝和皇后是两口子，等皇帝病体康复，皇后随时可以把大权还给皇帝，实现无缝对接。如果搞太子监国，朝廷就会出现两套班子。毕竟太子就是未来的皇帝。不少大臣为未来考虑，都会效忠太子，这让老皇帝情何以堪？

这个主张看起来很有道理，但李迪认为纯属狡辩：太子监国的制度古已有之，以前行得通，为什么现在行不通呢？

在朝堂上，丁谓和李迪争吵不休，李迪急眼了，甚至用上朝端着的手板去打丁谓。

李迪的强硬和坚持，为太子赵祯争到了"资善堂听常事"的资格，算是低配版监国。不过，李迪跟寇准一样，算是把刘娥和丁谓都给得罪了。没过多久，他就遭到排挤贬了官。仗着皇后刘娥的信任，丁谓把中书省（宰相府）和枢密院都换上了自己的党羽。

寇准、周怀政、李迪先后倒台，能跟丁谓掰手腕的，只剩参知政事王曾。

比起寇准等人的激进亢奋，王曾显得老谋深算。他保持沉默，立场模糊，回避冲突，明哲保身。这种"留得青山在，不怕没柴烧"的做法，或许更稳妥。

当宋真宗病重、刘娥当权、太子赵祯风雨飘摇的关键时刻，王曾找到刘娥的亲信钱惟演，说了一番晓以利害的话，他强调：太子与皇后不是对立关系，而是一荣俱荣、一损俱损的关系。只有皇后善待太子，太子才能平安。太子顺利上位，皇后全家才能确保安全。毕竟，太子是刘娥在法律意义上的儿子。否则，如果换了其他人上位，刘皇后还有活路吗？

刘娥何等聪明，这话她听进去了。王曾四两拨千斤，既稳住了太子大位，也通过向皇后示好，保护了自己。

六、怎样临朝

宋真宗虽然病重，但最放心不下的，还是接班布局。种种尝试失败后，他猛然觉得，把大权交给老婆，也是个不坏的选项。

眼下，丁谓专擅朝政，心术不正，没有大臣能压住他。太子赵祯继位后，"主少国疑"，跟后周世宗柴荣去世后的局面几乎一样。宋真宗担心，丁谓会效仿当年的赵匡胤，谋朝篡位。

刘娥长期协助宋真宗批阅奏章，政治经验丰富，足智多谋，在朝中也有自己的势力。如果丁谓擅权乱政，刘娥完全有能力与之抗衡。

太子赵祯已经十三岁了，再过几年即可成年，具备亲政能力。刘娥名义上是太子的母亲，即便临朝听政，也不会持续太久。通过王曾传话，刘娥意识到自己和太子是利益捆绑的。因此，她没有理由妨碍太子亲政，反而会全力支持和辅佐太子。

为了让太子顺利接班，必须安排刘娥临朝听政。

天禧四年（1020）十一月十八日，宋真宗在承明殿召见大臣，首次明确了刘娥辅佐太子理政的权力。

从此，刘娥参政，就从给宋真宗帮忙的"临时工"转正了。乾兴元年（1022）二月十五日，宋真宗病危，在寝宫召见大臣。他已经口不能言，只能听宰相汇报。

宰相们表示："皇太子聪明睿智，天命已定，臣等竭力奉之。况皇后裁制于内，万务平允，四方向化。敢有异议，乃是谋危宗社，臣等罪当万死。"（《续资治通鉴长编》）

听到宰相们的表态，宋真宗放心了。后来，他在弥留之际颁发的《乾兴遗诏》，为刘娥的临朝听政提供了合法依据。

四天后，宋真宗去世，十三岁的太子赵祯继任皇帝，这就是宋仁宗。刘娥升格为皇太后，正式开启太后临朝的新局面。

北宋王朝没有女主临朝听政的先例，也没有相关规定。既然刘娥要开先例，就需要制定一套与之匹配的新规矩，明确皇帝、太后、宰相的权责，以及新格局下的权力运作模式。

宰相丁谓再次扮演了马屁精的角色。他主张："每议大政则太后后殿朝执政，朔望则皇帝前殿朝群臣，其余常事，独令入内押班雷允恭附奏禁中，传命二府。"（王辟之《渑水燕谈录》）

这就是丁谓给刘娥定制的听政制度，包括三方面：前殿听政、后殿议政、宦官传话。

前殿听政，就是每月初一和十五举行常规朝会，由皇帝召见群臣。可是，皇帝年幼，这种方式顶多只是维持群臣参拜皇帝的仪式感，不具备处理国家大事的条件。

后殿议政，就是太后和皇帝在后殿召见宰相讨论军国大事。人员范围很小，更像是密室政治。太后和皇帝只见几个重臣，无法广泛听取意见，相当于被隔离了。

宦官传话，就是一般性事务由宦官雷允恭替太后到中书省和枢密院传旨。雷允恭是丁谓的死党。这意味着，两人可以勾结起来，营私舞弊，欺上瞒下。

丁谓的如意算盘，就是要架空皇帝和太后。

参知政事王曾早就洞悉其中奥秘，坚决不同意。他给出了一项新提议："援引东汉故事，请五日一御承明殿，皇帝在左，太后坐右，垂帘听政。"（《续资治通鉴长编》）

王曾设计的制度，也包括三方面：朝会议政，帝左后右，垂帘听政。

朝会议政，就是每五天在承明殿举行一次常规朝会，皇帝和太后同时驾临，召见群臣，讨论朝政。这样做，有利于皇帝和太后经常见到更多大臣，听取更广泛意见。

帝左后右，就是朝会听政时，皇帝坐在左边，太后坐在右边，并排而坐。按照中国古代座次排序右为上的传统，太后的位子，地位高于宋仁宗。

垂帘听政，就是在皇帝和太后的座位前，都加上垂帘。同是垂帘听政，清代慈禧、慈安两宫垂帘，是皇帝坐前面，太后坐后面，太后面前垂下一道帘子。宋仁宗和刘娥是并排坐，两人都垂帘。

王曾的主张，使日常决策过程更加透明，还便于宋仁宗学习理政。

究竟听谁的呢？

刘娥考虑再三，采纳了丁谓的方案：中书省、枢密院有事就向宫里写奏章，由宋仁宗和刘太后审批。只有处理机要大事时，皇帝和太后才会召见大臣。

在丁谓的方案里，刘娥虽然掌握了最后决策权，但她的决策依据主要靠奏章，只有处理机要大事时才能见大臣。那么，什么是"机要大事"？全凭丁谓说了算。

就这样，丁谓一手遮天。

刘娥为什么会采纳丁谓的方案呢？一方面，刘娥刚当上太后，还没拿到丁谓的把柄，只能先妥协，利用丁谓来巩固自己的地位。另一方面，刘娥对丁谓言听计从，会让丁谓更加膨胀，到处树敌，为将来搞掉丁谓铺平道路。正所谓"上帝要其灭亡，必先要其疯狂"。

丁谓自以为大权在握，刘娥已经没了利用价值；而刘娥把他视为自己临朝听政、总揽大权的主要障碍。两人的政治联盟，已经名存实亡。

七、丁谓下课

宋真宗驾崩后，按照朝廷惯例，由宰相丁谓兼任山陵使，负责给宋真宗督造陵墓。谁都知道这是个肥差。于是，许多宦官打着忠于先帝的旗号，自告奋勇参加这个工程，主要是为了捞油水。雷允恭也想参加，捞一票，可施工队的名单里没有他。

雷允恭既是丁谓的同党，也是刘太后的亲信。某日，他找太后吐槽，说很想报答先帝厚爱，参与造陵墓这事，但为啥不让去。

刘娥说："你小子那点小心思我还不知道？你一直在宫里，没见过世面，我怕你到工地上惹乱子，反而害了你！"

不管刘太后怎么劝，雷允恭执意要谋这个差事。刘娥只好让他做山陵都监，相当于当监工。

雷允恭到了工地，听司天监的一个官员说："如果把皇陵向北挪一百步，皇家就会多子多孙。汝州秦王坟当年就是这么干的。"

雷允恭听罢，大喜过望。他琢磨着，先帝宋真宗膝下只有一个儿子长大成人。如果真能靠挪皇陵位置，就能让皇家多子多孙，人丁兴旺，这不是好事吗？

按说，挪动皇陵的位置属于改规划，要慎重，更要重新勘测、论证、报批，程序很复杂。雷允恭不管那么多，直接未批先改，边改边批。他去找刘太后、丁谓说这事。

刘太后觉得，挪皇陵是大事，不能贸然行事，但又不愿亲自出面阻拦，就把球踢给了山陵使。山陵使丁谓碍于情面，就送个顺水人情，让雷允恭自己定。

这下，雷允恭高高兴兴地去跟刘太后汇报，说山陵使同意了。刘太后无话可说，只能任由雷允恭折腾。几万人重新刨坑，花了好长时间。由于事先没做地质勘测，皇陵的新址又是石头又是水，根本挖不动。

显然，雷允恭捅了娄子。

没有不透风的墙。这事搞得满朝皆知，刘太后只好下令彻查。

很快，案情水落石出：雷允恭擅自做主，更改规划，移动皇陵，施工过程中大肆偷窃和受贿，家里抄出大量黄金、白银、锦帛、珍珠、玉石等。

改规划的本意，或许是要让新皇帝多子多福。可是，这事他办砸了，自己惹的祸只能自己去背，雷允恭被赐死，全家流放。

猪队友雷允恭瞎折腾，让丁谓也跟着躺枪，免去一切职务，发配崖州（今海南岛），去当司户参军，比寇准的流放地更远。

丁谓下课了，刘太后终于去了心病，可以施展拳脚了。接下来，她明确了两件事：

一、重建临朝听政制度，放弃丁谓的方案，采纳王曾的方案。

二、明确刘太后的职责是"军国重事，权取处分"。这里的"权"，是暂且、代理的意思。言外之意，太后临朝只是临时举措。

就这样，太后临朝听政的体制基本确立下来。在这套体制下，太后和皇帝同见群臣，并排就座，共同垂帘。太后坐席地位略高于皇帝，对军国大事代行最后决定权。太后临朝只是临时的，一旦皇帝成年，具备亲政条件，太后必须还政。

此后，宋仁宗的皇后曹氏、宋英宗的皇后高氏也先后临朝听政，基本上遵循了王曾设计、刘娥遵守的这套制度。

八、女皇一梦

刘娥临朝后，朝廷为她专门设计了一整套礼仪：官方文书里自称"吾"，生日命名为长宁节，天下人要为她父亲避讳，等等。

此时的刘娥，再不是寄人篱下的歌女，也不是被人插标的妻子，而是经验丰富的女政治家。朝堂之上，没人敢跟她分庭抗礼。

两年后，刘娥身穿衮衣，也就是只有皇帝才能穿的礼服，接受宋仁宗和群臣上的尊号：应元崇德仁寿慈圣皇太后。这一刻，刘娥达到了人生巅峰。

不过，她希望更进一步，像武则天那样，当皇帝。

女人当皇帝，在男权社会里是离经叛道的事，有可能弄巧成拙。刘娥很懂这一点。她没有武则天的机遇和人脉，只能小心翼翼地试探。

一次，她在朝会上问大臣："你们说，唐朝的武则天是个什么样的女主？"

大臣们都是官场老油条，政治嗅觉很灵敏，回答也很强硬："武则天是唐朝的罪人，差点断送了唐朝的江山社稷。"搞得刘娥很尴尬。

历朝历代都有见风使舵的投机分子，北宋仁宗朝初期也不例外。

殿中丞方仲弓上书，请刘娥效法武则天，"行武后故事"；权知开封府程琳呈上《武后临朝图》。这样的暗示，让刘娥很满意，可她还是不敢轻举妄动，得听听大臣们的意见。

朝会之上，面对刘娥的询问，大臣们谁都不敢吭声，只有鲁宗道表示，如果太后执意这样做，将置当今皇帝于何处？刘娥非常尴尬。对她来说，称帝最大的障碍，就是儒家传统观念。她很清楚，儒家思想中的男尊女卑理念深入人心，一旦自己称帝，指不定会闹多大乱子。

她只好当众把鼓动称帝的奏章撕碎扔了，公开表态："吾不作此负祖宗事。"（《宋史·后妃传》）

皇帝是当不成了，但刘娥还是想过把瘾，再次穿着皇帝的衮衣，出席重大活动。要的就是当皇帝的仪式感。

明道元年（1032）十一月，刘娥决定第二年二月，穿着皇帝的衮衣，出席太庙的祭祀大典。大臣们群起反对。负责祭祀大典的礼部侍郎薛奎，说了一句绵里藏针的话：太后身穿帝王服饰，在太庙行礼的时候，是行皇帝之礼，还是行后妃之礼呢？

这句话把刘娥问愣了。

行皇帝之礼？自己既是女的，又没称帝，不合适。

行后妃之礼？自己可是穿着皇帝的衣服，哪能自降身份呢？

虽然很尴尬，但刘娥还是不顾群臣反对，穿上了皇帝服饰，出席了太庙祭祀大典，祭祀宋太祖、太宗、真宗三位皇帝。不过，她也做了妥协。皇帝龙袍上有十二章图案，她穿的龙袍减掉了象征忠孝与洁净的宗彝、藻两章图案，也没有佩戴皇帝的佩剑。

在大臣们的抵制下，刘娥的女皇梦没能实现。

就在祭祀大典的次月，也就是明道二年（1033）三月，刘娥染病。为了尽快康复，也为了收买人心，刘娥下令大赦天下，把寇准等人官复原职（虽然他们早已去世），把丁谓迁回内地安置。可是，这些并没有减轻她的病情。几天后，她就去世了。

刘娥弥留之际，一直在扯身上的衣服。宋仁宗不解其意。已升任参知政事的薛奎给出了耐人寻味的答案：太后不希望在见到先帝时，还穿着这身帝王服装，两人见面没法解释，很尴尬。

宋仁宗这才明白过来，赶紧让人给刘娥换上太后服饰，然后入殓。

棺椁盖上了，可以盖棺论定了。刘娥究竟是个什么样的人呢？

我们评价历史人物，不看颜值，基本不看私生活，主要还是看历史贡献。平心而论，刘娥干了不少正事，算是富有传奇色彩的女政治家。

宋真宗后期，发起了荒唐的"天书运动"，搞得朝政混乱，劳民伤财。刘娥临朝后，下令把"天书"随同宋真宗一起下葬，既终结了"天书运动"，又维护了宋真宗的脸面。

宋真宗晚年，派系倾轧，党争不断，刘娥也置身其间，深有感触。临朝听政后，她让人把大臣们的亲信和家人的名单画成图，贴在寝宫的墙壁上。每有大臣奏请升迁，她都要比对此图，加以平衡，避免厚此薄彼，造成某个派系坐大。

天圣元年（1023），刘娥下令在成都设立益州交子务，发行交子。交子是全球最早发行的纸币，比1661年瑞典银行发行的西方最早纸币，早六百多年。

既有对旧弊政的纠偏，也有顺应潮流的新政，刘娥的政治作为，为宋仁宗亲政后的太平局面打下了坚实基础。可以说，刘娥临朝，承前启后，不可或缺。

刘娥开启了宋代太后临朝听政、适时还政的先例。她克制了权力欲，没有去当女皇，为后世树立了标杆。所以，《宋史》给予高度评价："太后临朝十余年，天下晏然。"

郭皇后：一记耳光的代价

> 蕙心堪怨，也逐春风转。丹杏墙东当日见，幽会绿窗题遍。
>
> 眼中前事分明，可怜如梦难凭。都把旧时薄幸，只消今日无情。

这是北宋词人晏几道的《清平乐·蕙心堪怨》。

晏几道，是宋仁宗老师晏殊的儿子。这首词，上片回忆与恋人的昔日交往，下片用意念里的"旧时薄幸"，对比现实中的"今日无情"，展现当事人的痛心与无奈。

如果把这首词用在北宋仁宗朝初期的后宫里，似乎也恰如其分。

郭皇后是宋仁宗的第一任皇后，虽然任性，但始终渴望被爱。然而宋仁宗对她，误会远多于爱，最终酿成了废后风波和皇后之死的悲剧。

中国古代留名的女性寥寥，郭皇后算一个。她叫"郭清悟"，一个有佛门气息的名字。

没错，"清悟"是她离开皇后宝座，遁入空门的法号。

郭皇后为什么会遁入空门呢？她和宋仁宗之间，究竟有什么误会呢？为什么宋仁宗执意要废掉她？她为何在皈依佛门之后不久，又突然死去了？

一、任性直女

郭皇后是宋仁宗的结发妻子，但并非首选配偶。

天圣二年（1024），在太后刘娥主持下，宋仁宗（时年十四岁）首次选皇后。

起初，他看上了高官王蒙正之女。可是，刘太后坚决反对，理由是这位王氏姑娘太过妖艳，比较"费油"，搞不好会把宋仁宗累死。

可没多久，这位"费油"的王氏姑娘，居然被刘太后许配给了娘家侄子刘从德，从后妃候选人变成了皇亲国戚。

刘从德是谁？他就是刘太后前夫刘美（龚美）的儿子。龚美在最穷困的时候，把刘娥卖了换钱。后来，刘娥发达了，龚美居然舔着脸"吃回头草"，跟刘娥结成了兄妹关系。

这种人品没底线的老爹及其儿子，宋仁宗压根看不起。可正是刘太后横刀夺爱，不但让宋仁宗的初恋还没开始就结束了，还把宋仁宗喜欢的女孩嫁到这样烂的家庭。这位少年天子能不郁闷吗？

这件事，给宋仁宗的情感世界打上了三道阴影。

——自己得不到的，别人得到了也别想好过。

几年后，王蒙正跟老爹的婢女私通，有了私生子。提上裤子后，他担心这私生子跳出来分自己家产，便说啥都不承认孩子的名分。婢女怒了，就把丑闻捅到了官府。

当时，刘太后已死，宋仁宗亲政，下令彻查。结果，王蒙正发配岭南。宋仁宗传旨，禁止王氏姑娘以皇亲国戚身份出入皇宫，子孙永不得与皇族联姻。

——凡是刘太后力挺的，就是自己不感兴趣的。

对于宋仁宗来说，这是一种泄愤，但郭皇后的悲情命运从这一刻就种下了。

——不得不勉强接受一次次的政治婚姻。

宋仁宗一辈子就两任皇后。虽然性格迥异，风评不同，但郭皇后是刘太后一手安排的，曹皇后是大臣们一手推荐的，宋仁宗只能勉强接受，并不可心。

不过，刘从德娶了王氏姑娘没几年，就去世了。在当时的舆论环境里，王氏姑娘就被打上了克夫的标签，坐实了祸水的预言。

情窦初开没开成，宋仁宗一肚子火。很快，刘太后给她推荐了郭氏姑娘。她是应州金城（今山西应县）人。这个地方位于代北，民风彪悍、地势险要，是中原与草原之间的交通咽喉，也是北宋对抗契丹的前沿阵地。

代北郭家是当地名门望族，世袭酋长，树大根深。郭家代表人物郭崇，曾协助郭威建立了后周王朝，跟赵匡胤同朝为将，参加过进攻北汉和契丹的战争，是后周和北宋初期的重臣。

郭崇的儿子郭允恭，沾了父亲的光进入仕途，官至崇仪副使。郭氏姑娘是郭允恭的二女儿。

从入宫后的表现来看，郭氏姑娘比较任性，但为什么刘太后执意要推荐她当皇后呢？可能出于三个目的：拉拢代北望族，稳定北部边疆；利用郭氏姑娘的任性，便于自己操控；让宋仁宗远离女色，把更多的爱投放到学习上。

显然，这既是一桩包办婚姻，也是一桩政治婚姻。刘太后的安排用心良苦，宋仁宗只好顺从。天圣二年（1024）十一月二十一日，郭氏姑娘正式成为大宋皇后。

作为皇帝，连选老婆都身不由己，宋仁宗很不舒服。于是，他对郭皇后执行"三不"政策：不热，不惹，不碰。

在这种情况下，郭皇后该怎么办呢？

郭皇后有优势：她是六宫之主，她有太后撑腰，她是名门之后，长得也不难看。她最缺乏的，是跟丈夫的沟通，寻找共同语言，培养共同志趣，从而凝聚感情。

结婚的时候，由于嫔妃很少，郭皇后有大把机会接近宋仁宗。如果能好好沟通，消除误会，两个年轻人是可以玩到一块儿去的。

防范丈夫与别的女人有性接触，是妻子的本能和权利。只是在帝王家庭，妻子的这项权利非但不存在，反而被视为恶行，甚至列入"七出"，也就是丈夫休妻的七种重大罪名。

因此，不争宠、不干政，做个安静的小女人，应当是郭皇后主持后宫必须遵循的道德准则。尽管有些道德自虐，但只要守得住，没人能把她拉下皇后宝座。

遗憾的是，她把这些优势都浪费了，那些道德准则也没守住。

郭皇后仗着皇太后撑腰，安插眼线全方位监控。一旦收到宋仁宗在某个嫔妃寝宫过夜的线报，她就第一时间赶到现场搅局。

每次都能抓到现行，每次都搞得宋仁宗兴致全无，每次都让宋仁宗跪在刘太后面前听训话。郭皇后似乎很享受宋仁宗挨训的状态。久而久之，她给宋仁宗留下的印象，不是贤惠的妻子，而是"爱打小报告的醋坛子"。

郭皇后这么做，很合刘太后的心意。刘太后是不太愿意宋仁宗年纪轻轻就沉溺女色，从而荒废学业和国家大事的。在戒色的问题上，刘太后和郭皇后虽然出发点不同，但目标是一致的，从而结成了战略联盟。

宋仁宗正值青春年少，精力过剩，面对宫里的美女们，既想放纵自己，又怕太后责骂，只好把怨气都撒在郭皇后身上。

明道二年（1033）三月，刘太后去世，宋仁宗亲政。他终于可以光明正大地不搭理郭皇后，不用再顾忌太后的感受了。于是，郭皇后更加寂寞难耐、醋意大发。

她一定要搞事情，一是为了发泄，二是为了压制那些受宠的妃子。

后宫里，尚美人和杨美人样貌端庄，讨宋仁宗欢心。郭皇后经常主动找茬，动辄破口大骂。当然，这些事宋仁宗虽然有所耳闻，但毕竟没有亲见，也懒得管。

一次，宋仁宗在尚美人寝宫闲聊。郭皇后得到线报，来抓现行，恰好听到尚美人向宋仁宗吐槽郭皇后对她的欺压。于是，她不顾皇后体面，不管皇帝在场，指着尚美人破口大骂。尚美人仗着有皇帝撑腰，便鼓起勇气对骂起来。

骂着骂着，郭皇后脑子一热，便要伸手去扇尚美人的耳光。宋仁宗见状，赶紧站出来劝架。尚美人十分乖巧地躲在了宋仁宗身后。结果，宋仁宗这么一挡，脖子上结结实实地挨了一巴掌。郭皇后的手指甲可能比较长，还顺带把宋仁宗脖子挠出了血印子。

此前，宋仁宗虽然不满刘太后包办婚姻，不满大臣们结党营私，但从没挨过巴掌。摸着脖颈上火辣辣的伤痕，他真的怒了。

他没有当场发作，而是拂袖离去。只留下呆若木鸡的郭皇后，以及窃喜的尚美人。

这段故事，《宋史·后妃传上》是有记载的。

尽管郭皇后是失手误伤，但她的任性和骄横，让好运气瞬间刹车。

这真是一记昂贵的耳光，害人害己。

二、废后风波

宋仁宗挨耳光的消息，很快就传出宫外，上了"热搜"。

以郭皇后的小姐脾气，得罪过的人，不止包括尚美人、杨美人，宰相吕夷简也在其列。

吕夷简善于揣摩上意，早就发觉宋仁宗夫妻感情不睦，有废皇后的念头。他感到，耳光事件虽是误伤，但应该就是个契机。

在他的指使下，谏官范讽进言："后立九年，无子，当废。"（《续资治通鉴长编》）吕夷简当场附和。担任内副都知的宦官阎文应还劝宋仁宗把伤痕亮给大家看。没有生孩子，挠伤宋仁宗，这两个硬伤，让废掉皇后的声音占据了上风。

皇后乃一国之母，废后不光是皇帝家事，更关乎皇家体面。何况郭皇后是刘太后亲自选定的，如果贸然废掉，岂不打了刘太后的脸？范仲淹、富弼等大臣坚决反对废后，毕竟这是宫廷负面新闻，搞大了很丢脸。因此，宋仁宗虽然在气头上，却也拿不定主意。

几经思虑，宋仁宗还是采纳了吕夷简的建议，决定废后。为了阻止谏官继续进言，动摇皇帝废后的决心，吕夷简下令各衙门不得接受谏官奏章。

于是，范仲淹、孔道辅、蒋堂、段少连等谏官跪伏垂拱殿外，请求召见。宋仁宗拒绝接见，几位谏官就一直跪在殿外，直至宋仁宗派吕夷简出来。范仲淹等人辩得唾沫星子横飞，也没能说服吕夷简收回成命。

第二天，就在范仲淹等人准备利用早朝的机会，继续与吕夷简争辩之际，朝廷发来了诏书。范仲淹等人或贬官、或受罚，无一幸免。至此，再也没人对废后说"不"了。

明道二年（1033）十一月，宋仁宗颁旨，以皇后"无子"为由，正式废掉郭皇后。不过，他给郭皇后安排了个清静的地方——长宁宫。封其为净妃、玉京冲妙仙师，赐名清悟。

废后风波，源于帝后夫妻感情恶化，导火线是耳光事件。不过，要论责任划分，应该各打五十大板，宋仁宗也有不小的责任。为什么这样说呢？

郭皇后固然骄妒和争宠，对宋仁宗管过头了，但刘太后一死，宋仁宗便放飞自我，拼命宠爱尚美人、杨美人，纵欲过度。因此，郭皇后即便没了太后这个靠山，也非要跳出来闹，一方面是为了争宠，另一方面也是心疼丈夫。

尚美人和杨美人"掏空"宋仁宗，是为了升职和怀上龙子。可是，郭皇后已经不需要升职。她很清楚，自己的一切都得益于丈夫必须活着，年纪轻轻的，可不想当寡妇。因此，她把宋仁宗身体垮掉的责任，都推给了尚美人、杨美人。

宋仁宗纵欲的问题，也引起了朝中大臣的非议。谏官石介在写给宰相王曾的书信中提到，坊间有很多流言蜚语，说皇帝沉溺女色，没日没夜，万一把身体搞垮了，眼下皇储还空缺，国家不就要出乱子了？

景祐元年（1034）八月，宋仁宗迫于压力，再次颁诏。把郭皇后、尚美人、杨美人放在一起来数落。郭皇后出居瑶华宫，尚美人出居洞真宫，杨美人别宅安置。十月，又给了郭皇后"金庭教主、冲静元师"的法号。

不管怎样不舍，宋仁宗也不得不送走尚美人、杨美人；不管怎样抱怨，宋仁宗也得顾及郭皇后的体面。因为，废后的体面，事关他的面子。

三、皇帝棋局

宋仁宗亲政后，工作千头万绪，但主线只有一条：消除刘太后的政治影响。为此，他做了几件事：

——打击皇亲国戚。明道二年（1033）四月，将同平章事钱惟演、工部郎中马季良贬到外地。这两人都是刘太后的铁杆，钱惟演的妹妹是刘美的老婆，马季良的老婆是刘美的女儿。

——起用被贬官员。召回因主张太后还政而被贬的官员，比如刘涣、范仲淹、宋绶、刘随，提拔重用。给寇准、杨亿等跟刘娥对着干而被贬的重臣平反昭雪，加官晋爵给谥号。

——更换决策层。这是最重要的一件事。

刘太后去世后没几天，宋仁宗召见宰相吕夷简，讨论人事问题，商定罢免参知政事陈尧佐、晏殊，枢密使张耆，枢密副使夏竦、范雍、赵稹等刘太后当年重用的高官。可当颁旨时，罢免名单又加了一个人：吕夷简。

怎么连他也被罢免了呢？

那天，宋仁宗跟吕夷简讨论完人事议题后，回到后宫，把这事告诉了郭皇后。没想到，郭皇后语出惊人："夷简独不附太后邪？但多机巧，善应变耳。"（《宋史·吕夷简传》）

郭皇后，就是这样的率直。

刘太后在世时，吕夷简也阿谀逢迎，但善于伪装，公开场合刻意保持距离。同僚们看透不说透。毕竟，吕夷简是宰相，位高权重，门生党羽遍天下，实在惹不起。

郭皇后初生牛犊，不管不顾，直接点破了这层窗户纸。

宋仁宗当然晓得吕夷简是什么德行，也考虑过换掉他。不过，这需要时机，需要有人冲在前面，替他担责和背书。没想到，郭皇后"自告奋勇"当了马前卒。就这样，吕夷简也成了清洗对象，被降职了。

吕夷简或许百思不得其解：自己伪装得那么好，那么能演，为什么也被归入太后同党，遭到贬斥了呢？

郭皇后进言的事，被宦官阎文应捅给了吕夷简。从此，吕夷简跟郭皇后结了梁子。而傻呵呵的郭皇后对此一无所知。

吕夷简毕竟是技术官僚，业务能力很强。宋仁宗把他罢免后，对替代者并不满意，只好又让他官复原职。于是，回到宰相大位的吕夷简，就处心积虑地找郭皇后的茬了。

作为刘太后亲自选拔的皇后，郭皇后当然也是刘太后的政治遗产。宋宋仁宗志在摆脱刘太后的魅影，为自己掌权重新布局，郭皇后被废是迟早的事。

郭皇后被废，影响还是蛮大的。

首先，刘太后在后宫的政治影响基本肃清。

废后事件，是北宋朝廷各种矛盾交织的结果，也是宋仁宗长期情感压抑的一次爆发，是扩张皇权的必要步骤。

刘太后在世时，对宋仁宗进行了政治上的压抑和生活上的管束，宋仁宗虽有不满，但囿于孝道和亲情，只能隐忍不发。

待太后去世，宋仁宗获悉自己的身世后，不满情绪爆发，郭皇后不幸点着了导火索。

宋仁宗废掉郭皇后，与其说是夫妻反目，不如说是对刘太后政治影响的清算，以及追求宋仁宗"一人尊疆"的努力。

其次，保守派巩固了基本盘。

刘太后垂帘时期，大权在握，百官俯首听命，政治氛围趋向保守，许多高官墨守成规、少言寡语，不敢担责。吕夷简长期担任宰相，坚决执行刘太后的执政思路，萧规曹随，以静制动。废后事件意味着吕夷简的胜利，巩固了保守派阵营。

再次，树立了宋仁宗亲政后的皇帝权威。

宋仁宗亲政后，力求打破刘太后垂帘时期的"超稳定"局面，树立自己的个人威望。不管什么事，谁反对自己，就收拾谁。范仲淹等人恰恰触了这个霉头，被纷纷贬官外放。

不过，这种薄惩都是暂时的。当曹皇后上位，宋仁宗确立对朝政的有效控制后，就把范仲淹等人紧急召回，委以重任了。当然，经过这次与吕夷简等保守派阵营的交锋，范仲淹的革新派形象算是初步树立了。

最后，强化了天子与士大夫共治天下的格局。

北宋时期，皇帝家事并不只是家事。废后事件演变为士大夫争论不休的热门话题，甚至引发了宰相集团和台谏集团的政治斗争。其结果是，宋仁宗虽然成功废后，但在大臣们的坚持下，尚美人、杨美人也被赶出了后宫。很显然，北宋的皇权受到了多种力量制约。

宋仁宗用人，是掺着用。保守派和革新派同朝为官，轮流坐庄，互相制约，既强化了君主专制，也遏制了朋党倾轧。士大夫发言的机会同步增加，增强了对君主专制的制衡，减少了决策一言堂带来的风险。这或许也是北宋文官政治的突出特色。

四、暴毙之谜

郭皇后被废之后，虽说皇后的身份没了，但出居瑶华宫，生活待遇还不错，起码衣食无忧。不过，郭皇后还是觉得，当"净妃"的日子太过清静，她很不适应。

不太适应的还有宋仁宗。毕竟他和郭皇后曾经两小无猜，一起玩耍了几年，虽说感情破裂了，但每每思念过去的岁月，还是感慨良多。

于是，宋仁宗派人去看望郭皇后，"并赐以乐府，郭氏和答之，辞甚怆惋"（《宋史·后妃传》）。两人通过乐府诗，一唱一和，有破镜重圆的意味。

郭皇后声泪俱下，宋仁宗当即心软，秘密下令召她回宫。

这个时候，郭皇后误判了形势，以为宋仁宗让步服软了，竟然甩出了回宫的条件：必须百官立班上册。这就意味着要恢复她的皇后名号。问题在于，宋仁宗废后不久，就续弦了曹皇后。六宫早已易主，郭皇后的这个条件根本办不到。

就这样，郭皇后失去了回归后宫的最后机会。

最怕郭皇后回宫的，是吕夷简和阎文应。一旦郭皇后同意不再争取名分，就可能回宫，接下来就有机会在皇帝面前诋毁他们，以图报复。吕夷简、阎文应决定，先下手为强。

景祐二年（1035）十一月，郭皇后身患小病。宋仁宗派阎文应带着御医前去诊治。几天后，郭皇后突然死亡，年仅二十四岁。

种种迹象表明，阎文应很可能在药汤里下了毒，但没有确凿证据。在谏官弹劾下，宋仁宗只好把阎文应赶出后宫。

没有杀他，一是没有实锤，二是担心惹出大案，后患无穷，毕竟宋仁宗刚亲政不久，不想惹乱子。

而郭皇后之死也成了历史之谜。

郭皇后死后，终于恢复了皇后名号，但没有谥号，没有在太庙举行悼念仪式，只是葬在了宋仁宗未来的陵墓永昭陵旁边。

清悟，清悟，一记耳光，没有清，也没有悟。

曹皇后：孤独的"三朝老娘"

禁闱秋夜，月探金窗罅。玉帐鸳鸯喷兰麝，时落银灯香灺。

女伴莫话孤眠，六宫罗绮三千。一笑皆生百媚，宸游教在谁边。

这是唐代诗人李白的《清平乐·禁闱秋夜》。

李白是诗人，不是词人。他很少填词，但在给唐玄宗充当御用文人的那段日子里，他也填过几首词。《清平乐·禁闱秋夜》算是其中之一。

宫廷剧里，宫斗戏比重很大，就像李白词中那样，夜晚的后宫虽然看似平静，但每个嫔妃的内心并不平静。尤其是母仪天下的六宫之主，更是众矢之的。

她当了三十年皇后，各方面条件都完美，但宋仁宗并不喜欢。她没有生育一儿半女，还要忍受夫君的猜忌和贵妃的争宠。个中滋味，苦乐自知。

她当了四年皇太后，垂帘听政，书写了北宋女主干政的另一段传奇。与刘娥的经历类似，她辅佐的皇帝也不是亲生的。不同的是，她甘愿当"临时工"，随时准备撤帘，这让她在正史中的风评优于刘娥。

她当了十二年太皇太后，含饴弄孙的同时，还在关注着政局变化，特别是对王安石变法，她有更加中肯的意见。

这就是曹皇后，一个孤独但又非同寻常的"三朝老娘"。

一、庆历宫变

庆历八年（1048）闰正月夜晚，一场莫名其妙的兵变，打破了皇宫的宁静。

关于这场兵变，《续资治通鉴长编》记载："是夕，崇政殿亲从官颜秀、郭逵、王胜、孙利等四人谋为变，杀军校，劫兵仗，登延和殿屋，入至禁中，焚宫帘，斫伤内人臂。其三人为宿卫兵所诛，王胜走匿宫城北楼，经日乃得，而捕者即支分之，卒不知其始所谋。"

发动兵变的只有四个亲从官，相当于大内侍卫。他们趁着夜色，砍杀守卫皇宫的军人，抢夺武器装备，穿房越舍，冲入后宫禁地，点了后宫的帘子，还砍伤了宫女的胳膊。

他们的目标很明确：直奔皇帝寝宫。

宋仁宗睡眼惺忪中，听见外面嘈杂，连忙起身，想出去看看情况。同在寝宫的曹皇后立即制止，为了确保安全，决定关闭宫门，拦住皇帝。接着，她招呼都知王守忠带兵救驾。

宫门外，乱兵乱杀乱砍，喊叫声传入皇帝寝宫。曹皇后让宦官去看看发生了什么，宦官何承用居然报告说是奶妈在责打小宫女。曹皇后听罢，根本不信，厉声申斥："乱兵就在附近杀人，你们竟然还敢胡说？"

乱兵攻不进来，索性趁夜放火。曹皇后提前让人备了水，宫女们很快就把火浇灭了。如果只是见招拆招，还是太被动。曹皇后决定主动出击，她剪下自己的头发，交给准备出击的宦官侍从，承诺明天论功行赏，就以这些头发为信物。

等到宦官和侍卫们打出去，才发现只有四个乱兵。曹皇后这么一激励，大家壮了胆，四个乱兵被团灭。

危难关头，曹皇后大智大勇，指挥若定，保护了丈夫，保全了寝宫，平定了兵变，保卫了北宋政权。可是，这样的"女汉子"，这样的侠骨柔情，非但没有得到宋仁宗的夸奖，还差点被废掉。

二、大家闺秀

曹皇后是宋仁宗的第二任皇后。

曹皇后坐像。台北故宫博物院藏

　　嫁给宋仁宗之前，她是结过婚的。可是，洞房花烛夜，新郎逃婚了，害得曹氏守了一宿空房。因此，这次婚姻名不副实。

　　据说，逃婚的新郎有婚姻恐惧症，不想结婚，当看到曹皇后的长相后，吓跑了。难道曹皇后很难看吗？

　　其实，曹皇后是大家闺秀。

　　她出身真定曹氏家族。这是北宋时期的高门大族。曹皇后的爷爷曹彬，是北宋开国元勋，驰骋疆场几十年，官至枢密使，追谥周武惠王，在北宋前期享有崇高的政治地位。

　　武将世家培养的女孩子，气质高贵，巾帼不让须眉，不爱红装爱武装。一般的新郎压不住。或许，这才是新郎逃婚的真正原因。

　　当然，这桩婚事没成，也成全了曹氏未来的更大发展。

　　明道二年（1033），皇后出缺，十八岁的曹氏奉诏入宫，被宋仁宗的养母杨太后看中。次年九月册立为皇后。

对于曹皇后来说，这是她人生中梦寐以求的一刻。

《宋人轶事汇编》记载，曹氏过寒食节，跟家人玩游戏。她扔出一文钱，那钱转着转着，最后立住不倒。她以为有如神助。不久，她就接到了入宫的喜报，憧憬着宫里的新生活。

对于宋仁宗来说，这仍然是一桩包办婚姻。他事先根本不了解曹皇后。只是因为杨太后和大臣们精挑细选后极力推荐，宋仁宗才只能接受。

跟她的前任郭皇后相比，曹皇后的优势太多了。册封诏书里说她"生于鼎族，教自公宫""庆毓令淑，望蔼高华，而性禀柔闲，体含仁厚，援图史以自鉴，节环珮而有容"。简而言之，就是出身高贵，富有文采，品质端正，仪态大方。

曹皇后和宋仁宗有共同的文化志趣。这位新任皇后熟读经史，擅长飞白，生活节俭，宽容大度，处事谨慎。无论是气质，还是品行，都堪称宋仁宗的贤内助，母仪天下的楷模。

曹皇后的家人通情达理。哥哥曹琮公开表态：曹家虽然是外戚，但绝不胡作非为，违法乱纪。

优秀的原生家庭，培养了德才兼备的优秀女性。这样的姑娘，理应人见人爱。

如果非要挑毛病，大概就是长相一般。不过，宋仁宗是外貌协会会长，长相有可能一票否决。当然，宋仁宗不喜欢这位新皇后，还有别的原因。

——曹皇后是大臣们按照"当求德门，以正内治"的标准推荐的。这更像是公开选拔领导干部，以德为先。宋仁宗跟她没有感情基础，又不得不接受。

——废郭皇后这事引发诸多非议，宋仁宗心力交瘁，被搞怕了，对继任皇后心生距离感。

——宋仁宗曾看中一个陈姓姑娘。可是，陈姑娘的老爹是茶商出身，捐了个小官，出身不够高贵。宰相吕夷简等人坚决反对这个姑娘当皇后，搞得宋仁宗被迫放弃，心灰意冷，对群臣推荐的曹皇后也就缺乏好感了。

曹皇后很清楚这些。她没有像郭皇后那样争风吃醋，而是像个农妇，在宫里读书、种地、养蚕、采桑。对于嫔妃争宠，她也尽量隐忍克制，近乎道德自虐。

这么做，为的就是顾全大局，既不要让皇帝的后院起火，也保住自己的皇后头衔。毕竟，有郭皇后的前车之鉴，她不敢也不愿为了争宠去闹。

宋仁宗先后得过三个儿子，但都夭折。皇储问题一直困扰着大宋王朝的长治久安。在大臣们的一再催促下，宋仁宗不得不从宗室里选拔皇储，将濮安懿王的儿子赵宗实接入宫中养育，最后将这个小侄子立为皇太子。

曹皇后膝下没有子嗣，就主动当起了这孩子的养母，这跟刘太后有几分相似。按照母以子贵的传统，这无疑让她的皇后大位牢不可破。

就这样，曹皇后稳坐皇后宝座二十八年，直至宋仁宗去世。有人挑战她，但没人取代她。

三、人生大考

庆历宫变，是曹皇后人生中的一次大考。

宋仁宗不敢相信，曹皇后沉着冷静，部署得当，像个三军统帅，派头不亚于刘太后。他甚至怀疑，这场兵变是曹皇后为了邀功而故意安排的。

他这么猜测，并非全无道理：曹皇后并不得宠，也没生个一儿半女。宋仁宗最宠爱的张美人，大有取而代之的势头。出于自保，曹皇后有必要设计情境，展示才艺，刷存在感。

逻辑上能讲通，但没有实锤。因此，当宋仁宗有再次废后的念头时，大臣们极力反对。宰相梁适就说："老百姓都不会轻易离两次婚，何况您是一国之主，岂能对婚姻如此草率，想离就离啊！"

既然找不到曹皇后的把柄，那么庆历宫变的幕后主使究竟是谁呢？

有三个疑点，是需要关注的。

第一，兵变卫士全被灭口。参与宫变的四个卫士中，颜秀、郭逵、孙利三人当场被诛杀，王胜被抓，还没审就被处死了。从他们嘴里，是无法还原事情缘由和幕后主使了。

第二，追责不公，供词也被封存。出了事要追责，但怎么追责，大臣们争论了一上午。最终，宋仁宗采纳了枢密使夏竦的建议，领皇城司的官员都被流放，但兼任管勾皇城司的宦官头子杨怀敏，顶了"宿卫不谨""不能生致（擒）"，以及涉嫌"灭奸人之口"三项罪名，却只落个免职，狱中供词也被封存。许多人怀疑，夏竦对杨怀敏有意偏袒，这才从轻发落。

第三，宦官是否与乱兵里应外合，不得而知。宫变波及寝宫时，派去查看情况的何承用对曹皇后说了谎。四个造反的卫士全被灭口，是不是故意掩饰什么？试想，如果宋仁宗和曹皇后轻信何承用所说，掉以轻心，没有关闭宫门，加强戒备，后果不堪设想。

为什么要杀人灭口、封存供词，直接答案是找不到了，但《续资治通鉴长编》的记载给出了些许蛛丝马迹："后阁侍女有与黄衣卒乱者，事觉当诛，求哀于帝左右，帝欲赦之，后具衣冠见帝，固请诛之。帝曰：'痛杖之足以惩矣。'后不可，曰：'如此无以肃清禁庭。'帝命后坐，后立，请几移两辰，帝乃许之，遂诛于东园。"

这是几个月后发生的事。

曹皇后身边有个宫女，跟宫廷卫士发生了奸情。这种事在后宫并不稀罕，但触犯宫规，抓到就是死罪。曹皇后决定严格执行宫规，将涉事宫女处死。宫女为了保命，赶紧去找宋仁宗身边人求情。

这个身边人是谁？有文献说是张美人。宋仁宗准备赦免这个宫女。曹皇后获悉后，非但没有大事化小，反而凤冠霞帔，穿戴整齐，正式觐见宋仁宗，请求按宫规处死这位宫女。

宋仁宗说："算了，用棍子揍她一顿就够了。"曹皇后不同意，还讲了理由："不这样做，就无法肃清掖庭的坏人。"

看曹皇后脾气很大，宋仁宗撇撇嘴，先让她坐下。曹皇后坚决不坐，站着继续讲。如此对峙良久，宋仁宗才不得不接受了曹皇后的提议，按宫规处死了这位宫女。

曹皇后为何要对这位宫女不依不饶呢？

要知道，她是个隐忍温和的女人，没必要跟一个宫女过不去。问题就出在她说的这句话上："如此无以肃清禁庭。"

俞正燮在《癸巳类稿》中认为："颜秀事盖奸淫，故终密之。"结合曹皇后处死宫女这事，其中的奥妙呼之欲出：庆历宫变草草处治，四个卫士全被灭口，很可能是怕宫里不雅之事散播出去，有辱皇家威仪。

换句话说，这四个卫士很可能跟宫女勾勾搭搭，败露后害怕问罪，从而走上了造反的绝路。毕竟，卫士和宫女私通是死罪。

四、从垂帘到退休

嘉祐八年（1063）三月，宋仁宗死在了后宫，那是曹皇后的地盘。她"自虐"几十年，终于看到了熬出头的希望。

宋仁宗去世当晚，曹皇后下令紧闭宫门，秘不发丧，继续维持给宋仁宗"三更令进粥，四更再召医，又使人守之"（邵伯温《邵氏闻见录》）的节奏。直至天亮，才召见重臣，宣布宋仁宗的死讯。随后，皇太子赵曙入宫登基并服丧，这就是宋英宗。

这一连串安排，再次展示了曹皇后临危不乱、指挥若定的统帅气质，确保了皇权平稳交接。她也顺理成章地升格为皇太后。

遗憾的是，宋英宗从当皇帝那一刻起，他就很及时地病倒了，没法办公。而宋仁宗的弟弟赵允弼摆出皇叔的架子，对这位病恹恹的新皇帝不服不拜。

眼看内讧将起，必须有人出面，稳住政局。这个人，非曹太后莫属。

韩琦等重臣商议之后，奏请宋英宗点头，搬出了曹太后，"请权同处分军国事，御内东门小殿听政"（《宋史·后妃传上》）。于是，曹太后就成了北宋第二位临朝听政的皇太后。

许多大臣担心，曹太后会成为第二个刘太后，而曹太后的政治才能不亚于当年的刘太后。于是，谏官司马光率先发难，甩出一道限制垂帘特权的奏章，画了两条红线：

其一，用人必须"近贤臣远小人"。

他认为："大臣忠厚如王曾，清纯如张知白，刚正如鲁宗道，质直如薛奎者，当信用之。猥鄙如马季良、谗馅如罗崇勋者，当疏远之。"（《宋史·司马光传》）这就意味着，曹太后用什么人，不用什么人，必须按照这个建议名单来，否则就会扣上"远贤臣近小人"的帽子。

其二，正确处理曹家和赵家的关系。

他认为："妇人内夫家而外父母家，况后妃与国同体，休戚如一。若赵氏安，则百姓皆安，况于曹氏，必世世长享富贵明矣。赵氏不安，则百姓涂地，曹氏虽欲独安，其可得乎。"（《续资治通鉴》）这意味着，曹太后作为赵家的媳妇，已跟赵家深度捆绑。赵家好，曹家才会好；赵家好不了，曹家也别想好。言外之意，曹太后只能辅佐宋英宗，别去做女皇梦。

司马光的态度，代表了大臣们的主流意见。曹太后心领神会，在接下来一段时间里，她的临朝听政，不专断、不偏袒。拿不准的问题，会放权给重臣们集体研究，自己乐得超脱；严格管束外戚和身边亲信，只要有违纪行为，一律公正处治。

这一切，都离不开曹太后超强的工作能力。她记性好，每天几十份奏报的内容一清二楚；她文史底子厚，批奏章都会引经据典，用经史里的治国经验去解决实际问题。

曹太后洁身自谦，用权适度，跟大臣们良性互动，从而深得人心。

一年后，宋英宗病体康复，曹太后失去了继续垂帘的借口。在韩琦等大臣的操作下，曹太后只得被迫撤帘，退居二线。

曹太后和宋英宗母子，原本为了皇权归属问题产生了分歧，由于曹太后的适时撤帘而迅速消散。尽管宋英宗随后掀起的"濮议"，把朝堂气氛搞得争执不断，但母慈子孝的状态没有逆转。

宋英宗是个固执的皇帝，经常让曹太后不舒服。不过，他身体底子差，寿命短，输给了曹太后。他的儿子赵顼继位，这就是宋神宗。按照礼法，曹太后晋升为太皇太后，宋英宗的皇后高氏晋升为皇太后。

跟宋英宗不同，十九岁登基的宋神宗讲究孝道，对两位太后照顾有加。尤其是在太皇太后面前，他把自己当成大孙子，哄着老太太开心。

宋神宗是北宋皇帝里的奇葩。他以汉武帝、唐太宗为榜样，期待变法改革，富国强兵，有朝一日收复幽云十六州。为此，他重用王安石推行变法。

变法轰轰烈烈，太皇太后倒是很冷静。

她欣赏王安石的才干，但觉得他推行变法，树敌太多，应当外放地方，避避风头。可是，宋神宗正在变法的兴头上，没有同意。

她听说宋神宗对变法成绩沾沾自喜，动起了收复幽云十六州的念头，想建盖世功业，便语重心长地说："兹事体大！万一失败，必将刀兵四起，生灵涂炭。况且，幽云十六州如能轻易收复，太祖和太宗早就办到了，何必等到今天！"

宋神宗听罢，如梦方醒，收复幽云的事再也不提了。

苏轼是北宋著名词人，他万万没想到，自己因为写诗犯了法，被关在御史台的监狱里，很可能判死刑。

《汉书·薛宣朱博传》记载，御史台中有柏树，数千乌鸦栖居其上，故称御史台为"乌台"，亦称"柏台"。"乌台诗案"由此得名。

这是北宋时期最大的文字狱案。

太皇太后听说后，立即找宋神宗求情。她说："我还记得，当年仁宗皇帝殿试录取苏轼兄弟时，喜出望外地说：'吾为子孙得两宰相！'今日听说苏轼因写诗被捕入狱，莫非遭仇人诬枉？在诗歌中寻章摘句找错，即便有错也很轻微！我已病入膏肓，不能再因冤枉好人、滥加罪名，伤了天地之气！苏轼此案，'宜熟察之'。"

宋神宗听罢，潸然泪下。苏轼终免一死，贬官流放。轰动一时的"乌台诗案"就此销结。

太皇太后救了苏轼，改变了中国文化史的历史轨迹。

元丰二年（1079）冬，太皇太后病薨，享年六十四岁。结束了她早年平淡、中年郁闷、晚年辉煌的传奇人生。

在北宋历史上，皇后的谥号一般只有两个字，能享受四个字谥号的皇后寥寥无几，曹太皇太后是其中之一，谥号是"慈圣光献"。

五、番外篇：曹国舅的来历

曹皇后有个弟弟，名叫曹佾，外号"曹国舅"。后来，民间传说把他演绎成"八仙"之一。不过，在北宋时代，当国舅并不轻松。

国舅隶属于外戚。外戚专权，在中国历史上屡见不鲜。因而，外戚身份是皇帝既倚重又忌惮的角色。曹皇后深知这一点，为曹佾画了三条红线，尽量减少他在朝中的存在感：

——姐弟之间少接触。曹皇后即便贵为太皇太后，除了接受曹佾常规的问安和奏事外，姐弟俩基本不打照面，哪怕是在宫里一起吃顿家宴。

——对同僚守口如瓶。国舅的身份，让曹佾平步青云。宋神宗将其视为政务顾问，经常咨询问题。上班时间，他跟皇帝该谈什么谈什么；下班以后，说啥都不谈公务。

——对皇帝低调再低调。曹太皇太后去世，曹佾依规服丧。随后，奏请回乡养老。宋神宗执意挽留，还在首都开封城南给他修了个豪华别墅，把惠民河的河水引入别墅水系。曹佾婉拒了，这样的福分他觉得太夸张，不敢享用。

正是曹皇后的严格管束，使曹佾俨然成为德智体全面发展的优质男士，《宋史·外戚传》里说他"性和易，美仪度，通音律，善弈射，喜为诗"，集好脾气、好皮囊、好技艺、好文化底蕴于一身。

跟许多皇亲国戚的子弟一样，曹佾的仕途从右班殿直起步，在禁军做到殿前都虞候，而后"转业"到地方当知州，最后调回中央，做到同中书门下平章事兼景灵宫使，封济阳郡王。对于皇族以外的贵族，能做到这个份儿上，应该算是精英里的极品了。

曹佾先后陪伴了宋仁宗、宋英宗、宋神宗、宋哲宗四任皇帝，一直官居高位，备受尊崇，成了货真价实的"四朝元老"。去世后还赐太师头衔，追封沂王。

一辈子与世无争，这就是曹佾。在他身上，似乎仍有曹皇后恬淡沉稳的影子。

张贵妃：美人心计

　　恼烟撩露，留我须臾住。携手藕花湖上路，一霎黄梅细雨。

　　娇痴不怕人猜，随群暂遣愁怀。最是分携时候，归来懒傍妆台。

　　这是南宋女词人朱淑贞的《清平乐·夏日游湖》。它描绘的是一对情侣夏日幽会，情意绵绵的场景。字里行间，既有约会时结伴漫游的乐趣，也有回家后孤寂愁苦的唏嘘。

　　爱到淋漓尽致，爱到忘乎所以，爱到永不分离，词人是这样的心境，宋仁宗和张美人的感情生活，何尝不是如此。

　　放眼后宫，只有张美人给宋仁宗带来激情和活力，让宋仁宗找回久违的愉悦。然而，张美人想要的，不光是皇帝的爱。这也让她跟曹皇后经常擦枪走火，演绎了一幕幕宫斗大戏。

　　张美人究竟是个什么样的女人？

一、飞一般的感觉

历史上的张美人，并不是在厨房烧火的宫女丫头。老爹张尧封是石州军事推官。因此，张美人是名副其实的"官二代"。

八岁那年，张美人跟姊妹三人一起进宫，由宫女贾氏抚养。几年后，在一次酒宴上，张美人的姿色和舞技引起了宋仁宗的注意。

很快，她就成了宋仁宗的御侍。

有皇帝加持，张美人进入了升职的快车道，先是结束宫女身份，晋升清河郡君，而后连续踩过才人、美人、修媛这三个头衔。

在宫里，这样的晋升速度，堪称飞一般的感觉。

张美人之所以宠冠后宫，得益于她聪明乖巧的个性，既不同于郭皇后的恣意妄为，也不同于曹皇后的保守谨慎。个性释放、善解人意，这些特质让沉闷的后宫为之生机盎然，也让宋仁宗的宫廷生活有了阳光的一面。

后宫佳丽如云，皇帝的宠爱往往如流水般转瞬而逝。张美人为了取悦宋仁宗，保住得宠的地位，想了很多办法，做了不少牺牲。

宋仁宗这辈子有三个儿子，十三个女儿。其中，张美人为他生了三个女儿。在所有后妃里，她生的孩子最多。遗憾的是，都夭折了。

庆历年间，有个喝醉酒的侍从官误闯后宫。宋仁宗紧急下令曹皇后、张美人都关好门窗，不要出门，确保安全。曹皇后谨遵圣命，直接趴窝。张美人干脆跑到皇帝寝宫，陪宋仁宗度过危险的一夜。宋仁宗大为感动，第二天对大臣们提起此事，还掉了眼泪。

张美人喜欢吃江西金橘，宋仁宗便下令运到首都东京。于是，这些以前东京市民很难见到的稀罕货，成了水果市场上炙手可热的上品。

这些故事，刻意表演是演不出来的。可以相信，张美人对宋仁宗的爱是真诚的，她对于地位和权势的渴求也是真诚的。

庆历宫变期间，曹皇后指挥宫女和宦官拼死抵挡，坚持到援军到来，平定了兵变，救了皇帝一命。可宋仁宗没给曹皇后任何夸奖，反倒是给张美人记了功。这是怎么回事？

《续资治通鉴》记载："昔者殿庐徽卫卒夜入宫，妃挺身从别寝来卫。"宫变当夜，张美人跑来护驾，记功当之无愧。

可是，翻阅《宋史》等其他官方文献，都没找到关于张美人护驾的记载。

我们猜测，张美人所谓"护驾之功"，有可能只是她听到乱兵骚动，担惊受怕，只身跑到宋仁宗身边求庇护。顶多也就是个陪伴之功而已。

可没过多久，张美人正式晋升贵妃，地位仅次于曹皇后。

如此一来，这个所谓的"护驾之功"就显得很及时、很有必要，成了张美人抬高身价、塑造形象的关键要素。

既然封了贵妃，我们就要对她改个称呼，叫"张贵妃"，以示尊重。

二、鸡犬没升天

一人得道，鸡犬升天。

张贵妃的太爷、爷爷、老爷、亲爹，人虽去世，但全都追赠高官，亲爹还追赠清河郡王爵位。亲妈健在，升级为清河郡夫人。兄长张化基晋升为密州观察使。

一个美人，带火了三代人，这样的例子在宋朝前所未有。

然而，张贵妃似乎并不满足。

张贵妃希望让伯父张尧佐也能跟着沾光，就给宋仁宗吹枕边风，替张尧佐讨封宣徽南院使，类似于老干部局局长。

其实，张尧佐在地方上做官审案子，还是有政绩的。只是因为他是贵妃的伯父，如果提拔太快，会引起朝野非议，有外戚专权之嫌。

宋仁宗倒是不在乎这些，爱屋及乌，准备照办。可是，提拔张尧佐的动议，在朝堂上遭到了谏官的阻拦。

知谏院（谏官头子）包拯表示，重用张尧佐，不是皇帝的错，而是宠妃、宠臣和宰相的错，他们各怀心思，阿谀奉承，让皇帝背上宠溺后宫、偏心外戚的坏名声。因此，他建议宋仁宗"断以大义，稍割爱情"。

谏官攻势太猛，宋仁宗扛不住，只好暂时作罢。

作罢不等于死心。张贵妃继续吹风，宋仁宗也决定，一定给张尧佐封个官职。

某天上朝前，张贵妃把宋仁宗送到殿门口，抚着他的脊背一再叮嘱："官家不要忘了宣徽使！"提醒宋仁宗直接传旨，不给谏官阻拦的机会。

宋仁宗听罢连说："放心！放心！"

朝会上，宋仁宗刚要传旨任命张尧佐。包拯立即站出来进言，大谈反对的理由。话语滔滔不绝，唾沫星子横飞，都快溅到宋仁宗的脸上。

包拯以执法严格、不畏权贵著称，自身又很廉洁，没什么黑料。他摆事实讲道理，论据充分，宋仁宗拿他没办法，又无可辩驳，只好改主意。宋仁宗问给张尧佐封个节度使行不行。包拯再次反对。

宋仁宗气愤地说："节度使是个粗官，为什么还要争？"

北宋时期，节度使是个高级荣誉虚衔，只领俸禄没实权。

这时，谏官唐介很不客气地回答："太祖、太宗都做过节度使，这个职务恐怕不是粗官。"把宋仁宗给噎了回去。

回到后宫，张贵妃迎上前去，还没来得及开口，宋仁宗赶紧打住："今天包拯上了殿，唾沫都溅到我脸上了，你只管要宣徽使，不知道包拯是谏官吗？"一边说，一边用袖子擦脸上的唾沫星子。

张尧佐提职的事不了了之，但这不影响张贵妃依旧宠冠后宫。她有了新梦想：当皇后。

皇后大位早已名花有主。曹皇后主持后宫多年，好评如潮，根基牢固。然而，张贵妃偏要跟她掰掰手腕。于是，曹张宫斗的闹剧拉开了帷幕。

三、与皇后掰手腕

跟曹皇后相比，张美人就是宫里的"后浪"。为了争皇后大位，她四处捞政治资本。

宋仁宗给庆历宫变中没有尺寸之功的张贵妃记了功。枢密使夏竦很快悟出了其中的门道，当即表态"倡张贵妃之功"。作为国家最高军事指挥机构的一把手，竟要巴结皇帝宠妃，这是北宋官僚政治的悲哀。

谏官王贽更加无耻，他进言称，乱兵是从皇后寝宫附近开始闹腾的，应当查办皇后。他这么说，只是为了扳倒曹皇后，帮张贵妃上位。

宋仁宗把王贽的建议告诉了大臣何郯。何郯只回了一句："此奸人之谋也。"宋仁宗悻悻然，查办甚至废掉曹皇后的事，也就不提了。

利用夏竦、王贽这样的代理人对付曹皇后，张贵妃嫌效果不彰，决定亲自上阵。

《宋史·后妃传》记载了一段故事："张妃怙宠上僭，欲假后盖出游。帝使自来请，后与之，无靳色。妃喜，还以告，帝曰：'国家文物仪章，上下有秩，汝张之而出，外廷不汝置。'妃不怿而辍。"

张贵妃恃宠提出用皇后的仪仗出游，其实是为了过把皇后的瘾。宋仁宗没有表态，而是让她找曹皇后借。张贵妃以为宋仁宗默许了，屁颠屁颠去借了。曹皇后居然也答应了。

张贵妃很兴奋，把这消息告诉了宋仁宗。没想到宋仁宗一反常态，严肃地讲："朝廷对宫廷礼制有严格规定。你擅自僭越，使用皇后的仪仗出游，会被惩处的！"言外之意，一旦有大臣弹劾你，我可帮不上忙。

一听这话，张贵妃脸都吓白了，只好作罢。

曹皇后以退为进，后发制人，展现了沉稳和睿智，在曹张宫斗中占了上风。张贵妃与其说是输给了曹皇后，倒不如说是输给了制度。这是她无法逾越的政治鸿沟。

尽管曹皇后先胜一局，但如果跟张贵妃比年龄、比容貌、比生育子女、比皇帝恩宠，她都处于下风。为了保住皇后大位，她必须做出一些改变。

四、养女制度

庆历七年（1047）春，大旱。

宋仁宗亲自祈雨，但老天爷不给面子，滴雨不下。

宰相贾昌朝奏请遣出宫人以平息灾变。当时还是美人的张贵妃，带头把养女送出宫去。作为六宫之主的曹皇后，不得不响应，把养女范观音和高滔滔送出了宫。

问题来了，大旱祈雨跟遣送养女有什么关系？这些养女到底都是什么人呢？

收养养女的现象，在中国古代宫廷并不罕见。十六国时期汉国皇帝刘聪的左皇后王氏和中皇后宣氏，就分别是宦官王沈和宣怀的养女。宋代以前，宫里的养女大多是宦官所养，为的是将来献给皇帝当老婆，这样宦官自己就能升格为国丈，有面子，有实惠。

《绣枕晓镜图》，宋代王诜。台北故宫博物院藏

北宋时期，后妃收养养女，基本上也是这么个意思。开先例的，是宋仁宗的生母李顺容。她的儿子赵祯出生即被抱走，女儿也夭折了。为了排遣寂寞，李顺容收了个养女。

无论是宋真宗，还是宋仁宗，都没有干涉李顺容收养养女的事。刘太后甚至将其视为对李顺容的一种补偿。就这样，宋仁宗多了个干妹妹。

后来，宋仁宗还专门传旨，把这个干妹妹封为乐安郡主，将她划到了二伯赵元僖（宋真宗兄长）名下。这样，干妹妹就有了宗室女的身份，形同"转正"，衣食无忧。

乐安郡主就是纯粹意义的养女，不可能献给皇帝当老婆。

宋仁宗上台后，养女制度的味道就变了。收养干女儿的性质，就从纯粹的养女变成了后妃们邀宠固宠的工具。后妃收养小女孩当养女，也就成了宋仁宗名义上的养女。

后妃有了孩子，哪怕只是养女，身价都会抬高。这些孩子大多来自普通人家，一旦当上后妃的养女，社会地位直线上升。有的养女长大后还成了皇帝、皇子和王爷们的妻妾，过上了锦衣玉食的生活。因此，养女和后妃实际上形成了相互利用、互惠互利的关系。

当然，养女和后妃也是绑在一辆战车上的。一旦后妃遭遇不测，养女就要跟着受牵连，被遣送出宫，甚至丢了性命。

后宫中第一位靠养女身份崛起的女人，就是张氏。她的养母贾氏，是个有资历的老宫女，人称贾婆婆。张氏比宋仁宗小十五岁。宋仁宗上台两年后，张氏才出生。当宋仁宗二十三岁时，八岁的张氏才入宫当了养女。

经过贾婆婆的静心培养，张氏很快就成长为色艺俱佳的美人胚子。十五岁那年，张氏被宋仁宗一见钟情，随即被送进了福宁殿。这就是后来跟曹皇后争宠的张贵妃。

曹皇后虽然出身名门，胜任皇后，但不受宋仁宗待见。眼看张贵妃屡屡挑衅，曹皇后也只好收养养女，给丈夫提供美女储备来固宠。张贵妃也不甘示弱。于是，她俩就成了最早收养养女以备进御的后妃。

张贵妃的养女里，见诸文献的只有安定郡君周氏。她四岁入宫，养大后献给了宋仁宗，生下了女儿庆寿公主。

而曹皇后的养女里，见诸文献的有四个，分别是范观音、高滔滔、李氏、武氏。其中，在曹皇后的安排下，年轻的范观音献给了宋仁宗，迅速得宠，甚至超越了张贵妃。于是，就出现了曹皇后和范观音母女共侍一夫的奇葩景观。

范观音的得宠，让张贵妃感受到了威胁。她很清楚，范观音是代表曹皇后来邀宠的。因此，她要发动一场宫斗，反击曹皇后，争取把范观音弄走。

五、红颜薄命

宰相贾昌朝为了巴结张贵妃，竟拜贾婆婆为姑姑，结成同宗。在张贵妃的指挥下，贾婆婆暗示贾昌朝上书，建议遣送一批宫人出宫。张贵妃向宋仁宗表示，放出去的宫人必须是嫔妃们的亲人，才能感动上天，结束大旱。于是，她带头把身边的养女遣送出宫了。

如此一来，曹皇后只好跟进，把范观音和高滔滔送出宫。其实，按照曹皇后的盘算，范观音刚刚得宠，高滔滔本打算也送给宋仁宗，但还没来得及，这下全歇菜了。

张贵妃在宫斗中大获全胜，但在朝堂之上吃了亏。贾昌朝拍了胸脯，只要遣送养女出宫，老天肯定下雨。结果，养女走了，老天爷还是不赏脸。于是，宰相贾昌朝罢官外放。有意思的是，贾昌朝人一走，首都开封居然下雨了，旱灾戛然而止。

对于高滔滔来说，命运就是这样阴差阳错。她被遣送出宫，没能嫁给宋仁宗，却被宋仁宗指婚给宗室子赵宗实——后来的宋英宗赵曙。

看来，遣送出宫还因祸得福了。宋英宗上台后，高滔滔当上了皇后。

收养养女，不仅仅是曹皇后和张贵妃的专利。宫里很多嫔妃都曾收养养女，养大后献给皇帝，用来固宠。这个制度一直延续到北宋末年。

有些养女被养大后，送到了宋仁宗的龙床上，面对着垂垂老矣、满身病痛的老皇帝，不知作何感想。几年后，宋仁宗便撒手人寰。等到新皇登基，她们便被归入前朝姬妾的行列，身份锁死，只能在后宫孤老。

为什么宋仁宗时期的后宫嫔妃如此热衷收养养女呢？

因为宋仁宗一直没儿子，太想要儿子。对于这个关乎皇位传承的诉求，大臣们无话可说。

可是，打着要儿子的旗号沉溺女色，那就有点说不过去了。从宋太祖赵匡胤开始，北宋历代皇帝都怕被扣上好色的帽子。可是，他们的色欲和生儿子的渴求又很强烈，怎么办呢？

频繁选宫女，这好色的帽子就戴定了。为了皇帝的脸面，干脆用一种稳妥而低调的办法——后妃收养养女，给皇帝提供后妃人才储备库。既培养了宋仁宗时代规模最大的宫人群体，又解决了选宫女带来的高成本和扰民问题，还能让皇帝不用承担好色的恶名，一举三得。

吊诡的是，宋仁宗的养女资源充足，本人又好色且夜以继日的"耕耘"，到头来只生了三个儿子，且全部夭折。不得不收个宗室子当养子来接班，这也是够讽刺的。

张贵妃遣散养女的做法，并没有对曹皇后产生实质性冲击。反倒是她自己红颜薄命。至和元年（1054）正月，张贵妃病逝，享年三十一岁。

她渴望取代曹皇后，但命不够硬。她的死，或许跟壮志未酬的愤懑情绪、生孩子较多损耗了元气，以及孩子全部夭折带来的伤心有关。

事实证明，身体才是竞争的最大本钱。身体垮了，一切都没了。

这是宋仁宗一生最宠爱的女人。她的离去，让本就身体虚弱的宋仁宗更加悲痛。接下来，宋仁宗做出了三项重要决定：

一、辍朝七日，自制挽歌词。

二、禁乐一月，京城唯一活动就是祭念张贵妃。

三、以皇后之礼为张贵妃发丧，追封温成皇后。

这个做法，让一生梦想成为皇后的张贵妃，终于在死后圆梦了。然而，这么做刺痛了曹皇后。毕竟，现任皇后在世，便追封一位妃子为皇后，不仅不合礼法，而且对活着的皇后是一种人格羞辱。

可是，宋仁宗不管不顾，就这么做了。因为，只有张贵妃，才给过他飞一般的感觉。因为，只有张贵妃，才是他的真爱。

除此之外，宋仁宗真的没法再为真爱做更多了。因为，如果要做得更多，就要动用行政权力，必然招致大臣的劝谏和阻拦，甚至开骂。宋仁宗脸皮薄，惹不起大臣，更不敢逾越礼法。

张贵妃的美人心计，机关算尽，随着她的香消玉殒，一切灰飞烟灭。

福康公主：皇帝女儿闹离婚

> 留人不住，醉解兰舟去。一棹碧涛春水路，过尽晓莺啼处。
>
> 渡头杨柳青青，枝枝叶叶离情。此后锦书休寄，画楼云雨无凭。

这是北宋词人晏几道的《清平乐·留人不住》。

"伤离别，离别虽然在眼前；说再见，再见不会太遥远。"张学友在歌曲《祝福》里的歌词，满含深情厚谊。然而，在晏几道的笔下，这位女孩子面对去意已决的恋人，先含情脉脉，后决绝断念，心中一片痴情。

福康公主是宋仁宗最钟爱的女儿，曾经过着天之骄子的好日子。可是，从嫁人那天起，她的好日子就到头了，噩运接踵袭来。身为公主的她，曾经抗争过，但还是选择了逃避，甚至提出了离婚。而这一切的始作俑者，就是最爱他的爹爹宋仁宗。

一、公主降生

生娃这事，一直是宋仁宗的心病。

直到二十七岁，他才第一次做父亲。不幸的是，刚当上爹，就卸任了——长子赵昉在出生当天就夭折了。在那个医疗卫生条件欠佳的时代，孩子早夭司空见惯，皇家也不例外。

赵昉夭折的第二年，也就是景祐五年（1038）三月，大女儿出生。这年，宋仁宗二十八岁。

这个年龄才有了第一个健康的孩子，在一千年前的北宋时代，真的是迟来的幸福。宋仁宗兴奋异常，把这个孩子当作掌上明珠。尽管她只是个公主，无法继承皇位。

按照北宋的制度，公主一般都是成年该嫁人时才有封号。而宋仁宗在公主一岁时，就破例给了"福康公主"的封号。这算得上是"天下第一慈父"对大女儿最好的见面礼了。

福康公主之所以得宠，跟她的妈妈苗氏也有点关系。

苗氏是首都开封人。苗氏的妈妈许氏，即福康公主的姥姥，是宋仁宗的奶妈。于是，苗氏就跟着妈妈进宫同住。宋仁宗当上皇帝两年后，苗氏才出生。没法两小无猜，毕竟年龄差了十二岁。更重要的是，两人身处不同的社会阶层。

尽管如此，命运之神还是给了他俩在同一屋檐下接触交往的机会。两人都是喝一个妈的奶长大的，彼此就有了天然的亲近感。

苗氏长大后被纳入后宫，从低级的御侍、仁寿郡君做起。生福康公主那年，她才十六岁。

生娃有功，让苗氏晋升才人，后来又先后升为美人、贵妃。苗氏也不负众望，一年后又生下了皇子赵昕。遗憾的是，这个儿子夭折了。苗氏也就失去了当皇太后的机会。

北宋时代，苗氏存在感并不强，正史对她的记载也很少。或许是她始终与世无争，或许是她并不如张贵妃受宠，或许是她根本无心介入朝政或宫斗。

宋哲宗元祐六年（1091），苗贵妃去世，享年六十九岁。这个岁数，足以秒杀北宋所有的皇帝，笑看北宋中叶的各种风云变幻。或许，高寿才是老天爷给她的最好回报。

福康公主的出生，给宋仁宗带来了欢愉，但这种欢愉很快就变了味。

宋仁宗子嗣不旺。三个儿子全部夭折，十三个女儿也只有四个长大成人。更糟的是，三十四岁以后，不管怎样努力"耕耘"，宋仁宗竟然连续十六年没有新的子嗣诞生。

于是，福康公主作为硕果仅存的活苗，就成了宋仁宗最疼爱的宝贝。

福康公主从小就像生活在蜜罐里一样，被各位后妃疼爱，加上她自己聪明伶俐，简直要雨得雨、要风得风。

公主是个懂事的孩子。别看长期被众星捧月，但很守孝道。宋仁宗体弱多病，她就在他身边服侍，甚至散发赤足向天祷告，愿意代父受罪。这样发自内心的表现，让宋仁宗对她更加喜爱。

二、包办婚姻

宋仁宗对福康公主的爱，是全方位的。

——拒绝和亲。福康公主四岁时，大臣富弼奉旨出使契丹，就宋辽两国争端进行谈判。辽方提出和亲，而且指名道姓要福康公主。富弼婉言谢绝。

——享受册封礼。二十岁时，宋仁宗为福康公主举行了隆重的册封礼，晋封兖国公主。福康公主成了宋朝第一位获得册封礼的公主。

——舍得砸钱。宋仁宗为福康公主建造的府邸，花费几十万缗钱。福康公主出嫁后，每个月给钱千贯，享受皇太子待遇。

——精选驸马。庆历七年（1047）五月初二日，宋仁宗为年仅十岁的宝贝女儿安排了婚事。精挑细选驸马，选中了一个叫李玮的家伙。宋仁宗亲政以后，才知道生母并非刘太后，而是李宸妃。可是，李宸妃已经去世多年。为了弥补对生母的亏欠，宋仁宗把对生母的怀念和爱，都倾泻在生母的家人身上。于是，李宸妃的弟弟李用和沾了光，不但成了国舅，而且享受各种荣宠。光这些，宋仁宗还是觉得不够。他突发奇想，把爱女福康公主下嫁给李用和的次子李玮。也就是说，自己的女儿嫁给了自己的表弟，差了一辈。

宋仁宗似乎对差了辈的婚姻特别感兴趣。

曹皇后的养女中有个李氏，就是李宸妃家族的孩子，论辈分是宋仁宗的表妹。宋仁宗可能没打算亲上加亲，就没把这个李氏纳入后宫，而是指婚给族孙赵仲炎（皇族成员）。这就相当于把自己表妹嫁给了自己孙子，差了两辈。

曹皇后的另一个养女武氏，后来当了宋神宗的妃子。要知道，宋神宗是曹皇后的孙子。这意味着，养女嫁给了孙子，差了一辈，也是够奇葩的。

既然宋仁宗认可这种差辈的婚姻，那么把爱女福康公主下嫁给表弟李玮，也没什么问题。

李家出身寒微，只因李宸妃生育了宋仁宗，才一跃进入上流社会，但李家在朝中没什么根基。因此，宋仁宗把大女儿赐婚给李家，既是想给爱女找个好归宿，更是希望给李家加个富贵保险，对死去的生母多一份心灵补偿。他相信，李宸妃的在天之灵会欣慰的。

可是，宋仁宗的如意算盘打错了。

三、危机四伏

李玮是谁？

他是北宋中叶著名的书画家和书画鉴藏家。《宣和画谱》收录其作品两幅，现有《竹林燕居图》传世。他收藏的魏晋帖很多，被米芾称赞为"李氏法书第一"。

虽然辈分高，但李玮只比福康公主大四岁，性格敦厚老实，无论是从年龄，还是才华、性格，李玮都还算是优秀男士。十三岁那年，李玮曾被宋仁宗召见，才思泉涌，应答自如，举止优雅，很讲礼仪，给宋仁宗留下了好印象。

不过，李玮也有软肋，就是颜值差。正史的记载是"朴陋"。这还是含蓄的描述，可以想见李玮的颜值有多么不堪。

福康公主长于后宫，深受溺爱，亲爹又是大帅哥。耳濡目染之间，自然对男人的颜值有更高要求。下嫁给一个木讷丑陋的老实男，"颜控"肯定不乐意。

不过，福康公主也有软肋。

嘉祐元年（1056），宋仁宗大病一场，到了胡言乱语的地步。他大喊"曹皇后与张茂则谋逆"，吓得宦官张茂则要上吊，曹皇后不敢靠近。于是，宋仁宗身边只剩下公主一人。

公主也患上了心理疾病。父女二人各有心病，自顾不暇。

第二年，宋仁宗大病初愈。他迫不及待地为公主举行了婚礼。或许，他希望给公主换个环境，改善她的心理状况。

这年，公主二十岁。

遗憾的是，李玮的出现，不但没有治好公主的心病，反而让她更不舒服。那个时代没有整容术，李玮这副皮囊是天生的，改变不了，只能将就着过日子。

李玮是个有才华、无不良嗜好的老实人，就算没什么情调，只要舍得去忍，跟公主也能凑合过。历史上凡是当驸马的，日子都过得不太舒心。

可是，福康公主与驸马李玮之间，只有名义上的夫妻关系，实际上地位不平等。公主把驸马当用人一样呼来喝去。有公主带头，陪嫁的下人们也对驸马很不尊重，经常挑拨离间。

不能忽视的，还有李家这个原生家庭。

李家是在皇帝提携下，硬拔成贵族家庭的。可是，江山易改，禀性难移。最典型的，就是李用和的小妾杨氏。她是李玮的亲妈，出身卑微，行为粗鄙。她对宫廷规矩一无所知，总想用民间习俗去干预小两口的婚姻。

公主下嫁，本身就是政治婚姻。公主和驸马没有感情基础和共同语言，很难过到一块儿去。婆家的通常做法，就是把公主供起来，天天敬着，维持着夫妻的体面。如果非要要求皇帝女儿像小媳妇一样伺候公婆，搞三从四德，显然有点拎不清。

就在小两口的冷战陷入僵局的当口，杨氏做出了一个惊人的举动。

四、偷窥事件

嘉祐五年（1060）的一个晚上，杨氏偷看到公主与内侍梁怀吉在月下小酌。

公主的私情，具有上"热搜"话题的潜质。最典型的莫过于唐代的高阳公主、太平公主、安乐公主。福康公主月下小酌的对象，虽然只是个宦官，但这种超越身份界限的行为和场景，还是给剧作家留下了无限的想象空间，也给杨氏提供了造谣生事的口实。

福康公主和梁怀吉到底有没有私情呢？

梁怀吉是公主的亲信，从小一起当玩伴，彼此熟悉，类似男闺蜜。当然，在现实生活中，所谓男闺蜜有可能发展成出轨对象。正所谓"防火防盗防闺蜜"。

公主心情郁闷，找男闺蜜诉苦，这无可厚非。

她身边最没距离感的熟人，不是爹爹，不是夫君，而是这位男闺蜜。更重要的是，这位男闺蜜是陪嫁嫁妆的一部分。这就意味着，梁怀吉就是福康公主的私产。公主找私产喝杯酒，就算有突破男女大防之嫌，似乎也说得过去。

月下小酌，并不必然导致身体出轨。一方面，梁怀吉是宦官，不具备出轨的生理条件；事情闹大以后，宋仁宗收到了许多拿公主说事的奏章，但没有一件指责公主出轨。如果真有出轨的事实，奏章会像雪片一样，能把宋仁宗活埋了。

然而，这一场景被第三者偷窥，就有可能被误读，甚至歪曲。

偷窥这件事，反映出杨氏这个婆婆对福康公主是有怨气的。杨氏觉得，公主不喜欢驸马，可能是因为出轨了。于是，她亲自充当"狗仔队队长"，只是侦察技术太差，被公主发现了。

公主觉得隐私曝光、身心受辱，雷霆震怒，把杨氏揍了一顿。

李家住的公主府，名义上是公主的，盖房子的钱是皇帝出的；公主的吃穿用度，花的都是嫁妆和年俸，不花李家一两银子；公主在自己家跟谁喝酒，也轮不到婆婆说三道四。

就算公主出轨了，也要顾及公主的身份和皇家的颜面，家丑不可外扬。杨氏非要偷窥，把事情摆上台面，那就只能撕破脸了。

因此，公主和李玮的婚姻悲剧，杨氏要负大部分责任。

有个成语典故叫齐大非偶，强调的就是门当户对的重要性。很遗憾，福康公主摊上了这样的爹爹、这样的婆家，真是倒霉。

话又说回来，婆媳矛盾是世界性难题，即便媳妇理直，但动手打了婆婆，就违背了尊老的传统美德，一下子变得理亏了。显然，福康公主做得欠妥。

如果就事论事，杨氏挨揍纯属自作自受。公主敢动手打婆婆，大概也是有制度罩着的。这制度跟"斧声烛影"还有点关系。

宋太宗赵光义是宋太祖赵匡胤的弟弟。关于宋太祖之死和宋太宗继位的细节，坊间有许多传闻。尤其是"斧声烛影"的说法流传最广。

如果这个说法属实，就意味着宋太宗是靠谋杀哥哥上位，形同篡权，这在讲究正统的中国古代官僚体制里，是说不过去的。因此，宋太宗必须设法彰显自己上位的合法性。

除了编造政治谎言和打仗寻求战功之外，宋太宗还拿出了看家本领——联姻。通过跟同辈分的功臣、宿将联姻，予以笼络，扩大既得利益集团的基本盘，堵住大家的悠悠之口。

宋太宗比哥哥宋太祖小十二岁，这就意味着他的女儿也比同辈功臣、宿将的儿子小得多。为了让小两口年龄相当，宋太宗经常把女儿许配给对方的孙子。这样一来，皇帝就成了对方孙子的岳丈，相当于皇帝降了辈分。

这么说来，宋仁宗热衷差辈婚姻并非偶然，是有传统的。考虑到宋太祖、宋太宗定下来的许多规矩，都被皇位继任者们奉为圭臬，视作祖宗之法，不能轻易改动，差辈婚姻的做法也就沿袭了下来，成了君臣联姻的选项之一。

不管怎样，差辈婚姻毕竟让皇帝降了辈，吃了亏，为了挽回天子尊严，宋真宗定了一条规矩：公主出嫁后，驸马要"升行"，也就是提升辈分。这样一来，公主也就跟着提升了辈分，成了公婆的同辈人，也不用行舅姑之礼侍奉公婆了。

福康公主跟杨氏，就援引这条规矩，名义上是儿媳妇和婆婆的关系，实际生活中视同同辈。于是，福康公主对杨氏是"平视"的。考虑到公主娇生惯养脾气大，一有不称心就打骂，也就不足为奇了。

骂也骂了，打也打了，公主跟杨氏，乃至跟李家，就算是彻底撕破脸了。

五、夜闯禁宫

福康公主大闹一场后，悲愤不已，做出了一个惊人举动：回娘家。

在婆家受了委屈的儿媳妇，大多都会回娘家。可是，福康公主的娘家在皇宫里，可不是想进就进的。

她不管那么多。她一刻也不想在李家待下去了。

她完全有理由把李玮和杨氏扫地出门，赶出爹爹赐给自己的宅院，可是，眼下她最需要的，是找爹爹吐槽，倾诉委屈，讨个说法。于是，她连夜跑了回去，敲开宫廷禁门，直奔爹爹的寝宫，向他控诉李家的种种不是。

按照朝廷的规定，一到晚上，皇宫禁门不能随意开放。即便贵为公主，也不能违反制度，随意叫开禁门。然而，做父亲的还是心软了，违规打开了禁门，让公主回到自己身边宣泄。

宋仁宗听罢吐槽，只是安慰女儿，容她在自己寝宫过了夜，并没有拿出解决方案。可是，公主深夜叩开宫门这事，却被大臣们抓住了违反宫规的把柄。

朝堂之上，许多大臣援引《周礼》，端出祖宗之法，强调夜开宫门违规，应当严肃处理。不少大臣还说，如果官家不能妥善处理，不仅难以服众，而且后果难料。

一边是受了委屈的爱女，一边是群情汹汹的谏官，宋仁宗夹在中间很为难。他不想深究，但又不能不做点姿态，争取大事化小。思忖再三，他决定各打五十大板：

——申斥福康公主进宫。

——甩锅给公主身边陪嫁的宦官和宫女，将他们全部遣散。公主的乳母韩氏赶出皇宫，梁怀吉、张承照两位小宦官被发配到西京洛阳当清洁工，打扫宫苑。另派四个宦官伺候公主。

——守门官半夜打开宫门，完全是奉旨办事，不再追究。

——李玮治家不严，贬为和州防御使。

就事论事的话，李玮是最无辜的。作为儿子，他不敢对杨氏说三道四；作为丈夫，公主跟宦官月下小酌，他根本不知情，也不想管。许多大臣为他鸣不平。

后来，宋仁宗也觉得处罚有点重。为了挽回这段婚姻，还是让李玮保留原职，留在京城，只是略施薄惩，罚铜三千斤。

六、公主病了

福康公主的遭遇，本来是值得同情的。可自从她夜叩宫门的那一刻，情况变了。当她把家丑晒出来时，事态就朝着她无法控制的方向扩散了。

公主本来就"病心"。下嫁之后，特别是跟杨氏正面冲突后，内心饱受刺激和煎熬。夜叩宫门事件发生后，她不但受了申斥，身边心腹还全被遣散，俨然孤家寡人，这让她更加郁闷，心病更重，到了变着花样自杀的地步：要么上吊，要么跳井，要么烧宫殿。

公主搞成了这副颓样，最伤心的莫过于生父宋仁宗和生母苗贵妃。

宋仁宗不忍看到女儿继续受心病折磨，只好把梁怀吉、张承照又从洛阳召了回来。他希望，这两位打小就陪伴公主的小宦官，能够有办法让公主开心点。

然而，两位小宦官回来以后，公主的狂疾并未好转。

眼下，公主还住在皇宫里，天天疯疯癫癫。老赖在娘家也不是个事，宋仁宗希望她回公主府去。可是，只要一提这事，公主就要寻短见，说啥也不回去。

苗贵妃觉得，公主颓到这步田地，姑爷都逃不掉干系。她希望揪出驸马李玮的瑕疵，然后重重治罪，借此结束这段婚姻。

苗贵妃和俞充仪商量之后，派宦官王务滋去李府，名义上去做管家，实际上是盯梢李玮。可是，李玮是个老实人，生活简简单单。王务滋没能抓到任何把柄。

苗贵妃和俞充仪索性直接请旨，给驸马赐酒，打算借机在酒里下毒，把驸马李玮毒死。爱女之心，可以理解，但苗贵妃打算毒死女婿的做法，就属于没事找茬了。无论是情理，还是法度，都不支持这么做。

苗贵妃、俞充仪单独请旨不成，又找到宋仁宗和曹皇后同在的场合再次请旨。按说，苗贵妃跟曹皇后私交甚好，但这次俞充仪一开口，就碰了钉子。

曹皇后说："官家是看在李宸妃的面子上，才让李玮做驸马。现在赐酒，想干什么？"显然，曹皇后明确反对苗贵妃、俞充仪的做法。宦官头目任守忠从旁附和："皇后之言是也。"给李玮下毒这事就吹了。

毒杀驸马的做法固然不可取，但公主和驸马老这么僵着，也不是个事啊。宋仁宗做出了一个不通情理但又无可奈何的决定：驸马李玮在没有过错的情况下，被贬出京城，到卫州做知州。杨氏交给李玮的兄长李璋赡养。福康公主不住公主府了，正式搬回皇宫居住。

对于这个决定，很多大臣表示不满，纷纷为李玮求情。

太常博士傅尧俞质问宋仁宗："公主欺负李玮在先，皇上把挑事的宦官召回，把无辜的驸马赶走，这会让天下人耻笑的。以后还怎么教导其他子女？"

司马光先后上了《论公主内宅状》及《正家札子》两道奏章，要求宋仁宗用祖宗之法规范公主言行。他说："官家当初让公主下嫁，本意是关心李家，结果弄得李玮母子分离。这难道就是官家的良苦用心吗？驸马被贬，公主就真的没过错吗？就这么不了了之吗？"

司马光的分析一针见血，但宋仁宗听不进去了。他只想让这事赶紧过去。

噩梦终将结束，争执没有赢家。

七、艰难离婚

被宋仁宗揠苗助长提拔起来的李家，经过公主这么一闹腾，滑向了深渊。李家人也在痛定思痛。公主和李玮确实不般配，感情已经破裂，杨氏也不是合格的婆婆。这段倒霉的婚姻名存实亡，到了该结束的时候了。

离婚，在宋朝不是件容易事。如果真到了离婚那一步，宋朝的妇女都需要做些什么呢？

第一种方式最常见，是休妻。

对于一个女人是否应该被休，古人讲究"七出三不去"。

所谓"七出"，就是老婆犯了七种过错中的任何一种，老公就有理由把她休了。这"七出"分别是：无子、淫佚、不事舅姑、口舌、盗窃、妒忌、恶疾。这应该算是男权社会对已婚女士行为的全方位约束。

所谓"三不去"，就是老婆没有娘家可回、曾给公公婆婆服丧三年、陪着老公过了苦日子如今老公富贵了，只要符合这三种情况的其中一种，老公就不能休妻。这也算是给男权社会里孤立无援的女性，在儒家纲常中安排的一点道德保护吧。

公主和驸马离婚，肯定不能用这种方式。因为公主是下嫁，借一万个胆子，他也不敢把公主给休了。

第二种方式，是丈夫失踪，自动离婚。

在宋朝，男人能休妻，女人却不能休夫。理论上，女人可以离婚，但门槛很高。必须确认丈夫失踪超过六年，才能符合离婚条件。如果对婚姻不满，擅自逃跑，一旦被抓获，代价很大，比丈夫无故休妻获得的惩处还要狠。

法律没有阻拦离婚的女人改嫁，但夫妻义重的名分观念还是大行其道，社会主流价值观并不提倡改嫁。当然，这并不能阻挡离婚女性为追求幸福而改嫁的现象。

李玮并没有失踪，活得好好的。况且公主和李家都希望速速离婚，而不是拖六年。所以，这种方式不合适。

第三种方式，是"和离"。

这是男女双方商量好了，大家都有意愿离婚，类似于今天的协议离婚、和平分手。不过，只要丈夫不同意，或者官府不批准，和离一般没戏。

第四种方式，是"义绝"。

这是一种强制离婚的极端方式。顾名思义，就是恩断义绝了，没法做夫妻了。一般来说，当丈夫或妻子跟对方的至亲发生打架斗殴，或是夫妻双方的其中一方有婚外奸情，官府就会要求强制离婚。是否"义绝"，一般需要官府来认定。

福康公主与李玮如果想离婚，大概只能走第三种或者第四种方式。

嘉祐七年（1062），李璋替弟弟李玮写了一道奏章，申请"和离"，也就是协议离婚。宋仁宗同意了。不过，小两口离婚的善后事宜是个麻烦事。

按照宋代的规矩，女人结婚后，是没有家庭财产所有权的。即便是在家干活，创造了经济价值，所得收益除了贴补家用，全都交给族长管理，纳入族产。离婚以后，包括夫妻共同财产和族产在内的几乎所有财产，女人们都带不走。唯一能带走的，只有嫁妆。

离婚的女人回到娘家，就成了归宗女。女人在宋代社会的就业机会很少，因此归宗女很难有经济来源。父母双亡后，在跟兄弟们分割父母遗产时，归宗女可以受照顾拿到一小部分。只有娘家没有男性继承人，归宗女才可以全盘继承父母遗产。

归宗女回娘家，由于没有经济来源，只能白吃白住。长此以往，还是会被族人瞧不起的。除非生儿育女，以照顾子女的名义白吃白喝，境况才会改观。

不过，夫妻离婚后，女方没有经济来源，子女大多会归男方抚养，女方也不用支付抚养费。因此，归宗女想把子女带回娘家，并不是一件容易的事。

中国古代社会很重视传宗接代，女方只要生儿育女，当了母亲，就会受到法律和社会规则的些许保护。就算离婚了，该有的待遇还是会有的：

——自己去世，子女要为她服丧；

——只要儿子有经济条件，就要把自己接来同住和赡养；

——只要儿子是朝廷命官，自己就能得到朝廷的封赠；即便自己犯了罪，也能凭借儿子为官享受的朝廷恩荫，获得减刑和花钱赎罪的特权。

这么说来，尽管妇女在宋代社会地位较低，但当时秉持以孝道治天下的原则，只要生儿育女，还是能得到"体制内"的照顾，不管是不是离婚了。

说一千道一万，宋代女人离个婚，比现在麻烦多了。

当然，有宋仁宗罩着，宋代女人们离婚的这些麻烦事，福康公主都可以轻松绕过，选择一个相对体面的方式离婚。

在大臣们的劝谏下，宋仁宗决定，免去李玮的驸马都尉职务，赐金二百予以补偿；褫夺福康公主的兖国公主封号，降为沂国公主。

八、难啃回头草

几个月后，宋仁宗病重。

这次，他自感来日无多，又想起了李宸妃当年的种种不易，想起了自己为报答李家所做的一切。他觉得，对不起女儿，对不起姑爷，对不起李家。于是，他决定晋升福康公主为岐国公主，恢复李玮的驸马都尉头衔。这相当于一声令下，恢复了两人的婚姻关系。

不过，李玮的驸马都尉只是名义上的，他长期在外地做官，并没有跟公主相见。

嘉祐八年（1063），宋仁宗驾崩，宋英宗即位。福康公主沾了新帝登基的光，晋升为"越国长公主"。

不过，宋英宗小时候在宫里曾受排挤的晦暗记忆，让他对宋仁宗留下的一切都不满意，包括苗贵妃和福康公主。于是，他要求福康公主搬出后宫，给自己的子女腾地方。

没有爹爹宋仁宗撑腰，福康公主陷入了至暗时刻。

福康公主回到了公主府，再也没有爹爹在世时的欢乐，再也看不见李玮吟诗作画的场景，即便是自己生病，李玮也不会再来。心高气傲的公主，头上的光环日渐暗淡。

这一切，都是包办婚姻惹的祸。

治平四年（1067），宋英宗去世，宋神宗上台。作为新皇帝的姑姑，福康公主的头衔再次提升，变成了"楚国大长公主"，但在婆家的特权被取消了。于是，公主失去了再次离婚的任何可能性，只能小心翼翼地保持着跟李家名存实亡的婚姻，一切按规矩办事。

没有感情的婚姻，是很难孕育后代的。福康公主和李玮婚后没有孩子。熙宁元年（1068），李玮奏请把兄长李璋第十一子李璠过继过来，当自己的嗣子。宋神宗同意了，封了个供备库副使的官，赐名嗣徽。第二年，李嗣徽跟宋英宗的舒国公主结婚。李家再次跟皇家结了亲家。可是，这一切都跟福康公主没有半毛钱关系了。

王安石记录了福康公主的最后岁月：熙宁三年（1070）正月初九日，宋神宗驾临福康公主府。就在几天前，福康公主去世。宋神宗是来参加祭奠的。事后，他把宰相王安石等人叫来，当面痛哭流涕地说："李玮负仁宗恩，遇长主无恩礼，可便与节度副使安置。"（《熙宁奏对日录》）

李玮究竟做了什么，让宋神宗如此伤心？《熙宁奏对日录》记载："玮都不恤长主，衣服饮食药物至于呼医，亦多作阻隔，长主衣衾乃至有虮虱，至自取炭生火，炭炽伤面。"

福康公主被送回公主府后，婆家不给衣服，不给吃的，不给看病，没有侍女，冬天只能自己取炭，还被火烧伤。掀开衣服和被子，才发现公主身上长了虱子。

曾几何时，天之骄女，刚过而立之年，竟被虐待成这般模样。带着对包办婚姻的失望与不满，带着对婆家的愤怒和无奈，带着对爹爹的怀念和伤感，福康公主走完了人生的三十三年旅程，郁郁而终。

宋神宗非常生气，以"奉主无状"的罪名，把李玮贬为郴州团练使，安置到陈州，闭门思过去了。至于福康公主，宋神宗追封她为"秦国大长公主"，谥号"庄孝"。为了悼念她，宋神宗甚至取消了这年上元节的朝贺礼和御楼作乐，让大臣们去诸神御殿烧香。

有人说，福康公主被驸马虐待成这样，为什么只是给了个贬官的处治？

其实这事还真怨不得宋神宗。他亲妹妹宝安公主，被驸马和小妾活活气死，最后也只是流放驸马而已。宋神宗就是这么个人，虽然在朝堂之上立志做唐太宗那样的皇帝，但在后宫家务事上还是比较软。能把李玮贬得远远的，已经算是给福康公主这个不亲的姑姑做主了。

《宋会要辑稿》里有段记载，很是耐人寻味："熙宁二年五月二十六日，楚国大长公主以同天节合得霞帔，乞换翰林医官、赐绯石麟章服，许之，今后不得为例。"

宋神宗看在苗太贵妃的面子上，对福康公主还算关照；福康公主换翰林医官这事，李家并没有多作阻隔。

因此，宋神宗给李玮的罪名，只能是"奉主无状"，不能再多。而宋神宗对福康公主的态度，仅仅是同情。

李玮的驸马都尉头衔虽然没了，但在陈州依然过得逍遥自在，还纳妾生子，名叫李承徽。崇宁元年（1102），李承徽跟信都郡主钱氏成亲。而这位钱氏，竟然是福康公主的外甥女。如果福康公主在天有灵，估计要气个半死。

九、谁都不是赢家

复盘这桩婚姻会发现，闹了十几年，没有赢家。

宋仁宗好心办坏事，倒是出于慈父心肠，想给女儿找个好归宿，出于对李家的报恩，想让两家亲上加亲，但明知女儿有心病，还执意让她嫁给表弟，不考虑表弟的感受，也不考虑女儿的感受。

福康公主和李玮，在宋仁宗"爱女儿"的旗号下，被坑得一塌糊涂。最伤心的，还是苗贵妃。

福康公主从小娇生惯养，婚姻大事被爹爹包办，嫁给了一个自己看不上的家伙。身边的亲信从中挑拨，让公主对李家越发不满。于是，才有公主视夫为奴，殴打婆婆，亲妈还想毒死姑爷的事。

按说，北宋的"升行"制度给下嫁的公主很大的自主权，可以不用伺候公婆。为了确保这个自主权，甚至允许公主不必跟公婆住在一起，以免爆发各种矛盾。

可是，宋仁宗只执行了前半段，却漏掉了后半段，让李玮的亲妈杨氏跟着他们夫妻一起住。或许是因为李玮父亲和他的大老婆都去世了，出身小妾的杨氏没地方安置，也不方便住在李玮的长兄李璋家，只能安置在公主府里。

于是，这个杨氏就成了导火线。

李玮是个倒霉蛋。即便没有这桩婚姻，凭借"官二代"的身份，以及自身才华，就算长得丑，也能混得不错。谁想到被表哥皇帝塞过来一个有心病的公主。

不受公主待见也就罢了，自己亲妈还被打了一顿。过不下去主动要求离婚吧，没过多久又被表哥皇帝强行要求复婚。岳母对他恨得牙痒痒，甚至想毒死他。折腾来去，究竟图啥呢？

公主恨李玮，李玮何尝不恨公主呢？当宋仁宗死后，公主失去了保护伞，李玮终于用虐待公主的方式，报了当初被视为奴、生母被殴打、险些被岳母毒死、被迫跟公主复婚等一系列不爽的仇。尽管报仇的方式很不地道。

清官难断家务事，家家有本难念的经。福康公主和李玮两口子的悲剧，在很大程度上也是他们自己一手酿成的。哪怕有一方理智些，不要动手殴打、虐待，甚至下毒，都不至于到这步田地。福康公主更凄惨些，自己被虐待而死，在道义和舆论上也没占多大便宜。

有人说，北宋的魅力，离不开宋仁宗的魅力。他贵为皇帝，却没威严，没霸气，性情宽厚，不喜奢华，严于律己，宽以待人，受到了历代史学家、政治家的好评，被视为人人爱戴的千古仁君。

然而，对福康公主来说，摊上这样的爹爹，真的是五味杂陈，有苦说不出。

这位爹爹，早年有母后临朝、生母离别的阴影，中年有婚姻不幸的阴影，晚年有女儿不幸的阴影，这一切造就了他文弱、忧郁而又狐疑不定的性格，让他对于大臣、对于皇后、对于姑爷的信任，经不起时间检验。

这位爹爹，不是一个称职的好父亲，他给予福康公主和李玮很多，但在婚姻大事上，却没有考虑孩子们的感受。最终，留给福康公主和李玮的遗憾，远多于幸福。

时代的一粒灰，对于福康公主来说，就是一座山。而这座山，恰恰是宋仁宗垒起来的。

这不能不说是个悲剧。

韩虫儿："孕妇"引发的皇位继承风波

雾失楼台，月迷津渡，桃源望断无寻处。可堪孤馆闭春寒，杜鹃声里斜阳暮。

驿寄梅花，鱼传尺素，砌成此恨无重数。郴江幸自绕郴山，为谁流下潇湘去？

这是北宋词人秦观的《踏莎行·郴州旅舍》。

年近五十，贬官郴州，途中偶有雅兴，填词一阕。秦观在字里行间，饱含对江湖险恶的慨叹，以及仕途失落的痛楚。当然，这样的知名文人，一旦官场失意，往往情场得意。洪迈《夷坚志》记载，有一超级女粉丝，深爱此词，亲手抄录，竟追随而来，愿意托付终身。

毕竟在官场混过，秦观遇事还是冷静的。他拎得清自身难保的处境，不愿连累他人。对于粉丝的爱，他婉拒了。后来，秦观病逝。女粉丝闻讯，哀悼不已，竟也一恸而绝。

在北宋这样的文艺时代，为情所困的男男女女并不罕见。宋仁宗就带了个"好头"。不过，在情场上他可没有秦观的冷静，而是洒向人间都是爱。这种雨露均沾式的情感宣泄，给他的生前身后带来了很大的麻烦。

麻烦之一，就是一个叫韩虫儿的"孕妇"引发的皇位继承风波。

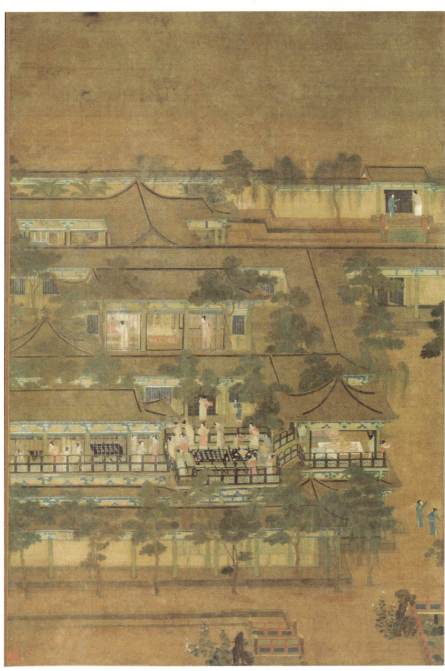

《乞巧图》，宋佚名。该画描绘了七夕女子乞巧的情景。美国大都会博物馆藏

一、糊涂的邂逅

韩虫儿是谁？

她是后宫的"私身"。这是个什么职业？在宋代，给官府服劳役的老百姓称为"官身"，没有这方面义务，也出来帮佣的老百姓称为"私身"。具体到韩虫儿的这个"私身"，跟宋代的养女制度有关。

宋仁宗时期，后妃大多收有养女。这些养女，或是充当后妃的干女儿，或是充当皇帝的童养媳。她们跟一般宫女在身份上有所区别，名义上没有义务给宫里当差，属于后宫的"私身"。

大多数养女要承担一定的体力劳动，至少要伺候养母。韩虫儿就是其中一员。她颜值平平，背景平平，学识不足，她的养母，司马光说是永昌郡夫人翁氏，欧阳修说是宫正柳瑶真。专家考证，欧阳修的说法更靠谱一些。无论是翁氏，还是柳瑶真，在宫里地位都不高。对于韩虫儿来说，以这样的条件，如果没有机缘巧合，要么在宫里终老，要么被养母嫁给某个王爷或者大臣的孩子。可是，命运给她开了个玩笑，撩起了她的春心和野心。

她跟宋仁宗有过一次邂逅。正是这次邂逅，不但改变了她的命运，而且险些改写了北宋的历史。

整个宋朝历史上，跟皇帝邂逅，乃至一夜情的宫女并不少，只有韩虫儿留下了真实姓名，她的事迹还见诸历史文献，传得满城风雨。

司马光长期担任谏官，经常给皇帝提意见。这桩宫闱八卦曝光的时候，他官居知谏院，相当于谏官头子，当然不会错过，更不会避讳什么。

司马光说，嘉祐七年（1062）腊月的一天，宋仁宗在宫里闲逛，看到一个宫女在井边打水。他发现，这个宫女打水用的绳子上，竟然缠绕着一条小龙。更有趣的是，除了他之外，周围竟然没有一个人注意到这个奇观。

见此情景，宋仁宗开始心猿意马了。他想起自己这些年虽然"辛勤耕耘"，也得了三个儿子，但全都夭折了。眼下皇位继承人不是自己亲生的，只是个养子，让他很是郁闷。看样子这位宫女是上天派来给他送儿子的，这机会必须把握住！

于是，宋仁宗就把这个宫女临幸了。这个宫女，就是韩虫儿。

皇帝跟韩虫儿一番云雨，为的是生儿子。可是，韩虫儿没名分，没品级，用什么作为信物呢？宋仁宗随手拿走了韩虫儿胳膊上的一只金色臂环。

不久，韩虫儿宣布怀孕了。

接下来就是漫长的等待。等了十个月，宋仁宗都驾崩了，韩虫儿这边还没把孩子生出来。曹太后和宰相们急眼了，就把韩虫儿叫来讯问。一问才知，韩虫儿根本没怀孕。至于金色臂环，根本没被宋仁宗拿走，而是她一手策划，就埋在养母住处佛堂前的土堆里。

既然韩虫儿坐实诈孕，那么接下来怎么办？

曹太后跟大臣商量后，决定对韩虫儿一顿杖责后，送其出家为尼。而韩虫儿的养母只被降级。

许多大臣觉得，这个处置太轻了，应当诛杀韩虫儿。毕竟，谎称怀上龙子，险些改变帝国的命运，这是欺君大罪。

面对谏官们连篇累牍的吐槽，曹太后只回了一句："置虫儿于尼寺，所以释中外之疑也。若诛虫儿，则不知者必谓虫儿实生子矣。"（《续资治通鉴长编》）她很坦率地表示，这么安排，只是为了澄清事实，避免以讹传讹。她可不想背上杀人灭口的坏名声。

司马光只是谏官，没有直接接触韩虫儿案的调查取证，他的记述主要来自道听途说，八卦了一下故事梗概。不过，他曾说过，曹太后就这个案子专门谕知辅臣。那么，谁是辅臣呢？

二、八卦的细节

所谓辅臣，主要指宰相级重臣。欧阳修时任参知政事（副宰相），就在辅臣行列。他是亲历者，在《又三事》里作了详细记述。

欧阳修曝光的八卦细节还是很有看头的：

——宋仁宗和韩虫儿的艳遇，纯属偶然。

司马光记述说，宋仁宗一看到韩虫儿，以及她打水绳子上缠绕的小龙，就发生了艳遇。

欧阳修的记述有所不同：宋仁宗先当场召见，确认韩虫儿是宫正柳瑶真的"私身"。柳瑶真在寝宫当值结束后，派韩虫儿取回她当值用过的坐墩。宋仁宗刚好在寝宫，就跟韩虫儿发生了艳遇。

如果没有韩虫儿取小板凳这件事，或许宋仁宗未必跟韩虫儿有什么艳遇。毕竟，后宫很大，宫女众多。一个宫女很难跟皇帝有超过两次近距离对话的机会。

——韩虫儿把跟皇帝的艳遇当谈资，到处吹嘘。

宋仁宗在世时，她就自称"官家把我弄怀孕了"。宋仁宗死后，宋英宗继位，得到群臣一致认可，她还在喋喋不休，说自己怀有先帝的遗腹子，快要生了。

一个宫女，把跟皇帝的艳遇时刻挂在嘴边，到处宣扬，显然是不懂事的愚蠢表现。不过，当她自称怀了龙子之后，没有人再敢嘲笑她。毕竟，宋英宗只是宋仁宗的养子。如果韩虫儿真的怀了宋仁宗的遗腹子，那么宋英宗当皇帝的合法性就会受到质疑。

这才是宋英宗最担心的，也是韩虫儿最引以为傲的资本。

——韩虫儿假怀孕的原因，竟然是为了享福不受罪。

韩虫儿怀胎十月，搞得宫里鸡犬不宁。到了临盆的日子，却不见生孩子的迹象。经过多方查证，韩虫儿并没有怀孕。所谓"遗腹子"的传闻，全是谎言。

曹太后曾问韩虫儿："为什么要扯谎？"韩虫儿的回答惊掉了许多人的下巴：她没有想过母以子贵、改朝换代这种大事，只希望借助怀孕之身，免遭养母柳瑶真殴打，顺便弄点好吃的。

她的目的达到了。所谓"怀胎十月"，实际上是她享福不挨打的十个月。韩虫儿不但逃脱了养母的家庭暴力，还有曹太后专门派来的宫女伺候，以及每天两千文铜钱买吃的。吃香的喝辣的，直至谎言被戳穿。

从司马光和欧阳修的记述看，假怀孕事件就是韩虫儿自导自演的闹剧。事实果然就这么简单吗？

三、案情疑点

韩虫儿只是一介"私身"，她是怎样做到在宫里隐瞒假怀孕的呢？

自从韩虫儿宣布怀孕后，宫里肯定会安排宫廷医官、宫女、产婆伺候。她们经验丰富，无论是真怀孕，还是假怀孕，宫廷医官和产婆轻易就能辨别。

"私身"是否怀有龙子，这是大事。如果扯谎，就是欺君大罪。韩虫儿人微言轻，没有能力让这些人替自己搭上身家性命去扯谎。

因此，能够让韩虫儿的谎言维持下去的，很可能只有宋仁宗和曹皇后。那么，宋仁宗和曹皇后知不知道韩虫儿假怀孕的事？

司马光没有记述。不过，韩虫儿一直在高调宣扬"上幸我，有娠"，宫里和坊间传得沸沸扬扬。曹皇后不可能没有耳闻，甚至通过宫廷医官和产婆的汇报，早已知道了韩虫儿只是假怀孕。

宋仁宗临幸韩虫儿，是在他生命的最后一年。按照欧阳修的记述，嘉祐八年（1063）正月，韩虫儿怀孕的消息就传了出来。此时，宋仁宗虽然患病，但还能见大臣、看奏章，只是听政和办公场所从崇政殿挪到延和殿，一切仪式从简。

这说明，宋仁宗直至去世前，总体上神志清醒。

既然神志清醒，就会对自己的子嗣问题格外关心。宫廷医官和产婆当然不敢对他说假话。因此，他有可能知道韩虫儿怀孕的真相——假怀孕。

这些内情，身为谏官的司马光无从知悉。他能做的，只有为尊者讳，在文字上动手脚；把口耳相传的内容记下来，即便以讹传讹，也在所不惜。

既然韩虫儿在扯谎，怀孕又事关皇位传承，是很严肃的政治议题，宋仁宗为什么不把韩虫儿揪出来，以正视听呢？

四、皇帝夫妇的小算盘

宋仁宗虽然在后宫努力"耕耘"，但"成效"不彰，三个儿子全部夭折。为了延续北宋皇祚，他只好选个宗室王爷的孩子当养子，将来继承皇位。这个养子，就是濮王赵允让的儿子赵宗实。四岁那年，赵宗实就被抱进了皇宫，由曹皇后抚养。

尽管皇储有了着落，但宋仁宗还是不甘心。赵宗实毕竟不是亲生的娃，只是个备胎，感情也没那么深。他对生个儿子抱有期待，但事与愿违，后宫虽然喜事不断，但一个接一个都是女孩，让宋仁宗很懊丧。

嘉祐七年（1062）八月，宋仁宗将赵宗实正式立为皇子，明确了皇储地位。在位四十多年，居然没办法让亲生儿子接班，必须靠过继兄长的儿子来继承皇位，真的很无奈，没面子。

宋仁宗做皇帝的最后几年，身体状况较差，常有癫痫症状发作。当赵宗实被明确为皇储后，大臣们自然要为各自的职业前程考虑，有意识地向赵宗实靠拢、效忠、献殷勤。宋仁宗虽然时日无多，但毕竟还是在任皇帝，最不能容忍的，就是朝中有朝、皇权旁落。

他必须给那些提前站队的官员们提个醒，也给他这个即将接班的养子提个醒：老皇帝还健在，各级官员别急着投奔皇储。

这种提醒的方式，就是借助韩虫儿，向外界释放一个重要信息："别看朕不行，其实朕还能生。"也许宋仁宗以为自己真的还能生。如果真有亲生儿子呱呱坠地，赵宗实就得靠边站。于是，当韩虫儿到处宣扬"上幸我，有娠"的事，宋仁宗没有阻拦，而是默许和放任。

可是，人算不如天算。几个月后，宋仁宗就驾崩了。这位老皇帝苦心孤诣的计划，还没怎么实施就被打乱了。

眼下，赵宗实已经长大，韩虫儿还没分娩，皇位接班人选毫无争议，只能是赵宗实。这时，升格成太后的曹皇后，为了稳住政局，毅然扶持赵宗实上台，改名赵曙，这就是宋英宗。

如此一来，韩虫儿无论是否真怀孕，对皇位传承，都没什么意义了。

再说说曹太后。

宋仁宗跟韩虫儿的一次"放纵"，给曹太后挖了个大坑。

曹太后的尊号，源于她是宋仁宗的皇后。维护宋仁宗的光辉形象，就是维护自己的太后大位。宋英宗毕竟是她抚养成人的，只有确保宋英宗上位的合法性，才能确保她自己临朝听政的合法性。

曹太后可能很清楚，即便韩虫儿成了个鸡肋，也要活着，要悉心养着。否则，一旦韩虫儿突然死亡，就会让外界怀疑，宋英宗为保住皇位，故意害死先帝遗腹子，背上不仁不义的恶名。

因此，当韩虫儿假怀孕案发后，曹太后并没有表现得很惊讶。

欧阳修记载，九月十七日，案件交给内侍省审理，入内都知任守忠具体负责。两天后，也就是十九日早上，宰相们就见到了完整的案卷。这说明，案子只审了一天，最迟十八日晚上已经结案，效率超高。

显然，曹太后可能早就知道韩虫儿假怀孕的内幕。既然分娩期已过，无法隐瞒，那就赶快曝光，赶紧结案，避免夜长梦多，把舆论的质疑和争议降到最低。

五、小宫女的大能量

韩虫儿曝出怀孕事件，恰好发生在宋仁宗、宋英宗最高权力交接的过渡期。这个小人物不自觉地卷入了皇权纷争，成为牵动皇室与国家命运的一颗棋子。而她本人，也在这个过渡期里成了万众瞩目的大人物。

受韩虫儿影响最大的大人物，当属宋英宗赵宗实。

——赵宗实接班之前，并不受养父宋仁宗待见。

嘉祐七年（1062），后宫连生五个女儿，眼看生儿子无望，在群臣的劝谏下，身体欠佳的宋仁宗只好将"备胎"赵宗实立为皇子。

不管当还是不当这个皇子，赵宗实都没得到宋仁宗的足够支持，在朝中也没什么威信。就在"备胎"转正的当口，韩虫儿怀孕的事曝了出来。

就算韩虫儿是真怀孕，谁能保证生男生女呢？可是，在那个迷信的年代里，小龙缠绳的景象，足以让几乎所有人相信，韩虫儿将会生下龙子。

一旦韩虫儿生下儿子，宋仁宗肯定会让赵宗实靠边站，甚至弄死，以解除对这个亲生儿子的潜在威胁。这才是让赵宗实最担心，也最恐惧的。

可以说，赵宗实对宋仁宗又怕又恨，根本没有儿子对父亲的那种发自内心的爱和孝顺。

宋仁宗的驾崩是个意外，出乎所有人的预料。赵宗实在曹太后和韩琦的支持下，登上了皇位。可是，韩虫儿依旧活着，还得到了悉心照料。这让赵宗实的皇位坐得很不踏实。

——宋英宗患病和两宫交恶，跟韩虫儿有关联。

宋英宗是曹太后抚养长大和拱上台的，没有理由跟曹太后翻脸啊！为什么宋英宗会跟曹太后交恶呢？

嘉祐八年（1063）四月，宋英宗接班，没过多久就精神崩溃，不能理政。七月以后，病情好转。可是，直到八月，他仍没有按照一朝天子一朝臣的通行法则，调整前朝的执政团队，也没有安插自己的人，只是把老臣富弼调回了京城。

九月十一日、十二日，宋英宗突然连发两道诏书。宣布自己当皇子时住过的宫殿更名兴庆宫，给三个儿子加官、晋爵、赐名。就在他发布诏书的几乎同时，韩虫儿到了临盆的日子。

十九日，曹太后把韩虫儿假怀孕的案卷交给了宰相们，真相大白。这意味着，宋英宗的皇位已经稳了，韩虫儿对他不再构成威胁了。

四天后，宋英宗宣布为长子赵顼安排专属官员。问题是，赵顼的王府还没开张，这个时候安排专属官员，连个办公场所都没有，不是多余吗？

其实，宋英宗这么做的目的，相当于宣示了赵顼的太子身份。通过这种方式，来巩固自己当皇帝的合法性。为此，他不惜舍弃一切，连起码的礼数都可以不顾。

韩虫儿虽然怀孕是假，但着实让宋英宗做了几个月的噩梦。他巴不得韩虫儿人间蒸发。可是，韩虫儿毕竟被先帝临幸过，不管是否真孕，曹太后出面关照她、对她薄惩，无可厚非。然而，宋英宗觉得，曹太后这么做，就是在向自己施压、示威。

在皇权面前，什么抚养之恩，什么拥立之恩，什么长幼尊卑，什么功劳苦劳，全都是浮云。宋英宗"恨屋及乌"，把对韩虫儿的怨恨，转嫁到了曹太后身上。

不光是对曹太后恩将仇报，宋英宗还对先帝宋仁宗的女儿们也冷眼相待、降低待遇。这样一来，两宫关系越发紧张。

在处理宫廷关系方面，宋英宗几乎完败。韩虫儿的存在，成了宋英宗患病的病因之一。病中，宋英宗精神错乱，触怒了曹太后，背上了不孝的恶名，引发了大臣们的质疑。糟糕的身体状况、乖张的日常表现，给曹太后提供了垂帘听政的借口，也让大多数大臣对曹太后临朝不持异议。

此后的几年，精神疾病、两宫交恶，跟着宋英宗，如影随形。而这一切，都依稀可见韩虫儿的魅影。

小人物也可以影响大历史，这就是韩虫儿留给后人的重要启示。

张茂则："好宦官"是怎样炼成的

> 天先天后，真土藏灵秀。妙用自然循火候，节节薰蒸教透。
>
> 不分龙麝檀沉，都能入鼻通心。待得烟消息住，浑身变见真金。

　　这是北宋后期道教正一派第三十代天师张继先的《清平乐·天先天后》。

　　词里讲的是道士炼丹的全过程。从自然界萃取原料，掌握技巧和火候，最后达到仙丹百炼成金的目的。张继先之所以能够成为一代天师，想必在炼丹方面还是独有心得的。

　　俗话说，伴君如伴虎。在君王身边侍奉、打交道，说话办事也要像道士炼丹那样，讲究技巧、把握火候，让君王有如沐春风的舒适感，能够"妙用自然循火候""入鼻通心"。

　　宋仁宗身边的张茂则，就是这样一位"好宦官"。

一、优秀宦官

《宋史》为张茂则做了三百字的小传，讲了六件事：

——宫中进了贼，他第一个冲进屋里抓贼。这说明，他在关键时刻临危不乱，办事果敢，身手不凡，勇气可嘉。

——宋仁宗染病，半夜召见。他赶紧到皇帝寝宫，其他宦官连忙关闭宫门。这时，他说：官家得的不是大病，没什么可担心的，如果关上门，反而会让宫内宫外怀疑皇帝病重。这说明，他在紧要时刻头脑清醒，思维缜密，忠于皇帝，敢于变通。

——宋仁宗打算给他升官，他却恳求外放任职。后来召回宫里，还跟司马光合作治理水患。这说明，他在名利面前，深知自己想要什么，能要什么，有志向，接地气，有实干能力。

——上元夜，宫中起火，他带人迅速灭火，受到皇帝奖赏。荣宠之后，他却充满忧虑，奏请退休。这说明，他在鲜花和掌声面前头脑清醒，居安思危，急流勇退。

——他涉足宋神宗、宋哲宗时期的党争。站在了曹太皇太后一边，反对变法，从而在宋哲宗绍圣年间被定为"元祐党人"，遭到弹劾。这说明，他还是没能逃脱官场潜规则，依然卷入了政治斗争的旋涡，而且必须选边站队，否则很难在名利场生存和发展。

——他生活节俭，粗茶淡饭，衣着朴素。这说明，他深知宫廷斗争的残酷，必须谨慎低调。这些生活习惯和日常品行，也让他躲过了一次次政潮，活到七十九岁，在宦官群体里算高寿了。

如此看来，张茂则确实是个优秀的宦官。

不过，即便是这样的"好宦官"，也曾被宋仁宗骂得狗血喷头。

二、伴君如虎

李焘在《续资治通鉴长编》里，记载了张茂则挨骂的场景。

故事是这样的。

嘉祐元年（1056）冬天，开封普降大雪，积雪大到压塌了开封的房屋。宋仁宗认为这是上天的警示，便在宫里祈福，乞求上天原谅。

为了表示虔诚，宋仁宗在宫里光着脚丫祈祷，结果祈福不成，反而染上了风寒，病情急转直下，出现了"暴感风眩"、流口水、神志不清等癫痫症状。

皇帝生病，群臣前去请安。不料，皇帝突然跑出寝宫大门高喊："皇后和张茂则谋大逆！"

大家都知道这是皇帝的疯话。于是，旁边服侍的宫人赶紧跟着跑出寝宫大门，跟守候在外边的大臣文彦博等人说："列位相公得帮着皇帝起草大赦诏书，消灾避祸啊！"

文彦博等人就开始讨论大赦天下的事。

李焘注意到，张茂则一向不受宋仁宗待见，这次被疯话吓得要上吊，被人救下没死成。

文彦博听说此事，就把张茂则叫了过来，一顿责骂："官家生病，胡言乱语，你何必怕成这样啊？你如果死了，让皇后还怎么在宫里混？"

曹皇后也很尴尬，有口难辩，索性闭门不出，自己承担了一切。

几天后，宋仁宗的状态复原，对于那天的疯话只字不提。张茂则依旧正常当差，曹皇后继续管理后宫，似乎一切都没发生过。

然而，发生过的终归是发生过的，还是留在了历史文献上。

问题来了，宋仁宗为什么会在病中喊出那样的疯话呢？李焘为什么会讲张茂则一向不被宋仁宗喜欢呢？为什么张茂则一听这话，以往的沉稳劲全然消失，吓得立马要自杀呢？

历史文献没有给出明确的答案，但也能找到一些蛛丝马迹。

当宋仁宗"暴感风眩"时，宰相文彦博、富弼等人担心皇帝病危，建议尽快立太子，首选就是以养子身份长期住在后宫的濮王赵允让第十三子赵宗实。

这件事宋仁宗并未表态，富弼就去跟曹皇后私下沟通。赵宗实是曹皇后抚养成人的，当然得到了曹皇后的支持。在曹皇后和富弼之间负责传递消息的宦官，正是张茂则。

宋仁宗很可能听到了这件事。他一直把养子当"备胎"，长期不给皇子的名分。如今，曹皇后、富弼和张茂则背着他密谋立太子，让他后背发凉。

在宋仁宗的眼中，张茂则是在插手立太子之事，管得有点宽。

可以肯定的是，曹皇后虽然不受皇帝恩宠，但不至于跟张茂则发生私情。毕竟，张茂则是宦官，不具备发生私情的生理条件。而曹皇后是将门之后，从家族气质和她日常严格自律的表现看，大概也不屑于跟宦官苟且。

以张茂则在宋英宗、宋神宗时期受重用的架势，以及他和曹太皇太后都反对王安石变法来看，至少在宋仁宗后期，张茂则跟曹皇后（宋神宗时期的曹太皇太后）走得很近，形同亲信。宋仁宗不喜欢曹皇后，也就顺带对张茂则产生了猜疑。

还是应了那句话："伴君如伴虎。"

嘉祐八年（1063），宋仁宗去世，宋英宗上台。曹皇后升格为皇太后，垂帘听政。张茂则也熬过了最艰难的岁月，时来运转。

按照规定，内臣满五十岁，才有资格担任内侍省押班，而张茂则只有四十八岁，还差两岁，愣是坐上了这把交椅，随后又先后升任副都知、内都知，坐上了宦官在宫廷里的最高位子。一时间，权倾后宫。这些，跟他的优秀表现有关，更离不开曹太后的力挺。

至于宋神宗时期，张茂则救火受赏，居然担惊受怕，多次请求退休，大概跟曹太皇太后去世后，自己没了后台有关。

北宋的朝堂之上，党同伐异，派系倾轧，即便优秀如张茂则，也没能跳出这个怪圈。

三、抑制宦官有高招

北宋时代，宦官权力不小，但没有出现宦官专权的局面。《宋史·宦者传一》给出了极其简洁的答案："祖宗之法严，宰相之权重。"这十个字一针见血。

这是一个很善于总结和汲取历史教训的朝代。

宋太祖赵匡胤深知，晚唐宦官专权，殷鉴不远；南汉后主刘伥委政宦官，亡国教训近在眼前。

宋太宗时期，有宰相建议提拔宦官王继恩做宣徽使，理由是这位宦官率军镇压王小波、李顺起义有功。没想到，宋太宗把这位宰相骂了一顿：

"朕读前代史书多矣，不欲令宦官干预政事，宣徽使，执政之渐，止可授以它官。"（《宋史·宦者传一》）

其实，宦官是北宋皇帝玩弄平衡术的工具。既可委以重任，利用其制约朝臣或外戚，又设定条条框框，防范其过分坐大。不管宦官势力怎样蹦跶，都跳不出皇帝驾驭的圈子。

对宦官势力"事为之防，曲为之制"，就成了宋代皇帝"谨当遵承，不敢逾越"的一项祖宗之法。

为了抑制宦官，北宋决策层也是绞尽脑汁想高招：

——控制宦官人数。

北宋初年，宦官总人数不超过五十人。本着"不孝有三，无后为大"的原则，三十岁以上没有养父的宦官，才准许收一名养子。

总体来看，北宋的大部分时间里，宦官总人数远低于唐后期和明清。

——设立宦官阶官。

北宋给宦官单独设立了一套阶官体系，从贴祗候内品到内东头供奉官，分为十二阶。后来还增设了昭宣使、宣政使、宣庆使、景福殿使、延福宫使之类的荣誉阶官头衔，安排资历老、功勋大的宦官。

这就使宦官有单独的晋升通道，区别于文官系统，不挤占文官职位。当然，宦官也就没法直接参与军机大事、干预文官日常工作，也不会阻挡文官的升迁通道。

——压低宦官品级。

唐代初期，内侍省最高官为从四品，类似现在的中管正厅。这是唐太宗抑制宦官的重要措施。

北宋初年，都知、押班作为内侍省的最高级官衔，不过正六品，类似现在的副厅长级。景德三年（1006），宫里增设入内内侍省，其最高官衔都知，相当于亲信宦官小组的组长，号称"内臣之极品"，也只有从五品，类似现在的一级巡视员。

可以说，北宋宦官的职业"天花板"，从"中管正厅"降到了一级巡视员，还不如唐朝。跟同时期的文官，乃至被歧视和打压的武将相比，晋升通道更窄，晋升难度更大。

除"天花板"降低外，"卡年限"的新政也加大了宦官晋升的难度。

文官系统、武将系统，一般都有规定好的升迁年限。只要没硬伤，单凭熬年头、拼资历，也能慢慢往上挪。

宦官就够呛了。靠熬年头很难出头，想升官只能靠立功。直到宋仁宗景祐年间，才放宽到宦官从业满三十年，且十年没有升迁的，"奏听旨"，等皇帝心情好了，给提拔一下。

如果宦官要想晋升押班以上的职务，必须同时具备四个条件：边疆工作经验五年，皇帝近侍工作经验五年，年满五十岁，没犯过事。这些条件相当苛刻。

——限制宦官活动。

宋太祖时期，曾规定宦官出差只能干一件事，不能插手其他事情。后来，这条禁令沦为一纸空文，但宦官的活动还是受到了一些限制。

宋代大臣在奏章里经常提及，宦官不宜交结外官。尽管这条没有纳入北宋的律法，但形成了官场规矩。吕夷简就曾向宋仁宗坦陈："臣待罪宰相，不当与中贵私交。"（王辟之《渑水燕谈录》）宦官阎士良、任守忠受到惩处，都跟交结外臣有关。

北宋皇帝限制宦官活动，除靠不成文的规矩外，更依靠朝廷大臣的制衡。宰执大臣和谏官大多出身科举，看不起宦官。他们力主抑制宦官权势，既为了实现儒家政治理想，匡正君王，也为了确保自身政治地位。

对于有专权倾向的宦官，宰执大臣和谏官们的抵制态度更为坚决。他们经常拿出祖宗之法，写奏疏弹劾，不达目的决不罢休。

有宰执大臣和谏官来制衡，即便是权倾朝野的大宦官，也会战战兢兢，如履薄冰。

宋哲宗时期，右正言范祖禹与宦官陈衍是邻居。陈衍是高太皇太后宠信的宦官，权力很大，但就是害怕范祖禹。怕到什么地步呢？在家不敢高声说话，免得被邻居范祖禹听见。他甚至对党羽说："范谏议一言到上前，吾辈不知死所矣。"（罗大经《鹤林玉露》）

把权阉逼到这个份儿上，大概也就北宋士大夫干得出来了。

无论是张茂则，还是任守忠，纵然权力大、涉猎广、参与朝政、卷入党争，却从未达到仇士良和魏忠贤的高度，能够蒙蔽乃至随意废立皇帝。

这不能不说是个奇观。

四、闷声发财

"好宦官"张茂则，外表温文尔雅，但鲜为人知的是，他一直在"闷声发财"。

职场上，许多人都抱怨老板抠门，给的薪水太低，跟劳动付出不成比例。可是，张茂则在宋神宗时期，居然觉得薪水太多，不好意思领，而且连续七年不领。事实上，北宋宦官的俸禄比较优厚，优厚到张茂则不好意思领钱；此外，张茂则应该还有别的收入来源，足以丰衣足食。

那么，北宋宦官的经济待遇，究竟优厚到什么地步呢？

宋仁宗时期，包拯在《上仁宗论内臣权任稍过乞加裁抑》中就指出："臣切见近年内臣禄秩权任，优崇稍过。"

北宋时期，文官的俸禄是比较高的。能让享受高薪的文官都眼红，说明宦官的福利待遇确实很可观。

北宋宦官的经济收入，分为俸禄、赏赐和非法所得三部分。

先说俸禄。这是最基本且最稳定的收入来源。北宋宦官的俸禄分为俸禄、禄粟和杂项三部分，相当于既有货币工资，又有实物福利。

俸禄多少是由官阶高低决定。

宫廷宦官一般归入内侍省、入内内侍省两省。内侍省是宋代宦官的总机构，又叫"前省"。入内内侍省负责统辖皇帝的亲信宦官，又叫"后省"。《宋史·职官志》记载："通侍禁中，役服褻近者，隶入内省。拱侍殿中，备洒扫之职，役使杂品者，隶内侍省。"

两省的官阶，都分为内东头供奉官、内西头供奉官、内侍殿头、内侍高品、内侍高班、内侍黄门六级。内东头供奉官为最高，内侍黄门为最低。做到内东头供奉官后，就从两省转出，可以继续升任押班、副都知、都知。如能做到都知，就算是宦官群体的极品了。

据《宋史·职官志》记载，以入内内侍省（略高于内侍省）为例，我们看看宋仁宗嘉祐年间确定的各个等级的俸禄：

北宋宦官薪俸收入一览表

阶官	俸禄（月）	禄粟（月）	绢（年）	绵（年）
都知、副都知	25千	/	17匹	30两
押班	25千	/	17匹	30两
供奉官	12千	4石	12匹	30两
殿头	7千	3石	11匹	20两.
高品	5千	3石	11匹	20两
高班	5千	2石	11匹	20两
黄门	3千	2石	10匹	15两

以宦官里的极品都知为例，月俸还不如知县多。不过，一旦宦官担任两省押班和都知后，就可以获得加官，从而大幅度提高俸禄待遇。一般来说，可以加诸司使职等高级阶官，混得好还可以充领节度使、节度观察留后、观察使、防御使、团练使等职，月俸直接翻若干倍。

领受高阶加官的北宋宦官薪俸收入一览表

阶官	俸禄（月）	禄粟（月）	绢（年）	绵（年）
领节度使	400千	150石	100匹	500两
领节度观察留后	300千	100石	50匹	100两
领观察使	200千	100石	20匹	50两
领防御使	150千	100石	20匹	50两
领团练使	100千	50石	20匹	50两
延福官使、景福殿使、宣庆使、宣政使、昭宣使	27千	25石	20匹	30两
皇城使以下诸司使	25千	25石	20匹	30两
诸司副使	20千	25石	15匹	30两

除了这些正俸之外，高级宦官（押班、副都知、都知，以及皇帝钦点的其他宦官）还有一些俸外补贴。比如根据所任差遣，获取相应数量的职钱，根据所任官职还有数量不等的添支钱、公使钱、职田、给券、元随傔人衣粮，傔人餐钱，茶、酒、厨料之给，薪、蒿、炭、盐诸物之给等额外补贴。

如此来看，只要生活不奢华不挑剔，宦官的生活待遇是有保障的，高级宦官吃喝不愁。张茂则平时俭朴，这些俸禄足够他日常开支了。

不过，俸禄和俸外补贴只能让北宋的宦官衣食无忧，要想富甲天下，就得使其他手段了。

与张茂则几乎同时期的宦官任守忠，敛财能力很强，几乎富甲京城。不过，他过于飞扬跋扈，把司马光惹毛了。司马光在《上英宗论任守忠十罪》中，就指责这位内都知任守忠"金帛珍玩，溢于私家，第宅产业，甲于京师"。

当然，跟北宋末年的大宦官童贯相比，任守忠还只是小巫见大巫，但如此家资巨万，靠俸禄积累是远远不够的。

有两个收入来源是不得不提的，一是皇帝赏赐，二是非法所得。

作为皇帝的家奴，宦官经常奉旨办差，如果完成得不错，就有机会得到赏赐。宋真宗时期，宦官石知颙奉旨修建河堤，提前完工获得嘉奖，赐白金千两，授入内都知。宦官李神福，由于修造含光殿有功，不但得了赏钱，还获赏宫城旁边的一座宅院，皇帝还专门派人为他修缮。

表现好、受宠信，就升官、赏钱、发房子，这种做法还是很有激励效果的。

赏赐终归额度有限，而且可遇不可求。非法所得在宦官富豪的收入结构中，比重更大。

这里所说的非法所得，一般包括监守自盗、贪污、受贿、勒索。有宋一代，这样的案例很多。我们只拿任守忠为例，因为他的胆子实在太大。

濮王赵允让，作为北宋皇室，他做出的最大贡献，就是把自己的第十三子赵宗实送到宫里，给宋仁宗当养子。历史文献记载，濮王天资浑厚，外庄内宽，喜怒不形于色，朝野上下评价很高。他去世后，朝廷按照惯例予以厚葬，具体经办人就是宦官任守忠等人。

此时，赵宗实还没有被明确立为皇太子，因而任守忠等人仗着皇帝宠信，根本没把濮王家人放在眼里，随意欺辱。司马光曾说过，任守忠等人"凌蔑（濮王）诸子，所馈遗近万缗，而心犹未厌"（《涑水记闻》）。任守忠觉得，濮王家人送的钱不够多，让他不太满意，就污蔑濮王长子不孝，导致其被贬谪，最后染病而亡。

按说，皇帝为了显示对宗室、大臣的重视，派宦官负责他们的丧葬事宜，本是件皇恩浩荡的事。可是，派去的宦官借机勒索，给这些宗室、大臣的家人伤口上撒盐，甚至为了办个丧事，搞得倾家荡产。或许，这些家人心里奔腾了一百万个草泥马，但有苦说不出。

相比之下，张茂则确实是个好宦官。至少他做到了"君子爱财，取之有道"。

梁怀吉：如果宦官有文化

旧时月色，算几番照我，梅边吹笛？唤起玉人，不管清寒与攀摘。何逊而今渐老，都忘却、春风词笔。但怪得、竹外疏花，香冷入瑶席。

江国，正寂寂。叹寄与路遥，夜雪初积。翠尊易泣。红萼无言耿相忆。长记曾携手处，千树压、西湖寒碧。又片片吹尽也，几时见得？

这是南宋词人姜夔的《暗香·旧时月色》。

梅花，是宋人诗词和书画作品里的常客。姜夔自比南朝梁的诗人何逊，说自己年岁日长，文采在减退。然而，千株梅花，在寒冷碧绿的西湖水映衬下朵朵绽放，勾起了他和心上人款款深情的永恒记忆。

宋仁宗最钟爱的女儿福康公主身边，也有一位心上人和小伙伴，须臾不可离。他叫梁怀吉，是个小宦官。

一、情感寄托

梁怀吉在宫里的地位远不如任守忠、张茂则，《宋史》里也没传。不过，《宋史·公主传》提到了他，称其为"梁怀"。司马光的《涑水记闻》称他为"梁怀吉"。

之所以能出现在《公主传》，是因为梁怀吉的命运跟福康公主是捆在一起的。而他能够在司马光的《涑水记闻》里留下印迹，也是因为他和公主之间的确有点暧昧。

嘉祐二年（1057），在宋仁宗一手操办下，福康公主下嫁驸马李玮。对这桩包办婚姻，公主是不满意的。

公主看不上驸马，话不投机半句多，这样的婚姻生活注定是没意思的。不过，公主有话还是想找人倾诉。对她来说，最佳的倾诉对象，莫过于长期在身边伺候的宦官们，尤其是梁怀吉。因为他是公主最信任、最宠爱的宦官，作为陪嫁宦官伴随左右。

嘉祐五年（1060）某夜，公主与梁怀吉相对小酌，边喝边聊，猛然发现，婆婆杨氏正在偷窥他俩，怒不可遏，动手打了她。然后，连夜跑回皇宫，叫开宫门，向宋仁宗哭诉。

按说，在婆家受了委屈，回娘家哭诉，实属人之常情。不过，因为这种事连夜敲开宫门，严重违反宫规，激起谏官不满。

大家纷纷上书，指出公主对婆家不敬，是受宦官、宫女挑拨；跟宦官暧昧，伤风败俗，应当责罚。

宋仁宗顶不住大臣们的压力，只好把公主身边的宦官、宫女全部遣散，另换一批，公主的奶妈也被赶出宫外。梁怀吉和张承照这两个宦官，被发配到西京洛阳当宫廷清洁工。

公主本来就觉得私生活被偷窥，是莫大的委屈。如今不但自己被责罚，身边人也被遣散发配。受此刺激，她变得精神失常，多次寻短见，寻死觅活地要把梁怀吉等人召回来。

看到宝贝女儿变成这副模样，宋仁宗心软了，只好将梁怀吉、张承照二人召回，送到公主身边继续伺候。可是，公主并没有恢复如初，司马光还在追着痛批宋仁宗朝令夕改。

宋代历史文献中关于梁怀吉的记载，仅此而已。

梁怀吉和公主之间，到底有没有男女之情，历史文献里没记载。就事论事，公主把梁怀吉当作"男闺蜜"和情感寄托。已婚的公主跟下人对坐小酌，有瓜田李下之嫌，梁怀吉没顾忌，也没推辞。正如司马光《涑水记闻》所说，"梁怀吉等给事公主阁内，公主爱之"。

看得出来，他俩有情愫，有暧昧。

司马光在札子里写道，公主"生于深宫，年齿幼稚，不更傅姆之严，未知失得之理"，应当"导之以德，约之以礼，择淑慎长年之人，使侍左右，朝夕教谕，纳诸善道。其有恃恩任意非法邀求，当少加裁抑，不可尽从"（《论公主宅内臣状》）。进一步印证了公主和梁怀吉的不清不楚。

不过，两人的社会地位差异巨大，不具备发生私情的基础条件和生理条件。

他们之间，顶多是暧昧，仅限于暧昧。

二、宦官里的文化人

梁怀吉和福康公主，虽然同在一个屋檐下，却是两个阶层、两个世界的人。福康公主为什么会与他暧昧呢？

难道仅仅是因为梁怀吉是她朝夕相处的儿时玩伴吗？

这方面因素当然不可或缺，但并非全部。能够跟公主月下小酌、坐而论道，说明梁怀吉算是宦官里的文化人。

北宋宦官群体里的文化人并不少。宋史专家游彪在《宋代宦官养子及荫补制度》一文中认为，"宋代宦官的文化素质普遍比较高"。

宋真宗、宋仁宗都不是马上皇帝，而是生在深宫、长在深宫的太平天子。早期的人生经历，让他们对宦官有天然的依赖感。宦官长期供职于朝廷中枢，接触军国大事，如果一问三不知，皇帝也会很扫兴。因此，宋真宗、宋仁宗都很重视宦官的文化教育。

宋真宗当太子的时候，就在宫里举办识字班，安排老师，让宫廷卫士、宦官都来学识字。甚至还让自己教出来的宦官张景宗当副学长，给其他宦官做榜样。

宋仁宗让天章阁侍讲贾昌朝、王宗道等人在皇子读书处编排资善堂书籍，用这个名义开识字班，给宦官教书。

为了给宦官教书，宋仁宗像做贼似的办识字班，而不是直接开班授课，这是为什么？

大臣们也不傻，很快就悟出宋仁宗组织编书是在挂羊头卖狗肉。

变着花样办班，还是招致非议，宋仁宗很郁闷，但没灰心。

宦官王中正"因父任补入内黄门，迁赴延福宫学诗书、历算。仁宗嘉其才，命置左右"（《宋史·宦者传》）。如此一来，延福宫就具备了宦官学校的职能，主要培训课程是儒家经典和数学。

皇帝为了给宦官开班授课，真是费尽心机。因为，北宋的祖宗之法里，没有为宦官教育进行制度设计。

后来，想进宫当宦官，门槛越来越高，越来越难。所有想进宫的宦官，必须先通过文化考试。"内侍遇圣节许进子，年十二试以墨义，即中程者，候三年引见供职"（《宋史·职官传》）。

这里所谓"墨义"，就是笔答经义，能做到会读会写会解。

《宋史》为五十三个宦官做了传记。其中有明确籍贯记载的三十四人，包括开封籍二十一人，真定籍二十一人，全都在北宋时期。

新来的宦官，大多被老宦官收为养子，既为老宦官名义上传宗接代，又由老宦官手把手教宫廷生活技巧及文化知识。这就确保宦官具备一定的文化水平。

宦官承担的差事比较杂。除了伺候皇帝后妃、清扫院落、制作膳食等体力活外，还要管理皇家内藏库、御药院等。

皇家内藏库是皇家理财中心，在这里当差的宦官，要精通数字，会制作账本和算账，合理使用皇帝的私房钱，提高资金效益，做到保值增值。

御药院名义上是皇家医药中心，在这里当差的宦官，要精通医术和药典，学会按方抓药和制作药剂，还要收集、缮写、整理、分析大臣的奏章。

元祐年间，御药院的宦官们就抄录大臣们的奏章，做成副本，装订成册，用黄绫装裱，写上标题、姓名，放在小皇帝宋哲宗御座左右，方便他随时浏览。

《瑞鹤图》，宋徽宗。该画展示了宋徽宗的绘画功底和瘦金书。辽宁省博物馆藏

此外，御药院的宦官还承接了给地方发公文、编排科举考试考官座次、誊录考卷密封样式等差事，类似办文处、秘书处。

这些差事，不但要求宦官要粗通文墨，还要熟悉百科知识，当好皇帝的助手。

宦官窦神宝曾掌管外交文件，王继恩跟士大夫多有文字往来，李神祐"性谨愿，晓音律，颇好篇咏"，张继能"性沉密知兵，颇勇敢，喜读书"，梁师成书法功底扎实，善于模仿宋徽宗瘦金体。还有一大批宦官画家，被纳入《宣和画谱》，其作品也被宫廷收藏。

北宋初年，朝廷出台了《权衡法》，明确国家的度量衡标准，有利于维持公平交易，减少商业纠纷，提高经济效率，杜绝各种舞弊，受到普遍欢迎。这项法令，就是宦官刘承规主持制定的。

二圣殿是朝廷供奉宋太祖、宋太宗的地方。刘承规的塑像被安排在宋太宗旁边"配飨"，作为功臣接受后世子孙的祭拜。对宦官来说，这样高的政治待遇非常罕见。

梁怀吉的文化素养，只是北宋宦官群体较高文化水平的缩影。相比于唐代宦官的贪婪和明代宦官的狂妄，北宋宦官算是温文尔雅了。

不管怎样，梁怀吉身上有着对主子的忠诚，以及一点点文化内涵。

在身体残缺、性格扭曲的宦官群体里，他和那些有文化的北宋宦官，称得上是一股"清流"。

说了那么多宦官的事，那么究竟什么是宦官呢？

三、什么是宦官

这个题目，如果作为一道历史系考研的名词解释题，最学术的答案应当是："中国古代君主及其家族役使的男性官员。"

宦官和阉人不能完全画等号，因为先秦和西汉时期的宦官，并不都是阉人。比如秦国的嫪毐，非但不是阉人，甚至还跟秦始皇的生母赵太后搞出了私生子。

阉人充当宦官，早在西周就有记载。《周礼》里有"宫者使守内，以其人道绝也"的说法。这些人主要负责杂役、传令，相当于国君或者贵族的家臣，地位比较低。

直到东汉时期，才规定宦官完全由阉人充任。自此，就可以通俗地将宦官称为"割掉蛋蛋的宫廷男仆"。

为什么要割掉"蛋蛋"（学名"去势"）呢？

宫里女眷众多，为了避免她们跟男仆有染，干扰皇室血统，索性让这些男仆失去"染"的机会。

不过，"去势"手术的风险很大，死亡率很高，比较残忍。割掉蛋蛋的男人，基本丧失了生育能力，人格也备受侮辱。一般来说，如果不是父母双亡、生计无着、走投无路，谁愿意从事这样的差事？

宦官和太监是不能画等号的。

太监本是官职名称，出现在唐高宗时期。殿中省更名中御府，由宦官充任太监、少监。只有在宫里地位较高的宦官才能充当太监，但久而久之，人们就把宦官称为太监了。

到了明朝，内廷设立了十二监，比如司礼监。每个监的主官官职名都是太监，由阉人充当，主官以下的宦官，没有太监的头衔。这时的太监指的是高级宦官。级别较低的宦官，则被称为"中监""少监"。

真正把太监和宦官完全画等号，是在清朝。用太监称呼所有宦官，就像用年号"康熙"称呼清圣祖玄烨一样，只是约定俗成而已。

有历史题材影视剧中出现了"大监"的称谓，用来形容宦官。其实，"宦官"和"大监"不是一回事，"大监"和"太监"虽然只是一"点"之差，但也不是一码事。"大监"这个官职已有几千年历史。《史记》记载，黄帝"置左右大监，监于万国"。这里的"大监"相当于纪委书记，主管监察。

西汉时期，西域大国乌孙就设置了"大监"一职，地位低于相、大禄、左右大将、侯、大将、都尉，属于决策层的显贵，不是宦官。北魏时期，大监是女官的官职名，负责宫内事务，相当于二品大员。由女性充当，也不是宦官。

隋朝把"将作寺"改成"将作监"，"将作大匠"改为"大监"。主要负责宫廷、宗庙、陵寝等皇家建筑的土木营建。更不是宦官。

宦官的称谓，不同时期各有差异。先秦时期称为"寺人""内竖""阉人"。西汉时期称为"宦者"，这个名字来自拱卫在天帝星旁边的一个星座的名字。

宦官在皇帝身边工作，相伴相熟，容易获得信任，从而有机会参与国家大事。一旦皇帝懦弱，宦官上下其手，就会演变为宦官专权的景象。东汉、唐代、明代先后出现三次长时段的宦官专权，给当时的政治生态带来了严重的负面影响。

宦官普遍出身寒苦、身体残缺，所承担的工作比较低端，挨打挨骂司空见惯，这让他们过早失去了做人底线，不少宦官存在心理畸形和变态的问题，也使他们容易滑入贪财好货、攀附权贵的深渊。

不过，真正混出头的专权宦官毕竟是少数，大多数宦官还是兢兢业业于本职工作，虽然能吃饱穿暖，但常常被侮辱与被损害，仍旧活得不容易。

赵元俨："八贤王"风不定

风不定，舞碎海棠红影。数点雨声池上听，湿尽一庭花冷。

倚阑多少心情，轻寒未放春晴。谁管天涯憔悴，楚乡又过清明。

这是一首作者不详、无人认领知识产权的宋词，题为《清平乐·风不定》。

"风不定"，是许多政界人物最感敏感的话题。"八贤王"就是这样的话题。

文学作品中的"八贤王"，威风八面，号称正义的化身。那么，历史上究竟有没有"八贤王"？他有没有横扫一切贪官奸臣的魔力呢？

一、"八贤王"的猜测

《包青天》《寇老西儿》《杨家将》等影视剧里，都有个牛哄哄的王爷，手持八面金锏，上打昏君，下打谗臣，号称"全无敌"。只要剧中的正面人物受到了皇亲国戚、权贵奸臣的陷害和压制，他都能及时赶到，化解危机，连皇帝都得敬他三分。他是谁？

剧中管他叫赵德芳，或者尊称"八王爷""八贤王"。

历史上确有其人，是宋太祖赵匡胤的第四个儿子。《宋史·宗室传一》记载："太祖四子：长滕王德秀，次燕懿王德昭，次舒王德林，次秦康惠王德芳。德秀、德林皆早亡，徽宗时，追赐名及王封。"

关于秦康惠王赵德芳，历史文献中罕有记载：

——曾是赵匡胤的候选接班人之一，但最终接班的是赵匡胤的弟弟赵光义，也就是他的叔叔，即宋太宗。

——太平兴国六年（981），因病去世，享年二十三岁。

英年早逝，险些当太子，这些都让坊间怀疑，他的死会不会跟宋太宗有关。不过，各种正史、笔记、野史、小说，都没有"赵德芳被宋太宗所害"的记载。

赵德芳虽然带着遗憾去世，但他的后人还是替他圆了皇帝梦。南宋开国皇帝宋高宗丧失生育能力后，膝下无子，收养了赵德芳的六世孙赵昚。后来，传位给赵昚，这就是宋孝宗。其后的宋光宗赵惇、宋宁宗赵扩，分别是赵德芳的七世孙、八世孙。

赵德芳死的时候，杨家将里的老大杨业还活着（杨业战死于雍熙三年），杨延昭只是二十四岁的毛头小伙，还不是边关主帅。宋太宗又是赵德芳的长辈。因此，赵德芳不可能参与《潘杨讼》《寇准背靴》《辕门斩子》的故事，更不可能拿着金锏到处打。

一句话，文学作品中的"八贤王"，跟历史上的赵德芳没啥关系。

也有人认为，八贤王应该是宋太祖第二子赵德昭。

赵匡胤成年的儿子里，赵德昭排名第一，按照"父位子承，长幼有序"的惯例，他接班的机会最大。

赵德昭自身素质较高，文武兼备，很有韬略，喜怒不形于色，是个好皇帝的料。因此，当赵光义上台后，有些大臣就鸣不平。换句话说，侄子赵德昭的存在，是宋太宗"卧榻之旁"的潜在威胁。为了皇位，叔叔会干掉侄子吗？他还真不忍心下这个手。

可是，脆弱的神经和心理承受力，把这个年轻的皇侄迅速压垮了。

太平兴国四年（979），北宋军队对北汉都城太原围点打援，击溃契丹援军，迫使北汉投降，完成了对中原和江南的统一，结束了五代十国的割据局面。仗刚打完，宋太宗觉得，契丹骑兵不过如此，他想乘胜北上，收复被契丹控制的幽云十六州。于是，部队还没休整和论功行赏，就继续开拔，一路打到幽州城下。

疲惫的宋军劳师远征，已是强弩之末，经不起契丹骑兵的突袭，先胜后败，转而大败。宋太宗中箭受伤，乘坐驴车夺路而逃。宋军伤亡惨重，积攒多年的军事物资丢失殆尽。

接下来，宋军南撤途中，全军惊魂未定，不知道宋太宗的下落。为了稳定军心，有人打算立赵德昭为皇帝。这件事没成，但还是传到了宋太宗的耳朵里，搞得这位做叔叔且小心眼的皇帝心里很不爽。

战败归来后，宋太宗很郁闷，一直没有兑现太原之战的奖赏。赵德昭提示了一下，却惹得宋太宗勃然大怒，放出狠话："等你当皇帝的时候，再赏赐不迟！"

狠话里，透着宋太宗的极度不自信。

皇位归属，从来都高度敏感。从宋太宗上台那一刻起，赵德昭作为侄子，已经失去了接班的可能性。这一点谁都清楚。如今，宋太宗放出这样的话，让赵德昭很尴尬。

赵德昭秒懂：自己树大招风，叔叔戒心太重。这样的处境，让他背上了沉重的心理包袱。回到家里，他越想越窝火，越想越害怕，竟拔剑自刎，一死了之。

做个好皇帝，需要心胸足够豁达，心态足够成熟，经得起风浪考验，乱云飞渡仍从容。遗憾的是，赵德昭并不具备这些。换句话说，即便他当了皇帝，成就也未见得能超越宋太宗。

对于宋太宗来说，赵德昭自刎是个意外事件，亦悲亦喜。侄儿死了，当然悲；威胁皇位的竞争对手少了一个，当然喜。

许多人认定，赵德昭是被逼死的。这个遭遇唤起了大家的同情。因此，文学作品里就塑造了一位"贤王"形象，持八面金锏，上打昏君，下打谗臣，为老百姓出口气，也为赵德昭本人出口气。

无论多么高大全，文学形象毕竟是虚构的。赵德昭和赵德芳都死在了宋太宗时代。不管是论排位，还是找史料，都没有这两人被册封为"八贤王"的记载。就算封为"贤王"，也不应该排行第八啊！

那么，历史上的"八贤王"到底是谁呢？

二、"八大王"赵元俨

"八贤王"的历史原型，大概率是赵元俨。

为何是赵元俨？赵元俨究竟是谁？我们只要对照几个要素就清楚了。

——宋太宗第八子。"八王爷""八贤王"的"八"字，就有了确切的出处。历史文献里也确实称其为"八大王"。

——《宋史》有传，字数不少，有故事。说明史有其人，有猛料。

——乾兴元年（1022），宋仁宗上台，此时赵元俨三十八岁。十年后，宋仁宗亲政，赵元俨四十八岁。对于古代政治家来说，三十多岁到五十多岁，正是年富力强的年龄段。赵元俨作为宋真宗的弟弟，去监督侄子宋仁宗，再合适不过了。

——他的人生经历当得起这个"贤"。至少，他开创了宋代的宗室文化。

下面，我们就来讲讲这位不简单的"八贤王"。

宋太宗赵光义有九个儿子，赵元俨排行第八。老父亲通常会偏心小儿子，宋太宗也不例外。他甚至觉得，赵元俨年纪还小，倒不如在自己身边待到二十岁，再开府封王。于是，赵元俨在宫里多了个绰号："二十八太保"。

这对父子，年纪相差近半个世纪，相处了十二个年头。当爹的就驾鹤西游了。不过，没有他的束缚，反倒让赵元俨有机会逃离皇宫、独当一面。

宋真宗赵恒上台后，对这位八弟关爱有加，很快就授检校太保、左卫上将军兼御史大夫，封曹国公。这是赵元俨职业生涯的第一组官职和爵位。

四年后，赵元俨离开皇宫，开府单住，时年十七岁。宋真宗为他先后选派了三名官员，做曹国公府的翊善（首席佐官），既辅导功课，又打理庶务。

赵元俨的府邸刚建好，宋真宗就来视察，看看八弟的新家建得怎么样，住得舒不舒服。不过，这样的全情投入，似乎效果相当一般。赵元俨这家伙，陪同皇帝哥哥吃饭的时候，话多。对自己看不上的演员竟然张嘴就骂，抬手就打，等到皇帝来看戏的时候，又让挨骂的演员上台演戏。

这样的表现，用三个词概括：没规矩、没教养、两面派，就是个纨绔子弟的样子。

难怪宋真宗无奈地对宰相抱怨："朕昔与诸王侍宴，何敢如此！弟兄相接，亦无游谈。惟是读书著文，交相质问。即位以来，每岁赐宴，不过再三，政虑宴喜之次，言辞或致差失。"（陈模《东宫备览》）

即便如此，宋真宗对这个弟弟依然优容，把他曹国公变成广陵郡王，又变成荣王，爵位直线上升。

可能是怕弟弟的薪水不够花，宋真宗又给了一堆兼职。各种提拔，让赵元俨有面子、得实惠，但他放荡不羁的个性一点没变。

个性太刚，往往会惹祸上身。

大中祥符八年（1015），荣王府发生火灾。从凌晨烧到中午。王府就在宫里，导致王府被毁，还殃及皇宫多个建筑，损失巨大。

宋真宗很讲迷信，痴迷于泰山封禅和迎接天书。皇宫发生火灾，触发了他对"天人感应"的联想，认为是上天给了惩罚。于是，宋真宗悲催地发布了一道罪己诏。

然而，当起火原因查清后，一向温和的宋真宗发飙了。

原来，赵元俨的侍婢盗卖金器，担心东窗事发，故意纵火，企图销毁罪证。宋真宗很生气，严惩直接责任人后，也对赵元俨开出了罚单：免去武信军节度使，从荣王降为端王，赶出皇宫，安排住到驸马都尉石宝吉的宅子里。

赵元俨闯了大祸，吓得够呛。对于一个长期狂妄的王爷来说，能知错认错，已经算是很大的进步了。宋真宗也没想把弟弟往死里整，只是象征性地敲打一下而已。

宋真宗就像个老鸟一样，用宽大的翅膀护佑着赵元俨这只小鸟。可是，一旦宋真宗撒手人寰，习惯了恩宠和溺爱的赵元俨，还能继续潇洒和桀骜吗？

三、"兄终弟不及"

皇宫火灾之后，赵元俨就告别了皇宫，远离了皇权中心。可是，宋真宗弥留之际，各种传言甚嚣尘上。其中就有赵元俨企图接班当皇帝的说法。

北宋官员邵伯温在《邵氏见闻录》里说，宋真宗病危时，宰相李迪等人在内殿祈福和守候，赵元俨进宫探视病情，赖在宫里不走，想借机争夺皇储大位。

李迪等人觉得不妥，毕竟太子赵祯名分已定，赵元俨作为王爷，长期留在宫里多有不便。可是，谁也不敢赶他走。这可咋办呢？

恰好，翰林司的人端着一盆热水，说这是八王爷赵元俨要的。李迪急中生智，从桌案上抄起毛笔，蘸上墨汁，把热水搅黑，再让端过去。赵元俨一看，大惊失色，以为水里有毒，不敢在皇宫待了，赶紧离开。

故事很传奇，但也有漏洞。

——此时李迪已经被贬官，去做郓州知州了，不可能还在宰相的位子上。

——《仁宗实录》记载，宋真宗驾崩时，赵元俨没有陪王伴驾，而是在家养病。直到宫里派宦官登门告知皇帝驾崩，赵元俨才抱病赶往皇宫，见刘太后，号啕大哭，而后在皇宫门外的小房子里暂住守丧。从这个记载来看，赵元俨没有赖在后宫里。

因此，邵伯温的记载有误。

成书于北宋晚期的《道山清话》对邵伯温的记述做了补充修正：就在宋真宗病危、赵元俨赖在后宫的当口，御药（相当于太医院药剂师）李从吉骂了一个小宦官，可能是嗓门太大，惹得赵元俨很不高兴。赵元俨先是对李从吉一通申斥，随后又把端着的热水泼了李从吉一身。

李从吉怀恨在心，就让人去找新皇帝宋仁宗告状，说先帝病危，赵元俨赖在宫里不走。宰相们唯恐赵元俨谋朝篡位，就利用赵元俨取热水的机会，由宰相李迪用墨汁把水搅黑，让赵元俨误以为水里有毒药，这才悻悻离开后宫。

宋仁宗年仅十三岁，但脑袋瓜转得很快。他琢磨：不对啊，怎么可能有这事啊？如果八王爷发现盆里的水是黑的，怎可能不追究翰林司的责任呢？再说，把毛笔放在热水里搅和，这算什么计策？难道一盆黑水就能让八王爷以为里面有毒了？

实际情况是，八王爷准备离开，但刘太后留他在后宫值班，第二天再离开。由此，宋仁宗猜测，一定是李从吉唆使人来告状的。

不过，李从吉只是太医院的药剂师，他能有多大胆量打击报复身为皇族的八王爷，又有多大必要去卷入朝中的政治斗争呢？

《道山清话》的记载似乎有些站不住脚。

再看《续资治通鉴长编》引述蔡惇《直笔》的记载。

宋真宗病危，跟大臣们交代后事。此时，宋真宗已经说不出话了，只是面向宰相丁谓，指着自己的胸口，先摆出五个手指头，又摆出三个手指头。

这手势是啥意思呢？大家很容易会联想到"八"，也就是传位八贤王。丁谓也是这么理解的。可是，宋真宗早就立十三岁的赵祯为太子了。如果临时更改皇储，恐怕要坏事。

这个场景被刘娥隔着帷幕看到了。丁谓等大臣们退下后，刘娥让宦官追上大臣们，说皇上伸出五个指头，又伸出三个指头，意思是说，再过三五天，病就会减轻，没别的意思。

见刘娥发话了，丁谓这种官场老油条就算再迂腐，也知道是咋回事了。于是，大家全都点头，不再提八王爷的事了。

平心而论，宋真宗弥留之际，不管赵元俨是否赖在宫里不走，也不管是否冒出传位给赵元俨的想法，仅就宋真宗去世前后的政治局势来看，赵元俨当皇帝的可能性是存在的。

太子赵祯才十三岁，年纪太小。宋真宗的兄弟里，只剩赵元佐、赵元俨还健在。赵元佐已经被废，只有赵元俨得宠。所以，赵元俨成为传言中的皇储热门人选，并不意外。

赵元俨虽然常干奇葩事，但也很清楚自己的身份地位特殊，过于扎眼，容易遭到议论。于是，他没有跳出来抢皇位，而是主动称病，躲了起来。

事实证明，他对皇位或许有梦想，但从没敢染指。梦还没做全，就破灭了。

四、闭门绝事

宋仁宗上台，刘娥升格为太后，临朝听政，实际掌握了大权。

赵元俨以皇叔身份，获得了诸多特殊待遇，比如太尉、尚书令、太师，以及镇安、忠武二镇节度使等头衔，赞拜不名、诏书不名、剑履上殿，也就是奏事和文书中不必称呼自己的名字，参加朝会不用脱鞋子，可以带剑上殿。

这些特殊待遇超越了先皇给他的一切。他达到了人生的新高度。

眼前的浮华，没让赵元俨冲昏头脑。他很清楚，这些特殊待遇都是烫手山芋。于是，他主动退了。宋祁《荆王墓志铭》说："天圣以来，王自以春秋高，蒙殊礼，不敢数朝请，常阖门申申以居。"

"春秋高"是年事已高的意思。赵元俨才三十八岁，怎会"春秋高"呢？

《续资治通鉴长编》给出了解释："自以属尊望重，恐为太后所忌，深自晦密，因阖门却绝人事，不复与朝谒，或故缪语，阳为狂疾不慧。"

赵元俨深知，自己地位特殊，最大的对手就是刘太后。为避免猜忌，他索性卖弄老资历，关门闭户不见客人，请假不上班，在奏章里胡言乱语，让刘太后觉得他疯疯癫癫，近乎呆傻。

为了演得更逼真，赵元俨当起了演员，每天热衷骑木马，骑上去就不下来了，肚子饿了，就在木马上吃，吃高兴了就让手下人奏乐，边听音乐边喝酒，天天喝得酩酊大醉。

为了自保，赵元俨不惜自毁形象，跟《三国演义》里司马懿对付曹爽的那番表演很相似。

关门闭户，不问朝政，躲过了刘太后的猜忌，但没能躲开流言蜚语的侵袭。

明道二年（1033），这是宋仁宗亲政的第二年。

坊间传言，赵元俨将成为天下兵马都元帅。内侍抓获了散布传言之人，三司顺藤摸瓜，抓了涉案人员好几百人。

宋仁宗很生气，觉得这种传言绝非空穴来风，肯定是有源头的，必须把源头挖出来，而且越快越好。于是，他让御史中丞蔡齐亲自负责此案。

有些事，心急吃不了热豆腐。宋仁宗干着急，天天催，办案部门找不到线索，还传得满城风雨。

蔡齐觉得，此案社会影响太大，不利于政局稳定。于是，他上书宋仁宗，强调"此小人无知，不足治，且无以安荆王"。荆王是赵元俨不久前获得的爵位。

为了赶紧结案，还赵元俨一个清白，蔡齐也是拼了。一天三次上书，反复讲传言之人都是小老百姓，愚昧无知，就是传个稀罕，没别的意思，千万不能因此给八王爷扣帽子。

宋仁宗这才意识到，案子越拖，传言越像真的，还不如赶紧结案，让谣言止于智者。于是，这桩案子迅速结案，牵连进来的几百人里，只有几个人挨了板子。

这件事，赵元俨啥也没干，形同躺枪。宋仁宗和赵元俨的关系一度紧张。不过，宋仁宗很快就反应过来了，赶紧给赵元俨洗清冤屈。君臣侄叔的紧张关系释然了。

"狸猫换太子"谜底的揭晓，赵元俨是有功的。是他讲了真话，让宋仁宗终于知道了自己的亲生母亲并非刘太后，而是李宸妃。这件事让宋仁宗和赵元俨之间的关系迅速修复和升温。赵元俨终于度过了"闭门绝事"的十一年艰难岁月，迎来了再次得宠的好日子。

庆历四年（1044），赵元俨病逝，享年六十岁。宋仁宗发布制书，对他的一生高度评价，其中提到了八个字："名重天下，闻于四夷。"

契丹君臣对赵元俨非常敬畏。倒不是因为他有什么文韬武略，而是他的爵位很能唬人。富弼曾出使契丹，了解这一情况，他在奏章中说，赵元俨之所以在契丹出名，是由于契丹对北宋的封王制度一知半解。契丹封王的贵族，一般都兼任重要职务，掌握实权。北宋的王爷虽然兼职不少，但多是虚衔，级别高、俸禄多，但没实权。

赵元俨生前用过十个封号，包括广陵郡王、荣王、端王、彭王、通王、泾王、定王、镇王、孟王、荆王，死后追封燕王。契丹人觉得，如果套用契丹的封王制度，当过这么多王的人，肯定是实权派里的厉害人物啊。

于是，辽国决策层想当然地把赵元俨神化了。

五、"八贤王"的历史形象

历史上的"八贤王"，能否当得起"贤"字呢？

从他留给契丹的印象来看，"名重天下，闻于四夷"，当得起"贤"字。只不过，契丹决策层发生了战略误判，夸大了他的影响力。因此，用这个"贤"字形容他，好像有点名不副实。

赵元俨对北宋王朝的最大贡献，就是揭开了"狸猫换太子"的真相，成全了宋仁宗的"仁孝"美名。可是，仅仅这点贡献，还够不上"贤"。

大多数历史文献，都把赵元俨描述成"性谨约，寡嗜欲"的王爷，这可能跟他在刘太后时期"闭门绝事"有关。这样的生活状态，也反映了他对政治的态度。

不上班的日子，赵元俨除了装疯卖傻自保外，主要热衷于读书写字、讲经论史、管弦丝竹、自娱自乐。

他非常孝顺亲生母亲王德妃，母亲有病，不但焚香祷告，而且亲自煎药，母亲吃多少，他吃多少，母亲吃不下，他也不吃了。

看得出，他是个有血有肉、有人情味的王爷。

他没有经常参与朝政，也没有威慑契丹的本事，更没有当皇帝的野心，顶多只是做过这样的梦，被动地卷入了几次政潮而已。他的行为有很多瑕疵，比如年少轻狂，比如礼数不周，比如生活奢华，比如不识大体，比如不管不问国家大事，一心只惦记自己的得失。

这才是一个真实的王爷。只要是真实，就当得起这个"贤"。

赵元俨的历史形象，演绎了北宋宗室新的生活状态。

宋太祖时期，宗室有较多参政机会。赵光义、赵廷美、赵德昭都曾任要职，手握实权。不过，从宋太宗时期开始，不再给宗室成员实权要职，而是让他们备受荣宠，享受各种特殊待遇。这种方式，避免了北宋皇室为了争权夺利而祸起萧墙的可能性。

为了让这些养尊处优的宗室子弟不至于颓废掉，宋真宗有意引导和培养宗室成员的文化品位。赵元俨也受到了这方面的影响。北宋决策层对宗室成员的培养目标，是让他们把宏大的抱负和能力用在文化事业上，而不是用在朝政上，让他们当个快乐的闲王，而不要去当忧国忧民的忙王。

于是，在宋代宗室教育体系的熏陶和培养下，两宋宗室成员中涌现出一批文化名人，比如赵汝谈、赵汝说、赵汝愚、赵汝适、赵孟坚、赵孟頫，等等。他们书写了宋代宗室文化绚烂多彩的篇章，成为两宋文化精彩的一部分，也为宋代重文的风气做了示范。

这也是北宋加强君主专制的祖宗家法不可或缺的一部分。

最后还有个问题："八贤王"赵元俨和杨家将到底有什么关联？

从年龄上看，赵元俨跟杨文广同辈，跟包拯是同时代人。杨业阵亡时，他才一岁。因此，赵元俨对天波杨府的遭遇爱莫能助。

赵宗实：苦命的"备胎"

掷地刘郎玉斗，挂帆西子扁舟。千古风流今在此，万里功名莫放休。君王三百州。

燕雀岂知鸿鹄，貂蝉元出兜鍪。却笑泸溪如斗大，肯把牛刀试手不？寿君双玉瓯。

这是南宋词人辛弃疾的《破阵子·掷地刘郎玉斗》。

辛弃疾写词，喜欢引经据典，以古喻今。

项羽在鸿门宴放走了刘邦，范增急得摔碎了玉斗；范蠡知道越王勾践只能共患难，不能同富贵，在帮助越国灭吴后，立刻辞官，带着西施泛舟五湖，去过大商人的小日子了。

辛弃疾认为，他们都是英雄，他们都做到了青史留名。

宋仁宗的养子赵宗实，何尝不想当个英雄。当养子的折腾，没有消磨掉他的鸿鹄之志。

然而，等他真的接管宋仁宗的皇位后，一切都变了。

北宋的皇帝里，除了亡国之君宋钦宗，就属他在位时间最短。

在北宋历史上，他究竟扮演怎样的角色呢？他为什么会英年早逝呢？

答案只有两个字：备胎。这是赵宗实一生的痛。

一、虚假的光环

明道元年（1032）正月初三，东京开封府宣平坊，一个婴儿呱呱坠地。婴儿的父亲名叫赵允让。

《宋史·英宗本纪》记载，赵允让"梦两龙与日并堕，以衣承之"。更神奇的是他儿子赵宗实出生时"赤光满室，或见黄龙游光中"。

"龙"和"日"等字眼，一般只有皇帝才能使用，比如"真龙天子""天无二日"。这么描述，也就坐实了赵宗实"卒践帝位，岂非天命"。

问题在于，赵允让没当过皇帝，赵宗实之所以能登基，只因他是被宋仁宗过继来的养子。因此，赵宗实是以旁支承统。为了彰显当皇帝的合法性，他必须对亲爹赵允让进行神化。

可以说，《宋史》给赵允让、赵宗实描述的红光异象，只是虚假的光环。

说它虚假，不光是因为此类描述穿凿附会，不太可信，更重要的是，赵宗实穷其一生，无论是当养子、当皇子，还是当皇帝，头顶的光环都不够耀眼。换句话说，他一直活得不愉快，甚至没尊严。

赵允让的爷爷是宋太宗赵光义，赵光义的第四子赵元份封为商王，赵允让是赵元份的第二子。论及亲疏，赵允让跟宋真宗、宋仁宗一脉的血缘关系渐行渐远了。

对于赵元份这个弟弟，宋真宗还是重用的。宋真宗亲征契丹，就让赵元份担任东京留守，看管后院。宋真宗膝下无子，就把赵允让接到宫里抚养当皇储"备胎"。

后来，"狸猫换太子"，皇子赵祯出生，宋真宗心里踏实了，就把"备胎"赵允让送回商王府，给了个卫州刺史的虚衔作补偿。宋仁宗上台以后，赵允让历任汝州防御使、华州观察使、安化军留后，都是地方上的中级军官。

宋真宗生儿子费劲，宋仁宗生儿子更费劲。景祐二年（1035），宋仁宗决定先收个养子当"备胎"，确保皇位传承后继有人，别闹乱子。选谁当养子呢？

赵允让当过养子，还曾陪伴少年时代的宋仁宗读书，两人关系不错。赵允让的父亲赵元份跟先帝宋真宗交情也很好。宋仁宗可能觉得，是自己的降生，掐灭了赵允让当皇帝的希望。于是，他决定，从赵允让的儿子里选一个出来，给自己当养子，也算补偿。

几个月后，赵允让升任宁江军节度使。这次升迁，可能就跟儿子进宫当养子有关。

赵允让果然是"英雄父亲"，膝下二十二个儿子。究竟把哪个送到宫里呢？无论是宋仁宗，还是赵允让，都挑花了眼。选来选去，挑中了第十三子赵宗实。

为什么会选他入宫呢？历史文献没有解读。按照逻辑推理，可能有三个原因。

——年纪合适。宋代的幼儿死亡率不低，赵宗实时年四岁，度过了夭折的危险期，年岁不大，具有可塑性。

——赵宗实颜值比较顺眼。

——赵宗实这个名字起得好，"春华秋实"，让宋仁宗心里踏实。

就这样，四岁的赵宗实入宫了，由曹皇后抚养，按照培养皇子的方式，安排他读书习字、学习宫里的规矩。

不过，接下来的日子并不平静。

景祐四年（1037）五月初九日，俞贵妃产下一子。二十八岁的宋仁宗欣喜若狂，要知道，这是他的第一个亲生儿子。可是，这孩子还没来得及起名字，就在出生当天夭折了。直到四年后，这孩子才被起名赵昉，追封为褒王。

赵昉夭折这事，赵宗实听说了，还掉了几滴眼泪。或许他还没意识到，如果赵昉没夭折，对他将意味着什么。

两年后，即宝元二年（1039），宋仁宗突然传旨，赵宗实离开后宫，回到赵允让身边。原来，就在这年八月十五日，苗贵妃产下了皇二子赵昕。这孩子熬过了危险期，生母又是皇帝宠妃，自然得到宋仁宗的喜爱。于是，赵宗实这个养子就被冷落了。

宋仁宗觉得，自己才三十岁，以后日子还长，还会生儿子。既然都有了亲儿子，干吗还要留个养子在宫里呢？不如效仿先帝，把"备胎"送回去。

赵允让和赵宗实这对父子，似乎就是为"备胎"而生。离皇位那么近，又那么远。

赵宗实八岁了，懂事了。对于眼前的一切，他心知肚明。

任何人都不甘当备胎，赵宗实也一样。就这样被送出宫，他能甘心吗？

二、"备胎"的苦日子

赵宗实出宫后，"上及皇后鞠视如子。既出还第，问劳赏赐不绝，诸宗室莫得比"。

按照《续资治通鉴长编》的这段记载，宋仁宗和曹皇后把他视同己出，经常慰问和赏赐，让他享受了比别的王爷更优厚的待遇。

事实果真如此吗？

治平元年（1064）闰五月，大臣富弼给已经当上皇帝的赵宗实写了一道奏章，提及宋仁宗时期的旧事："恭惟先帝无子，立陛下为嗣，中外皆知当时尽出皇太后密谕，料陛下亦自知之。又窃闻陛下初立为皇子，召居禁中，其时先帝为左右奸人所喋，不无小惑。内外之人，以至陛下旧邸诸亲，无一人敢通信问者。陛下饮食悉皆阙供，皇太后亦不敢明。"（《续资治通鉴长编》）

富弼参加过庆历新政，在北宋政坛很有威望。他给宋英宗上书，谈及先帝的事情，不敢也没必要信口胡说。他讲的三件事，很值得玩味：

——赵宗实之所以能当上皇帝，主要得益于曹太后的密谕。

——宋仁宗被奸臣忽悠，疏远赵宗实，导致朝廷高官和亲戚都不敢跟赵宗实打交道。

——赵宗实被送出宫后，缺吃少喝。这事曹皇后知道，但不敢吭声。

不是"问劳赏赐不绝，诸宗室莫得比"吗？怎么混到了社交孤立、吃不饱饭的地步呢？

历史研究讲求孤证不立。因此，再看看《宋史·傅尧俞传》的记载，"及英宗为皇子，有司阙供馈，仁宗未知。尧俞言：'陛下既以宗社之重建皇嗣，宜以家人礼，使皇子朝夕侍膳左右，以通慈孝之诚。今礼遇有阙，非所以隆亲亲、重国本也。’于是诏有司供具甚厚”。

原来，宋仁宗不是主动赏赐赵宗实，是大臣傅尧俞看到赵宗实的待遇确实太差，“有司阙供馈”，才向宋仁宗建议“隆亲亲、重国本”，请他以家人之礼优待这孩子。宋仁宗迫于压力，才下令给赵宗实增加了供应。

这就跟《续资治通鉴长编》里所说的“问劳赏赐不绝”形成了鲜明反差，充分说明富弼所言的可信度很高，也说明赵宗实出宫以后的生活有些晦暗。

讲完了生活待遇，再说说政治待遇。

景祐二年（1035），北宋朝廷确定，宗室子弟的起步官职是率府副率。赵宗实四岁入宫，五岁被授予左监门卫率府副率，从八品。这样的起步官职，跟一般的宗室子弟级别相当，并没有因为当了“备胎”，就享受到什么优待和宠信。

当皇帝以前，赵宗实做过的最大官职，是右卫大将军，正四品。相比之下，宋仁宗当皇子时，五岁即被授予左卫上将军，从二品；八大王赵元俨也曾被授予左卫上将军。从这个角度来看，所谓“诸宗室莫得比”，大概只是个笑话。

宋仁宗为什么要刻意打压赵宗实？

在他眼中，赵宗实虽然是“备胎”，但毕竟不是亲生的，不是满意的接班人选。宋仁宗还是想让亲生儿子当皇储。遗憾的是，皇二子赵昕、皇三子赵曦，都没活过两周岁，先后撒手人寰。

连续死了三个儿子，宋仁宗并不死心。天天玩命“耕耘”，也再没得子。即便如此，他还没打算把赵宗实请回宫里，继续当养子，甚至给个名分。为了让赵宗实跟其他宗室没啥区别，宋仁宗特地对这孩子态度冷淡。

有皇帝带头，曹皇后自然也不敢对赵宗实过分关爱。于是，怨恨的种子就在赵宗实幼小的心灵慢慢种下了。

“备胎”的苦日子，在嘉祐元年（1056）迎来了转机。

这年，宋仁宗“暴感风眩”，大病一场。皇帝身子骨这么差，一旦病逝，储位空悬，最高权力交接就会出乱子。因此，宋仁宗病愈后，宰相和谏官接二连三上书，要求明确皇储。甚至有谏官上书一百多次，急得鬓角都白了。

大家的意见基本一致：既然官家没有亲生儿子，那就让先前的养子赵宗实回宫当皇储。

宋仁宗虽然一百个不情愿，但眼看着自己生不出儿子，为了大宋江山长治久安，也不得不"听人劝，吃饱饭"，把时任岳州团练使的赵宗实召回京城。

嘉祐六年（1061）十月，宋仁宗准备提拔赵宗实担任知宗正寺。这是宗正寺的最高长官，负责掌管皇族、宗族、外戚的谱牒，以及看护皇族陵庙等皇族事务。

按照惯例，这种差事都由宗室或者宗室的孩子来办，赵宗实担当此职顺理成章，而一旦当上，就意味着皇储地位基本稳了。这一点，无论是满朝文武，还是他本人，都心知肚明。

按说，赵宗实应该叩谢皇恩，暗中兴奋。可是，他竟然推辞了。理由是父王赵允让病逝，他要服丧。朝廷执意要升他的官，他执意推辞不干。一夜之间，使者往返后宫和赵宗实宅邸四次，劝赵宗实出山，但都无功而返，把宋仁宗搞得很没面子。

等到守丧结束，朝廷催赵宗实上任，但得到的答复仍是推辞，理由是生病，请病假。

其实，服丧、病假都是借口，赵宗实真的怕了，他猜不透、吃不准宋仁宗的脾气，甚至面对给他升官的圣旨，吓得闭门不敢见人。

官家给了"阳光"，赵宗实却拒绝"灿烂"，这让宋仁宗大为光火，觉得这孩子不识抬举。本来宋仁宗就不情愿让养子做皇储，这下可好，拧巴上了。

就在赵宗实"坚辞宗正之命"之际，宋仁宗就在考虑换个养子。有人推荐了八大王赵元俨之子赵允初。宋仁宗觉得，在"狸猫换太子"的问题上，八大王赵元俨始终坚定站在自己一边。出于感恩，他决定先把赵允初请来见见。

赵允初入宫后，宋仁宗对他"命坐，赐茶"。他反说："不用茶，得热水可也。"

这番回答，引得哄堂大笑。

如果客人不爱喝茶或者怕主人麻烦，说这话也无可厚非。可是，赵允初面对的是皇帝。皇帝给什么，不管喜不喜欢，都得接着，岂有婉拒的道理。

他显然不懂宫规和礼数。宋仁宗很失望，喃喃自语："允初痴呆，岂足任大事乎？"（《涑水记闻》）

赵允初就这样被淘汰出局了。在宋仁宗看来，这孩子不具备治国理政的应变能力。

相比之下，大臣们对赵宗实要宽容许多。

——右正言王陶劝宋仁宗不要听信谗言。

——司马光称赞赵宗实智识操行贤于人。

——韩琦和欧阳修建议，与其隔靴搔痒，不如一步到位，"知宗正事告敕付阁门，得以不受。今立为皇子，止用一诏书，事定矣"（《续资治通鉴长编》）。

王陶的劝谏、司马光的称赞、韩琦和欧阳修的点拨，犹如一道道无形的压力，让宋仁宗不得不放下了心结。

嘉祐七年（1062）八月初四日，新的诏书发布了，赵宗实被立为皇子。五天后改名赵曙。

面对突如其来的职业生涯巨变，赵宗实懵了。

三、奇特的皇子制度

对于这份突然降临的幸福，赵宗实的第一反应，不是欣然接受，而是婉拒。

宋仁宗为了彰显赵宗实的皇储地位，特地举行了昭告祖宗的典礼。结果，使者为了请赵宗实出席，跑了好几趟，直至最后时刻，赵宗实也没出席。

赵宗实面对皇子大位，既满心期待，又心虚害怕。他到底怕什么呢？

这跟宋仁宗后期创立的皇子制度有脱不开的关系。

皇帝的某个儿子被立为皇太子，他的住处就称"东宫"；如果封王，甭管是亲王，还是郡王，他的住处就会称为王府。无论是东宫，还是王府，它们就既是建筑物，也是一级机构。只有宋仁宗时期是个例外。

赵宗实是养子，直至宋仁宗临死前一年，才给了皇子的名分。

这个皇子，没有皇太子的名号，却又赋予了继承皇位的使命，因而赵宗实既不能封王开府，也没法设立东宫。于是，宋仁宗创造性地设置了"皇子位"。

"皇子位"是皇宫里的皇城司官舍改造而成的实体建筑物。

"皇子位"还是个临时机构，设置说书、伴读等职位，主要是安排皇子住在里面读书。

赵宗实当皇帝后，这个地方就成了"潜龙邸"，没人敢住了。赵宗实索性将其改名"庆宁宫"。

北宋定制，皇子明确为皇储，要入住东宫，并在资善堂听读学习。可是，宋仁宗不给赵宗实这些待遇，却要另建皇子位，展现了这位皇帝的各种不情愿。

没错，宋仁宗从收养赵宗实，到立他为皇子，都是在大臣催逼下被迫为之。他从来没有主动为赵宗实正名过。这些做法也让具体办事的官员们一头雾水。

当宋仁宗决定立赵宗实为皇子，让韩琦安排草拟诏令时，负责操刀诏令起草的王珪，还是心里不踏实，找宋仁宗反复确认，才放心大胆地去拟草诏。大臣们心里没底，赵宗实就更惶恐了。他清楚，自己虽然被立为皇子，但得不到宋仁宗的庇护，不但身份尴尬，而且有可能卷入政坛内斗，沦为众矢之的和牺牲品。因而，他的应对策略，就是"躲"，称病不出，谢绝进宫谢恩。

有个名叫周孟阳的谋士，专司替赵宗实起草奏章。不过，他的出场费是每写一篇，要"十金"作酬劳。他愿意要，赵宗实也愿意给。就靠这个，周孟阳居然也攒了上千贯钱。

周孟阳听说赵宗实被立为皇子后称病不出，就跑去问他：官家让您当皇子，您却请病假躲家里，这是什么操作？

赵宗实的回答很干脆："非敢邀福，以避祸也。"周孟阳听完，提醒他说：天下人都知道，你是皇帝和皇后的养子，皇帝为国家前途考虑，立你为皇子，如果您执意推辞，把他惹毛了，给你封个王，让你上任去，你觉得这样就能避祸吗？

周孟阳一句话点醒梦中人。

周孟阳和赵宗实的对话，道出了赵宗实内心最大的焦虑，也道出了赵宗实左右为难的尴尬处境。即便想置身度外，也无法保证不会惹祸上身。

这或许就是宋仁宗设计的皇子制度，给赵宗实挖的深坑吧。

四、短暂的皇子生涯

果然，赵宗实当上皇子后，很快就招来了宗室王爷的嫉妒。

虢国公赵宗谔是赵元份的长孙，担当家族族长。就在赵宗实辞任知宗正寺时，赵宗谔曾奉旨出面，陪他进宫，保驾护航。可是，当赵宗实成为皇子以后，赵宗谔的态度就变了。

一次，赵宗实聘请赵宗谔家里的厨师，给自己做了两盘羊肉。赵宗谔听说后，怒不可遏，"毁器覆肉，笞其庖夫"（《续资治通鉴长编》），让赵宗实非但没吃上肉，还欠了厨师一份人情。

赵宗实当皇帝后，赵宗谔又厚着脸皮表功，说当年是他陪着赵宗实进宫的。面对这么不要脸的老大哥，赵宗实哭笑不得，又得罪不起，只好加官晋爵，堵他的嘴。

宦官任守忠"权宠过盛"，欺负过赵允让。他担心赵宗实一旦接班，会报复自己。于是，他对赵宗实当皇子这事先是百般阻挠，失败后干脆躲了。连宋仁宗交办的宣皇子进宫的差事，他都不接。后来，他还挑拨赵宗实跟曹太后的关系。

总之，他看不得赵宗实的好。在他看来，赵宗实好了，自己就要倒霉。

宫廷内外暗流涌动，赵宗实首当其冲，却又几乎没有还手之力。

赵宗实家里"良贱不满三十口，行李萧然""有书数橱而已"（陈均《皇朝编年纲目备要》）。在王公贵族里算穷人。就这个家底，他还要跟用人反复叮嘱，让用人守住家里的房子，自己做好随时卷铺盖回家的准备。

当皇子，对赵宗实来说，既是求之不得，又是烫手山芋。八月三十日，赵宗实出现在清居殿，每天两次朝拜宋仁宗，开始了陪王伴驾尽孝的生活。九月，已经改名赵曙的赵宗实，被封为齐州防御使、巨鹿郡公。带着整日担惊受怕的情绪，他踏上了皇子之路。

赵宗实的皇子生涯，也就半年有余。其间，对他触动最大的，就是韩虫儿假怀孕事件。其实，这也是宋仁宗施加的精神压力的一部分。

带着这些压力，赵宗实从登上皇位的那一刻，就病重不起，刚刚拿到的大权，不得不拱手交给曹太后，跟这位从小抚养自己的长辈杠上了。

五、短命天子

宋英宗上台之初，还是很想做个好皇帝的。

对于宋仁宗的突然去世，宋英宗要追责，准备把两名主责医官赶出皇宫，送到边远州县看管起来。其他医官纷纷跑来求情，说先皇起初吃这两人开的药，还是有效的，后来不幸去世，乃是天命，非医官所能及。

可宋英宗严肃地讲："如果这样，那我就不管了，这事交给中书和枢密院去定吧。"

话音未落，医官们吓得魂飞魄散。

大家清楚，如果交给中书和枢密院，那就是严格依法办事了，没准处罚范围更大，处罚更重。大家暗自叫苦：新皇帝办事雷厉风行，跟先帝滥施仁政的风格大有不同，得适应啊！

听大臣们奏事时，宋英宗都会详细询问来龙去脉，搞清楚了才会做裁决。这种认真的精神，展现了与宋仁宗后期迥乎不同的姿态。

可是，这种耳目一新的姿态，很快就被病症击倒。

宋英宗在位四年，除曹太后垂帘的差不多一年时间，真正由他说了算的日子，也不过三年光景。就在这短短的三年里，他干了三件大事：

——逼迫曹太后撤帘，结束太后临朝，重新拿回最高统治权。

——给生父赵允让的名分升级，惹出谏官、宰相与皇帝的激烈争论。赵允让死后很久，才被追封为濮王，这场争论因此称为"濮议"。四百多年后，明朝嘉靖皇帝也搞了一出类似的闹剧"大礼议"。

——推出系统性改革措施。"撤帘"和"濮议"，都是围绕皇权和皇帝面子的争执。这两件事折腾太久，让宋英宗烦了太久。两件事尘埃落定以后，他终于可以静下心来，做个好皇帝了。

亲政之初，宋英宗就提出了"积弊甚重，何以裁救"的大问题。如今，他真的要洗心革面，行动起来了，很快就发布了诏书："四海之内，狱讼烦冤，调役频冗，与鳏寡孤独死亡贫苦，甚可伤也！转运使、提点刑狱，分行省察而矜恤之，利病大者悉以闻。"（《续资治通鉴》）

诏书发布两个月后，一系列改革措施陆续出炉。

比如，对中书门下进行简政放权，把常规事务交给有关部门处理，只保留审批权，使宰相们集中力量抓大事、议大政。

比如，每月初一和十五这两天，中书门下和枢密院合署办公，便于整合资源，讨论大事。

比如，开始对绩效考核成绩不佳的官员降级使用，让混年头的官员感到压力。

比如，把科举考试从两年一次改成三年一次，从此形成三年一考的定制，一直延续到清朝。这样，"士得休息，官以不烦矣"（《文献通考》）。

比如，充实馆阁，选拔高水平读书人进修，增强高级官员的人才储备，优化人才结构。

比如，对西夏虽然保持和平往来，但讲原则，不姑息，随时做好再打一仗的准备。

比如，司马光花了十九年时间，最终完成了名曰《资治通鉴》的鸿篇巨制，成为中国历史上规模最大的编年体通史。其中前八卷，就是在宋英宗时期纂修的八卷《通志》。没有宋英宗的力挺，《资治通鉴》不可能写得出来。

一切看起来都在向好发展，但宋英宗被此前多年的精神折磨搞得心力交瘁。治平四年（1067）正月初八日，他撒手人寰，享年三十六岁。他的改革措施，还没看到成效。只能期待儿子宋神宗继续去推了。

或许，如果当年没有进宫当养子，赵宗实这辈子踏踏实实做个王爷，安享太平日子，也很惬意，没准会成为一代词人，至少会长寿。

可是，历史没办法假设。他就是一个苦命的人儿。

高滔滔：阴差阳错的养女与太后

红酥手，黄縢酒，满城春色宫墙柳。东风恶，欢情薄，一怀愁绪，几年离索。错，错，错！

春如旧，人空瘦，泪痕红浥鲛绡透。桃花落，闲池阁，山盟虽在，锦书难托。莫，莫，莫！

这是南宋诗人陆游的早期作品《钗头凤·红酥手》。

陆游的词作不多，这样充满细腻情感的词作更是罕见。在它的背后，讲述了一段阴差阳错的凄美爱情故事。

曾经是两小无猜，曾经是青梅竹马，陆游和唐婉这对表兄妹，喜结连理。然而，近亲婚姻的危害很大。陆游和唐婉确实一直没有生娃，而是整日吟诗作赋。"十对婆媳九不和"，夹在中间的陆游左右为难。

在母亲施压之下，他只得以一纸休书，牺牲爱情，保住亲情。

唐婉再嫁，陆游再娶。故事本该戛然而止。然而，六年后两人在沈园偶遇，四目相望，物是人非。陆游有感而发，写了这首《钗头凤·红酥手》送给唐婉。

在宋仁宗时期，也有一位奇女子的人生，无论是婚嫁，还是职业，都经历了阴差阳错。这个奇女子，就是高滔滔。

一、功臣的后代

高滔滔在宫里有三个身份：曹皇后的养女、曹皇后的外甥女、功臣的后代。

说她是功臣的后代，有必要讲讲烜赫一时的高家。

高滔滔的祖上世代住在燕京地区。这里被后晋石敬瑭割给契丹后，高家的领军人物高霸受契丹派遣，出使南唐，惨遭暗杀。儿子高乾一同出使，就被南唐安置在亳州（今安徽凤阳）。

几年后，赵匡胤发动陈桥兵变，建立北宋。高乾对这个新王朝充满期待，毅然携眷北上投奔。赵匡胤很是欢迎，不但给了中门使的官职，还在亳州蒙城（今安徽蒙城）赐田。于是，高家就在蒙城安家落户。

高乾做了朝廷命官，但长子高琼走了另一条路。这孩子早年是个泼皮，还当过强盗，后来官府清剿，当了俘虏，差点问斩。就在刑场上，大雨滂沱，看守稍有松懈，高琼竟然挣断锁钉，逃之夭夭。作为逃犯，高琼无路可走，索性当兵，在大将王审琦麾下效力。

一个偶然的机会，赵光义听说高琼武艺高强，招来面试，相当满意，便安排做贴身侍卫。

从此，高琼启动了开挂的人生。赵光义当了皇帝（宋太宗）后，高琼曾参加北伐契丹的战争，为宋太宗撤退殿后。宋真宗时期，契丹南下，直抵澶州，威胁首都，满朝惶恐。高琼和寇准力主宋真宗御驾亲征，扭转了战局，帮助北宋在澶渊之盟中占据主动。

尽管战功不多，但高琼对两代皇帝忠心耿耿，这让他生前封为忠武军节度使，晋爵卫国公，享受了较高政治待遇。

按惯例，大臣去世，朝廷会辍朝一日，以示悼念，但高琼去世后，宋真宗特地辍朝两日，以示尊重。高琼有十二个儿子，大多在朝中任职。高家在北宋官场的政治地位和影响力就这样固定下来了。

功臣和高级军官的后代想要进入仕途，可以先在禁军给个差事。这是北宋官场的明规则，也是高琼长子高继勋职业轨迹的第一步。他的第一个头衔是禁军的右班殿直。

高继勋身材高大魁梧，在人堆里很显眼，很快就得到宋太宗关照提拔，在军中有"神将"的美誉。

对于高继勋来说，人生的高光时刻是益州之战和寒光岭之战。

宋真宗咸平元年（998），高继勋奉命平定益州叛乱。他不等叛军摆开阵势，就发动突击，阵斩叛军主将。一时间，叛军群龙无首，哭着喊着作鸟兽散。高继勋没有见好就收，而是一路猛追，将叛军全歼。益州叛乱就这样平定了。

代北，是北宋和契丹的交界区域。在澶渊之盟前，双方时常在这里擦枪走火。景德元年（1004），契丹突然集结了五万多人杀了过来。面对强敌，高继勋方寸不乱，一边向契丹示弱，诱敌深入，一边在寒光岭埋伏了重兵。

契丹人被打了个伏击，损失了一万多人，狼狈逃回。此后，代北再无大战，北宋北部边境安定了很多年。

高琼和高继勋，都是高家的人精，但高继勋的儿子高遵甫就差多了。历史文献上找不到他的军功或者功名。他能够进入仕途，全靠恩荫，也就是拼爹。

不过，高遵甫运气不错，靠着功臣家族的背景，跟同是功臣的曹家联姻。而高遵甫的小姨子，是曹皇后。正是因为这层关系，他才被"保送"做了北作坊副使（隶属于西班诸司使），虽然级别不高，但可以在宫里当差，也算是进了皇后的保护圈。

高滔滔，就是高遵甫的女儿。这么说来，高滔滔也是曹皇后的外甥女。

北宋中叶，皇帝选拔皇后，首先要考虑家世。既要家世优渥，确保皇后本人及其家族的教养和气质，也要不具备拼爹的本钱，确保皇后的老爹官职不高，无法形成外戚干政。

曹皇后就很符合这个条件：功臣家族出身，但父亲曹玘只是个小官，既有高贵的身份，又不具备弄权的本钱。因此，曹皇后挑选养女，也要按这个标准量身定做。

高滔滔就很合适。于是，她从小就被抱进后宫，当了皇后的养女。

二、阴差阳错的姻缘

高滔滔本来就是曹皇后的外甥女，干吗还要进宫当养女呢？

宋人邵伯温《邵氏闻见录》记载："英宗于仁宗为侄，宣仁后于光献为甥，自幼同养禁中。"曹皇后收养侄女，只是出于亲戚之间的关照，毕竟高遵甫混得太一般。然而，事实果真如此吗？

邵伯温很清楚后宫养女的内涵和用途。他这么写，有点闪烁其词、故意隐讳。

相比之下，苏辙的解读就很直接了：曹皇后收养外甥女高滔滔，就是为了养大了送给宋仁宗当小老婆。

曹皇后的养女很多，高滔滔只是其中之一。

景祐二年（1035），曹皇后的宫里来了新人——赵宗实。他是宋仁宗的养子，交由曹皇后抚养，作为皇储的"备胎"。

赵宗实入宫时，年仅四岁，跟高滔滔同岁。同在曹皇后的屋檐下，两人不但经常见面，而且经常一起玩耍。

后来，宋仁宗得了儿子，不需要备胎了，就把赵宗实送出了宫。这年，赵宗实和高滔滔都才八岁。

又过了八年，待到庆历七年（1047），高滔滔年方二八，出落成大姑娘了。曹皇后本打算把她献给宋仁宗当小老婆，但宋仁宗并没有笑纳。这年春，东京大旱，几个月不下雨。跟曹皇后争宠的张贵妃使出了阴招。她让人散布舆论，说为了感动上天，应该放一批宫女出宫，而且这些宫女必须是嫔妃们的亲人。她还带头把自己的养女遣送出宫了。

张贵妃这样出牌，就是逼曹皇后不得不跟牌。无奈之下，曹皇后只好把范观音和高滔滔送走。要知道，范观音刚得到宋仁宗宠幸，大有盖过张贵妃的势头。而高滔滔本来是按照"范观音第二"来塑造人设的。宋仁宗没接纳高滔滔，除了祈雨的因素外，还有血缘因素。高滔滔是皇后的外甥女，身份地位特殊。宋仁宗觉得，自己搞女人都搞到皇后家里了，实在不像话。

于是，他想出了一个两全其美的高招：把高滔滔指婚给赵宗实。既对赵宗实被遣送出宫做个补偿，也体验中年慈父为子娶妻的天伦之乐。

赵宗实和高滔滔看起来蛮般配。他们分别是养子和养女，都曾收入宫中，又被遣送出宫，身份地位、社会经历大致相似，容易产生共同语言。

不过，赵宗实娶妻之后，依旧十分谨慎。曾布就记述了赵宗实家人的一段话："宣仁是慈圣养女，嫁与英宗，当时是甚事势，又宣仁实妒忌，方十六七岁，岂容有他人所生之子？"（《曾公遗录》）

赵宗实做事谨慎，对皇帝指派的这位妻子毕恭毕敬。因为，这是赵宋宗室和功臣家族的通婚，容易被皇帝视为拉帮结派。如果没有皇帝点头和张罗，这桩婚姻不可能办成。

高滔滔和赵宗实是青梅竹马。他们曾在曹皇后的屋檐下度过了四年共同玩耍的孩提时光。当时，宋仁宗就提出了"异日当以婚配"的念想。

有宋仁宗和曹皇后做主，高滔滔和赵宗实在赵允让的府邸里举行了婚礼。坊间都说，这是"天子娶媳，皇后嫁女"，一时传为佳话。

这对小夫妻，看起来感情深厚。赵宗实所有子女都是高滔滔所生，四男四女，那么，后来做了皇帝的赵宗实，就没有别的嫔妃为他生孩子吗？

翻遍各种历史文献，都找不到赵宗实晋封妃嫔的记载。蔡京的儿子蔡絛在《铁围山丛谈》中明确讲，宋英宗"左右无一侍御者"。在中国历史上，成年皇帝实行一夫一妻制的，大概也只有宋英宗和明孝宗了。

为什么会出现这种现象呢？

宋英宗刚上台就重病，休养了一年多，这段时间没办法选纳嫔妃。等到病势好转，宋英宗动了纳妃的念头，皇后高滔滔仍不让他碰别的女人。

曹太后觉得不妥，又不好直接干预，只好让亲信悄悄地给高滔滔打招呼："官家即位已久，如今身体又已痊愈，怎么可以左右无一侍御者呢？"高滔滔听罢，回复了一句："去跟娘娘说，我嫁的是十三团练，又不是嫁他官家。"

"十三团练"，指的就是赵宗实，他在赵允让的儿子里排行十三，当皇帝以前做过团练使。高滔滔这话传到坊间，成了士大夫们八卦的新料。

高滔滔嫁给赵宗实，看重的是感情，而不是身份地位，但在男尊女卑的旧时代，坊间却将其作为宋英宗软弱、高皇后悍妒的证据。

事实上，赵宗实脾气执拗，敢跟曹太后硬刚。他能尊重高滔滔的意见，不纳其他嫔妃，可能也跟当年那段青梅竹马的情愫有关。

高滔滔和赵宗实，梦想白头到老、天荒地老。然而，天不假年，赵宗

宋神宗坐像（局部），台北故宫博物院藏

实只做了四年皇帝，就撒手人寰。这意味着，高滔滔的亲生儿子赵顼即将成为新皇帝（宋神宗），而她自己也将升格为皇太后。这年，她才三十六岁。

三、高太后的高境界

元丰八年（1085），宋神宗突然中风，病情迅速恶化，到了没法说话的地步。为了稳定政局，左仆射兼门下侍郎（排名第一的宰相）王珪建议：立第六子、延安郡王赵煦为太子，请高太后暂时处理朝政，待宋神宗康复后还政。宋神宗点头同意了。

王珪提建议时，高滔滔、赵煦和德妃朱氏（赵煦亲妈）都在现场。

离开皇帝寝宫，王珪等人跪在高滔滔面前，请她代理朝政。高滔滔大惊失色。她没有从政经验，权力欲也没刘娥那么强烈。她想躲。这时，张茂则发话了："太后应当为国家社稷着想，不应逃避责任。"

高滔滔无路可逃，只好同意。

一个月后，三十八岁的宋神宗带着壮志未酬的遗憾，离开了这个世界。九岁的赵煦即位。这就是宋哲宗。高滔滔以祖母之尊，成为太皇太后。按照宋神宗生前的布置，军国大事由高滔滔暂时处理，一切规格比照刘娥临朝的先例。自此，五十四岁的高滔滔走上了人生巅峰，成为北宋历史上第三位垂帘听政的太后。

高滔滔当得起女政治家这个名号，因为，她的境界足够高。

跟姨妈兼养母曹太后类似，高滔滔本人也崇尚节俭，生活作风朴实。

她有一句口头禅："一瓮酒，醉一宵；一斗米，活十口。"同样是一斗粮食，用在不同的人身上，凸显的价值是不一样的。拿来酿酒，也就够一醉方休，拿来充饥，能养活十口人。高滔滔这句话，主要是提醒宋哲宗带头减少浪费，提倡节俭。

高滔滔是言行一致的。她只吃羊肉，不吃牛肉。因为羊吃草，不用像酿酒那样大量耗费粮食；牛能耕田，故而不能上餐桌。除了朝会典礼必须穿得庄重华丽之外，平常穿个便装，料子都是布做的，不用丝绵。

有厨师投其所好，在她过生日时，用羊乳房和羊羔肉做出两道美味菜肴。高滔滔很不高兴："羔羊还在吃奶，这个时候杀母羊取其乳房，羔羊就会断奶饿死。羔羊幼小，烹而食之，有伤天道。"她下令把这两道菜撤掉，传旨以后不得宰杀羔羊做菜。

有些挑剔是为了奢华和矫情，有些挑剔是为了树立榜样。高滔滔显然是后者。

高滔滔当过皇后、太后、太皇太后，但她的家人（外戚）似乎没沾什么光。弟弟高士林长期担任内殿崇班，一直没有升官。宋英宗知道后，就想提拔他。可是，高滔滔婉拒了，理由很直接："我弟弟能在朝中做官，已经是恩典了，怎能用前辈推恩晚辈的惯例来选干部呢？"

她虽然日理万机，对外戚的个人情况和做官的潜力都了如指掌。

一次，侄子高公绘写了一份奏章。高滔滔看了以后，觉得蹊跷，就把高公绘叫来问道："你学识一般般，怎可能写得出这么流畅的奏章呢？"

原来，这奏章出自职方员外郎邢恕之手。真相大白后，高滔滔不但对奏章里的请示事项不予批准，还把邢恕赶出了朝廷。

生活严于律己，日常管好外戚，成就了高滔滔"女中尧舜"的荣誉。

《宋史》对她评价很高："临政九年，朝廷清明，华夏绥定。"

甚至有学者称这九年为元祐之治，要跟文景之治和贞观之治相提并论。虽说有些夸张，但至少也算太平。

122

中 集

文化人——莫愁前路无知己

水至清则无鱼。宋仁宗的朝堂就是这样。

当皇帝垂拱而治，愿意和士大夫共治天下的时候，不同类型的士大夫，就在朝堂上演绎了不同的剧情。

这些士大夫，都是文化人。

宋仁宗时代的文化人里，有江湖大佬，有道德楷模，有文坛领袖，有理学大师，有吐槽达人，有钢铁直男，既有精明人，也有书呆子和缺心眼。

他们是政坛翘楚，也是文学巨匠，一辈子触景生情、妙笔生花、挥毫泼墨，学到老，写到老，留下许多脍炙人口的美篇。

他们居庙堂之上，但并没有脱离群众，愿意做民间和朝廷的桥梁。

他们高喊拥护祖宗之法的口号，却都清楚祖宗之法的弊端。他们赞同变法，改变现状，争的只是谁来改，怎么改。

也有少数文化人，靠自主创业，名利双收，不但做大了文化产业，还间接推动了"四大发明"的转型升级，影响深远。

春风得意时，他们骄傲而没忘形；连降三级时，他们失落但不自弃。他们知道自己再强势，也拗不过皇帝，知道自己再多嘴，也罪不至死，因为本朝不杀士大夫。

在宋仁宗眼中，这些文化人都是大人物，治国理政离不开这帮人，公事私事都要靠着这帮人。对于他们的意见建议，可以不采纳，但不能不听。

在老百姓眼中，这些文化人都是大人物，从他们嘴里说的话、写的文件，都会影响每个人的命运，乃至生死。

文化人，是北宋社会的脊梁。

吕夷简：政坛"不倒翁"

124

> 净名庵下灵岩路，峻壁层崖倚半空。
>
> 我爱老僧年八十，一生长住翠微中。

这是吕夷简的七言绝句《过灵岩寺》。

这首诗里，满是对遁入空门的羡慕，对恬淡悠然的渴望。或许，官场蹉跎、起起落落，让吕夷简的人生诉求为之大变。

令人称奇的是，这位资深技术官僚的仕途稳如泰山，不管范仲淹怎么讨厌他，但如果真的离了他，朝廷的"地球"就是转不起来。对他来说，贬官外放只相当于中场休息，或是休假疗养，过不多久，还得回京城，当宰相。

这就是吕夷简，宋真宗、宋仁宗时代的政坛"不倒翁"。

那么，朝廷为什么会对吕夷简格外倚重呢？他有哪些"不倒"的秘诀呢？这么厉害的高官，为什么还会招惹范仲淹等"清流"讨厌呢？

一、公开的"关系户"

在公开、公平、公正成为社会共识的现代社会，"萝卜招聘"、拼爹、关系户仍以潜规则的形式隐秘地存在着，只是一旦露头见光，就会死得很惨。

科举考试，是中国古代公认的最公开、公平、公正的选拔用人方式。不过，在科举考试大行其道、录取人数大幅增多的北宋，关系户、关系网也大行其道。

吕夷简，就是关系户和关系网的崇尚者。

——他的出道，离不开拼爹。

吕夷简祖籍莱州（今山东莱州）。爷爷吕龟祥担任寿州（今安徽凤台）知州并定居。从此，寿州吕家就作为一个官宦世家，开始将当官的基因代代相传。

在吕夷简之前，寿州吕家出的朝廷命官不少，但大官只有吕蒙正。宋太宗、宋真宗两朝三度拜相，加起来近十三年。他是吕夷简的伯父。

吕夷简的父亲吕蒙亨也做过光禄寺丞、大理寺丞，比吕蒙正差多了，但好歹也算高干了。

摊上了好爹、好伯父的吕夷简，没有荒废学业。咸平三年（1000），他考中进士，开启官场生涯。这年，他二十二岁。

不能不承认，如果没有寿州吕家的家族背景，吕夷简要想金榜题名，怕是很难。

——他的政风，离不开对伯父的效仿。

吕蒙正之所以能打破"一朝天子一朝臣"的怪圈，受到宋太宗和宋真宗的信任，长期官居相位，最主要的原因，就是听话。对此，吕夷简印象深刻。

正是在吕蒙正的引荐下，吕夷简进入了宋真宗的视野。

早年当地方官的时候，吕夷简还是锐意进取、敢说敢做的，宋真宗、宋仁宗和刘太后很认可，他也得以多次拜相。

位极人臣以后，他的政风为之一变。不再果敢进取，变得明哲保身、耍弄权术、邀宠固位。这既跟他的人生经历、仕途阶段有关，也离不开父辈的影响。

刘太后垂帘听政时，吕夷简就奔走两宫，虚与委蛇。一方面竭力维护天子权威，给自己留后路，另一方面尽力变通地满足太后的非分之想，给自己眼前贴金。

宋仁宗亲政后，吕夷简更是抓住一切机会献殷勤、表忠心。

有一次，吕夷简被宋仁宗贬官外放。过了些日子，宋仁宗生病了，很多大臣进宫探望。吕夷简闻讯，也来探望，但来得比较晚。宋仁宗面有愠色地问他："我生了重病，你怎么来得这么迟？"

换作其他人，恐怕只有磕头认错的份儿了。可吕夷简不慌不忙地答道："臣得知官家生病后，快马加鞭赶回京城。本想立即进宫看望官家，但我还是在家歇了会儿，才慢慢走着来的。因为如果别人看到我风尘仆仆地往回赶，会对官家的病情妄加猜测。"

吕夷简这番换位思考的陈述，让宋仁宗非常满意。

不光言语上考虑周到，吕夷简在办事上也考虑周到。

他让参知政事宋绶推出一部《中书总例》。这部多达四百多册的巨著，详细叙述了中央高级文官体系的运作规则，特别是宰相级高官处理各种事务的操作流程，将其做法制度化。简言之，就是一套宰相办公指南。

吕夷简对这部书的价值很是称道："自吾有此例，使一庸夫执之，皆可为宰相矣。"（《续资治通鉴长编》）意思是说，傻子拿着它，也能当宰相，因为书里囊括了大量案例，大臣们只需按图索骥、循例操办就是了。

然而，宰相处理的事务类型多样，同一类事，放在不同的情境，解决方法也会不同。用一个标准答案来解决千差万别的问题，显然不科学。因此，这部书意味着给官员们套上了条条框框，容易造成各级官员因循守旧，不求进取。

长期以来，皇帝都会在前线将帅身边安插宦官做监军，名为监督，实则掣肘。宋仁宗想废掉这个制度，询问吕夷简，得到的回答是"不必罢，但择谨厚者为之"（江少虞《宋朝事实类苑》）。

宋仁宗又让他推荐几个"谨厚者"，他又推说不了解宦官队伍的情况，把球踢给宦官首领，让他们去推荐。

最后，还是宦官首领怕推荐错人而担责任，主动要求这次别派监军了，这事才算作罢。

兼顾两宫，让他在任何主子面前都无往不胜；墨守成规，让所有人跟他一样谨小慎微；顾左右而言他，既满足了皇帝的心思，又避开了跟宦官的冲突。

吕夷简就是一个这样的人：处处谨慎，留足后路，怎么都是他合适。

二、强大的"吕粉团"

能够在朝堂上稳如泰山，吕夷简不光要靠自己谨慎，更要靠"粉丝团"助阵。

"吕粉"主要有三类：

其一，亲家。

婚姻关系，是最无可指摘、最剪不断理还乱的人脉关系。吕夷简让它能多乱就有多乱。

吕蒙正的二女儿嫁给了赵安仁，吕夷简的女儿嫁给了王旦的长子，王旦的女儿嫁给了吕夷简的二儿子。吕夷简中进士那年，赵安仁和王旦同知贡举。这意味着，他们仨既是亲家，又是师生。赵安仁和王旦还曾做过宰相，有他俩交替引荐，吕夷简不断升官，直至做到宰相。

吕夷简的岳父马亮也是高官，善于拉拢同僚、扶掖后进。再加上张士逊、鲁宗道、丁度跟吕夷简家族都有姻亲关系，仅凭一纸婚约，吕夷简的"粉丝团"就能织起一张人脉关系网，关键时刻替他挡枪，助他过关，帮他升职，给他敲鼓抬轿。

其二，考友。

祖宗之法严禁通过科举考试攀附师生关系，严防文人结党。可是，这条禁令压根就管不住文人们，金榜题名后，师生交谊转入地下，用婚姻关系和同僚关系打掩护。

天圣七年（1029），宰相王曾极力推荐，吕夷简由参知政事（副相）扶正，当上了宰相。

王曾是李沆的女婿，李沆在潭州当通判的时候，曾得到老臣赵昌言的举荐。而赵昌言正是王旦的岳父。因此，王旦和李沆交往密切，也就跟王曾有了隔辈交情。

王旦跟王曾打过招呼，让他跟吕夷简打打交道，互相提携。后来，王曾拜相，吕夷简升任参知政事，对王曾千依百顺。

吕夷简平步青云，也让许多平辈和晚辈趋之若鹜。

陈尧咨跟吕夷简同年中进士，借着这层关系，陈尧咨的哥哥陈尧佐就极力攀附。

祥符知县陈诂犯了事，刘太后钦定要治罪。可是，陈诂是吕夷简的妹夫，中书门下为了避嫌，就把案子转到了枢密院。担任枢密副使的陈尧佐，不管刘太后钦定不钦定，直接大笔一挥，替陈诂开脱了罪名，无罪释放。

吕夷简大喜过望，投桃报李，对陈尧佐照顾有加，几次推荐他当宰相。即便是陈尧佐年老多病，也要坚持推荐。这些通过考试结成的关系网里，没有一个是直接的进士同年，统统是拐弯关系。这样一来，就在面子上规避了祖宗之法，而在里子上实现了广结奥援。高，实在是高！

其三，同道。

吕夷简尽可能把跟自己政治主张一致的官员拉到身边。不管这些人是朝臣、王爷，还是宦官，他都不挑。总之，他设法让同道多多的，政敌少少的。

三个渠道，在吕夷简周围聚拢了一大批高官，随时替他说话、办事。许多人觉得，攀附吕夷简是个升官的捷径，大家趋之若鹜。

吕夷简私下结交的"吕粉"众多，包括宋绶、刘平、李淑、陈尧佐、晁宗悫、蔡挺、王举正、王随、钱明逸、丁度、章得象、王拱辰、张方平等等。他还拉拢了"八大王"赵元俨。

不过，不是什么人都能混进吕夷简"粉丝团"的。除了王爷、宦官这种特殊人物，一般官员如果想当"吕粉"，起码要具备两个条件："官N代"、不差钱。

这两个条件是相辅相成的。毕竟，宋代的官僚士大夫享有许多特权，朝廷又不限制土地兼并。因此，这些官宦世家，哪个不是田连阡陌、坐拥豪宅呢？没有这样的家底，怎能保得住世代为官的政治地位呢？

这些人是当时体制的既得利益者，当然不欢迎改革，不欢迎任何企图改变现行秩序的人和事。他们的政治主张也就因循保守。

物以类聚、人以群分，为了维护自身利益，他们围拢在吕夷简周围，构成了错综复杂的关系网。他们抱团取暖，一致对外，互相补台，在攻讦清流上不遗余力。

庆历二年（1042），富弼出使契丹，用略增岁币的代价，阻止了契丹索取北宋关南疆土的图谋。虽说使命完成得不够完美，但花银子总比割地盘划算。富弼回京后，却被王拱辰等人背后指摘："富弼亦何功之有？但能添金帛之数，厚夷狄而弊中国耳！"（魏泰《东轩笔录》）富弼的谈判努力，被他痛批一通，说得一钱不值。

富弼是官场清流，跟范仲淹同属改革派，与"吕粉"们"率由旧章"的政治立场大相径庭。王拱辰在宋仁宗面前释放的闲言碎语，背后就有"吕粉"们的暗中授意。

吕夷简编织的关系网够大，但很隐秘，靠错综复杂的姻亲关系包装，辅之以同年、同道、同乡等关系，有外围，有内核，让外人目不暇接，很难找到突破口。这张关系网，犹如一个利益共同体，盘根错节，互相帮衬，成了他作为政坛"不倒翁"的强大政治基础。

三、"不倒翁"也栽跟头

宋仁宗上台后，刘娥和宰相丁谓的关系急剧恶化。吕夷简旗帜鲜明地支持另一位宰相王曾，跟丁谓对着干。耗到丁谓失败，吕夷简乘胜追击，进入了中书门下，成了北宋最年轻的参知政事之一。这年，他才四十五岁。

在中书门下的最初几年，吕夷简很少抛头露面。鲁宗道和王曾这样的老臣，经常劝阻刘太后插手皇权，吕夷简经常保持沉默，不去招惹太后。

他曾向刘太后提议，将名噪一时的"天书"跟随宋真宗一起下葬，这样做既断绝了所有人供奉天书的念头，又体面地结束了宋真宗搞的"天书"闹剧，没有影响宋真宗的声誉。

吕夷简兼顾各方，考虑全面，让他在官场赢得了好名声，给刘太后留下了好印象。同时也说明，这个家伙混迹官场，不光靠"粉丝团"，更靠对权术的熟稔运用。

看起来，吕夷简在中书门下的气势如日中天，但他没有马上追求更进一步，而是举荐张士逊做宰相，冲在前面给自己当挡箭牌。

不久，另一位执政大臣曹利用得罪了刘太后，被贬官外放，张士逊受到牵连，也被罢相。吕夷简顺利接班，当上了宰相。不久，王曾也得罪了刘太后，被赶出京城。吕夷简又升格为排名第一的宰相（同平章事）。

对于吕夷简来说，升官只是迟了几个月，却既赢得了"谦恭"的好名声，又搞掉了一个强劲对手。一切都没有脱离他设计的剧本。

然而，混迹高层，就像走钢丝，高处不胜寒，一不小心就会栽跟头，尤其是吕夷简的一次次"腹黑"，已经给他埋下了栽跟头的伏笔。

刘太后在世的时候，吕夷简明面上顺着太后，暗地里力保宋仁宗，宋仁宗对吕夷简是感恩的。可是，郭皇后觉得，吕夷简在刘太后在世时表现得太滑头、太阿谀，应该列入刘太后的遗毒，建议清理掉。

就这样，吕夷简稀里糊涂地被罢了官。

不过，宋仁宗还是念着吕夷简的好，没过多久还是把他召了回来。只不过，宰相的位子已经满了，只能把他从同平章事降为参知政事。

栽了这次跟头，让吕夷简长了记性。他的做事风格变得更加圆滑谨慎。他一手推动宋仁宗废后，又秘密结交宫里宦官、朝中大臣，形成了规模庞大的"粉丝团"。这种事，宋仁宗不可能没有耳闻，也对吕夷简一手遮天的架势忧心忡忡。

因此，当范仲淹祭出《百官图》这种大杀器，跟吕夷简公开撕的时候，宋仁宗也有点受够了。于是，范仲淹和吕夷简前后脚，都被贬出了京城。

可是，继任宰相王随，不但指挥不动"吕粉"，而且办事能力太差。宋仁宗拿这个庸官无可奈何，只好又把吕夷简召回了京城。

这次栽跟头，似乎让吕夷简通透了。他主动支持范仲淹在西北指挥作战，推荐富弼出使契丹。这些人选都还是靠谱的。范仲淹也投桃报李，再也没有为难过吕夷简。

光靠跟同僚打成一片，吕夷简就已经摸到了一手好牌。

四、说真话好难

在官话、假话连篇的官场，吕夷简是个难得的"真话控"。他说的真话，还能让皇帝和同僚听得进去，坦然接受，说话的策略和技巧很到位。

太后刘娥临朝以后，总有当女皇的冲动。她也知道，女皇梦变现的障碍太多，但她在礼仪规制上屡屡越线，不断试探大臣们的态度。大臣们颇有微词，只有吕夷简不规劝、不发声，唯唯诺诺，熟视无睹。

吕夷简是太后集团的成员吗？当然不是。否则宋仁宗亲政后，哪会有他的好果子吃。那么，吕夷简的葫芦里究竟卖什么药呢？

太后和吕夷简之间，曾有三次代表性互动。

——皇帝的衣服别乱穿。

刘娥曾想穿宋真宗生前在后宫穿过的衣服，过把皇帝瘾。为掩饰这个小心思，她特地给宋真宗的牌位穿金戴银。按说，老婆私下穿老公的衣服，也无可厚非。可刘娥的老公是皇帝，皇帝的衣服，就算是裤头，哪能乱穿？

其实，刘娥这么做，就是试探大臣的底线，凸显自己当女皇的梦想。吕夷简对此坚决反对，说道："您给先帝牌位穿金戴银，看起来是待遇很高，但这还不足以报答先帝的恩情。正确的报答姿势，应该是亲贤臣、远小人、教育好小皇帝，帮他成就一番事业。"

看看，刘娥乱穿皇帝衣服这事，吕夷简压根没提，而是换个角度，强调太后的首要责任，不是干闲事，玩虚的，而是"辅导皇帝，成就圣德"。

吕夷简把刘娥架到了道德楷模的高度，下不来了。她也就不好意思再乱穿皇帝衣服了。

——王爷的儿子别进宫。

刘太后借口要给宋仁宗找个"伴读"，让"八贤王"赵元俨的儿子赵允初进宫，由她抚养。北宋前期，皇帝生不出儿子，找个王爷的儿子进宫培养当"备胎"，这种事并不稀奇。吕夷简一眼就看出其中的奥妙。他觉得，有了这个"备胎"，一旦宋仁宗不听话，就有可能被换掉，如此一来，刘太后就可以堂而皇之地继续垂帘听政了。

对于这种关乎"国本"的大事，吕夷简作为宰相，自然不能一言不发。他的表态很讲艺术："上富春秋，所亲非儒学之臣，恐无益圣

德。"（《宋史·吕夷简传》）

吕夷简没有直接反对赵允初进宫，而是从"伴读"这个词切入，强调宋仁宗更需要大儒来陪伴和指导。如果安排的"伴读"不是大学问家，对皇帝的成长没啥好处。于是，赵允初虽然早就被太后收养在深宫，但长大后还是被遣送出宫了。

看透不说透，都是好朋友。吕夷简用冠冕堂皇的理由，让刘太后吃了个软钉子。

——见了皇帝本尊再磕头。

天圣十年（1031）八月，宫里发生火灾。刘太后和宋仁宗紧急转移。第二天早朝，大臣们跟往常一样，到福宁殿朝拜天子。只见大家齐刷刷跪下磕头，唯有吕夷简站着不跪，还高声奏请"宫廷有变，群臣愿一望清光"（《宋史·吕夷简传》）。所谓"清光"，就是皇帝本尊。

过了许久，宋仁宗露面了。直到这时，吕夷简才跪下磕头。

明道二年（1033），太后崩逝，宋仁宗亲政。吕夷简提出正朝纲、塞邪径、禁货贿、辨佞壬、绝女谒，疏近习、罢力役、节冗费等"八条规劝"。宋仁宗虚心接受。

为何吕夷简强调"一望清光"呢？因为他怕刘太后趁着火灾混乱，把皇帝调包。别忘了，"狸猫换太子"的事可是刘太后的"杰作"。可是，如果直接找刘太后要人，又怕把刘太后给得罪了。于是，为了保住宋仁宗的皇位，他只能"讲究"一把了。

吕夷简的真话，滴水不漏，明面上维护了刘太后，暗地里保护了宋仁宗。

这就是吕夷简，一个滑头的"真话控"。

五、未雨绸缪的"站队"

为了自己仕途平坦和"粉丝团"安全，吕夷简必须捧着刘太后。

不过，这种"捧"是有边界的——不能颠覆赵宋社稷，太后不能当女皇。这条边界，是宋代官僚士大夫的政治共识，也是儒家思想长期熏陶使然。

北宋时期，农民起义和兵变暴动频繁发生，但参与其间的知识分子极少，朝廷命官也鲜有拥兵造反的案例。一方面，州县的兵权和行政权被拆分，任何官员想造反并不容易；另一方面，这些拿高薪水、读圣贤书的官员，活在相对宽松的政治环境里，凭本事、凭读书，有可能出人头地，挤进权贵圈子，大家也就不想轻易改变这个秩序了。

吕夷简只是这众多官僚士大夫中的一员，他没有勇气、也不愿意改变这一切。在他的心目中，忠于赵宋皇室和社稷，保住宋仁宗的皇位，才是他做宰相的本分。

说白了，这跟吕夷简一贯的政治主张一脉相承，那就是维持现有秩序不变。

给"狸猫换太子"的故事画句号，就是他这一政治主张的集中体现。

刘娥为了当上皇后，把襁褓里的赵祯抱走据为己有。真正的生母李顺容，生前即便见到赵祯，也无法来个母子相认，死后的安葬待遇，就成了个大问题。

按说，李顺容只是低等嫔妃，按照宫人标准安葬，没毛病。刘太后也准备这么操作。当然，她也清楚，李顺容是天子生母，这个安葬标准未免太低。可是，如果轻易抬高安葬标准，当年"狸猫换太子"的旧事不就露馅了吗？

刘太后不但丢不起这个脸，更害怕宋仁宗知道真相后，会报复自己，引发宫廷内讧。

就在刘太后左右为难之际，吕夷简表示："闻禁中贵人暴薨，丧礼宜从厚。"（邵伯温《邵氏闻见录》）同样是个"死"，宫女用"亡"，亲王、公主和嫔妃要用"薨"。这说明，吕夷简不但对赵祯出生即被抱走的事情略有耳闻，而且对李顺容的真实身份心中有数。

听到吕夷简的话语，刘太后有些吃惊。她先是把身边的宋仁宗送回后宫，而后自己回到福宁殿，独自坐在垂帘后面，单独召见吕夷简，问道："不就死了个低等嫔妃吗？怎么宰相还要说三道四呢？"

吕夷简答道："臣待罪宰相，事无内外，无不当（干）预。"面对吕夷简不紧不慢地回答，刘太后直接怒斥道："相公欲离间我母子耶？"刘太后生气了，但吕夷简的节奏并没有打乱，继续慢条斯理地答道："陛下不以刘氏为念，臣不敢言；尚念刘氏，则丧礼宜从厚。"（邵伯温《邵氏闻见录》）

显然，这话里有话，焦点就是"刘氏"。

谁都清楚，刘太后年岁大了，大概率死在宋仁宗之前。"狸猫换太子"的真相，宋仁宗迟早会知道。到那时，刘氏家族以及刘太后的党羽保不齐会遭到政治清算。因此，要想保全刘氏家族，最好现在就对李顺容好点，提高丧葬规格，将来也算对皇帝有个说法。

刘太后的大脑飞速运转，逐渐明白过来。

吕夷简的建议，是以一品之礼安葬李宸妃，送葬队伍出西华门。刘太后游移不定思前想后，还是接受了吕夷简的建议，厚葬了李宸妃。

其间，吕夷简说了句狠话："宸妃诞育圣躬，而丧不成礼，异日必有受其罪者，莫谓夷简今日不言也！"（《续资治通鉴长编》）说得刘太后后背发凉。

近乎沉稳的言语、四两拨千斤的豪迈，既维护了宋仁宗生母的礼遇，又让刘太后觉得，他是在替刘氏家族的未来着想。于是，刘太后对吕夷简就更加倚重了。

吕夷简对北宋的最大贡献，就是确保了皇权从刘太后手里平稳地交接到宋仁宗手里。这么做不但着眼北宋的长治久安，也着眼自己的政治前途。他很清楚，刘太后不是武则天，也做不成武则天，天下还是赵宋的。因此，他必须默默地站在宋仁宗一边。

宋人王称对这件事给予了很高评价："在于处仁宗母子之际，使人无可乘之隙，消患于未萌，制治于未乱，朝廷以之安静，公卿士大夫亦赖以无祸。"（王称《东都事略·吕夷简传》）

六、心中只有祖宗之法

景祐三年（1036），权知开封府范仲淹给宋仁宗呈上一幅《百官图》。

这张图上画的，基本都是"吕粉"。呈给皇帝，揭露吕夷简任人唯亲、拉帮结派、把持高位、压制贤能，简而言之，就是人事不干人事儿。

接着，范仲淹又上了四篇策论：《帝王好尚》《选贤任能》《近名》《推委》，讥讽吕夷简及其用人政策。

其实，吕夷简推行的人事政策，是北宋王朝崇尚祖宗之法的延伸。

他授意宋绶编纂《中书总例》，将官员选拔的基本原则明确为论资排辈，因循惯例。这就造成各级官员不用开拓创新，只要墨守成规、不出差错，就可以实现晋升。

宋真宗初期，朝廷开始推行一种名叫"磨勘"的官员考核制度。主要考核政绩和资历。这本来也没问题，但具体操作中，资历往往优先于政绩。其结果，就是只要拼年头、混日子就能晋升。至于这官员的能力、体力、智力能否胜任，根本不在考核范畴内。

范仲淹觉得，吕夷简推行的这套官员选拔机制，实质上就是"拉圈子搞帮派+拼年头熬资历"，助长了冗官泛滥和吏治腐败。平心而论，范仲淹揭开了伤疤，出发点是好的，带来的政治后果却超出了想象，变得失控了。

《百官图》和四篇策论一出，吕夷简"大怒，以仲淹语辨于帝前，且诉仲淹越职言事，荐引朋党，离间君臣。仲淹亦交章对诉，辞愈切"（《续资治通鉴长编》）。

吕夷简不惜把事情闹大，在皇帝面前吐槽。当然，他很有"斗争智慧"，对范仲淹避其锋芒，攻其软肋。他给范仲淹扣了三项罪名：越职言事，荐引朋党，离间君臣。哪项都能找到点证据，哪项都足以触及宋仁宗脆弱的神经。

于是，范仲淹被贬官外地。

范仲淹的贬官开了个恶例：谁跟吕夷简对着干，谁公开指责吕夷简，谁就没有好下场。

这种因言获罪的先例，要么制造寒蝉效应，让众多官员闭嘴，要么引发更大规模的党争，削弱统治集团的精气神。

也就是说，满朝文武，只有吕夷简才有资格说真话。其他人能不能说真话，说哪些真话，得吕夷简来把关。不利于吕夷简的真话，绝对不能说。

吕夷简这么做，就是在执行祖宗之法，确保政局稳定。至于随之而来的泥沙俱下、问题丛生，他视而不见。

范仲淹的《百官图》和四道策论，是在质疑和挑战祖宗之法，希望北宋王朝换个活法、脱胎换骨，更希望借助这种变换，让清流派取代"吕粉"，成为朝政的主宰。

北宋历史一再演绎了这样的场景：

无论是谁，改革、创新、不拘一格降人才，都会前途坎坷、结局不佳。寇准、范仲淹、王安石，都是这样。

而那些曾经的改革派、清流派的青年才俊，一旦位居高位、步入暮年，都会像"吕粉"一样趋于保守，热情拥抱祖宗之法，再也不想改革了。韩琦、富弼，都是这样。

祖宗之法的魔力太大，靠统治阶层的内部调整，是难以撼动的。由祖宗之法带来的保守主义积习和墨守成规的惯性，弥漫整个两宋时代，影响社会风气和士大夫气质。

吕夷简和范仲淹之间，只有分歧，并非敌对。范仲淹前往西北前线，推行庆历新政，吕夷简都没有出面阻拦。后来，范仲淹改革失败，贬官出京，还曾专程拜会吕夷简，两人冰释前嫌，深聊许久。

因为，比起范仲淹这样的"清流"后进，他真的老了。

更因为，他病倒了。庆历二年（1042），吕夷简突发风眩，病情时好时坏。两年后去世，享年六十六岁。

宋仁宗这辈子，在坚守祖宗之法和推行局部改革之间不断摇摆，但在内心深处，还是无法摆脱祖宗之法的束缚。因此，即便吕夷简保守、结党，他也依旧倚重。因为，吕夷简就是祖宗之法的最佳执行者。

无论是生前，还是死后，吕夷简都是享受殊荣的。

病重时，宋仁宗把他调离中书，改任司空、平章军国重事；病情稍有好转，立即让他隔几天去趟中书，裁定大事。

宋仁宗甚至把自己的胡须剪下来赐给他，说这是古人的偏方，希望他早日康复。

去世后，宋仁宗宣布辍朝三天，亲自服丧发哀，追赠太师、中书令，谥号"文靖"。嘉祐八年（1063），牌位配享太庙，陪着宋仁宗享受后人的祭祀。南宋宝庆二年（1226），他名列"昭勋阁二十四功臣"，挂上了画像。

对于吕夷简，坊间的评价是两极的。欧阳修说他是祸乱天下的奸臣，"二十年间坏了天下。其在位之日，专夺国权，胁制中外，人皆畏之"（《论吕夷简札子》），评价非常低。宋仁宗感慨"安得忧国忘身如（吕）夷简之人"（《宋史·吕夷简传》），点了个大大的赞。客观地看，吕夷简在执政期间，任人唯亲、排斥异己、公报私仇、玩弄权术，是个奸臣，可是他沟通上下、办事稳健、思维灵活、深谋远虑，是个合格的宰相。如果给吕夷简写个评语，或许这八个字比较贴切："私不忘公，处世有术。"

至于他主持纂修的那部《中书总例》，对研究北宋政治制度史，真的很有学术价值。

当他合上双眼，告别这个世界的时候，他和他的真话，都已成过眼烟云。不过，北宋王朝沉疴依旧，将在变法图强与派系倾轧的漩涡中亦步亦趋，反复挣扎。

晏殊：望尽天涯路

槛菊愁烟兰泣露，罗幕轻寒，燕子双飞去。明月不谙离恨苦，斜光到晓穿朱户。

昨夜西风凋碧树，独上高楼，望尽天涯路。欲寄彩笺兼尺素，山长水阔知何处？

这是北宋词人晏殊的著名词作《蝶恋花·槛菊愁烟兰泣露》。

上阕写景，渲染了孤独的氛围。下阕写人，讲述了思念的悲情。景是萧瑟的，人是寂寞的，但一句"独上高楼，望尽天涯路"，在登高望远的苍凉之外，把眼界从狭小的庭院转向对广阔境界的眺望，反而让作者有了精神上的满足。显然，这种离愁别绪虽然悲情，但更壮阔，洗尽铅华、一扫抑郁，精神境界得到了升华。

词如其人，晏殊少年得志，一生官运亨通，位高而不权重。没有轰轰烈烈，也并非默默无闻，有的只是太平宰相的雍容与洒脱。他的官场生涯，他的词作佳品，都成为那个时代上流社会时尚与风范的见证。

一、神童

宋代是个出神童的时代。尤其是江西，出过方仲永这样的少年才俊。遗憾的是，方仲永过早透支了芳华，最终泯然众人。

方仲永老家在金溪，王安石老家在临川，同在江西。王安石对这位小老乡的经历颇为感慨，写了《伤仲永》一文，流传广泛。

晏殊的老家也在临川，同是神童。不同的是，晏殊的神童气质并没有成为孩提时代的卖点，而是不断夯实和发扬，贯穿了整个人生。

对于晏殊来说，神童的称谓，并非后人冠名，而是来自同辈的记述。欧阳修给晏殊写的《晏公神道碑铭》就有"公生七岁，知学问，为文章，乡里号为神童"的字样。《宋史·晏殊传》也说他"七岁能属文"。这说明，至迟在七岁时，晏殊的学问已经闻名乡里，是同辈里的佼佼者。

究竟什么样的孩子才能在宋代被称为神童呢？

南宋文学家李刘给出了答案：所谓神童，首先要年纪小、记性好，诗词文章滚瓜烂熟，然后是出口成章、自创佳句、文辞优美。李刘认为，晏殊就是这方面的标杆。

北宋立国，秉持重文轻武的理念，重视延揽人才，大幅增加科举考试录取员额。朝廷还设立了童子科，将聪慧能文的神童挑选出来，作为苗子培养，真正做到人才工作从娃娃抓起。

如果想走童子科这个渠道进入仕途，必须具备几个条件：十五岁以下，个人有名气，官员能举荐，地方给推选，皇帝要面试。概括来说，就是个人年轻且优秀、组织认可且推荐。

景德元年（1004），江南大旱，宋真宗下令右正言直史馆张知白等人安抚江南。在当地官员举荐下，张知白见到了晏殊，非常认可，就推荐他参加童子科。

在童子科考试中，晏殊现场撰写诗赋各一首，同场考试的十二岁的大名府神童姜盖写了六首诗。

《续资治通鉴长编》记载，晏殊"以俊秀闻"，诗词"敏赡"，不但相貌堂堂，而且才思敏捷，引得宋真宗"深叹赏"。

就在这时，发生了意外。宰相寇准建议录取姜盖，理由很荒唐——晏殊是南方人。

寇准在历史上以正直闻名，此前并没见过晏殊，也跟晏殊家族没什么过节。更重要的是，寇准历来爱才。为什么偏偏要以地域歧视为借口，对晏殊横加阻拦呢？

寇准是太平兴国五年（980）中的进士，王旦、张泳跟他同年，且都是北方人。丁谓是淳化三年（992）进士，王钦若、陈彭年跟他同年，且都是南方人。宋真宗时期，朝廷的朋党之争，主要是这两个集团之间较劲。

景德元年（1004），契丹大举进攻，打到了黄河北岸的澶州。王钦若主张皇帝迁都避战，寇准主张皇帝御驾亲征。政见上的巨大差异，让寇准对王钦若的人品产生了怀疑。

王钦若是江西人。或许，寇准就恨屋及乌，把对一个人的差印象，扩大到了这个人的同乡。还好，宋真宗没有地域成见。他宣称："朝廷取士，唯才是求，四海一家，岂限遐迩？如前代张九龄辈何尝以僻陋而弃置耶？"（《续资治通鉴长编》）他没听寇准的，而是赐晏殊进士出身，赐姜盖"同学究"出身。

要知道，张九龄是唐玄宗时期的宰相，在政坛文坛都有很高地位。只不过，他的老家在岭南，相对于首都长安比较偏僻。宋真宗拿晏殊和张九龄相提并论，对晏殊的评价是很高的。

对于一个十四岁的孩子来说，直接给进士头衔，又擢秘书省正字（相当于到御用私家学堂读书），这种荣耀在北宋历史上极其罕见。

二、说实话和小纸条

童子科考试两天后，宋真宗再次召见晏殊，考他诗、赋、论。晏殊发现，自己运气真好：皇帝出的题，他以前都做过。

可是，他没有偷着乐，而是主动坦言：官家出的题，自己以前练过，请官家换个题。

这个惊人之举，让宋真宗大为赞赏。

天禧二年（1018）八月，晏殊被任命为太子舍人，给太子赵祯当幕僚。宰相和吏部都很诧异：晏殊太年轻，没什么资历，官家为什么会把他放在这个很有政治前途的位子上呢？

宋真宗召见宰相时讲：满朝文武，只有晏殊闭门读书，不参加饮宴游玩。这么勤奋好学的人，不就是辅佐太子的最佳人选吗？

后来，宋真宗把这些告诉了晏殊，希望他好好工作。晏殊听罢，先是跪谢，接着坦陈：我不是不想去饮宴游玩，只是手头不宽裕，请客请不起。

没有冠冕堂皇的口号，没有穿靴戴帽的自夸，宋真宗反而觉得，晏殊活得很真实。领导与下属之间的缘分，往往既讲眼缘，亦重品行。晏殊超越自身年龄的言行，让他的神童光环更加亮丽，也让他的仕途更加平稳。

进入东宫后，晏殊的主业就是给太子打工。他还有一项副业，就是给宋真宗递纸条，提供一对一的咨询服务。欧阳修在《晏公神道碑铭》中写道："真宗每所咨访，多以方寸小纸细书问之。"这样说来，晏殊实际上还是宋真宗的私人顾问。

晏殊经手的小纸条，加起来有八十卷之多，可谓知无不言，言无不尽。

就在晏殊快速爬升的当口，宋真宗病倒了。

三、君子不立危墙

宋真宗病重期间，宰相寇准在跟皇后刘娥的党争中形势不利。这时，能帮寇准的，大概只有知制诰晏殊了。

在北宋高层的公文制作体系里，翰林学士负责草拟内部诏书，知制诰负责草拟对外发布的诏书。再加上小纸条，可以说，晏殊几乎掌握了高层全部的秘密。

可是，面对宋真宗的询问，晏殊以职权所限为借口，拒绝发表看法。晏殊表现出一副官僚做派。这是什么骚操作？

晏殊的诚实和本分是有前提的，就是"君子不立危墙之下"。越是时局微妙，越需要冷静分析。

眼下，刘皇后掌权，寇准要想翻身，只能靠皇帝力挺，但皇帝眼下病入膏肓，自顾不暇。晏殊据此判断，寇准胜算不大。

当此关键时刻，任何轻易表态，都会得罪其中一方，给自己树敌。不如不表态，回避发言，静观其变。

结果，寇准输了，退出了决策层。刘皇后赢了，没人再敢跟她公开叫板了。她可堂而皇之地以辅佐太子的名义全面介入朝政。宋真宗的遗诏，也是让刘娥"权听军国事"。

此时，沉默已久的晏殊竟然发声了。他建议刘娥不要单独召见大臣。

为什么会提这样的建议？一方面，晏殊此时兼知礼仪院，太后召见大臣的方式属于礼仪，归他负责。

另一方面，男女有别，太后新近丧偶，肯定不能违反祖制，单独召见大臣，以免瓜田李下之嫌。

晏殊的建议，相当于帮刘娥处置了一件"瑕疵"。就这样，晏殊及时变轨，进入了刘娥的用人视野。

宋真宗驾崩后，赵祯继位，就是宋仁宗。刘太后奉遗诏垂帘听政。晏殊以不变应万变，就这么熬年头，直至天圣三年（1025），官居枢密副使，进入执政大臣行列。

与此同时，宰相王钦若病逝，朝廷高层进行了重大人事调整。此前一直谨言慎行的晏殊，竟卷入其中，甚至为此付出了第一次贬官的代价。

四、未雨绸缪看长远

在刘太后的新人事布局里，枢密使职位花落张耆。

想当年，宋真宗和刘太后搞对象的时候，张耆就扮演了说媒拉纤的角色。作为宋真宗的跟班，张耆深受先帝和太后恩宠。刘太后用他当枢密使，就有点投桃报李的意思。

一贯沉默的晏殊再次突然上书，坚决反对这项任命。他认为，枢密使的人选，起码得找个中不溜的人吧。张耆算什么玩意呢？这种靠关系上位的人，怎么能当枢密使呢？

张耆真的一无是处吗？也不能这么说。

他在宋辽前线打过仗、负过伤，既有功劳，也有苦劳，属于"真本事+关系户"。宋真宗时期，他官至枢密副使，资历比晏殊老得多。

现在，刘太后提拔他做枢密使，顺理成章，没什么争议。

任用个把亲信，不但被公开指摘，还说什么"徒以恩幸，遂极宠有些事,一旦摆在台面上,就相当于公开揭伤疤、抖黑料。

刘娥当年被老公甩卖,以及跟宋真宗私下幽会,这样的经历都是她的敏感区,不愿提及。可是,晏殊踏进了这个敏感区,刘娥能高兴起来吗?

为什么晏殊执意要触动这个敏感区呢?

晏殊当过太子舍人,属于东宫旧人,跟赵祯关系不错,亦师亦友。

刘太后临朝后做出的绝大部分决策,晏殊都没有作梗,甚至被人视为太后同党。

如此一来,他就有了"脚踩两只船"的嫌疑。这是官场大忌。

作为枢密院的二把手,反对张耆当枢密使,既符合职位身份,又能证明自己不是太后同党。如果因此被贬官,更会博得舆论同情,间接向宋仁宗表忠心。等宋仁宗亲政后,这些履历和表现,都会给他加分。

为了让戏码再足些,晏殊还干了两件匪夷所思的事:

第一件。

刘太后、宋仁宗携百官前往玉清昭应宫行礼,晏殊同行,但他走得太急,忘记带笏板了。

"笏"是大臣出席正式活动时携带的板子,用玉、象牙或者竹片制作,主要用来记事。忘带笏板本身就是件丢脸的事。更糟的是,他派去取笏板的仆人,行动慢了点,姗姗来迟。于是,晏殊竟然一时失态,抢过笏板,把仆人暴揍了一顿,牙都打掉了。

在学生眼里,晏殊胸襟宽广、办事谨慎,这是大风大浪磨炼出来的。欧阳修在《晏元献公挽辞三首》里就评价座师晏殊:"富贵悠游五十年,始终明哲保身全。"

然而,还是同一个晏殊,竟然当着群臣的面,去殴打自家仆人,这显然不正常。晏殊很可能是在演"苦肉计",为的是以"自黑"自证不是太后同党。

"自黑"果然起效。弹劾的表章纷至沓来。刘太后果然中计,下令免去晏殊的枢密副使职务,贬官出京,以刑部侍郎的头衔任宣州知州。不久,又改任应天知府。

晏殊贬官，自然不再是大家印象中的太后同党。第二年，也就是天圣六年（1028），宋仁宗把他召回，先任御史中丞，随后改任兵部侍郎兼秘书监、资政殿学士、翰林侍读学士。

第二件。

"狸猫换太子"的事，是刘太后的另一个敏感区。

晏殊很清楚，宋仁宗的亲妈是李顺容，并非刘太后。可是，他从不跟宋仁宗吐露半个字。正因嘴严和文笔好，刘太后让他为李顺容撰写墓志。

在这篇墓志里，明确记载李顺容只育有一女，早夭，没提生过儿子这事。

刘太后去世后，宋仁宗亲政，"狸猫换太子"的故事浮出水面。于是，一场针对刘氏家族的政治清算呼之欲出。有人就把李顺容的墓志搬了出来，指责晏殊弄虚作假，有欺君之罪。宋仁宗正在气头上，就免去了晏殊的参知政事，贬到亳州当知州。

晏殊当年做错了吗？

设身处地，如果晏殊把真相写进墓志，不但自己会被一撸到底、性命难保，还会引发官场地震。有时候，暂时的谎言和糊弄，也是政治需要。

不过，晏殊也留了一手。他在神道碑上写了这样的文字："五岳峥嵘，昆山出玉；四溟浩瀚，丽水生金。"其中的"丽水生金"四个字，很有意思。

"丽"与"李"谐音，女人如"水"，"生"是生育，"金"是皇帝御用物品的专用材质，四个字加起来，就是暗示姓李的女人生了当今皇帝。

尽管宋仁宗依旧不高兴，但神道碑上的后手，可能真的救了晏殊。在亳州、陈州各当了一任知州后，宝元元年（1038），晏殊终于回到京城，担任御史中丞、三司使，重新进入朝廷决策圈。

未雨绸缪的铺垫，看似吃了点眼前的小亏，但晏殊算的是长远账。

晏殊曾有词云："昨夜西风凋碧树，独上高楼，望尽天涯路。"然而，属于他的官场"天涯路"还有很远，还没走完，一眼看不到头。

五、应天书院办教育

天圣五年（1027），晏殊以刑部侍郎的头衔担任应天知府。

这是晏殊第一次贬官，也是第一次做地方官。

应天位于今河南商丘，是北宋的陪都，离首都开封并不远。晏殊没有地方工作经验，他首先想到的，就是把做学问的习惯推广到全社会，培养和造就更多人才。

于是，办教育、办书院，成了他在应天做官的主要政绩。

应天府书院，原先是宋初睢阳籍学者戚同文的讲学之所。太平兴国二年（977），戚同文去世后，这个讲学之所就没人打理了，一度荒废。

直到大中祥符二年（1009），应天府一个名叫曹诚的有钱人，出资三百万，在戚同文讲学的旧址，建了一百五十多间房子，藏书一千多卷，开始招揽学生，办起了应天府书院。

在晏殊到任之前，应天府书院是有基础的。大楼、图书都有了，晏殊要做的，是招募大师。只有大师领衔，才能端正书院学风，把好苗子带好，提升书院品质。

巧的是，范仲淹母丧丁忧，就在应天。尽管晏殊没见过他，但耳闻他的道德文章水平很高，于是亲自延请其出山，执掌应天书院教席，相当于校长或者教务长。

朝廷规定，丁忧期间，不能做官，只保留相应资格和待遇，但教书是不限制的。范仲淹欣然同意。

主持书院教务期间，范仲淹勤勉督学，以身示教，引导学子读圣贤书，开展时政讨论，提升思考和实践能力。他还率先垂范，在讨论天下大事时奋不顾身、慷慨陈词。

这么大尺度的创新，离不开北宋前期宽松的政治环境，更离不开晏殊的鼎力支持。不然，以范仲淹的"大嘴巴"，或许早就被守旧派"举报"了。

范仲淹在书院里倡导严于律己、崇尚道德的节操，对于矫正世风、涤荡学风，是有积极意义的。《范文正公年谱》记载，应天府书院在范仲淹的带领下，学风面貌焕然一新。

天圣六年（1028）九月，也就是晏殊调回京城的前一个月，他又发现了一个人才：贺州富川县主簿王洙。

听说此人擅长明经，很适合带着学生讲读四书五经，而且刚刚授官，还没上任，晏殊便向朝廷建议，保留王洙主簿的官职和待遇，先不去上任，而是在应天书院教书。

晏殊没有看走眼，王洙讲学三年，口碑很好，为书院培养了许多人才。

回到京城后，晏殊也没抛下应天书院这摊子事。在他的持续推动下，天圣六年（1028）十二月，朝廷免去了应天府书院的地基税钱，降低了办学成本。

晏殊在应天府只任职了一年多，但他开启了官府扶持应天府书院的先例。

景祐二年（1035），朝廷将书院升格为学府，划拨了十顷田地，这足以自给。庆历三年（1043），又升格为南京国子监。这样一来，应天府书院由官府扶持变成了官学合一，跟白鹿洞书院、石鼓书院、岳麓书院齐名，成为宋初四大书院。

《宋史·晏殊传》说："自五代以来，天下学校废，兴学自（晏）殊始。"这个评价并不为过。除了扶持应天府书院外，晏殊还推动科举考试增加策论，支持州县办学，重视私学，等等，这些举措都为改善和优化学风和世风，培养和选拔更多人才提供了条件。

扶持应天府书院，是晏殊跟范仲淹第一次打交道。范仲淹严谨的治学态度和教学风格，给晏殊留下了很好的印象。短短一年光景，晏殊和范仲淹成了几乎无话不谈的好朋友。好到什么地步呢？

六、伯乐与千里马

晏殊要招女婿，请范仲淹推荐人选。范仲淹推荐了富弼。

富弼是谁？一介举子，小年轻，籍籍无名。可是，见面交谈后，晏殊认可了。

如果没有很深的交情，没有广泛的共识，晏殊怎敢把子女的终身大事嘱托他人呢？

一年后，晏殊调回京城，官拜御史中丞。恰好范仲淹丁忧期满，即将回京。晏殊就顺便举荐范仲淹做秘阁校理。

刚回京，事情很多，晏殊百忙之中，还是把举荐范仲淹优先办理，而且希望他能人尽其才，不被埋没。范仲淹很争气，从馆阁起步，最终跻身执政大臣。没有晏殊的推荐，就没有范仲淹的庆历新政。

晏殊爱人才，是因为他自己就是人才。人才见人才，惺惺相惜。

天圣八年（1030），晏殊担任礼部贡举（礼部考试）的主考官。这次考试的省元（第一名），就是欧阳修。

当时的欧阳修还是个穷秀才。欧阳修参加过好几次考试，全都名落孙山。不过，面对这次晏殊出的题目"司空掌舆地之图赋"，几乎所有考生都没看明白，只有欧阳修不但懂了，还找出了题目的破绽。

欧阳修当场表示："题目里的司空指的应该是周代的司空。可是，周代的司空管的事情很多，不光有舆地之图。倒是汉代的司空只管舆地之图。因此，这里的司空究竟是指周代司空，还是指汉代司空呢？"

如果搞不清"司空"的确切含义，写赋时引经据典就可能张冠李戴，造成时空错乱。因此，欧阳修提出这个破绽是有意义的。

晏殊对他大为赞赏，说这里的"司空"的确指的是汉代司空，题面没有写明，只是希望大家揣摩和意会，没想到只有欧阳修一人看出了破绽。

于是，晏殊把欧阳修点为礼部贡举第一名。两人也就成了座师和门生的关系。欧阳修不但言必称自己是晏殊的门生，见面还专门行弟子礼。

晏殊对欧阳修的提携是全方位的。不但经常邀请文人雅士赴宴，以诗会友，给欧阳修、梅尧臣等年轻人提供展示才华、诗词唱和的机会，而且还提拔欧阳修当谏官，使他成了范仲淹推行新政的帮手。

庆历三年（1043），晏殊取代吕夷简担任宰相，着手改造中枢系统，并调整谏院，吸纳欧阳修等三人加盟谏院。坊间对此评价很高。大学者蔡襄就赋诗《喜欧阳永叔、余安道、王仲仪除谏院》曰："御笔新除三谏官，市民千口尽相欢。"

晏殊并非大公无私。他当伯乐的底线，就是千里马的才华不能损害他的个人利益。如果谁逾越了这条底线，他照样翻脸不认人。

天圣七年（1029），刘太后准备在天安殿接受百官朝贺。范仲淹认为太后这么做会损君威，上书坚决反对，言辞激烈。按说，范仲淹这么做是要维护皇帝尊严和君臣秩序，但晏殊非但没有附和他，反而狠狠指责了他。

晏殊清楚，范仲淹是他推荐的。如今范仲淹触犯太后，到头来晏殊自己也会连带背锅。晏殊当然不愿为了所谓理想，舍弃自己半生奋斗换来的政治地位。

于是，晏殊和范仲淹之间有了明显的理念分歧。

富弼是晏殊的乘龙快婿。一家人原本其乐融融。可是，庆历年间，富弼跟晏殊同朝为官。晏殊就急了，奏请辞官，避开瓜田李下之嫌。

然而，宋仁宗就是不同意。

后来，富弼遭到吕夷简的栽赃陷害，急需高官搭救。晏殊虽然是富弼的岳丈，但就是不施援手。这件事让富弼恨得咬牙切齿，大骂这位岳丈是"奸邪"。

欧阳修虽然是门生，但跟座师晏殊的政治主张有很大差别。久而久之，双方也产生了裂痕。

七、师徒裂痕

庆历三年（1043），宋仁宗对中枢系统进行了人事调整。除了晏殊取代吕夷简担任宰相之外，还有个令世人瞩目的变化，就是范仲淹就任参知政事。一场由范仲淹领衔的庆历新政即将拉开帷幕。

宋仁宗意识到，积重难返的社会问题到了非改不可的地步，因此他支持范仲淹搞改革。可是，祖宗之法的羁绊，又让他瞻前顾后，意志不坚，留用了一大批守旧派大臣。

宰相章得象、枢密使夏竦，以及余热犹存的吕夷简，出于自身利益和小集团利益，或明或暗地搞事情，给新政添乱。在他们的蛊惑下，本就信心不足的宋仁宗，方寸乱了。

结党营私是官僚政治的禁忌。夏竦等人发现，范仲淹、富弼、欧阳修等人抱团很紧，就指使谏官不断弹劾，给范仲淹等人扣上结党的帽子。

范仲淹等人算不算拉山头、结朋党呢？他们之于晏殊，或门生或故吏或女婿，形成了以晏殊为中心的改革派集团。因此，范仲淹等人确实在结党。夏竦做到了靶向攻击。

对于范仲淹等人来说，要想自保，洗刷结党恶名，持续推进新政，就必须低调收敛，互相拉开点距离，找夏竦的软肋反戈一击。

然而，面对夏竦等人的弹劾，范仲淹居然甩出君子之党的言论反驳，欧阳修还专门写了一篇《朋党论》，为自己的结党行为进行辩护。于是，夏竦等人轻易抓到了实锤。

晏殊毕竟是欧阳修的座师，所谓朋党也是以晏殊为中心的。眼看着门生欧阳修的言论越发激进，晏殊担心殃及自己，多次当面批驳，但已于事无补。

新政输了，输在结党。欧阳修被排挤出京城，出任河北都转运使。这时，知谏院蔡襄和孙普，作为欧阳修的前领导，专门写奏章，说欧阳修还是适合当谏官，如果调到地方，那就大材小用了。宋仁宗把这份奏章批给了晏殊。

作为老师，晏殊动了恻隐之心，但作为宰相，晏殊的心已经凉了。

当年，是他推荐欧阳修进入谏院；现在，又是他不允许欧阳修留在谏院。

宋仁宗曾经支持新政，但无论如何都不允许新政沾上朋党，不允许任何权臣存在，无论这个权臣是好人还是坏人。欧阳修都不能留在京城，无论晏殊帮还是不帮。

这些年，那么多政治斗争，血雨腥风，晏殊都安然无恙，靠的是洞悉利害，靠的是超然物外，靠的是小心谨慎。至于欧阳修的去留，他不想过多掺和，生怕连累了自己。

欧阳修走了。蔡襄、孙普很郁闷，他俩认为，正是晏殊见死不救，才放走了欧阳修。于是，他俩转而弹劾晏殊，拿当年李顺容的墓志说事，顺便又提及晏殊借用官兵修宅子的事。

李顺容的墓志，是宋仁宗的敏感点。于是，晏殊也被罢免了宰相，去当地方官了。

有意思的是，弹劾晏殊的蔡襄和孙普，当初也是晏殊一手提拔起来的。

从此，晏殊在地方宦游多年，远离权力中心，也就没了政治抱负。转而腾出充裕的时间钻研文学，跟三五好友写诗填词，相互交流，及时行乐，不但晚年过得安逸，还写出不少佳句，传之后世。

晏殊虽然诗词俱佳，但在跟同时代、同风格的同行柳永的互动中，却发生了摩擦。

八、高雅与世俗

太平兴国三年（978），南唐后主李煜稀里糊涂地死了。

对于宋太宗来说，这是个好消息，但对于市井百姓来说，就不是个好消息了。李煜的词脍炙人口，他不在了，以后谁给市民创作精彩的新词呢？

宋太宗御用文人们创作的新词，没有一个能流行开来。"词"这个东东，自从唐后期温庭筠开山以来，还从未跌入如此低谷。

"神童"晏殊和"浪子"柳永的横空出世，将改变这一切。

跟晏殊类似，柳永既是婉约派词人，也是"官二代"。其父柳宜曾在南唐做官，后来跟着李后主投降北宋，到山东做了知县。柳永就生在了山东。

不过，柳宜还有另外一重身份——唐代河东柳氏的后代。靠着家族底蕴，他在退休前做到了工部侍郎。

少年柳永曾梦想"知识改变命运"。他写过"学则庶人之子为公卿，不学则公卿之子为庶人"的文字。意思是说，好好学习，穷二代也能当官；不好好学习，官二代也会变穷。

多么正能量！

青年时代，柳永进京赶考，从福建出发，途经杭州、扬州，寄情山水之间，眼界大开，诗兴大发，不但写的词名噪一时，而且一头扎进妓院，寻欢作乐，放浪形骸。到了京城，他更是彻底放飞，成了人人皆知的青楼浪子。

二十岁的神童晏殊，正在官场上打拼应酬；大七岁的柳永却在青楼里虚度光阴，甚至放出了"对天颜咫尺，定然魁甲登高第"的迷之自信，梦想着跟高官坐而论道。

然而，临阵不磨枪，既不快也不光。柳永连续四次考试，全都功败垂成。

考场失意的柳永，继续醉心青楼。不过，他把屡试屡败的心路历程，写进了词作《鹤冲天·黄金榜上》。不出所料，这又是一首风靡京城的神曲。什么"才子词人，自是白衣卿相"，什么"忍把浮名，换了浅斟低唱"，在首都市民中反复传唱。

宋仁宗是个接地气的皇帝。他听说过柳永，也是"柳粉"，他让人给柳永的词谱曲，让宫女传唱。不过这次，他不高兴了。在他看来，柳永这首《鹤冲天·黄金榜上》分明是藐视科举考试。而科举考试正是北宋王朝笼络知识分子、选拔优秀官员的主渠道。

藐视科举，就是藐视朝廷、藐视官家、藐视朝廷的运作规则。因此，宋仁宗批了一句："且去浅斟低唱，何要浮名。"意思是说，既然你喜欢填词，那就好好填词吧，何必还要参加科举考试去博取功名呢？

让皇帝的批示讽刺了一番，对于这位浪子来说，不是什么好事。

同样是填词助兴，晏殊反倒搞得风生水起，甚至拉着一批大小官僚，喝酒吃肉，填词唱曲，玩得不亦乐乎，皇帝对这种聚会也没说什么，只当这帮文人吃饱了撑着。

晏殊写过一首题为《浣溪沙·一向年光有限身》的词：

一向年光有限身，等闲离别易销魂，酒筵歌席莫辞频。

满目山河空念远，落花风雨更伤春，不如怜取眼前人。

人生短暂，别离伤感，不如及时行乐，把酒言欢。这首词的金句，是"不如怜取眼前人"。所谓"眼前人"，指的是酒席宴上的歌女。晏殊经历过磨难，但从没有让痛苦的怀思去折磨自己，也没有沉湎歌舞酒色中不能自拔，而只是眼前欢愉、赏心悦目而已。

这就是他聚会和填词把握的度，具体表现为两个方面：

——不能把副业搞成主业。聚会、填词，都是业余。千万不能让皇帝和其他大臣觉得，自己是在"不务正业"。

——填词风格符合朝廷需要。他填的词，语言风格富贵高雅，适合宰相这样的高尚身份去吟诵，更像是宫廷词。在他的引领下，参加宴会的官员们吟诵的词作，俨然形成了一个"太平富贵"的流派。

晏殊的"无可奈何花落去，似曾相识燕归来"；欧阳修的"庭院深深深几许，杨柳堆烟，帘幕无重数"；宋祁的"绿杨烟外晓寒轻，红杏枝头春意闹"；张先的"沙上并禽池上暝，云破月来花弄影"。读起来朗朗上

151

《歌乐图卷》，宋佚名。该画描绘了宋朝宫廷歌乐女伎排练演奏的场景。上海博物馆藏

口，给人一种超凡脱俗的"雅过敏"。

跟柳永相比，晏殊的最大优势，就是在皇帝身边工作，好印象扎根皇帝心中。

这一点，柳永非但比不了，而且觉得，既然皇帝不喜欢自己，索性不做官了，专心在青楼搞艺术创作。不是绘画，而是继续给歌伎们写词。

晏殊对歌伎的描写，是一笔带过，诸如"怜取眼前人"。柳永则深入其中，细腻描写，调动读者的五官，引发无限遐想。这种远超街头小卡片的文案，宣传效果超燃。

如果哪位歌伎能得到柳永写的定制词作，出场费立即飙升。不少歌伎被捧红了，柳永的稿费也赚得盆满钵满。

晏殊的词彰显富贵，相比之下柳永的词就太接地气了。城市平民喜欢，但卫道士们的口诛笔伐也不少。柳永原名柳三变，还不如叫"柳三俗"更贴切。

同样是婉约词，晏殊代表庙堂的高雅，柳永代表民间的世俗，一个流派，两种风格并存。词即社会，词即人生。

柳永活得很潇洒，但还是没有泯灭当官的梦想。景祐元年（1034），宋仁宗庆祝亲政，特开恩科。给考场失意的学子们降低门槛，统统网罗过来。柳永总算是考中了进士，授了个睦州团练推官。这年，他已经五十一岁了。

虽然岁数大了，但柳永还想"进步"。为了求官，他托关系找到了宰相晏殊。

面对浪子，晏殊慢条斯理地问道："你填词写曲子吗？"言外之意，你柳永就是因为把副业干成了主业，天天填词，格局越走越小，这事我可

救不了你。

　　或许是真的能写，柳永还不死心，就呛了晏殊一句："我和您一样，也喜欢填词写曲子。"意思是说，看在咱俩都是同行的份儿上，你就帮帮我吧。

　　晏殊毕竟是见过大场面的，根本没被柳永的话呛到，而是反唇相讥："（晏）殊虽作曲子，不曾道'针线慵拈伴伊坐'。"（张舜民《画墁录》）意思是说，我虽然跟你是同行，但绝不写这种"三俗"的词句。

　　柳永听懂了晏殊的弦外之音。晏殊一生谨慎，对于皇帝拍板定案的事，从不表态反对，即便心里不爽，也不公开表态。因此，他断不可能为了一个文学青年，去跟皇帝唱反调。

　　晏殊的"怜取眼前人"，首先是为了自己，首先不能牺牲自己。

　　这就是晏殊，一个名副其实的"太平宰相"。

范仲淹：出没风波里

154

> 江上往来人，但爱鲈鱼美。
>
> 君看一叶舟，出没风波里。

这是范仲淹为数不多的代表性诗作《江上渔者》。

诗中描绘的，是打鱼人的辛苦。食客们大快朵颐的鲈鱼，凝结着渔民驾一叶扁舟在风浪中搏击的辛劳与血汗。

范仲淹触景生情，抒发的是对自己人生的感慨。综观他的官场生涯，经历了那么多斗争考验，何尝不是"出没风波里"。尤其是庆历新政，把他推向了风口浪尖。

范仲淹是淡泊名利的。他在《岳阳楼记》中袒露了心迹：先忧后乐。

范仲淹是渴望成功的。无论是谏官生涯、边将生涯，还是执政大臣生涯，他都力求做到最好，但也留下无尽遗憾。

宋仁宗给他的评价很高。中国古代史上，"文正"算是文官谥号的最高档次。享受这个谥号的官员不多，范仲淹名列其中。他的人品、才干，都得到了皇帝和同僚们的充分肯定。

那么，范仲淹究竟是在怎样的风波里出没，他凭什么能成为一代"圣人"呢？

一、苦中作乐

在中国政治史和文学史上，范仲淹享有了"圣人"般的地位。不过，跟神童晏殊和"不倒翁"吕夷简相比，范仲淹输在了起跑线上。

父亲范墉，做过徐州节度掌书记，相当于地方军事长官的文书，级别不高，薪水不多，工作不稳定。更遗憾的是，范仲淹出生后不久，范墉就去世了。

范家号称是唐代宰相范履冰的后裔，后来渡江南下，在江浙安家。范墉以前在吴越国做官，后来跟着吴越国投降北宋。掌书记的头衔，算是安置性的闲差，不受重用，聊度此生。

范墉死后，老婆谢氏无法支撑门户，只好改嫁给山东人朱文瀚。范仲淹也跟着搬到了淄州长山（今山东邹平），跟了后爹的姓，改名"朱说"。

朱文瀚虽然是后爹，家庭条件一般，但人不错。带着范仲淹做过生意，但不太成功。事实证明，范仲淹不是做生意的料，对于未来，这孩子迷茫了。

宋人吴曾在《能改斋漫录》里，记述了这样一段故事：

范仲淹早年曾跑到庙里祈祷，求神问卜说："将来我能当上宰相吗？"说罢抽签，结果没抽上。又祈祷说："如果当不了宰相，当个好医生也行啊！"再抽签，还是没抽上。范仲淹很郁闷，感叹道："大丈夫就该恩泽天下、救助百姓，如果连这个都做不到，就不配做大丈夫。"

后来，有人问他："作为男子汉大丈夫，立志当宰相，这可以理解，干吗要想着做医生呢？"那个时候服务民间的医生，大多是走方郎中，没有职业认证，没有社会地位，没有固定收入，跟当官差别太大。

可是，范仲淹坚信：无论是当宰相，还是当医生，都是为了扶危济困。做个良医，既可以给君王看病，也可以挽救百姓性命，还能懂得养生，让自己健康长寿，利他利己，岂不美哉！因此，他就把人生目标定位为"不为良相，便为良医"。

再远大的人生目标，也要脚踏实地，从头做起。无论是范仲淹本人，还是他的后爹亲妈，都懂得一个道理：知识改变命运。因此，无论多么困难，还是要去读书。

读书的日子是艰苦的。彭乘的《墨客挥犀》讲，少年时代的范仲淹，曾在淄州长山的庙宇里寄宿读书。每天晚上，他都煮两盒粟米粥，经过一宿，粥变稠凝固，到第二天早上，他再用刀片划成四块，掺入几根腌菜，调进半杯醋汁，吃完再读，晨昏不辍。这就是"断齑画粥"这个历史典故的由来。

后来，他慕名去应天府书院求学。那里刚刚修缮，有了学舍和大量藏书，比以前在庙里寄宿要舒服得多。因而，范仲淹特别珍惜那里的学习机会。

打扫卫生，昼夜读书，成了范仲淹的日常生活。

二、文官不爱钱

在庙里寄宿读书的时候，某天晚上，范仲淹看到一只小白鼠钻进一个洞穴。他很好奇，就去掏洞，越掏越深，后来索性把洞掘开。他发现，地下竟然有一瓮白银。

范仲淹生活拮据，这一瓮白银足以改善他全家的生活，甚至能让他财务自由。可是，他没有伸手，而是原封不动地把这瓮白银放回原处埋好。

后来，范仲淹做了官。庙里的住持就派人送了一封信给他，请他帮忙疏通官府，拨款修缮这座寺庙。

范仲淹回了一封空信。信函上一个字没写。

住持见信，既泄气又纳闷，可又发现，信封内侧写着一行小字："使于某处取此藏。"说明了那瓮银子埋藏的地点。

住持按照范仲淹的指示，果然找到了那瓮银子。

修庙的经费有了，还不费国家公帑一两银子。

这瓮银子可能是前任寺院住持留下的应急资金，继任者并不知道。这个时候派上用场了。

考中进士后，吏部就把范仲淹派到广德军（今安徽广德）当司理参军，负责司法刑狱机要事务。他上手很快，迅速进入了角色。

这年冬天，范仲淹要回苏州一趟。由于后爹去世，他就想把老母亲接到身边。衙门里的差人们听说范仲淹要回老家，把老母亲接到广德，又清楚范仲淹新官上任，家里也穷，没什么积蓄。于是，大家倾囊相助，帮他筹集了一笔路费。

可是，范仲淹说什么也不收。

大家觉得很诧异："您上任不久，没什么积蓄，广德到苏州千里之遥，没钱怎么回家啊？"

范仲淹的回答相当神奇："我不是还有匹马吗？去把它卖掉，我不就有回家的路费了吗！"

听说范仲淹要卖马凑盘缠，差人们懵了："广德到苏州这么远，您把马卖了，还怎么回去啊？"

范仲淹的回答更令人惊讶了："我有两条腿，可比那匹马贵，卖掉马匹，我徒步回去。"

差人们看范仲淹态度坚决，就恭敬不如从命，卖掉了那匹马，给范仲淹凑足了盘缠。

南宋爱国将领岳飞曾说过："文臣不爱钱，武臣不惜死，天下太平矣。"（《宋史·岳飞传》）范仲淹正是秉持了这样的原则。

他不是不爱钱，而是不爱分外之财，清廉自持、秉公用权，不与世沉浮、不随波逐流。这样的气质伴随范仲淹一辈子，不管做到多大的官，都本色不改。

"卖马接娘"，就是他一身正气的缩影。

范仲淹晚年，曾当过邠州知州，闲暇时在酒楼宴请宾朋。正要举杯，只见几个人披麻戴孝。他派人询问才知，原来是客居这个酒楼的书生死了，准备出殡，在城郊埋葬。

可是，棺椁还没准备好。

这时，范仲淹的责任感飙升，立即撤掉酒席，主动买单救济，让他们把丧事办好，厚葬这位书生。范仲淹此举，让在座的客人为之动容，甚至有人还流了泪。

人活到这个时候，才真正理解为什么钱财只是身外之物。参透了生死，范仲淹也就对仕途的种种不如意释然了。

后来，他索性捐出了自己的积蓄，在家乡苏州购置良田千亩，设立义庄，资助范家族人，尤其是穷苦人家。而他自己也没有忘本，在把老娘接到广德后不久，就上奏朝廷，跟"朱说"这个名字说再见，正式改名"范仲淹"。

三、不以己悲

范仲淹的道德文章、为官操守、业务能力，很快就在坊间传开，连宋仁宗、刘太后都对他非常欣赏。这为他后来的"逆袭"和升迁打下了良好基础。

不过，他是个坚持原则的人。为了原则，范仲淹的早期仕途至少遭遇过三次波折。

第一次，跟刘太后、晏殊对怼。

范仲淹主持应天府书院卓有成效，随即被晏殊推荐，进京做官。

刘太后过生日，宋仁宗率领百官在会庆殿祝寿，刘太后堂而皇之地在天安殿接受朝贺。范仲淹认为，刘太后过分了。

范仲淹觉得，在官方场合，皇帝得像个皇帝，不能也跟其他大臣一样磕头。皇帝不是不能祝寿，但最好在后宫，给太后行家人之礼，不要搞得像君臣一样，对太后行臣子之礼。

当时，刘太后在朝中一言九鼎，她想做什么，谁敢说不？可范仲淹就不信这个邪，非要触霉头。晏殊吓坏了，生怕牵连到自己，把范仲淹找来臭骂一顿，说他"狂率邀名"。

面对这位伯乐，范仲淹不留情面，当即反驳，说自己进忠言反而落埋怨，实在是对这个伯乐感到失望。

范仲淹在《上资政晏侍郎书》中强调，自己侍奉皇上当危言危行，绝不逊言逊行、阿谀奉承，有益于朝廷社稷之事，必定秉公直言，虽有杀身之祸也在所不惜。

堂堂神童晏殊，被范仲淹怼得无言以对。

范仲淹的奏章被送进了皇宫，毕竟言之有理，刘太后也没法反驳，只好置之不理。没多久，朝廷人事调整，范仲淹离开京城，去河中府当通判，后来又转任陈州通判。或许这是他自己申请的，或许这是刘太后有意为之，觉得这个年轻人还不成熟，需要在地方上多历练。

第二次，叩门垂拱殿。

宋仁宗打算废掉郭皇后，也就是单方面离婚。皇帝离婚，本来是家事，但由于皇后母仪天下，在政治礼仪上具有象征意义，因而只要皇帝想离婚，大臣们肯定插手。

宋仁宗很清楚这点，于是听从吕夷简的建议，只发废后诏书，不见大臣。

范仲淹回京当了谏官，坚决反对皇帝轻率废后的做法。想跟皇帝谈谈，却见不到皇帝。于是，范仲淹、孔道辅、孙祖德等一帮谏官齐聚垂拱殿外，跪在门前，一边砸门，一边大喊要进谏。

宋仁宗没有下令打开殿门，而是派吕夷简出来应付。范仲淹、孔道辅便把吕夷简当成了出气筒，一通狂喷。

吕夷简听罢，只吐出六个字："废后自有故事。"（《续资治通鉴》）

范仲淹、孔道辅说，所谓废后故事，不就是说东汉光武帝刘秀废掉郭皇后，立阴丽华当皇后这事吗？刘秀虽然是明君，但这件事办得不地道、很失德，有什么好学的？

自古以来，只有昏君才干得出废后的事。官家是圣君，有"尧舜之资"，怎能让他仿效昏君呢？

第二天，准备了一宿的范仲淹，正要上朝再理论一番，却接到了调令。他被贬为睦州（今浙江建德）知州，孔道辅等谏官也被贬出了京城。

换作别人，一定很郁闷，或者干脆就服软了。可是，范仲淹平静地上路了。临行前还在《睦州谢上表》中劝宋仁宗："有犯无隐，人臣之常；面折廷争，国朝盛典。"他信仰的原则，是要坚持到底的。

睦州毗邻新安江，山水相间，景色宜人。范仲淹没觉得这是贬谪，反而认为皇帝赏给他一块风水宝地。他兴奋异常，写下了《和葛闳寺丞接花歌》，自诩"谪官却得神仙境"。

当坚持原则遇到了障碍，范仲淹选择了"不以物喜，不以己悲"的人生态度。

第三次，《百官图》事件。

过了一段时间，宋仁宗想把范仲淹调回京城，提拔重用，正在琢磨放在哪里合适，吕夷简出了个主意，让范仲淹去当权知开封府。

这是个要缺，许多后来位极人臣的官员，都当过权知开封府。这是个难缺，首都人口众多，各路关系错综复杂，要想管好这座世界级城市，并不是一件容易事。

吕夷简的用意，就是要让范仲淹在首都办砸几件事，丢个丑，再借机贬到外地去。

可是，吕夷简失算了。范仲淹操守严谨，能力出色。在他治下，首都治安好转，市面繁荣。京城官场流传着顺口溜："朝廷无忧有范君，京师无事有希文。"大家把范仲淹（字希文）描述成无所不能的"超人"了。

范仲淹人在开封府，还兼着"天章阁待制"的头衔，虽然不是谏官，但他提意见的习惯不改。

160

他看到，文武官员想要晋升，都必须走宰相吕夷简的门路，"吕粉"尾大不掉，对巩固君主专制和皇帝权威不利，也有违朝廷的祖宗之法。

于是，范仲淹搞了个图文并茂。

他先写了一份奏章，"言官人之法，人主当知其迟速、升降之序，其进退近臣，不宜全委宰相"。接着又画了一张《百官图》，指出其中哪些人是吕夷简的党羽，强调"如此为序迁，如此为不次；如此则公，如此则私，不可不察也"。（《续资治通鉴长编》）

一张《百官图》，戳到了吕夷简的痛点。不过，他很滑头，没在结党问题上跟范仲淹纠缠，而是反过来弹劾范仲淹"越职言事，荐引朋党，离间君臣"。

没错，范仲淹不是谏官，只是首都市长，写奏章、画图弹劾宰相，确实是越权。

范仲淹遇到了强劲对手。无论他怎么辩白，无论支持他的大臣怎样仗义执言，吕夷简就抓住"越权"这件"政治不正确"的事不放，让范仲淹陷入被动。景祐三年（1036）五月，范仲淹第三次贬官，外放饶州（今江西上饶鄱阳）知州。

这场吕范之争，就以范仲淹及其支持者的完败而告终。

不过，这件事让许多大臣自觉站队，余靖、尹洙、蔡襄、欧阳修等人，都站出来挺范，最终全部贬官外放。他们形成了新的派系，姑且称之为"范粉"，或者"范粉后援团"。

三起三落，换作其他人早就心理崩溃了，但范仲淹依旧坦然。

饶州民风好斗，官吏狡诈，欺压百姓。范仲淹没有头疼医头，而是打算根治。

他更换校址，新建校舍，聚拢学生，宣传法令，尊崇贤达，通过主动教化和身边人带动，提升当地官员和百姓的基本素质，逐步改善了当地的社会风气。

饶州郡学的校内有十八棵柏树，当地人称之为"范公柏"。

饶州紧邻鄱阳湖，峰峦挺拔、景色清幽、湖光山色、林木掩映。范仲淹感到心旷神怡，工作之余，创作了不少文学作品。这里也成了范仲淹文学生涯的一个多产福地。

范仲淹贬官后，朋友梅尧臣曾写了一篇《灵乌赋》送给他，其中写道："乌兮，事将乖而献忠，人反谓尔多凶。"

意思是说，人快死的时候，乌鸦会叫唤来示警，但其他人会把乌鸦当作凶鸟而厌恶。因此，梅尧臣劝范仲淹"结尔舌兮钤尔喙"，也就是闭上嘴巴，保持沉默，为的是自保。

梅尧臣很清楚，范仲淹的出名和吃亏，都源自他那张嘴，或者说是他的耿直性格。因此，作为老朋友，梅尧臣希望范仲淹处事圆滑一些，不要什么事都去插手。可是，范仲淹回赠了一篇《灵乌赋》，表露了自己"宁鸣而死，不默而生"的心迹。

生而为人，为个人利益蝇营狗苟、圆滑无原则是一种活法；堂堂正正、立于天地之间，也是一种活法。晏殊、吕夷简选择了前者，范仲淹义无反顾选择了后者。

七百多年后的1775年3月23日，美国人帕特里克·亨利在殖民地弗吉尼亚议会发表演讲中的最后一句话"不自由，毋宁死"（Give me liberty or give me death），跟范仲淹的"宁鸣而死，不默而生"，似乎有异曲同工之妙。

就在范仲淹宦游地方，文采和施政都大有进步之际，宋仁宗正在为西北战事愁得焦头烂额。面对西夏咄咄逼人的架势，以及前线宋军连战连败的残局，宋仁宗又想起了范仲淹。于是，同样是文官带兵，范仲淹带出了不一样的2.0版。

四、四面边声连角起

宝元元年（1038），党项族首领元昊祭出了大动作：不再向北宋称臣，而是自称皇帝，建立西夏政权。

北方的契丹（辽国），已经让宋仁宗如鲠在喉了，现在西北方向又多个西夏，这就更难受了。元昊建国后，一面继续蚕食河西走廊，一面向关中地区扩张，占的都是北宋的地盘。

眼看和局无法维持，宋仁宗只能向西北增兵。遗憾的是，北宋在西北地区驻军不少，但仗打得太差。三川口战役，宋军几乎全军覆灭，重镇延州（今陕西延安）险些失守。

元昊不光自己跟北宋干，还拉着契丹一起向北宋施压。庆历二年（1042），契丹向北宋提出领土要求，如不答应就要兵戎相见。这种军事讹诈，让宋仁宗陷入了被动。

以吕夷简为首的宰相班子，分析敌情，反复研商之后，打出了一套组合拳：

——中断宋夏互市，利用西夏对中原物资的深度依赖，打经济战，让西夏内乱。

——延州知州范雍丢城失地，必须撤换。夏竦、范仲淹、韩琦奉旨前往西北，取而代之。

——富弼自告奋勇，前往契丹游说，以增加岁币换取契丹放弃领土要求，不再支持西夏。

俗话说，"换帅如换刀"。组合拳里最立竿见影的，还是人事调整。

夏竦作为陕西经略安抚使，坐镇二线；范仲淹、韩琦作为陕西经略安抚副使，身在一线，各负其责，承担了西北战事的主角。

范仲淹是文官，手无缚鸡之力，从没上阵杀过敌。然而，宋仁宗需要他不辱使命、建功立业，至少帮朝廷省省心。

他接手的，是吃了败仗的延州守军，大家士气低落，急需止住连败，稳定军心。

宋军之所以在三川口吃败仗，主要是因为：

——敌情不明，没有做到知己知彼。

——放弃坚固设防的城堡，进行平原野战，宋军步兵面对西夏骑兵处于劣势。

因此，必须调整战术，想方设法扬长避短。

几经调研，范仲淹确定了新战术："严边城，使之久可守；实关内，使无虚可乘。"（《续资治通鉴长编》）

概括起来，就是四个字：以守为攻。

他看到，西夏军队的优势在于骑兵，只要能让马儿跑起来的地方，比如平原、草原，就能打得步兵满地找牙；宋军的优势是步兵，更适合在山地、城堡作战，如果贸然攻出去，跟敌人的骑兵死磕，就很容易吃亏。

因此，最简便易行的做法，就是守。

那么，怎么守呢？

五、长烟落日孤城闭

范仲淹的秘诀就十个字：修城、练兵、屯田、抚羌、选人。

——修城。

加固延州城防，短时间内大量修筑外围城堡、寨子，让它们连成线、连成片，相互支援，形成堡寨呼应的军事防御体系，把西夏骑兵的锐气都消磨在这些堡寨上，为宋军大部队的大迁回、大合围赢得时间。

——练兵。

祖宗之法把练兵和带兵截然分开，练兵的军官不带兵打仗，带兵的军官临时指定，不熟悉所带的兵，这就造成"兵不知将，将不知兵"，虽然有效防范了军官拥兵自重，但也让部队缺了人情味，很难塑造风格鲜明的战斗力。

范仲淹做了重大改动，规定确保谁练的兵谁指挥，让将领和士兵融为一体。这就激发了将和兵各自的积极性，大家平时相互熟悉，战时有个照应，配合起来就比较默契。

——屯田。

打仗首先打的是后勤。前线宋军不断增兵，给前线运粮是个大难题。补给线漫长、中间环节多，运输时间长、效率低，运费太贵。既然要以守为攻，那势必打成消耗战、持久战。长此以往，朝廷财力吃不消。

怎么办呢？最好的办法还是前线自力更生，一边打仗，一边种地，给后方减点压力。于是，范仲淹发动士兵和当地百姓屯田。自己种地自己吃，想吃什么，适合种什么，就种什么。这样一来，范仲淹管辖的防区，至少不会断炊了。

——抚羌。

西夏控制的河西地区，有许多羌人部落。有些拥护宋朝，有些支持西夏。这些部落的士兵作战凶悍，如果争取过来，不但能壮大北宋蕃兵的规模，还能对西夏控制区进行渗透。

招抚羌人的政策，范仲淹坚持在做。听话的，就拉过来，不听话的、投靠西夏的、争取不来的，就揍一顿。经年累月，北宋在羌人控制区打出了一片天地，对西夏侧翼形成了威胁。

——选人。

俗话说，"千军易得，一将难求"。长期以来，宋军不缺优秀将领，但没有把他们放在合适的位子上，最大限度发挥作用。更多的将领源自军官家族，老子将军儿将军。这些军官家族出身的将领，有的能打，有的只是纸上谈兵，有的甚至是文盲，上战场就惨败。

范仲淹一反先前的做法，大胆提拔作战英勇、善于动脑的军官，比如狄青。范仲淹还送他《左氏春秋》，让他多读书，多从历史上积累知识、总结经验。狄青在范仲淹的提携下，不但职务有进步，指挥才能也大有长进。这为他后来成长为名将打下了很好的基础。

对于范仲淹在西北戍边的政绩，朱熹在《三朝名臣录》给予很高的评价："（范）仲淹领延安，养兵畜锐，夏人闻之，相戒曰：'今小范老子腹中自有兵甲，不比大范老子可欺也。'戎人呼知州为老子，大范谓雍也。"

庆历四年（1044），北宋王朝仍以金钱换和平的方式，用岁币换取元昊撤掉帝号，向北宋称臣，接受北宋册封，从而体面地结束了劳民伤财的战争，但范仲淹在这场战争中收获巨大，不但让元昊为之胆寒，而且也让朝廷对自己刮目相看。

范仲淹写过一首《渔家傲·秋思》：

塞下秋来风景异，衡阳雁去无留意。四面边声连角起，千嶂里，长烟落日孤城闭。

浊酒一杯家万里，燕然未勒归无计。羌管悠悠霜满地，人不寐，将军白发征夫泪。

别的将领，巴不得在前线建功立业，加官晋爵，而范仲淹触景生情，想到的是"将军白发征夫泪"，想到的是战端一开，"兴，百姓苦，亡，百姓苦"，想到的是"一将功成万骨枯"。他从底层来，更清楚一场战争对普通人意味着什么。

因此，边关生涯他收获最大的，并非战功和升官，而是对北宋社会更全面的了解，这也成为他推行庆历新政的决心源泉，坚定了他"忧乐天下"的世界观、人生观和价值观。

这段传奇，补足了范仲淹的职业履历，让他有了京官、地方官、军官的多重体验，帮助他在领导庆历新政时，思路更清晰、更全面，理念更扎实，改革措施更有针对性。

六、新政之路

范仲淹鏖战西北，宋仁宗也没闲着，正为冗官、冗兵、冗费等一系列社会问题犯愁。对西夏的战争，让这些社会问题变得更加尖锐。

他渴望有合适的人出来，改变这一切。这个合适的人，就是范仲淹。

于是，不等西北战事结束，宋仁宗就把范仲淹紧急叫回京城。

范仲淹一直在观察社会，琢磨从哪里改起，怎样改。君臣二人一拍即合。

庆历三年（1043）九月，宋仁宗宣布，范仲淹兼任枢密副使、参知政事，跻身执政大臣行列，推行新政。

范仲淹接受任命后不久，就上奏了《答手诏条陈十事》，就宋仁宗提出的变法要求和疑问，分列十条，分类阐释了庆历新政的指导原则和宏观政策建议。

第一类是吏治改革。包括六项措施。

——明黜陟。

就是严明官吏升降制度。北宋前期，资历成为考核升迁的主要指标。这意味着地方官只要不犯错，到点就升官。于是，官场气氛沉闷，大家因循守旧混日子，谁也不愿搞改革。

范仲淹建议，要打破旧规，明确以政绩作为主要考核指标。让政绩卓著的官员有机会破格提拔，让有罪和不称职的官员，即便资历深厚，该撤换也得撤换。

——抑侥幸。

就是限制侥幸做官和升官的途径。一些人由于投胎好，成了"官二代"，靠着父辈的资源和恩荫的特权，不用考试就轻松进入仕途，确实运气好，即侥幸。

这些人写不了东西，干不成事，还得靠国家养着，挤占行政资源。范仲淹建议，限制高官恩荫特权，减少国家财政开支，给真正的人才腾出更多馆阁要职。

——精贡举。

就是严格科举考试特别是礼部贡举。考试是风向标，考试是指挥棒。科举考试考什么，学子们就重视什么，社会就崇尚什么。宋初沿袭唐代，进士科主要考诗赋，明经科主要考背书，这固然能检验考生的文采，但却无法检验考生真才实学。

范仲淹建议，考试内容要改，进士科考试重点考策论，明经科考试重点考解经，确保考出分析时政和解读经书的真水平。

——择长官。

知州、知县是州县的父母官，关乎朝廷形象和百姓民生。范仲淹提议，在"明黜陟"和"抑侥幸"这两项措施的基础上，派人到各路检查地方政绩，奖勤罚懒，选拔合格人才担任父母官，确保地方有效贯彻中央政令。

——均公田。

所谓公田，就是职田。宋代官员的薪水类型繁多，既有钱粮布帛，也提供一些农田，将产出的农作物也视为薪水的一部分。可是，并非每个官员都能得到职田。比如京官，别说职田，在京城连自住的房子都买不起。

为了解决这种事实上的不平等，范仲淹提议，均衡职田收入，按官职大小，给没有职田的官员发补贴，确保其收入体面，足以养活全家。尽量减少职田分配不均造成的不公平现象，降低官员贪腐的客观动能，实现吏治澄清。

——厚农桑。

就是重视农业生产。这看似空洞的口号，其实是为了落实"明黜陟"，将厚农桑作为奖励百姓、考核官员的制度门槛。

第二类是军事改革。只有一项措施。

——修武备。

这针对的是军队战斗力弱化问题。范仲淹提议，在京畿招募卫士，辅助正规军。平时九个月务农，三个月当兵。这样寓兵于农，既节约给养、装备和军饷支出，还掌握数量庞大的后备兵力，可以随时拉上战场。这种做法看起来很像唐代前期的"府兵制"。

修武备的效果是多元的。如果实施，既能给朝廷省钱，也能给农民在农闲时找个有意义的事，让他们没空搞事情，还增强军人的主人翁意识，提升士气和战斗力。

第三类是行政改革。包括三项措施。

——减徭役。

轻徭薄赋通常是王朝初期收揽民心、医治战争创伤的保留节目。不过，北宋朝廷的财政已入不敷出，这时再一刀切地减税，没有可操作性。

既然供给侧改不动，那就改需求侧。范仲淹大搞简政放权，大量精减吃皇粮的规模。比如将户口少的县降级为镇，将各州的衙署进行合并。常驻州城的厢军士兵，平时没多少事，闲着也是闲着，就让他们去干衙门里的杂役。

基层的机构压缩了，冗员减少了，财政的包袱少了，徭役也会相应减少。基层的话语权有限，改起来阻力更小。

——推恩信。

就是广泛落实朝廷的优惠政策，确保朝廷政令言而有信。再好的政策如果不落地，那也是白搭。因而，范仲淹特别强调抓落实。

他提议，拖延和违反赦文的落实，要依法从重处置。他还提议向各地派出使臣，督促州县官把朝廷的各项优惠政策落到实处。

——重命令。

就是严肃对待和慎重发布朝廷号令。范仲淹强调，要想重塑和强化朝廷权威，就必须严肃示信于民，不能朝令夕改。

宋仁宗考虑再三，采纳了其中九条，作为庆历新政的主要措施。修武备涉及变动军事制度，明显有违祖宗之法，且碰了皇帝的敏感区。宋仁宗决定暂缓。

这样一来，庆历新政就成了彻头彻尾的吏治改革和行政事务改革。

对于这场改革，宋仁宗是支持的。他当然希望摆脱积贫积弱，实现富国强兵。为此，他愿意鼓励士大夫参政议政，允诺士大夫与天子共治天下。不过，在改革的步骤和进度上，他更倾向于小步慢跑，不希望改得太剧烈，造成社会动荡。

连改革都要求稳，可见祖宗之法对北宋高层的决策风格影响之深。

范仲淹对这场改革倾注了大量心血，决心也很大。他翻阅各地送来的考核簿册，凡是贪官、庸官，统统"一笔勾之，以次更易"。

富弼就曾劝他："您只是轻轻画上一笔，带来的却是这官员全家人痛哭流涕啊！"范仲淹的回答掷地有声："一家哭，何如一路哭耶？"（朱熹《五朝名臣言行录》）意思是说，把这个庸官免了，顶多也就他全家人哭；如果还留任他，那一个地区的老百姓全都要哭了。

虽说，仅仅依据簿册就改变一个官员的职业生涯，这种做法未必科学，但至少反映了范仲淹本人的态度：能者上，庸者下，官场不是养闲人的地方。

一切看起来都很好，但新政也有问题。比如，中央雷声大，地方雨点小。不过，最突出的问题，还是新政与党争搅在了一起，这就像一颗定时炸弹，随时引爆。

范仲淹没有想到，这颗炸弹的引爆来得那么早，引爆的速度那么快。

七、君子之朋

在中书门下的政事堂里，范仲淹是主角，但不是一把手。真正的一把手，是两位宰相晏殊和章得象。

晏殊是范仲淹的伯乐。对庆历新政，他没有阻拦，也没有支持，态度模糊。他觉得，那些社会问题非改不可，但只要改，就会动一批人的奶酪，招致他们的反扑，未必改得成功。

他已位极人臣，没必要急于表态，更没必要提前亮底牌，把自己搭进去。

范仲淹对章得象评价很低，认为他就是个"无所建明"的庸官，尸位素餐，混日子而已。可是，作为吕夷简提携起来的老臣，章得象演技了得。表面上冷眼旁观、不置可否，实际上充当了保守派的幕后老大，放话要看着清流派撞墙，撞疼了就说啥也不撞了。

保守派的主要成员，包括参知政事贾昌朝、枢密使陈执中、御史中丞王拱辰。他们不仅官职与范仲淹相当，在朝中的政治能量也不小。

比如贾昌朝，为了攀附宋仁宗宠爱的张美人，竟然恬不知耻地跟早年收养张美人的宫女贾氏攀亲戚。

再比如王拱辰，作为天圣八年（1030）进士科状元，深得宋仁宗青睐。

保守派不等于冥顽不化。他们也认为弊政太多，非改不可，只是反对范仲淹的新政。在他们看来，清流派"多挟朋党""欺罔擅权"；新政措施"更张纲纪，纷扰国经"。

这是两顶超大帽子，无论是结朋党，还是动祖宗之法，都足以触动宋仁宗敏感脆弱的神经。

至于保守派的主张，一言以蔽之，就是改可以，但不能跳出祖宗之法的框框。说白了，只有保守派才有资格谈改革。

保守派对新政的软肋，找得还是比较准的。

在新政的旗帜下，范仲淹、韩琦、富弼、欧阳修、石介、苏舜钦等清流派官员实现了大团圆。王拱辰指责清流结党。欧阳修就反驳：我们结朋党了，你能咋地？我们结的是君子之朋，跟你们那些小人之朋完全不一样。

其实，在皇帝眼中，朋党不分君子、小人，都属于另拉山头，破坏君主专制。欧阳修公开宣扬君子之朋，事实上承认了结党，从而被保守派抓了小辫子。

庆历新政，特别是吏治改革，裁了不少冗员，却没有给退路。这种断人生路的做法，引起了大量非议和反弹。

清流派人士并非个个都像范仲淹那样爱惜羽毛。有些猪队友言行不检点，瑕疵有点大，很容易成为保守派攻讦甚至成为扳倒清流派的突破口。

——危险的饭局。

集贤殿校理、监进奏院苏舜钦搞了一次清流聚会的饭局，被王拱辰扣上了公款吃喝的帽子。结果，苏舜钦被削职为民，与会的十多位清流全都被贬出京城。

由于苏舜钦是"范粉"，是被范仲淹推荐和提携的官员。他这个饭局，把清流派搞得灰头土脸。

——危险的计划。

《答手诏条陈十事》只是范仲淹的新政1.0版。不久，他又设计了新政2.0版："一密为经略，二再议兵屯，三专于遣将，四急于教战，五训练义勇，六修京师外城，七密定讨伐之谋。"（《续资治通鉴长编》）

这是改革军事制度的一揽子计划。然而，军事向来是皇帝禁脔，副宰相竟敢插手其中，这让宋仁宗感到了丝丝寒意。

——危险的书信。

国子监直讲石介，为了给新政增添喜庆气氛，写了一篇《庆历圣德颂》，在赞美清流派的同时，指名道姓地批评保守派高官是大奸大恶。其中，被点名的夏竦怒不可遏，发誓报复。

怎么报复呢？夏竦就让家里的女仆临摹石介的笔迹，伪造了一封石介写给富弼的书信。信中提到，准备策划政变，废掉宋仁宗，另立新皇帝。

单论信的内容，简直就是赤裸裸的谋反！范仲淹无法相信，宋仁宗也无法相信。

不过，几件事拼在一起，宋仁宗有个不太好的预感。他想到了唐文宗说过的一句话："去河北贼易，去朝廷朋党难。"（《资治通鉴》）本来，搞新政是为了铲除弊政，富国强兵，可是新政还没出什么成绩，反而闹得派系倾轧，乌烟瘴气。

对于新政，宋仁宗动摇了。范仲淹也心灰意冷了。面对保守派的连珠炮，他既救不了自己，也救不了猪队友，只有自请外放，赶紧结束这段新政之路。

庆历四年（1044），范仲淹保留参知政事的头衔，出任陕西、河东宣抚使。富弼保留枢密副使头衔，外放河北宣抚使。轰轰烈烈一年多的庆历新政，就这样戛然而止。

八、滕子京不是清官

对于庆历新政，历史自有公论。

它是一场主要针对冗官的局部政治改革，旨在澄清吏治、提升行政效率。它打着维护祖宗之法的旗号，总体上在祖宗之法的框架内运行，但毕竟是新政，还是冲击了祖宗之法的权威。总体上是追求进步的政治改革运动。

遗憾的是，它沾染了朋党恶习，卷入了派系斗争；举措操之过急，触动了深层次社会矛盾；它脱离了最直接、最现实的民生需求，而且落实不力，社会影响仅限于官场。

历史再次证明，靠旧式官僚来改革旧式官僚政治，终究跳不出旧式官僚政治的窠臼。

范仲淹被叫停了，但新政没有停。

范仲淹贬官出京的第二年，王安石在鄞县（今浙江宁波）知县任上，试点经济改革，奏响了王安石变法的序曲。

不久，范仲淹收到了一封信，贬任岳州（今湖南岳阳）知州的好友滕子京，求他写一篇散文，歌颂一下岳州美景洞庭湖。

其时，范仲淹正在邓州（今河南南阳邓州）当知州，没去过也没法去岳州采风，只能根据书信里介绍的情况，加上自己的想象，写完这篇散文。

没想到，这篇挥洒之作，竟成了千古绝唱。它的题目叫《岳阳楼记》。在这篇散文里，滕子京的形象很正面。不过，历史上的他并不是省油灯，而是"范粉"里的又一个猪队友。

他在泾州知府任上，动用公款，宴请赏赐羌人部落，以及自己的亲朋好友。更糟糕的是，滕子京大概没有纪律观念，更没有记账的观念，自己撒出去的钱究竟有多少，自己也说不清。直到同僚弹劾，他才发现大事不妙，仔细一查，发现还有好几万贯下落不明，不知道花在哪里了。

公款的账乱成这个样子。如果按照范仲淹的标准，这种干部就不称职，应该撤掉、查办。滕子京也不含糊，就在上级派人查账前，他把收支账册都给销毁了，让上级查无实证。这么做，就算是对抗查勘，罪加一等。

幸好他攀上了范仲淹这棵大树。有范仲淹出手力救，才没有蹲监狱，而只是官降一级，到岳州做知州。

任职岳州期间，滕子京的政绩实在是乏善可陈，根本不像范仲淹在《岳阳楼记》所说的"政通人和，百废俱兴"。司马光在《涑水记闻》里记载，滕子京"所得近万缗，置于厅侧自掌之，不设主典案籍。楼成极雄丽，所费甚广，自入者亦不鲜焉"。

一个生活奢侈、贪赃枉法的糊涂官形象跃然纸上。

跟吕夷简、晏殊相比，范仲淹在识人、用人方面，的确是差太远。至少，"吕粉""晏粉"没给自己的伯乐挖大坑，而"范粉"给范仲淹挖的坑，一个比一个深。

九、忧乐天下

滕子京不靠谱，但这并不妨碍《岳阳楼记》的价值——充分展现了范仲淹"先天下之忧而忧，后天下之乐而乐"的精神境界。

他深知"居安思危，思则有备，有备无患"的道理，笃信"生于忧患，死于安乐"，保持头脑清醒，"位卑未敢忘忧国"。

他是穷人家出身的孩子，吃得起苦，坚信"从来好事天生俭""自古瓜儿苦后甜"，主张吃苦在前，享受在后。

他善于调节情绪、摆正心态，辩证看待各种困难和挑战。当贬官饶州，远离京城之际，他没有气馁，而是在《饶州谢上表》中坦言："止削内朝之职，仍分外补之符。当死而生，自劳以逸。"庆幸自己还活着，化郁闷为慰藉。

他胸怀宽广，浩然正气，不但是北宋官员的另类，更是中国古代优秀知识分子的榜样。正如现代作家苏力在《走不出的风景》中写的那样，"所谓精英，就是人们感觉良好，他却见微知著，小心翼翼，默默为整个社会未雨绸缪。这就是先天下之忧而忧……必须有人准备，紧要关头，挺身而出，当仁不让，承担起对这个民族乃至人类的责任，直至为之献身。这就是后天下之乐而乐"。

庆历新政失败后，范仲淹又开始宦游地方，去过邠州、邓州、杭州、青州当知州。皇祐四年（1052），他在调任颖州知州的途中，因病去世，享年六十四岁。宋仁宗赐谥"文正"。这是中国古代文官最高等级的谥号，也代表了决策层对这位"圣人"的盖棺定论。

今天，我们如何来评价范仲淹呢？

如果用一句话概括，那就是"文能写红一座楼，武能镇住一个国"。范仲淹不愧是文武全才。岳阳楼和打西夏，成为他诸多故事中璀璨的闪光点。

后人对他给予了好评。王安石说他是"一世之师，由初讫终，名节无疵"。黄庭坚说他是"当时文武第一人"，纪晓岚说他"行求无愧于圣贤，学求有济于天下"。

范仲淹的最可贵之处，在于他的四条人生品格。

——做人有底线。"公罪不可无，私罪不可有"就是他的人生底线。

——头脑有理想。《宋史·范仲淹传》记载："每感激论天下事，奋不顾身，一时士大夫矫厉尚风节，自仲淹倡之。"为理想而献身，为理想而引领时代潮流的人，才会更有毅力。

——做事有能力。金代文学家元好问在《范文正公真赞》说，范仲淹"在布衣为名士，在州县为能吏，在边境为名将，在朝廷则又孔子之所谓大臣者，求之千百年间，盖不一二见"。范仲淹就是一颗万能螺丝钉，即插即用，人才难得！

——心中有道德。范仲淹始终坚信，"学默默以存志，将乾乾而希圣，庶几进退之间，保君子之中正"（《蒙以养正赋》）。他是这样想的，也是这样做的。

在中国古代官僚社会里，范仲淹固然是"圣贤"，但他毕竟是少数派，注定是孤独的。他改变不了官场风气，改变不了经济结构，改变不了社会生态，他连自己也改变不了。北宋王朝继续在"风波里"出没，始终困于"孤城闭"，有待于更强者的关照和开启。

然而，范仲淹"不以物喜、不以己悲"的精神是可贵的，"先天下之忧而忧，后天下之乐而乐"的品质是有情怀的。一个诞生出范仲淹的民族，注定是伟大的。

因此，任何时候，珍惜范仲淹，珍惜他这样的人，以及他的意志品质，就是珍惜这个民族的过往与未来。

韩琦：爱吐槽的"三朝宰相"

病起恹恹，画堂花谢添憔悴。乱红飘砌，滴尽胭脂泪。

惆怅前春，谁向花前醉。愁无际，武陵回睇，人远波空翠。

这是韩琦晚年的词作《点绛唇·病起恹恹》。

大病初愈，徘徊香径，悼惜春残花落，感伤年华流逝，寄情寄景，一番惆怅涌上心头。回首往事，韩琦经历了北宋中叶的繁华与凌乱，在宋仁宗、宋英宗、宋神宗时代三朝拜相，既位极人臣，又波澜不惊。

韩琦的一生，犹如牡丹般富贵绚烂。不过，他绽放的时间更长，生前地位稳固，死后极尽哀荣，甚至追封郡王。在那个告状成风的时代，做到这个份儿上，是不容易的。正如他在《九日水阁》中写的那样：

池馆隳摧古榭荒，此延嘉客会重阳。

虽惭老圃秋容淡，且看黄花晚节香。

酒味已醇新过热，蟹螯先实不须霜。

年来饮兴衰难强，漫有高吟力尚狂。

提意见是个容易得罪人的差事，而韩琦对此却颇有心得，甚至干得很专业。那么，他是怎样让提意见成为决策层喜闻乐见的社会现象的呢？

一、给国库挑毛病

韩琦的出身，介于晏殊和范仲淹之间。

跟他俩一样，韩琦也是"官二代"，老爹韩国华做到右谏议大夫、泉州知州。跟范仲淹一样，韩琦自幼丧父。对于韩琦来说，四岁就没了爹，实在是人生悲剧。跟晏殊一样，韩琦小时候也很聪明，很用功。天圣五年（1027），二十岁的他，以第二名的优异成绩考取了进士。

明道二年（1033），经过最初的基层历练后，韩琦迎来了一个重要职位——监左藏库。顾名思义，就是左藏库的负责人。

左藏库又是什么呢？

北宋官员王辟之在《渑水燕谈录》中讲述了其中的来龙去脉：宋太祖赵匡胤灭掉南方几个割据政权后，把人家收藏的金银财宝都搬到了首都开封，归拢到一个大仓库里，取名封桩库。以后每年，只要财政有盈余，就抽出来也放到封桩库。为什么这么干呢？宋太祖跟亲信大臣交了底。

宋太祖说："后晋儿皇帝石敬瑭把幽云十六州割给了契丹，让华夏臣民被异族统治，这是中原王朝的奇耻大辱。朕在封桩库里攒钱，攒到五百万贯的时候，就派使臣去跟契丹谈判，用这笔钱把幽云十六州及其百姓赎回来。如果到时谈不拢，朕就用这些钱招兵买马，向契丹进攻，把幽云十六州及其百姓夺回来。"

可以说，宋太祖就像个土财主一样，每年从牙缝里挤一点，存一点。很遗憾，他还没存够五百万贯就驾崩了。按照王辟之的说法，这个封桩库后来改名左藏库，再后来又成了内藏库。

王辟之这故事讲得绘声绘色，大部分内容也符合史实，但结尾出了个BUG。

北宋第一座封桩库，确实是宋太祖赵匡胤在首都开封创建的，也确实是给收复幽云十六州攒钱的储备库。可是，宋太祖死后，封桩库并没有改成左藏库和内藏库，而是改成了御前激赏库，用来攒钱给军人和文官发奖金。

事实上，左藏库和内藏库是北宋国库的两个系统。

左藏库归三司管辖，类似中央财政的常设仓库；内藏库归宫廷管辖，类似皇室小金库兼国家战略储备库。

左藏库和内藏库都不是封桩库演变而来的，内藏库早在唐朝就有，比封桩库年头长得多。

王辟之为什么会说错呢？大概是因为宋太宗两次北伐契丹，皆遭惨败，转而采取守势，基本放弃了收复幽云十六州的想法。那么，封桩库也就没必要存那么多钱了。于是，他就把在封桩库攒的钱，分别调拨给左藏库和内藏库。而王辟之是地方官，没在中央任职过，对国库的演变历程比较糊涂，因而会弄错。

封桩库并没有就此消失，而是转化为军需储备库，只有在准备打仗时才会扩建，和平时期维持先前的规模。当然，这个库韩琦不管，他要管的，是左藏库，也就是中央财政金库。

监左藏库这个职位，要掌管中央财政金库的日常收支，包括查点凭据、清点入出库钱财、管理账本等，工作琐碎繁忙，天天跟数字打交道，搞得头晕眼花。

这种职位总是跟钱打交道，见不着大领导。因此，科举考试前几名的考生，都不愿沾这种岗位，免得耽误自己提拔。

许多人觉得韩琦干这个差事太亏。可是，韩琦不这么想。

一方面，他笃信"既来之则安之"，做好本职工作；另一方面，他不是闷头干工作的书呆子，而是还有一项"副业"——向朝廷提意见。

左藏库虽然是中央财政的国库，但皇帝、皇后经常派人直接来支取钱财布匹。按说，皇帝有内藏库，并不缺钱。然而，也许皇帝觉得，内藏库是自己的钱包，而左藏库是公家的钱包，能薅公家的羊毛，就尽量不动自己的奶酪。

问题在于，宫里的人来左藏库领钱，却不带任何支出凭证，直接刷脸就领了。也就是说，支了就支了，这就是个糊涂账。

以前的左藏库监不敢得罪宫里的人，要多少就给多少，没凭证也无所谓。后来左藏库的官员发现，打着给宫里支取的名义监守自盗，跟着一起薅羊毛，往自己兜里装，也没人管。

韩琦觉得，宫里从左藏库支钱的事情肯定是拦不住的，但可以把支钱的手续补齐，堵住账目混乱和监守自盗的漏洞，也能让宫里支钱别太随

177

意。于是，他向朝廷提出了解决方案。

韩琦的方案，是在宫里设立"传宣合同司"。这个机构不是签合同和搞宣传的，而是负责开票盖章的。以后只要宫里想从左藏库支领钱财，必须先到传宣合同司领取票据并盖章。也就是说，左藏库是见票见章再拨钱，没票没章别想领钱。朝廷予以批准。

有了制度，不但使收发双方相互监督，堵了漏洞，还给朝廷省了不少钱帛。

他还发现，一些灾区上缴国库的绢帛，比规定的轻薄。按制度，这种不合格产品要退回去，要求灾区补缴的。

可是，这种缺斤短两不是灾区的错，毕竟当地遭了灾，老百姓生活困难，朝廷应当体谅和照顾。

因此，他请示上级放宽了规定标准，让所谓不合格的轻薄产品过关，不必退回补缴，给老百姓省了额外的负担。

各地贡品送到京城，按例由主管宦官先清点，才能办理入库手续。问题是，主管宦官往往几天不在场，导致清点工作推迟，贡品长期暴露在外，既难以管理，又产生损耗。韩琦奏请减掉这个程序，清点入库都由左藏库、内藏库承担。宋仁宗觉得有理，就批准了。

功夫不负有心人。韩琦办事一丝不苟的精神，以及提出有价值建议的头脑，让宋仁宗看到了一个与众不同的国库总出纳，这个年轻人可堪大用。

于是，在左藏库工作十五个月后，韩琦调任开封府推官，赐五品官服，走上了仕途快车道，几年后历任右司谏、知谏院，将提意见从"副业"变成了"主业"。

二、专业提意见

欧阳修曾评价韩琦"措天下于泰山之安"（《相州昼锦堂记》）。其实，"措天下于泰山之安"也是韩琦的政治理想。为了实现这个理想，他渴望皇帝贤明、吏治清明、百姓的生活前途光明。

韩琦供职的谏院，是宋代负责谏诤的两个机构之一。另一个名叫御史台。两者合称"台谏"。谏官古已有之，但真正成为固定官职，始于汉武帝设置的"谏大夫"。

到了唐代，谏诤制度日趋完备，涌现出像魏徵这样善于劝谏的名臣。北宋的谏诤制度，实际上是唐代的延续和拓展。

知谏院是谏院的负责人，而司谏是谏院里的中层专业干部。对于司谏来说，最主要的工作就是提意见。文武百官无论是用人失察，还是工作失误，都有可能被司谏揪出来喷一顿。

不过，北宋初期，谏官的地位并不高。

刘太后临朝期间，谏官曹修古率一众谏官上朝，路遇两个宦官骑马冲撞，就因为没有避让，还被这俩宦官骂了一顿，好没面子。

宋仁宗亲政后，要废掉郭皇后，知谏院孔道辅领着一帮谏官（包括范仲淹），叩门劝谏，结果统统被贬出京城。

于是，谏官们为了保住乌纱帽，索性沉默不言，只在无关紧要的问题上张嘴提意见。

韩琦给谏院带来的最大变化，就是培育了一种新风气：敢于提意见，善于提意见。我们姑且称之为"韩氏吐槽"。

——把意见喊出来，要让皇帝听见，给皇帝纠错，而不是背后议论，私下抱怨。

——讲究语言艺术，让皇帝听得进，把逆耳忠言变成顺耳忠言，让皇帝舒舒服服地纠错。

——重在解决方案，不但指出哪儿错了，而且提出什么是对的，具体要怎样改、怎样做。

做到这三条，是需要底蕴的。

韩琦在谏院工作三年，敢说敢干，"凡事有不便，未尝不言，每以明得失、正纪纲、亲忠直、远邪佞为急，前后七十余疏"（《宋史·韩琦传》）。

他觉得，皇帝是帝国的带头人，理应修身立德，表率臣民，至少做到"三戒"：

——戒色。

景祐四年（1037）十二月，韩琦奏陈："后宫之事，非外臣所之，亦望禁其太盛，以答天变。"（《答诏论地震春雷之异奏》）宋仁宗求子心切，生儿子又关乎"国本"，不可能疏远女色。于是，韩琦建议皇帝把握好度，别累着自己；遣送冗余的宫女，还她们自由，给宫里减负。

——戒乐。

宋仁宗热衷摆弄宫廷音乐，让韩琦审定编钟音律。韩琦觉得，古代音乐历经千年打磨，已经相当成熟，没必要花重金折腾。皇帝应该关注更重要的事，特别是西北边防。几个月后，元昊称帝，建立西夏，跟北宋分庭抗礼，西北烽烟骤起。韩琦不幸一语成谶。

——戒奢。

宋仁宗爱讲排场，摆宴席、养僧道、搞禳灾之术，花钱大手大脚，冗费巨大。韩琦提出，应该缩减这些不必要开支，管束僧道的越轨行为。

三、基层治理

除了匡正皇帝的言行之外，韩琦还多次提醒宋仁宗，要遏制权贵滥用特权、行贿请托的现象，做到"官不及私"。不管皇帝下不下决心，他是该出手时就出手。

杨太后去世，弟弟杨景宗来京奔丧。按说，杨太后生前对宋仁宗有抚育、照料之恩。杨景宗仗着这层关系，行装未解，就索要京城黄金地段的豪宅，甚至进宫守灵期间，喝得酩酊大醉，在皇宫里大喊大叫，活脱脱没有教养的地痞无赖。

其实，杨景宗在地方上就经常寻衅滋事，还曾借着酒劲，把地方官殴打昏迷。就是这么个劣迹斑斑的家伙，宋仁宗碍于杨太后的面子，每次都只能训斥几句，来个"下不为例"，从未依法惩治。可是，杨景宗把皇帝的话当耳旁风，屡教不改，继续惹事。

这种皇亲国戚，连皇帝都惹不起，大臣们更是敢怒不敢言。可是，韩琦偏要试试，写奏章弹劾。其实，杨景宗属于犯了众怒的家伙，宋仁宗也忍了很久。韩琦的弹劾，给了宋仁宗下决心的借口。于是，杨景宗被降职，成了那段时间京城官场最大快人心的事。

宋仁宗亲政后，决心清理刘太后遗毒。于是，刘太后垂帘时期重用的吕夷简、王曾、宋绶、蔡齐等执政大臣，被突然免职，中书门下（政事堂）换了一批新人：宰相王随、陈尧佐，参知政事韩亿、石中立。

然而，王随和陈尧佐一把年纪一身病，经常请假不上班，把中书门下（政事堂）弄成了"养病坊"。韩亿以权谋私，随意给儿子调换官职；石中立是翰林出身，擅长写材料，但干业务是两眼一抹黑。这样的新人班子，还不如旧人管用。

这些问题显而易见，但谏官们看透不说透，都是好朋友，谁也不吱声。只有韩琦连上两份奏章，批评新人无能，句句鞭辟入里，让宋仁宗无话可说。

西夏战事爆发，需要执政大臣拿主意，新人班子却一筹莫展。宋仁宗只好让他们靠边站，把吕夷简等能干的旧人请回来。

韩琦不是"吕粉"。吕夷简是去是留，全看朝廷需不需要。为此，他不惜得罪别的高官。这样的担当精神，在官僚政治体系里难能可贵。

韩琦曾说过："为人臣者尽力以事其君，死生以之，顾事之是非如何耳！至于成败，天也，岂可豫忧其不成遂辍不为哉！"（《魏国忠献王韩琦》）宰相王曾为他点了个赞："比年台谏官多为畏避为自安计，不则激发近名，如君固不负所职。谏臣宜若此。"（《韩忠献公年谱》）

韩琦吐过的槽，不光针对京城的皇帝和高官，也大量涉及西北边防。他还没去过西北，但功课没少做，多次呼吁朝廷居安思危，防备元昊，选将练兵，加强守备，未雨绸缪。

宋仁宗觉得，既然韩琦这么懂，干脆让他去西北前线，把提的意见付诸实践吧。

在现实生活中，不少人很善于向别人提意见，但真轮到自己去干，可能还不如别人。那么，韩琦这样"专业吐槽"的谏官，派到前线，能胜任吗？

四、"点子大王"上前线

韩琦不是一个人到前线的。

康定元年（1040），三川口之战宋军完败。这是五十年来北宋王朝输得最惨的一仗。

延州知州范雍部署失当，就地免职。夏竦被任命为陕西经略安抚使，韩琦、范仲淹为陕西经略安抚副使，主持西北防务。

当时，边关弥漫着失魂落魄的气息。宋军新败，士气低落；官员丧胆，纷纷请病假；老百姓更是流离失所。当务之急，就是重振军心民心。

前线十万火急，爱提意见的韩琦，瞬间变身"点子大王"。

——不误农时，安民心。

要修复延州外围城堡、重组战力，就必须调用民夫、征购战马。然而，这会给本来就很苦的老百姓增加负担。

韩琦提出，经济领域的事，用经济手段办——出钱雇人服役。这样，富户不耽误农时，种地有了保障；穷人耽误了种地，却挣了钱，堤内损失堤外补；大量城堡迅速修复。富人、穷人、官府各得其所，民心得以稳定。

——推荐能人，不避嫌。

范雍被贬官后，朝廷任命赵振为鄜延路副部署、延州知州。延州当地百姓对这项安排反弹很大。范雍打仗不行，但治理州政是把好手。赵振是一介武夫，作战很勇敢，但不懂地方治理。因此，韩琦建议延州知州这个位子，别让赵振兼任，而是让范雍留任。

今天看来，韩琦的建议很不讲政治。皇帝定了的事，还要跳出来反对，这不是跟皇帝对着干吗？宋仁宗脾气好，没有计较，也没接受。

接下来，韩琦居然没有就此打住，又提出了B方案：既然不打算留任范雍，推荐范仲淹去延州行不行？

虽然跟韩琦同是陕西经略安抚副使，但范仲淹多次得罪宰相吕夷简，谁敢替他说好话，谁就会被扣上"范党"的帽子。可是韩琦出于公心，不怕扣帽子。

宋仁宗也觉得范仲淹很合适，便让他以天章阁待制的头衔知永兴军，不久又改任陕西都转运使，把延州的民政管了起来。

——追责败将，平冤狱。

三川口之战，都监黄德和临阵脱逃。为了逃避罪责，便反诬将领刘平、石元孙投降西夏。这导致刘平和石元孙两人的家属被打入大牢。韩琦获悉真相后，主动为刘平辩解，说他英勇作战，被俘后依然"骂贼不己""忠勇不怯于古人"（《续资治通鉴长编》），如此英雄反被诬陷，让忠臣寒心。

在他和一众大臣的推动下，宋仁宗派庞籍查明真相，腰斩黄德和，给刘平、石元孙平反。

两年后，宋军在定川寨再度惨败，葛怀敏等十六名将官全部阵亡。渭州都监、礼宾副使訾斌奉命救援。可是，这家伙畏敌如虎，临阵避战，放任西夏军队长驱直入，抵达渭州，沿途烧杀抢掠。韩琦毫不留情，弹劾訾斌，直至将其降职处理。

——整军备战，打基础。

检阅部队时，韩琦看到将士们跨战马耍花枪，一招一式很漂亮，并没有人云亦云地喝彩，而是觉得"皆非实艺"，全是花架子。

前线宋军确实只是金玉其外，一戳一个窟窿。不但士气低落，而且单兵素质良莠不齐、军备废弛、指挥失灵。解决这些问题，只能靠整军备战，核心就是练兵。

在他的主持下，边防军进行了改组，裁汰老弱病残，分发优质兵器，重整队伍编制。选出体格强壮的士兵组成奇兵，单独编组和训练。至于那些花拳绣腿，韩琦挑出十个实用的招数，要求今后训练不能做样子，必须来真的。

有些将领很自私，抱着"一将功成万骨枯"的信条，"只许自己潇洒，不管兄弟们的死活"。韩琦不是这样。他不但关心将士的选拔和训练，还过问大家的生活和福利。

庆历三年（1043），他和范仲淹共同上书，要求把边将的任期从五年缩减为三年，强调任期届满必须轮岗，把边防军的一潭死水搅活了。

韩琦不是军事家，在大战役谋划和决断上，他不如范仲淹。好水川之战宋军惨败，跟韩琦的判断失误有很大关系。

韩琦的长项，是在后方当绿叶。整军备战为他积累了很高的声望。"军中有一韩，西贼闻之心骨寒；军中有一范，西贼闻之惊破胆"，这歌谣正是韩琦自身价值的最好体现。

五、州县提意见

任职西北前线，不是韩琦第一次当地方官。

宝元二年（1039），从夏天到秋天，四川连续几个月没下雨，发生严重旱灾，庄稼歉收。时任知谏院的韩琦，奉旨担任益利路体量安抚使，赈济灾情、安抚灾民、处理善后。这是他首次担任地方官。

在四川，他干了两件事：兴利、除弊。

所谓兴利，就是奏请减税，赈济灾民。他大量筹措和发放物资，广设粥厂，缓解饥荒。

所谓除弊，就是惩治借赈灾为名的贪腐，提升赈灾质量。

当地官员催办赋税徭役，烦乱急迫，搞得人心不安；在市场上采买丝绸，供应后宫，却不照价给钱。韩琦下令纠正，清退冗员六百多人。

简州（今四川成都简阳）官府曾让老百姓交粮备荒。拿到粮食后，知州老爷竟然下令卖了换钱，然后把钱存入官营的常平仓。这么做，倒是便于储存和贪赃，但关键时刻拎着钱未必买得到粮食，就要捅娄子了。

韩琦获悉后立即下令，把这些钱取之于民，用之于民，全部发给饥民。

宋仁宗喜得贵子，举国欢呼，各地循惯例，都要进贡祝贺。韩琦特地奏请朝廷，将四川灾区的进贡任务免了，给老百姓减轻额外负担。

韩琦的努力，让一百九十多万四川饥民挺过了大灾。川人对他的评价很高："使者之来，更生我也。"

赈灾的故事，在韩琦的职业生涯中绝非孤例。

庆历八年（1048），韩琦以安抚使衔调任定州（今河北定州）知州，赶上了水灾，庄稼歉收，饥民四散。

他到处搜罗粮食，供给粥厂，划出专门区域安置流民，还别出心裁，推行"以工代赈"，发动青壮灾民修城，挣工钱换粮食，灾后组织回归本业。

这样一举两得，既让灾民吃饱饭，又让灾民有事做，确保社会稳定有序，百万饥民得救。

熙宁元年（1068），河北地震和洪灾。宋神宗让韩琦再次"救火"，担任河北四路安抚使、大名府通判，前往重灾区救济。

河北各地，灾情严重，不但赋税交不齐，而且缺粮缺得厉害，甚至无粮可放，只能坐视灾民挨饿受冻，背井离乡。

韩琦立即派员到交通要冲、桥梁渡口张贴告示，宣布只要灾民愿意回乡种地，回乡途中的口粮由官府发放，回到家乡后，官府可以发放低息贷款，资助灾后重建，帮灾民恢复生产。

经过多方筹措，资金和口粮逐渐到位，四散奔逃的流民陆续回到故土，种地养家，逐渐度过了最困难的阶段。

后来，河北乡亲感念韩琦的政绩，建了一座韩王庙，用以纪念。

除了赈灾，韩琦的地方官生涯里干过的另一件大事，就是防务。

定州靠近宋辽边境。虽然宋辽双方早就达成了澶渊之盟，但契丹人还是时不时窜过来抢东西。尽管地方官屡次告急，但宰相们研究再三，还是不想惹事，索性忍气吞声。

韩琦觉得，父母官有守土安民之责，怎能坐视契丹人随意戕害呢？于是，他又奏请：先派人给契丹送信，盖上帅印，请他们约束部下。如果再有类似事件，可以对抢掠者抓了就毙。

不管朝廷有没有批准，韩琦说到做到。契丹人猛然发现，北宋要来真的，遂不敢越界扰民。于是，定州老百姓过了几年安定日子。

定州以前长期由武将镇守，守军士兵骄横，军纪松懈。如果不加整顿，后果不堪设想。

韩琦到任后，改变管理方式，严明赏罚，诛杀了几个军中害群之马，重赏了一批拼死作战的士兵，给阵亡将士的家属送去补助和奖赏，接手抚养阵亡将士遗孤。经过一番整顿，定州守军的训练质量大幅提升，纪律显著改善，号称"精劲冠河朔"。

朝廷从京城派出一支部队，要调到边境重镇保州（今河北保定）驻防。这支部队军纪太差，沿途劫掠老百姓，吃饭不给钱。一旦出事，这种部队焉能不坏事？

韩琦没跟上级请示，自作主张，直接把这支部队扣了下来，挨个调教，不到一个月，就治得服服帖帖，再也不敢犯法了。至于保州的驻防，改派训练有素的定州"奇兵"担当。

要知道，擅自扣留成建制的部队，是违抗军令的。在重文轻武的北宋，甚至有可能被视为谋反。韩琦为了前线防务大局，毅然冒险，独断专行了一次。

北宋初年，朝廷曾发布"斩伐令"，规定沿宋辽边界纵深几十里内，不准砍树，不准种地，加强巡逻，违令者严惩。

"斩伐令"的出台，不是为了保护生态，纯粹是为了防御契丹南下，故意制造无人区。

问题是，如此一禁了之，北宋边民就没了生计来源，只好远走他乡；契丹并没有这样的禁令，沿边地区的山林和田地，就被契丹人独食。这相当于割地+让利。

韩琦发现这么做不划算，便上奏朝廷，缩小禁区，扩大沿边地带的采伐区和耕种区。宋仁宗批准了。于是，新划的禁区比原先压缩了六百多里。后来，他调任并州，也推行缩小禁区的措施，招募百姓四千户、开垦良田九千六百顷，让并州边境面貌改天换地。

当地方官这些年，韩琦提了许多意见，且迅速转化为政策措施，让百姓第一时间获得实惠。正因如此，当他离任时，定州百姓"感泣大恸，声彻于外，官吏皆泣下，既而道路士庶，哭声动原野"（江少虞《宋朝事实类苑》）。老百姓的好评，是对一个好官最好的褒奖。

六、给新政提意见

好水川战役，是宋军在西北的第二次大溃败，也是韩琦居中指挥的第一场大仗。

战后，阵亡将士的家属数千人，拿着旧衣、纸钱招魂，边哭边说："你从前跟随韩招讨出征，如今他回来了，你却死了，你的魂魄能跟着他回来吗？"

招魂的哭喊声惊天动地，让韩琦备感震动，心跳加快。他也掩面而泣，无话可说。

韩琦和范仲淹曾因究竟"主战"还是"主守"发生过争执。战败的惨痛现实说明，宋军无力"主战"，只能"主守"。

庆历三年（1043），他和范仲淹还在"谋取横山，规河南（河套地区）"，突然接到了朝廷的调令，回京同任枢密副使。

就这样，韩琦第一次进入执政大臣行列。这年，他三十六岁。

宋仁宗把他俩召回来，跟西北战事不无关系。

一方面，北宋和西夏的战争花销巨大，宋仁宗觉得再撑下去，得不偿失，不如赶紧议和，尽快终战。把前线能征善战的主帅调走，就是为了展示议和的姿态和诚意。

另一方面，西北战事让北宋积贫积弱的弊病暴露无遗，宋仁宗希望韩琦和范仲淹能出点主意，缓解社会危机。

回京之后，韩琦奏呈《论备御七事奏》，指出了七项当务之急："一曰清政本，二曰念边计，三曰擢材贤，四曰备河北，五曰固河东，六曰收民心，七曰营洛邑。"陈述了八项新政建议："选将帅，明按察，丰财利，遏侥幸，进能吏，退不才，谨入官，去冗食。"（《宋史·韩琦传》）

七项当务之急里，第一条是针对中央的，第二到第五条是针对边防的，第六条是针对基层社会的，第七条修建洛阳城，则是给首都做个备份。总体看，基本都跟军事问题有关。

八项新政建议，主要围绕选人用人问题。跟范仲淹后来提的十项新政建议相比，思路相仿，但内容简略，操作性弱。因此，宋仁宗没有完全吸纳，而是把范仲淹的建议作为庆历新政的主要改革措施。

尽管韩琦是"范粉"的核心成员，也提出了跟范仲淹相仿的新政建议，但当新政迅速失败，保守派清算"范粉"的时候，范仲淹、富弼、欧阳修、苏舜钦、石介等人纷纷被贬，而韩琦一度安然无恙，这是怎么回事呢？

事实上，就在范仲淹大张旗鼓搞改革的时候，韩琦就去忙别的了。

庆历三年（1043），陕南大旱，引发张海、郭邈山起义，韩琦刚回京不久，就又以陕西宣抚使的名义披挂上阵，一方面调集熟悉山地作战的西北宋军，前往镇压起义，一方面开仓放粮，赈济灾民，裁汰庸官，减免赋税徭役。直到次年春天才回京。

其后，他又继续管起了西北战事，一边参与宋夏议和，一边修缮鄜延路的城堡，准备跟元昊再打一仗。

韩琦支持新政，但工作重心并不在新政上。

庆历新政失败，范仲淹、富弼、杜衍等"范粉"纷纷离去。韩琦一边挺身而出，据理力争，全力挽留，一边刻意淡化朋党色彩，"惟义是从，不知有党"，以"不粘锅"的形象示人。虽然没能留住"范粉"们，但总算在惊涛骇浪中保住了自己的帽子。

可是，接下来发生的事，让他很不舒服。这就是水洛城事件。

水洛城位于今甘肃庄浪，是北宋的边境要塞之一，到庆历年间已残破不堪。渭州守将刘沪打算重修扩建，得到了范仲淹、欧阳修的支持。

可是，刘沪的顶头上司——泾原路经略公事尹洙坚决不同意。他认为，修水洛城劳民伤财，得不偿失，还不如放弃，收缩兵力，加强重点城堡的防御。这个主张得到了韩琦的认可。

尹洙比刘沪官大，但刘沪仗着朝中有人，拒不停工。尹洙一怒之下，就把刘沪给解职了。

刘沪是个倔脾气，咬定水洛城非修不可，一旦停工，就会前功尽弃。于是，拒绝走人，抗命修城。尹洙见状，也来硬的，派兵把刘沪抓了起来。这下，军中上下级矛盾公开化了。

千里之外的掐架，引发了朝中关于该不该修城、刘沪有没有罪的大讨论。大臣们选边站队，酿成了派系倾轧。结果，修城一派占了上风，刘沪遇赦出狱，继续把水洛城修完，但经此折腾，不久就忧郁而死。

这样的结果，是韩琦无法接受的。他心灰意冷，便奏请到外地做官。庆历五年（1045），韩琦免去了枢密副使职务，以资政殿学士身份兼任扬州知州。

组织、参与和同情庆历新政的高官，几乎全部被清洗。

七、给老皇帝提意见

庆历新政失败后，韩琦当了十一年地方官。直至嘉祐元年（1056），才终于回到京城，先是担任三司使，旋即调任枢密使，两年后又升任同中书门下平章事、集贤殿大学士，开启了"三朝宰相"的高光时刻。

不过，他爱提意见的嗜好一直不改。

对宋仁宗来说，这是个不太好的年份。开封大雪，压塌了不少房屋。

宋仁宗觉得这是上天发出的警告，便光着脚丫子，虔诚地在宫里祈福，请求上天宽恕。结果，祈福不成，染了风寒，一病不起。

堂堂一国之君，出现了"暴感风眩"、流口水、神志不清等癫痫症状，这可把大臣吓坏了。大家的第一反应，就是皇储问题。

宋仁宗在房事上兢兢业业，但投入产出比很低，儿女很少，更打击人的是三个儿子全部夭折。尽管拣选了宗室赵宗实当备胎，但他还是不甘心把皇位交给别人家的孩子。

不管大臣们怎么提醒，宋仁宗都无动于衷。他不服气，继续"兢兢业业"。经过几年努力，宫里又有一位嫔妃即将临盆。

分娩的结果让宋仁宗失望了——又是一个小公主。

这时，韩琦觉得，该他出场提意见了。

有天，他拿了一本《汉书·孔光传》去找宋仁宗。他说，当初汉成帝也是膝下无子，最后立了侄子当皇帝（汉哀帝），把西汉王朝平稳延续了下去。不管立谁当太子，只要是太祖皇帝的后代，都对得起列祖列宗。

宋仁宗听罢，态度似有松动。韩琦看出了端倪，赶紧联合曾公亮、欧阳修、司马光等重臣进言。宋仁宗终于心软了，决定册封赵宗实为皇子。

嘉祐七年（1062）八月，赵宗实正式成为皇子，改名赵曙。第二年三月，宋仁宗病逝。如果再晚几个月，宋仁宗病危，皇储依然没着落，北宋王朝就有可能闹乱子了。

赵曙继承皇位，即宋英宗。韩琦加门下侍郎兼兵部尚书，封卫国公，继续当宰相。对北宋王朝来说，历史揭开了新的一页。而对韩琦来说，新的挑战也接踵而至。

八、给自己提意见

韩琦格外爱惜自己的羽毛，不光在乎外在美，更在乎心灵美。

对于仪表和谈吐，韩琦是很自律的。无论是大节，还是细节，他都尽量兼顾。

——每天早上洗脸、梳头、整理衣服，是雷打不动的三件事。

——保持不暴躁、不骄傲、不倦怠，举止和缓、文静、端庄。《宋史·韩琦传》就说他"有大志气,端重寡言,不好嬉弄……性纯一,无邪曲,学问过人"。俨然高大全的形象。

——洁身自好,清廉自爱,也引领麾下官员都要重视生活细节,讲求仪表仪容,强调自律自警,反对生活放荡、作风腐败。

韩琦在乎外表,更在乎声誉。

在他看来,庆历新政才是改革的正途。因为,"三冗"问题归根到底还是人的问题,解决人的问题,最好的办法还是换人——从吏治改革入手。沿着这个路子,从1.0版逐步升级到2.0版、3.0版,实现标本兼治。

王安石的青苗法、免役法、市易法,在顶层设计上没有解决"三冗"问题,反而增加了新的冗官,在实际操作中涉嫌为官府敛财,误伤百姓。他支持庆历新政,反对王安石变法。看到新法的疏漏,他必须上书言事,为民请命。

韩琦成熟了,他再不是抄抄写写的翰林,更不是叽叽喳喳的谏官,而是有着丰富政治阅历和斗争经验的老油条了。他只提意见,但不较真,如果胳膊拧不过大腿,就认了吧。

熬了一辈子,终于熬成了老干部。

韩琦辞去宰相之际,宋神宗曾问他:"卿走了,谁可接替卿当宰相啊?"韩琦推荐了几个元老,宋神宗都不太满意,又问他:"王安石怎么样?"韩琦的看法也很直接:"为翰林学士则有余,处辅弼之地(当宰相)则不可。"(《宋史·王安石传》)

为什么韩琦对王安石有这么大的成见呢?一个重要原因,就是学术思想上的分歧。

韩琦重义轻利,以义责利;王安石更重视利,倡导学术与政治相结合。王安石甚至公开对宋神宗讲:"经术者,所以经世务也。果不足以经世务,则经术何赖焉。"(《续资治通鉴长编拾补》)

学术风格的差异,带来的是政治风格和文化风格的不同。在韩琦看来,王安石只是个经术之人,属于技术官僚,不足以担当经国之大任。为了宰相职位的权威性,也为了自己的名誉,他拒绝推荐王安石。

韩琦并不总是对的。

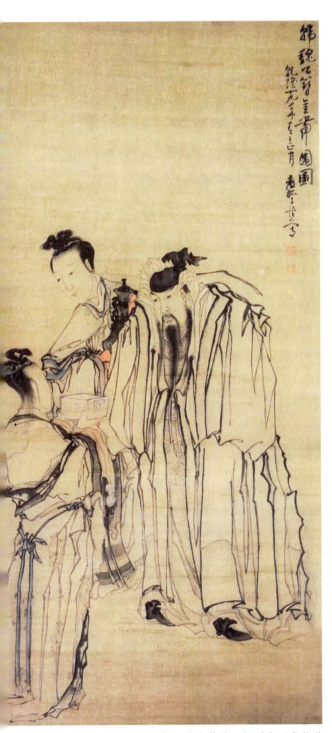

《韩魏公簪金带围图》，清代黄慎。扬州市图书馆藏

为维护爱民的好名声，晚年的他提出的意见，格局不宽，水平不高。

熙宁八年（1075），契丹派使臣来索取代北土地，不同意就开战。这是赤裸裸的武力讹诈。宋神宗只好发手诏，征求韩琦、富弼等老臣的意见。

韩琦毫不含糊，写了一篇洋洋洒洒两千多字的《答诏问北边事宜》。

这是一篇立论奇葩的文章。他为了批判王安石变法，居然说变法让契丹人生疑，导致其派人来要地盘。因此，应该废掉新法，派人向契丹解疑释惑，保持两国友好，为北宋王朝选贤任能、休养生息创造条件。

这是一篇没头没尾的文章。宋神宗渴望老臣拿出破敌良策，但韩琦只是长篇大论地批判变法，东拉西扯，严重跑题，拿不出更好的政策建议。宋神宗很不满意。

不久，韩琦又奏请

停止预先买绢。其后，又发布多道行政命令，比如允许百姓赊买，大斗借出、小斗还债，允许迟缴税款。

王安石有点不高兴了。他觉得韩琦这么做，就是打着"宽恤百姓"的名义邀买人心，走到哪，把人心收到哪儿。王安石与韩琦的矛盾，更像是地方跟中央、民生跟决策之间的冲突。

在韩琦人生的大部分时光里，他没有考虑过解甲归田，但随着年龄的增长，特别是王安石变法后，自己提的意见经常被束之高阁，他很郁闷。他做不到像张良、陶渊明、陶弘景那样急流勇退，他念念不忘的，还是京城的政治。

熙宁八年（1075），六十八岁的韩琦去世了，死后备受哀荣，待遇甚至超过了生前。

宋神宗为他亲自撰写"两朝顾命，定策元勋"的碑刻，追赠尚书令，谥号"忠献"，配享宋英宗的庙庭。宋徽宗时期，又将他追封为魏郡王，成为北宋中叶大臣里封王的几个孤例。到了清代，历代帝王庙和孔庙里，也留有韩琦的牌位。

"范粉"欧阳修是韩琦的政治盟友，对这位爱提意见的"三朝宰相"评价很高。说他"临大事，决大议，垂绅正笏，不动声色，措天下于泰山之安，可谓社稷之臣"（《宋史·韩琦传》）。

就连政见分歧巨大的王安石，也给韩琦送了一首挽诗，其中写道："幕府少年今白发，伤心无路送灵辀。"勾起了孩提时代的美好回忆。

如今，只有位于河南安阳的韩琦墓，以及福建泉州的忠献堂，还在诉说着韩琦爱提意见的一生。

欧阳修：洒脱而悲情的"耿直哥"

把酒祝东风，且共从容。垂杨紫陌洛城东。总是当时携手处，游遍芳丛。聚散苦匆匆，此恨无穷。今年花胜去年红。可惜明年花更好，知与谁同？

这是北宋大文豪欧阳修的词作《浪淘沙·把酒祝东风》。

天圣九年（1031）三月，欧阳修赶赴洛阳，去做西京留守钱惟演幕府的推官。在这里，他跟同僚尹洙（河南府户曹参军）、梅尧臣（河南县主簿）诗文唱和、相得甚欢。

次年春，梅尧臣故地重游，与欧阳修共同回忆前一年的同游之乐，既珍惜友情，又对短暂会面后的长时间离别感到遗憾。全词蕴含的深情似水，文风隽永婉丽。

作为"唐宋八大家"之一，欧阳修不但引领"古文运动"，倡导说理畅达、抒情委婉的文风，改造浮靡、险怪的文风，确立道德文章的典范，而且在政坛上也以另类的方式叱咤一时。

只不过，这位大半辈子甘当"耿直哥"、不信鬼和神的士大夫，晚年居然还起了"六一居士"的洒脱雅号，更以"醉翁"自居，留下了脍炙人口的《醉翁亭记》，以及诸多故事趣闻。

一、科举"耿直哥"

景德四年（1007），五十六岁的绵州（今四川绵阳）军事推官欧阳观，等到了一桩喜讯：将届花甲之年当了爹。

然而，还差一年到花甲，他便溘然长逝，只留下这个名叫欧阳修的小朋友，跟着妈妈郑氏离开蜀中，投奔随州（今湖北随州）的叔叔欧阳晔。

欧阳晔跟欧阳观哥俩是同榜进士，居官清廉，家不宽裕，但还是收留了娘俩。

妈妈郑氏知书达礼，用荻秆在沙地上教欧阳修读书写字，留下了"画荻教子""画地学书"的典故。欧阳修的启蒙教育虽然艰苦，但该学的都学了。

中国古代，"寒门出贵子"的案例比比皆是。欧阳修就是其中之一。

或许是叔叔和妈妈的循循善诱，让他养成了酷爱读书的好习惯。

自家没藏书，就跑几十里路，去当地藏书较多的城南李家借。为了不用再借，他索性借来就抄，抄好就还，边抄边读边背。

脑子这东西，是越用越灵，越开发越好使。往往书还没抄完，就已经能背下来了。

书读得多，诗词金句信手拈来。欧阳修小小年纪，文笔老练。叔叔欧阳晔觉得，郑氏含辛茹苦的培养不会白忙活，欧阳修将来不但能光宗耀祖，还能闻名天下。

带着这样的期许，欧阳修走上了读书人的必经之路——考科举。没想到，天圣元年（1023）和天圣四年（1026）两次考试，全都落榜了。

显然，欧阳修并没有晏殊的家学和人脉，也摸不准考官的套路，单靠自学成才，想要在科举考试中冲出重围，可谓难上加难。

必须换个打法。

天圣七年（1029），欧阳修经人推荐，前往国家最高学府国子监参加考试，在广文馆试、国学解试中都拿到了第一名。接下来，他又乘胜在第二年的礼部省试中再获第一。这三个第一，当时分别称为"监元""解元"和"省元"。这是名副其实的连中三元。

三连冠的骄人战绩，让欧阳修信心爆棚。他觉得，接下来的殿试不在话下，肯定能夺魁，搞个"大四喜"。虽然囊中羞涩，他还是提前预支了幸福——订做了一套新衣服，准备殿试夺魁时穿。

欧阳修并非盲目自信。整个京城的应试学子，大都认为状元非欧阳修莫属，"大四喜"将成佳话。

国子监广文馆有个名叫王拱辰的同学，年仅十九岁，比欧阳修小几岁，也获得了殿试资格。一天，王拱辰翻出欧阳修的新衣服，穿上炫耀："我穿状元袍子啦！"

本来这只是戏谑，但没想到一语成谶——宋仁宗点的状元正是王拱辰。至于欧阳修，只名列第十四，位居二甲进士。看着王拱辰得意洋洋的姿态，欧阳修深感被耍了，懊恼不已。那件状元服也被丢在一旁，没脸去穿了。

众望所归的状元，为什么花落别人了呢？

这场殿试的主考官晏殊，恰是欧阳修的同乡，在跟其他人谈起这事时，揭开了谜底：欧阳修锋芒太露，众考官觉得这孩子虽有大才，但还要挫挫锐气，有助于他未来成长。

这是一次不够完美的科举之旅。

当然，第十四名也是很不错的仕途起点了：朝廷授给他将仕郎、试秘书省校书郎，充任西京留守推官。更重要的是，他得到了翰林学士胥偃的青睐。

胥偃对欧阳修的文章颇为赞赏，主动推荐他参加国子监考试，促成了连中三元的传奇。尽管殿试成绩稍逊一筹，但他还是对这个年轻人赞赏有加。

宋代有"榜下择婿"的风俗，朝中高官热衷在新科进士里挑选乘龙快婿。欧阳修前脚金榜题名，胥偃紧跟着捷足先登，把女儿嫁给了这位"耿直哥"。

二、弥封"耿直哥"

科举考试的不完美经历，让欧阳修耿耿于怀。或许他在琢磨：为什么官家非要冲我开刀？如果殿试的考卷是密封的，看不到名字，大家凭本事竞争，没准自己真有可能高中状元。

欧阳修并不是第一个发现这个BUG的人。

武则天当政时期，吏部招考官员有舞弊现象。武则天便下令，用纸把考生的姓名糊上，只根据考卷上的答题情况确定等级。《说文解字》将密封称为"弥封"，解释为遮盖。那时，这办法只用在选拔官员上，没有用在科举考试上。

在唐代，科举试卷并没有"弥封"。考官阅卷的时候，还要参考行卷。

什么是"行卷"呢？就是考生把自己平时比较满意的诗文作品编辑成卷轴，投给主考官，便于考官在阅卷时参考。因此，"行卷"相当于平时成绩。

唐代这么规定，其实是让考官在对考卷给分的时候，把平时成绩的因素考虑进去，冲淡一考定终身，给临场发挥失常的考生留条生路。

白居易就是这项规定的受益者。当主考官在他的行卷上看到"离离原上草，一岁一枯荣。野火烧不尽，春风吹又生"的诗句时，不由得拍案叫绝。就这样，白居易得以进士及第。

毫无疑问，白居易有才，"行卷"给了他敲门砖。然而，"行卷"在发现人才的同时，也开了作弊之门。不少人在行卷上做手脚，剽窃、捉刀，为的就是把"行卷"做得漂亮。如此一来，考场上便出现了一批平时成绩优异的蠢材，给科举考试带来了新的不公平。

唐代科举考试的这个弊端，在北宋时期逐渐补漏。宋太宗就下令把考生的姓名、籍贯用纸糊住，等到考卷改完，确定等次后，再拆开弥封。这也是祖宗之法的一部分，被后代沿袭了下来。

官方弥封了姓名、籍贯，考生也有对付的招数。有些考官就指使关系考生在考卷上做记号；有些考生的字迹有特点，考官可以轻松辨认。这怎么办呢？

魔高一尺，道高一丈。宋真宗时期，朝廷专设誊录院，安排书吏把试卷誊抄成副本。考官阅卷时只看副卷。这样，做记号没用了。关系户的特权最大限度地被压缩，寒门子弟总算有了能跟关系户平等掰手腕的环境，"朝为田舍郎，暮登天子堂"有了实现的可能。

北宋防作弊的办法发挥过积极作用，也出了点差错。嘉祐二年（1057）二月，年逾五旬的欧阳修，总算拿到了一次有着"翻身"感觉的机会：以翰林学士身份主持礼部贡举，做进士考试主考官。跟他搭档的点检试卷官就是著名诗人梅尧臣。

阅卷的时候，梅尧臣发现了一篇题为《刑赏忠厚之至论》的文章，清新洒脱，立论恰当，说理透彻，文字洗练，是难得一见的好文章。梅尧臣甚至说它有"孟轲之风"。欧阳修看完以后，也觉得这文章写得不错，给第一名当之无愧。

可是，在欧阳修的认知范围里，世上能写出这种好文章的人，舍曾巩其谁。曾巩是欧阳修的爱徒，也在这年参加了科举考试。不过，如果选自己学生当第一，难免风言风语，招致谏官弹劾。于是，欧阳修把这篇文章拎出来，给了个第二名，为的只是"避嫌"。

拆开弥封后，令欧阳修意想不到的场景出现了：这篇好文章并不是曾巩写的。它的作者名叫苏轼，字东坡。就这样，苏轼跟状元擦肩而过，留下了一点遗憾。

这究竟是欧阳修的错，还是弥封的错呢？

三、爱才"耿直哥"

嘉祐二年（1057）的这场考试，对欧阳修和北宋文坛，都具有划时代意义。

——对于糊名誊录制度，作为考官的

《东坡先生笠屐图》，清代潘振镛临明尤求。三苏祠博物馆藏

欧阳修非常满意。

《论逐路取人札子》里，他就夸赞："窃以国家取士之制，比于前世，最号至公。"

——对于苏东坡这个"榜眼"，作为"座师"的欧阳修相当喜爱。

苏轼考中进士后，给欧阳修写了一封信。欧阳修看罢，不觉汗出，感到后生可畏，便奖掖有加。跟苏轼同科录取的，还有他弟弟苏辙。

后来，苏轼成了一代文豪，苏辙当了太平宰相。苏家好事成双，堪称文坛佳话。

——对于"太学体"，作为评卷人的欧阳修是看不起的。

阅卷时，他看到一份试卷，开头写道："天地轧，万物茁，圣人发。"拆开念，字都不生僻，合起来念，意思是"天地初分时，万物始生长，伟人方问世"，但还是读着别扭。

欧阳修断定，这份试卷的考生肯定是那个叫刘几的太学生。这家伙最热衷玩弄古书里的生僻字，文风诡谲险怪、艰涩难懂。可是，人家屡屡在国子监考试中夺魁，许多学子纷纷效仿，蔚然成风。

欧阳修决心，借评卷的机会，好好整治一番。他顺着"天地轧，万物茁，圣人发"的韵脚续了句话："秀才剌，试官刷！"这里的"剌"，跟"辣"同音，意为"乖张"。欧阳修说的是，这秀才学问太次，考官决定把他刷掉。

这还不算完，欧阳修还在卷子上用红笔从头到尾横涂一道，称作"红勒帛"，再批上"大纰谬"三个字，予以张榜公布。

谜底确如欧阳修所猜的那样：这张试卷的作者是刘几。

几年后，欧阳修担任殿试考官，在考生名单里又看到了刘几。他决心再拿这小子幽默一把，狠狠刹刹这股文坛的歪风邪气。

阅卷时，他发现有份试卷写道："主上收精藏明于冕旒之下。"这十一个字读起来艰涩浮华，比较拗口。如果翻成白话文，十个字就够了："天下英才尽入皇帝麾下。"

凭直觉判断，欧阳修觉得这是刘几的手笔，二话不说，淘汰出局。

拆开弥封，谜底揭晓：被淘汰的这份卷子，作者并不是刘几，而是一个叫萧稷的考生。那么，刘几去哪儿了呢？

这场殿试的考题是"尧舜性仁赋"。有份考卷写道："故得静而延年，独高五帝之寿；动而有勇，形为四罪之诛。"意思是说，保持宁静有助于益寿延年，比五帝还长寿；冲动而莽撞，就会受到意想不到的惩罚。

欧阳修觉得，朴实易懂，表述清晰，当即定了第一名。

拆开弥封，谜底揭晓。这份第一名的试卷，作者名叫刘辉。

欧阳修做梦也没想到，这个刘辉，就是当年的刘几。人家改名了。

其实，欧阳修只是厌恶艰涩浮华的文风，并不针对具体个人。或许刘几经历了上次落榜，总结教训，不但改了名，还改了文风。欧阳修爱才惜才，觉得应当鼓励之，成全之。

于是，他对刘辉考卷中"内积安行之德，盖禀于天"的话语略加修改，把"积"改成了"蕴"，提升了意境的档次。

遗憾的是，刘辉三十六岁就英年早逝。

四、文章"耿直哥"

皇祐元年（1049），欧阳修任翰林学士，作为《新唐书》《新五代史》两部正史的主编。另一位大才子宋祁，同是《新唐书》的主编。

从年龄和资历上看，宋祁是欧阳修的前辈，但欧阳修并不认同宋祁的写法。欧阳修统稿，讲求文笔通达，体例划一。宋祁负责写列传，喜欢用生僻字，看着挺唬人，其实没多大意思，还影响对文意的理解。

欧阳修知道，硬劝是劝不住前辈的，他想了个招。

一天早上，他在唐书局（相当于"国家《新唐书》编纂委员会"）门口写了八个字："宵寐非祯，札闼洪休。"宋祁来得稍迟，端详半天，若有所悟，对欧阳修说："这不就是俗话说的'夜梦不详，题门大吉'吗？怎么写成这样了？"

欧阳修呵呵一笑："我是在模仿您纂修《唐书》的笔法呢。您写的列传里，把'迅雷不及掩耳'这种大白话，都写成'震霆无暇掩聪'了。"

宋祁恍然大悟：原来你小子在这儿等着我呢？他莞尔一笑，果然调整了文风，追求平易不生僻。

欧阳修很注重文字修炼，既纵情文字，又自我反省，一辈子笔耕不辍。

天圣九年（1031），他任西京留守推官，遇到一个宽厚的上司——钱惟演。

钱惟演时任西京留守，也是个文化人，文学创作很有建树，是"西昆体"代表诗人。他很乐意提携青年后进，基本不给欧阳修安排琐碎的行政差事，还公开支持他吃喝玩乐。

一次，欧阳修和同僚们到嵩山玩耍，傍晚下雪，困在山上走不了了。眼看要在山上饿肚子，钱惟演派来了使者，带了厨子和歌伎，还传话说："府里没什么事，你们不用着急回来，在嵩山好好赏雪吧。"

这样的领导，罕见而可贵。

欧阳修不是独行侠，同在洛阳做官的年轻人梅尧臣、尹洙，是他的好朋友。三个人寄情山水、切磋诗文，共同意识到当时文坛的一个大问题：文风不正。

北宋前期流行骈文，文风华丽，但大话、套话很多。这跟唐代中后期宫廷诗的流行，不无关系。有些读书人不喜欢这种死板的文风，更愿意自由创作。可是，科举考试考的就是骈文。面对指挥棒，读书人哪能不低头？

欧阳修也是靠写骈文拿到功名的。不过，功名到手后，他就把骈文扔在了一边，毫无压力地自由创作。

在钱惟演的支持下，欧阳修等人有充足的时间钻研文字，尤其是秦汉古文，掀起了一场涤荡陈腐文风的"古文运动"，与唐代后期韩愈、柳宗元的"古文运动"齐名，留下了不少千古名篇。《醉翁亭记》就是其中之一。

《醉翁亭记》是欧阳修做滁州知州期间撰写的。他人到中年，政治失意，把酒当歌，经常带着手下人游玩，在山中野餐，半醉半醒半浮生。滁州景色宜人，他挥毫写下了这篇记录游玩好心情的千古名文。

据说，《醉翁亭记》开篇原本花了好多笔墨，描写滁州四周的群山。后来索性删繁就简，改成"环滁皆山也"。虽然只有五个字，但简练而隽永，成了中国古代散文史上的金句。

晚年的欧阳修，常常拿出年轻时写的文章来改。虽说文章不厌百回改，但欧阳修已经功成名就，不需要再费时费力地刷文字了。夫人劝他：

"这么大岁数了，还费这个心？难道还是小孩子，怕先生骂你吗？"欧阳修笑道："不怕先生骂，却怕后生笑。"

态度决定一切。欧阳修成为文学巨匠，离不开这种"耿直"的学习态度和习惯。

五、家书"耿直哥"

欧阳修活得飘逸，对孩子的教育却一丝不苟。他写给子侄的两封家书，很耿直。

——《诲学说》：

> 玉不琢，不成器；人不学，不知道。然玉之为物，有不变之常德，虽不琢以为器，而犹不害为玉也。人之性因物则迁，不学则舍君子而为小人，可不念哉！付奕。

欧阳修从学入手，不但讨论怎样学习，而且讨论怎样磨砺品性。

他先引用《礼记》的"玉不琢不成器"，把人和玉做了个对照。玉的最大特色是"有不变之常德"，而人刚好相反，"性因物则迁"。换句话说，玉的属性不变，人的个性善变。因此，要想让人走正道，就必须学，也就是严格要求自己。

欧阳修对"琢玉"有特殊偏好。少年时代，他在国子监考试中，应考的文章题目就是《良玉非琢安得成器》。寒门出身的他，早年吃的苦，都是"琢玉"的过程。

做君子是欧阳修儿时的梦想。父亲欧阳观，就是他心目中的谦谦君子形象。

欧阳观做地方官的时候，勤勤恳恳，任劳任怨，经常加班到深夜。对于涉及老百姓的案子，他都会翻来覆去地查看案卷，慎重处理。父亲的情怀和执着，让欧阳修印象深刻。

欧阳修曾担任夷陵知县，翻看陈年案卷，看到一个小县城冤假错案这么多，让他大为震惊。从此，他立志不让自己过手的案子出半点差池。

态度改变格局。经过他日夜操劳、事必躬亲的做功课，这个穷困小县终于在"争讼甚多""官书无簿籍""吏曹不识文字"的困局中，建立起一整套规章制度。从此，按制度办事成了这个县官民的共识。必须承认，是欧阳修把这个县的日子带入了正轨。

要求儿子，首先得规范自己。欧阳修给儿子树立了好榜样。

——《与十二侄》：

> 自南方多事以来，日夕忧汝。得昨日递中书，知与新妇诸孙等各安，守官无事，顿解远想。吾此哀苦如常。欧阳氏自江南归明，累世蒙朝廷官禄。吾今又蒙荣显，致汝等并列官裳，当思报效。偶此多事，如有差使，尽心向前，不得避事。至于临难死节，亦是汝荣事，但存心尽公，神明亦自佑汝，慎不可思避事也。昨书中言欲买朱砂来，吾不阙此物，汝于官下宜守廉，何得买官下物。吾在官所，除饮食物外，不曾买一物，汝可安此为戒也。已寒，好将息。不具。吾书送通理十二郎。

这封家书写于皇祐四年（1052）。当时欧阳修正在颍州给妈妈郑氏守孝。

欧阳修在《泷冈阡表》中，记述了郑氏亦母亦师的言传身教。

儿子金榜题名、身居高官，做娘的没打算占儿子任何便宜，而是继续过着俭朴的日子。她曾说："吾儿不能苟合于世，俭薄所以居患难也。"

儿子仕途受挫，她又鼓励儿子不要气馁，不必考虑后院："汝家故贫贱也，吾处之有素矣，汝能安之，吾亦安矣。"

这篇《与十二侄》，满是郑氏的影子。欧阳修希望侄儿传承郑氏留下来的好家风。

——遇事不躲，勇于担当。

这年，侬智高在广西举事，战火燃及广西大部。欧阳修的侄儿欧阳通理携家小在广西象州做官，整日担惊受怕。欧阳修写这封信，是希望看到侄儿报平安的回信，也勉励侄儿忠于职守，勇往直前，即便战死疆场，也是为国争光。

许多人嘴上常喊：有国才有家，国事大于天。可是，真刀真枪面前，未免在国事和家事、国事和生死之间拎不清。欧阳修的表态，展现了舍身报国的壮烈气节。

——清廉做官，慎独慎微。

象州盛产的优质朱砂，恰是擅长书画的文人墨客追捧的好东西。因此，欧阳通理就淘换了一些，送给叔叔欧阳修。

本以为叔叔会欣然收下，没想到却挨了顿骂。其实，欧阳通理送的朱砂是自费买的，不违法。可欧阳修认为，做官还是要对自己的言行慎之又慎。如果卖朱砂的商人知道，买他朱砂的主顾是父母官，一定会想方设法巴结这位父母官，比如给父母官卖好货，打打折。

欧阳修坦陈，自己做地方官，除了吃饭以外，不在当地买任何东西。叔叔欧阳晔早年反复教导他："为人严明方质，尤以洁廉自持"。为了维护这条原则，不惜得罪顶头上司。一个"廉"字，让欧阳修牢记了一辈子。

六、做官不如饮酒

欧阳修能在洛阳纵情山水，离不开钱惟演的力挺。而钱惟演的背后，还有更大的背景。

——论家世，钱惟演是五代十国吴越国末代君王钱俶第七子。

钱俶主动归顺北宋王朝，使宋太宗兵不血刃占领了两浙十三州。因此，钱家得到了厚待。

——论人脉，钱惟演攀上了宋仁宗的发妻郭皇后。他让儿子钱暖娶了郭皇后的妹妹。这个人脉就很厉害了。毕竟，宋仁宗初期，太后刘娥垂帘听政，大权在握。郭皇后就是她指派给宋仁宗当老婆的。显然，钱惟演算是刘娥集团的成员了。

钱惟演虽然背景深厚，但官做得不够大，虽然一度跻身宰相行列，但旋即遭人弹劾，贬到洛阳当西京留守。尽管政坛失意，但瘦死的骆驼比马大，还是能罩得住欧阳修这帮小年轻的。

可是，钱惟演在洛阳没干多久就调走了。欧阳修等人还为他送行，眼泪汪汪，依依惜别。或许欧阳修深感，"保护伞"没了，以后还能不能继续纵情山水了。

他的担心不是无根无据的。明道元年（1032），钱惟演的继任者王曙驾到。这是一位"老干部"，作风刚直持重，工作兢兢业业。到任后，他看到欧阳修等人整日游山玩水，非常不满，就把他们叫来训话。

王曙说，你们看寇准这样的名臣，尚且因为耽于享乐而贬官，你们这帮人，能耐又比不过寇准，怎么还敢天天游山玩水、不务正业呢？

上司训话，大家都不敢吭声。唯独欧阳修，仗着年轻气盛，反应机敏，马上"耿直"地反唇相讥：寇准后来之所以倒霉，不是因为他耽于享乐，而是因为他一把年纪了，还不知道赶紧退休。

谁都听得出来，欧阳修这是在讽刺王曙年纪太大，多管闲事。王曙被噎得一时语塞，很没面子。于是，欧阳修继续纵情山水，王曙很生气，也管不了他。

204

欧阳修在洛阳生活了三年。这是他文学生涯打基础的三年，也是他人生记忆中最美好的三年。多年后，回想起洛阳的时光，他还不禁赋诗曰："曾是洛阳花下客，野芳虽晚不须嗟。"意思是说，曾在洛阳享受过那样绚烂的青春，就算是贬官到穷乡僻壤，这辈子也值了。

是金子，总会发光的。宋仁宗亲政以后，积极延揽人才，欧阳修也搭上了这班车。景祐元年（1034），钱惟演和王曙先后去世，欧阳修迎来了仕途的黄金期。二十八岁的他在学士院选拔考试中表现优异，回京做了馆阁校勘，参与纂修《崇文总目》。

不过，洛阳纵情山水的生活习惯，他已经丢不掉了。"座上客常满，樽中酒不空"成了他的座右铭，无论在首都开封，还是在全国各地。

庆历新政失败后，欧阳修被贬官出京，到滁州做知州。在这里，他继续当初在洛阳的状态，轻松慵懒，为政"宽简"，让自己、下属和老百姓过得轻松，滁州的社会秩序反而井井有条。喝酒成了他打发业余时光的最大爱好。

在滁州，他在《醉翁亭记》里自称："太守与客来饮于此，饮少辄醉，而年又最高，故自号曰醉翁也。"这就是"醉翁"的来历。

在扬州，每年夏天，他都把客人请到平山堂，玩传递荷花的游戏。传到谁，谁就摘掉一片花瓣，待摘到最后一片时，轮到谁，谁就把杯中酒一饮而尽。

在颍州，他照样悠哉游哉。离任时，他怕送行的下属和老百姓伤心，就写诗安慰他们："我亦只如常日醉，莫教弦管作离声。"看起来，他比自号"乐天"的白居易更乐天。

晚年的欧阳修，自称藏书一万卷，琴一张，棋一盘，酒一壶，陶醉其间，怡然自乐。

欧阳修爱喝酒，那么酒量怎样呢？庆历六年（1046），刚满四十岁的欧阳修，在滁州"饮少辄醉"。看样子酒量很差，喝一点就醉。三年后，他到扬州做官，生了场眼病，为此戒了三年酒。

嘉祐元年（1056），他在《朝中措·送刘原甫出守维扬》里，竟然自称"文章太守、挥毫万字，一饮千钟"。年纪大了，酒量居然有了爆发式增长。

第二年，在给好友梅圣俞的书信里，欧阳修说，他到别人家做客，空腹喝了十几杯就醉了。

由此可见，"一饮千钟"应该是吹牛皮，欧阳修的真实酒量，也就是"饮少辄醉"的水平。爱喝酒，但喝了就醉。

爱喝酒，酒量小，并没有妨碍欧阳修出名。

有次，他奉旨出使契丹。

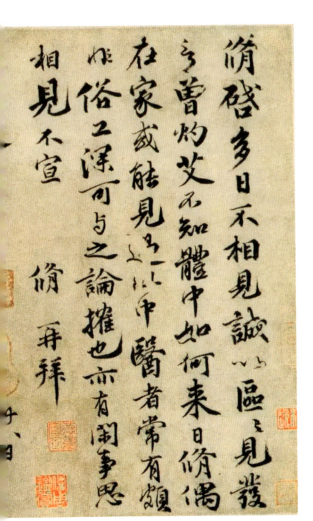

《灼艾帖》，宋代欧阳修。北京故宫博物院藏

接待官员请一名当地歌伎助兴，嘱咐她要好好款待。歌伎只是点头答应，并没多说话。宴席之间，歌伎出来表演，唱的全是欧阳修的词。

国界挡得住宋军，却挡不住这位宋朝的大才子。

七、官场死心眼

对于欧阳修来说，首都开封既是福地，也是"灾区"。

他在这里考中进士，在这里被岳丈相中入赘，在这里参与庆历新政，掀起一波变法图强的浪潮。所以是福地。

他在这里惹了不少事，背上了残害忠良、口无遮拦、胡搅蛮缠的恶名。这一切，大概都源于他死心眼般的"耿直"。所以是"灾区"。

——残害忠良。

狄青是忠臣良将。出身寒微，在一片质疑声中，靠战功升任枢密使。然而，欧阳修多次上书"碰瓷"，甚至不惜制造舆论，传谣诬陷。宋仁宗顶不住内外压力，只好将狄青罢免，贬知陈州。最终，狄青忧惊而死。

欧阳修可以拍着胸脯说，自己是鉴于五代十国军人掌权的历史教训，一切都着眼于忠于皇帝，排除隐患，保卫社稷，但影响很坏：军人的地位更加低下，军队在战场上好看不中用的问题更加突出。从这个意义上说，欧阳修办了一件坏事，可谓忠臣误国。

——口无遮拦。

范仲淹领导的庆历新政，损害了勋贵的既得利益，他们为了推倒"范粉"，不惜制造舆论，说范仲淹结党营私，还抓到了石介、苏舜钦拉帮结派的瑕疵，穷追猛打。

"范粉"竭力否认结党，而欧阳修竟耿直地抛出了《朋党论》，大讲"君子之朋"，正好给王拱辰等反对派提供了口实。

不能不佩服欧阳修的官场智商。"范粉"里有这样的"猪队友"，焉能不败？

欧阳修这个口无遮拦的毛病，早在几年前就犯过一次了。

天圣八年（1030），二十四岁的欧阳修参加礼部贡试，写了一篇题为《司空掌舆地之图赋》的文章，文采飞扬，折服了主考官晏殊，当即把欧阳修点为第一，也就是"省元"。

考场得意，年少轻狂，欧阳修恃才傲物，经常管不住嘴，屡屡冒出尖酸刻薄的神句。

按照北宋科举惯例，欧阳修理应成为主考官晏殊的门生，而且要行弟子礼，但行礼归行礼，欧阳修对这位座师也毫不客气。

庆历年间，西北军情紧急，晏殊兼任枢密使，主管兵部。欧阳修担心老师日夜操劳，过于辛苦，就在一个大雪纷飞的夜晚，偕同几个诗友，结伴同行，去看望座师。只不过，他们事先没跟晏殊打招呼，悄悄地来到了晏殊府上。

然而，眼前的一切让他们呆住了：晏殊府上，灯红酒绿，歌舞升平，看不出任何军情紧急的样子。晏殊见门生来了，也没紧张局促，而是热情接待，拉着一起喝酒看歌舞。

欧阳修彻底懵了。曾几何时，他立志报效国家，以天下事为己任；曾几何时，他钦佩晏殊为官正直、堪称楷模。没想到，现实居然是这个样子。他很郁闷，竟然即兴赋诗一首，题为《晏太尉西园贺雪歌》。其中有云：

> 晚趋宾馆贺太尉，坐觉满路流欢声。
> 便开西园扫径步，正见玉树花凋零。
> 小轩却坐对山石，拂拂酒面红烟生。
> 主人与国共休戚，不惟喜悦将丰登。
> 须怜铁甲冷彻骨，四十余万屯边兵！

欧阳修毫不客气地批评晏殊，说他作为军事主官，视前方将士的生死不顾，依然贪图享乐，实在是讽刺。晏殊读到这首诗，勃然大怒，大骂欧阳修。师徒情谊就此产生了裂痕。

从此，晏殊只要谈到欧阳修，就愤愤然："吾重（欧阳）修文章，不重他为人。"可欧阳修依然如故。

后来，晏殊去世。欧阳修很悲痛，但在撰写《挽辞》时，还是耿直地用"富贵优游五十年，始终明哲保身全"，对晏殊盖棺定论。

话糙理不糙，但这样直来直去的说话方式，损人不利己。

——胡搅蛮缠。

欧阳修似乎没有吸取教训。十几年后，他又跟清官包拯杠上了。

嘉祐四年（1059）春，监察御史包拯弹劾三司使张方平，说他利用职权低价购买他人房产。宋仁宗派人查实后，将张方平免职调离。

新任三司使宋祁上任不到二十天，又被包拯弹劾，说他整天吃喝玩乐，铺张浪费，不懂理财。而且，宋祁的哥哥宋庠是当朝参知政事。兄弟俩一个是副宰相（参知政事），执掌行政权，一个是计相（三司使），执掌财政权。国家大事被哥俩包了，这不太妥。

于是，宋祁也被免去了三司使。

宋仁宗思前想后：既然两任三司使都让包拯干翻了，估计其他人也不敢接这摊事了。就让包拯来干这个三司使吧。包拯觉得，既然是皇帝首肯，那就不用装模作样地谦让了，直接上任就是了。

从履历上看，包拯做过户部判官，当过州县官和转运使，在财政管理方面有经验有政绩，当三司使没啥问题。不过，他在短时间内干翻两任三司使，自己取而代之，不但名分上差了点意思，还会因此得罪一大批人。

包拯这事，大家也就私下议论而已，但欧阳修再次耿直了，呈上一份《论包拯除三司使上书》的奏章，批评包拯"逐二臣，自居其位"，有瓜田李下之嫌。他希望包拯，稳妥避嫌，而不是冲在前面当炮灰。

这份半路里杀出的奏章，让包拯措手不及。他只得上表辞让，被拒后拖了很久才走马上任。在这期间，他没有跟欧阳修争辩，而是保持沉默，等待圣裁。

其实，欧阳修和包拯没有私怨。当初正是欧阳修的举荐，才使贬官池州的包拯又爬了起来，升任权知开封府，成就了"包青天"的美誉。可是，三司使问题上欧阳修这么干，反而搞得一脸尴尬。

包拯去世后，欧阳修为了找补，曾主动请缨撰写墓志铭。可遗孀董氏坚决不同意。

本质上看，欧阳修不是坏人。当碰到真正的坏人时，他那些耿直全都泡了汤，只剩被动挨打的份儿了。

八、不信佛的居士

庆历二年（1042），宋仁宗准备推行改革，要大臣们各抒己见。欧阳修写了一篇《准诏言事上书》，列举了当务之急的"三弊五事"。很快，他又呈了一篇《本论》。

在《本论》里，欧阳修坚决排斥佛教。他认为，尧舜禹时代是礼义教化的时代，佛教没有生存土壤。后来，王道衰落，礼义废弃，才给佛教传播提供了可乘之机。佛教违背王道礼义，又是"夷狄文化"，必须摒除。要想彻底战胜佛教，必须靠复兴王道，让所有人都知道礼义更靠谱，从而主动放弃佛经。

不过，令欧阳修疑惑不解的是，北宋之前，曾有过"三武一宗"的大规模灭佛行动（北魏太武帝、北周武帝、唐武宗、后周世宗），但效果不彰。佛法"攻之暂破而愈坚，扑之未灭而愈炽，遂至于无可奈何"。

尽管欧阳修对佛教敬而远之，但与他打过交道的僧人，见诸文献的就多达二十一人。即便是撰写《本论》之前的若干年里，也有八个僧人曾跟他互动过。热爱生活，是欧阳修的人生标签。可是，生活却不怎么垂青他，坎坷远多于快乐。

三个妻子死了两个，八个儿子夭折了四个，三个女儿全部先他而去，大悲总在萦绕着他。如何面对残酷的生活，成了大课题。

即便生活不爱他，他也要微笑面对。琴棋书画，喝酒品茶，菊花牡丹，他都喜爱。他喜欢以文会友，写过一百多篇墓志铭。他跟梅尧臣的"君子之交"，留下一段佳话。

被贬滁州是欧阳修人生的重大转折。在这以后，他的为人处事、作品风格都为之一变。锋芒少了，锐气弱了，年轻时的激昂、勇进荡然无存，转而沉稳、凝滞。或许经过这番捶打，他领悟了北宋官场"厚黑学"的真谛，懂得在官场里，谨慎和周旋，远比"耿直"更受欢迎。

性格的转变，在他的自述里也能找到痕迹。

二十七岁的时候，他的状态是"予生本是少年气，瑳磨牙角争雄豪"（《绿竹堂独饮》）。

六十三岁的时候，他的状态是"某性自少容，老年磨难多，渐能忍

209

事"（《答黎宗孟》）。

从"争"到"忍"，这个变化的背后，蕴藏了更深的意涵。

他跟僧人经常打交道，但不意味着接受了佛法，反倒是越打交道，排斥感越重。只不过，年轻时代表现得更直接、更激烈，而随着年龄和阅历的增长，这种排斥变得更加低调。

欧阳修从来没打算实现内心深处的儒、佛"心同而迹异"的融合，更没打算为了迎合佛教而放弃儒家立场。特别是在身居宰相高位以后，更不敢轻易表态。保持缄默或许是最稳妥的选项。

熙宁三年（1070），欧阳修离开京城，再次开启了地方官生涯。只不过，这次他并非被贬，而是给王安石等变法派人士腾位子，自己安然退居二线。

途经当年做过父母官的颍州，欧阳修浮想联翩，慨然写下了《六一居士传》，总结自己的传奇人生。"六一居士"也成了他的自号。

一年后，欧阳修正式退休。又过了一年，在颍州安然去世。

在退休前一年自号"居士"，给坊间许多遐想。事实上，居士有多种解释：没有做官的知识分子、在家信佛的人（梵文"迦罗越"）、广积资财的人（古印度的称谓），都可以称为居士。只不过，从欧阳修的言行里，我们看不出他这个居士究竟该算哪种。

有人据此认为，欧阳修不再排斥佛教，甚至皈依了佛门。也有人认为，他只是退居二线后，表达想当个闲云野鹤的期待。

不管怎样，滁州醉翁亭畔，那个轿子插花、头上戴花、一喝酒就晕菜、时时浮想"一花一世界"的中年地方官，或许才是欧阳修最耿直的真实一面。

苏舜钦：沧浪之水

闻买沧浪水，遂作沧浪人。

置身沧浪上，日与沧浪亲。

宜曰沧浪叟，老向沧浪滨。

沧浪何处是，洞庭相与邻。

这是北宋文学家梅尧臣写过的一首诗《寄题苏子美沧浪亭》。

庆历五年（1045）初夏，苏舜钦举家迁往苏州。仕途挫败、天气湿热，租住的屋子狭小不透气，让他很郁闷。连搬了三次家，还是不满意。

一天，他偶尔路过郡学，见东面有块废弃的空地，蒿草高高，三面环水，古树掩映，安安静静。打听方知，这是当年吴越国大臣孙承佑的宅子。虽然早已废弃，但遗迹尚存。

苏舜钦爱上了这里，斥资四万缗巨款，把它买了下来，修缮庭院，还在小山包上修了个亭子，名叫"沧浪亭"。于是，这里就成了他跟朋友把酒言欢的据点。梅尧臣跟苏舜钦关系不错，自然成了常客。毕竟不能白吃白喝，便写了这首《寄题苏子美沧浪亭》。

"沧浪"一词，朗朗上口；渔父唱晚，唱了千年。可是，似乎只有苏舜钦，历经坎坷磨砺，才真正懂得，究竟什么才是名副其实的"沧浪"。

一、"沧浪"是什么？

《孟子·离娄》讲过一个故事，孔子周游列国的时候，听到小孩子们在唱："沧浪之水清兮，可以濯我缨；沧浪之水浊兮，可以濯我足。"

这首歌后来收进了《楚辞·渔父》。

从字面上看，这首歌讲的是，人们根据水的清浊来决定下一步做什么。水清则洗帽带子，水浑则洗脚丫子。

不过，从生活经验看，无论是帽带子，还是脚丫子，最好还是用清水擦洗。

现在的问题，不是清与浊的差异，而是这个"沧浪之水"究竟在哪儿？孔子是在哪儿听到这歌的？

有人说，沧浪之水就是汉水支流，有人说单指汉水，有人说它压根就不是什么江河，而是一个普通的地名，说来说去，它只是个地理概念。

战国后期，楚国三闾大夫屈原被放逐，听到郢都沦陷的噩耗，"芒果干"（亡国感）油然而生。他披头散发，脸色憔悴，在汨罗江边徘徊。偶遇江上渔父，发生了一段对话。

渔父问他："堂堂大夫，怎么落到这地步？"

屈原回答："因为世人都浑浑噩噩，麻木不仁，只有我保持清醒。"

渔父听罢，劝他还是跟世俗同流，不必独醒高举。

屈原不以为然，说自己宁愿投入江流，葬身鱼腹，也不愿蒙受世俗的尘埃。

渔父笑着解缆登舟，一边划桨，一边咏唱："沧浪之水清兮，可以濯吾缨；沧浪之水浊兮，可以濯吾足。"驾着小船渐渐隐没在暮色苍茫的江天之间。

这段对话，完整记录在《楚辞·渔父》之中。

屈原的经历和渔父的咏唱，让"沧浪"的内涵丰富了起来——不但指河流，更指人间的"清流"。尤其是那些官场失意者，很需要这样的"清流"来浸润自己荒芜的心田，找到心灵的归宿。无论是庙堂之高，还是江湖之远，同样是"沧浪"，除了清浊，没什么区别。

后人对这样的人生态度也给出了更容易理解的话语。比如"君子处世，遇治则仕，遇乱则隐"；比如"达则兼济天下，穷则独善其身"。

有了屈原投江故事的加持，"沧浪"的地理概念就更明确了。

袁了凡《禹贡图说》认为："沧浪，即汉也。"源出湖南常德县南沧山，曰沧水，东北流至汉寿县西，与浪水合曰沧浪水，北流至港口入江。《寰宇记》云："沧浪二水合流，乃渔父濯缨之处。"看起来，沧浪约等于汨罗江。

万事万物都不是孤立的，而是相互联系的。渔父吟唱的歌词里，"水""我""清浊"变化，恰恰揭示了不同事物之间的联系，不但让后人浮想联翩，也勾起了苏舜钦的怅惘。

为什么苏舜钦会对"沧浪"二字特别关注、特别有感情，甚至连苏州居所里的亭子都要冠名"沧浪"二字呢？

二、"浪子"子美

苏舜钦，字子美，与欧阳修同是北宋古文运动的先驱。欧阳修对他的文学革新大加赞赏，把他和梅尧臣当作知己，还发出了"自从苏梅二子死，天地寂寞收雷声"的慨叹。

平心而论，苏舜钦天资一流，令贫寒出身的欧阳修羡慕不已，甚至有些自卑。

苏家人是世代做官的。曾祖父苏协，本是后蜀的官，后来迁到开封，当过北宋的开封县兵曹参军、光禄寺丞。祖父苏易简中过状元，当过翰林学士、中书舍人，深得宋太宗赏识。父亲苏耆做过工部郎中、河东转运使，也算是封疆大吏了。

作为苏家进京的第四代，苏舜钦有着地域上的优越感。不过，这种优越感要想"变现"，要么靠科举，要么拼爹。如果都不行，那就别做官了，专心做买卖。

作为高干子弟，苏舜钦顺利拿到了荫官头衔——太庙斋郎，不久又调任荥阳县尉。既有中央任职的履历，又有地方基层的经历。显然，这是老爹给儿子铺好的路。

可是，做儿子的压根就没打算沿着老子铺的路走下去。或许是对县尉的琐碎工作不感兴趣，或许是对沾前人的光当小官感到不齿，总之，他辞职了。

既然爷爷和老爹都有过风光无限，为什么自己就做不到呢？更何况，科举考试才是凭本事吃饭、重现前辈荣耀的康庄正道呢。

于是，他还真去参加科举考试了。虽然没中状元，但还是考中了进士，从而改任光禄寺主簿。此后再见到韩琦、富弼、欧阳修这类科举文人，苏舜钦也终于有底气了。

当然，这底气不光靠进士头衔，他还有两个秘籍：长得帅、字好看。

苏舜钦长得有多帅呢？

欧阳修在《湖州长史苏君墓志铭》里写道："君状貌奇伟，慷慨有大志。"所谓"奇伟"，是说相貌超凡脱俗。

欧阳修还说："天下之士闻其名而慕，见其所传而喜，往揖其貌而竦，听其论而惊以服，久与其居而不能舍以去也。"（《湖州长史苏君墓志铭》）能让天下士慕名拜访，见面即感惊异、敬佩，说明苏舜钦的颜值真的不一般。

——个子高。

与苏舜钦同时代的刘攽说过，苏舜钦跟别人站在一起，得"下视之"——低头看人家。

——胡子美。

拥有一撮美髯，是古人追求的时尚。三国关羽外号"美髯公"。宋人程俱在《次韵张祠部敏叔游沧浪苏子美故园》诗里写道："醉倒春风载酒人，苍髯犹想见长身。"宋人许景衡在《借苏子美画像呈赵君》的诗里也写道："铁面苍髯见旧诗，人间物色转参差。"

苏舜钦俨然"首都第一美男子"，回头率超高。

除了长得帅，苏舜钦的字也写得不错。

作为书法界的"宋四家"之一，黄庭坚把苏舜钦的书法作为自己学习取法的对象。可见，苏舜钦的字，的确不同凡响。

苏舜钦的字都有哪些特点呢？魏泰给出的评价是"俊快""飘逸"，尤其是喝醉后写的草书作品，成了许多士大夫热衷的藏品，争相索取，以

214

为墨宝。

业内诸多点评中，最绝妙的当属米芾的："苏舜钦如五陵少年，访云寻雨，骏马青衫，醉眠芳草，狂歌院落。"（《宝晋英光集》）

这种"复古+狂放"的风格，引领了北宋的书法审美风尚。

人帅、字美、背景硬、有功名、当京官，为苏舜钦构成了一幅春风拂面的画面。

京城的玉清昭应宫失火，朝廷打算斥巨资重建，苏舜钦上书反对，主张轻徭薄赋，给国家和百姓省点钱。那年，他才二十一岁，还只是荥阳县尉。

中进士后，苏舜钦更是意气风发，多次上书言事，指出御史中丞应该由皇帝选拔，而不能由宰相推荐，否则起不到监督宰相的作用。范仲淹上呈《百官图》，触怒了吕夷简，被贬官出京，苏舜钦毅然站出来为范仲淹辩护，指责吕夷简是"奸臣"。

苏舜钦的表现，展现了年轻人特有的进取精神，在朝堂上树立了正面形象。范仲淹欣赏他的文采和气度，推荐他以"集贤校理官"的身份负责"进奏院"的工作。

"进奏院"是个文件上传下达、信息收集和传播的中转部门，办公地点就在皇宫附近，毗邻三省、枢密院、谏院等中央部院。尽管"进奏院"的官员级别不高，但接触大量核心文件，责任重大。能在这样的衙门里独当一面，是许多读书人梦寐以求的理想。

三、汉书下酒

苏舜钦有个"汉书下酒"的典故。

宋人龚明之《中吴纪闻》讲述了"苏子美饮酒"的故事，说苏舜钦在老丈人杜衍的家里，每天晚上要喝掉一斗酒。那么，一斗酒到底有多少呢？

"斗"是古代的容器，后来演化为计量单位。十升等于一斗。考虑到古代的酒大多是米酒，度数很低，就算苏舜钦能喝十几斤，顶多也就是十几瓶啤酒的酒量。当然，这比"醉翁"欧阳修的酒量大得多。

唐代大诗人李白"斗酒诗百篇"，苏舜钦也不含糊。他不是独自喝闷酒，而是在书房里边喝酒，边看书。老丈人杜衍对女婿这么个做派深感奇葩，便跑到书房窗前偷看。只见这位女婿，一边喝酒，一边读着《汉书·张良传》，津津有味。

当读到张良狙击秦始皇的车队，只打中了副车（随从侍卫的车），苏舜钦拍掌大叫："惜乎，击之不中！"说完，就举起酒杯，咣咣咣，一口闷。

接着，读到张良说的那句"始臣起下邳，与上会于留，此天以授陛下"，他又拍案叫道："君臣相与，其难如此！"说完，又是一大杯下肚。看到这一幕，杜衍哈哈大笑，喃喃自语："有如此下酒物，一斗不足多也。"

其实，古人"以书佐饮"既是喝酒不忘学习的习惯，也是淳朴直率风格的表现。苏舜钦"汉书下酒"的故事，不但成为北宋文坛的佳话，也彰显班固的《汉书》在宋代的文化魅力。

苏舜钦爱喝酒，不但边喝边读，还开创了鬼饮、了饮、囚饮、鳖饮、鹤饮、巢饮等稀奇古怪的饮酒花式。

夜深人静，不点蜡烛，摸黑喝酒，称为"鬼饮"。每喝一次，就得唱首歌，哭一鼻子，称为"了饮"。像囚犯那样，披头散发、光着脚丫、戴着枷锁、席地坐着喝酒，称为"囚饮"。用草席裹着身子，露出脑袋，喝完再缩回去，像老鳖一样，称为"鳖饮"。喝一杯后上树，看其他人喝，等下轮到自己，再从树上下来喝第二杯，称为"鹤饮"。待在树上喝酒，称为"巢饮"。

苏舜钦在喝酒方面这么会玩，大概也有点遗传，爷爷苏易简，就是个酒鬼。

俗话说，小酌怡情，豪饮伤身。苏易简对酒的痴迷，已经到了耽误工作的地步。他刚到翰林院上班，就天天抱着酒壶，轻则微醉飘飘，重则昏昏沉沉。宋太宗也对他这个嗜好有点意见，就亲笔写了两首《劝酒》诗，让苏易简每天对着老娘读一遍，反省自己。

遗憾的是，即便皇帝出面，还是收效甚微，酒瘾难戒。宋太宗不太高兴，免掉了他的礼部侍郎职务，贬去做地方官，先后在邓州、陈州当知州。

贬到地方，苏易简反倒觉得没人管了，继续大喝特喝，最后把自己喝死了，享年三十九岁。

宋太宗获悉苏易简的死因，慨叹不已："（苏）易简果以酒死，可惜也。"（《宋史·苏易简传》）

如今，苏舜钦在喝酒这件事上"青出于蓝而胜于蓝"。他万万没想到，一场因为喝酒闹出的风波，即将殃及他的前途，甚至要了他的命。

四、公款吃喝害死人

每年春秋两季，京城都要举行赛神会，纪念造字的上古神人仓颉。开封的各个衙门也会趁着赛神会，搞点活动。比如同僚聚餐、喝酒、看戏。

庆历四年（1044）秋，苏舜钦打算在进奏院也搞一场赛神会，吟诗作赋、高谈阔论、吃吃喝喝。为了提高规格、烘托气氛，他不但邀请了各路名流，还请了两名歌伎表演歌舞助兴。

办赛神会和宴会是要花钱的。按照当时官场的潜规则，这种活动主要花单位小金库的钱。苏舜钦也从进奏院的小金库里拿了点钱。不过他觉得，宴会规模太大，如果只花小金库的钱，恐遭物议。

为了平息闲言碎语，展示公私分明，他带头自掏腰包，出了十两银子，号召受邀客人也来凑份子钱，金额随意，类似今天的AA制。

当年，苏舜钦有"拼爹"的资源，却非要走科举路线入仕。这件事够他吹一辈子，也让他有了瞧不起拼爹者的底气。有个名叫李定的小官，恰是靠拼爹踏入官场的。

李定的文章写得不错，也想参加这场赛神会，混混圈子，附庸风雅。如果真给他留个席位，大概也不会坏什么事。可是，苏舜钦看他不顺眼，觉得他的出现，会扫了自己的雅兴。

对于李定的请求，苏舜钦满是嘲讽："乐中既无筝琶筚笛，坐上安有国舍虞比？"（周勋初《宋人轶事汇编》）这里的"国舍虞比"，分别是指国子博士、太子中舍、虞部员外、比部员外，都是"官二代"享受的专属荫官。苏舜钦这么说，就是摆明了不邀请"官二代"。

不邀请就不邀请吧，苏舜钦又说李定是拼爹才当了官，属于上不了正席的"蒸馍饼夹"，就别来凑这个热闹了。

李定不是科举出身，本来就自我感觉低人一等，如今又被苏舜钦无情揭盖，大加埋汰，搞得很没面子。看着苏舜钦高高在上、目空一切的德行，李定气不打一处来，发誓要报复。

苏舜钦的宴会很热闹，不但觥筹交错，而且屡有佳作。集贤院校理王益柔是个才子。他借着酒劲，作了一首《傲歌》："醉卧北极遣帝扶，周公孔子驱为奴。"意思是说，喝醉了以后，让皇帝服侍自己，把周公和孔子当奴仆一样用。

在当时，把皇帝、周公、孔子一并贬低，这是大罪。李定耳闻后，马上就把苏舜钦动用小金库资金置办宴会、公款吃喝、召妓玩乐的事都编排了一下，添油加醋，到处渲染，弄得满城风雨。

别忘了，苏舜钦是"范粉"，支持庆历新政。在新政举步维艰的关头，御史中丞王拱辰等保守派官员正在到处找茬。苏舜钦公款吃喝的事，恰恰送来了"子弹"。

一阵疾风骤雨般的弹劾已经箭在弦上。

很快，王拱辰指使下属弹劾苏舜钦，扣了三顶帽子：公款吃喝、监守自盗、出言不逊。面对实锤，苏舜钦有口难辩。于是，宋仁宗传旨开封府查办。

按说，苏舜钦还有两大靠山——老丈人杜衍和"大佬"范仲淹。可是，眼下群情汹汹，杜衍自身难保，遑论女婿；范仲淹的新政和官帽子岌岌可危，对苏舜钦更是爱莫能助了。

没了老丈人的庇护，没了范仲淹的力挺，苏舜钦只能卧倒"等死"了。

接下来就是一系列政坛"地震"：苏舜钦背了"监守自盗"的罪名，罚铜二十斤，削职为民。参加宴会的几个官员都被贬官。连助兴的两位歌伎，也被带枷审问，颜面扫地。

参加宴会的官员，大多是支持新政的"范粉"。王拱辰借机端掉了不少"范粉"，洋洋得意。他兴高采烈地向老宰相吕夷简表功："聊为相公一网打尽！"（魏泰《东轩笔录》）成语"一网打尽"就这样应运而生。

欧阳修一直把苏舜钦当偶像膜拜。这场公款吃喝引发风波之后，他竟然收到了偶像的书信。不过，信里没有豪言壮语，只有鸣冤叫屈。苏舜钦说，动用小金库吃吃喝喝，在别的单位都司空见惯，在自己这儿就被一撸到底，这叫什么事嘛！

看得出来，苏舜钦想不通：不就是一顿饭吗？李定为什么要搞这么大呢？

也许苏舜钦知道"小人不能得罪"的道理，但他没想到，小人犯起浑来，很容易失控。他更想不到，平时见怪不怪的潜规则，一旦卷入政治斗争的漩涡，后果竟这么严重。

梅尧臣参加了这次宴会，也受了牵连。他一声长叹，赋《客至诗》一首："客有十人至，共食一鼎珍。一客不得食，覆鼎伤众宾。"

这里的"鼎"，就是李定的谐音。

长叹归长叹，公款吃喝的后果，真的很严重。苏舜钦赔上了自己的仕途，给所有人上了沉痛的一课。

五、同是沧浪，命运不同

对于吃了一嘴"土"的苏舜钦来说，苏州是个散心的好地方。他用这些年攒的钱，买了块临水的地皮，整出个别致的山水小院，修建"沧浪亭"。还不到四十岁，便自号"沧浪翁"。或许他对水情有独钟，三个儿子也分别起名苏泌、苏液、苏激，都跟水挂钩。

坐在沧浪亭里，苏舜钦或许想到了遭际相似的屈原，不免心潮荡漾。平心而论，同样被朝廷赶出了京城，但原因各有不同。屈原倒霉，是因为仗义执言，却不幸碰上了昏君谗臣；苏舜钦倒霉，更多的则是咎由自取，被人抓到了小辫子。

说他"监守自盗"，他到底"守"了什么，又"盗"了什么呢？那么，为什么说他咎由自取呢？

苏舜钦守的，主要是"故纸"。这是什么东西呢？

在宋代，"故纸"是档案的别称。苏舜钦供职的进奏院，每天的工作就是拆信、抄录、转发，会产生大量"故纸"，主要是纸质文书和拆掉的信封。涉及的公务办结后，这些"故纸"就失效了。其中很多只是过程稿，没有保存价值。

这些"故纸"经年累月，越积越多，该怎么处理呢？

在宋代，纸张价格不低，最经济实惠的处理方式，就是卖废品换钱。

把"故纸"卖了，不就相当于卖档案吗？这样做合法吗？

宋代的档案法令规定，架阁文书（馆藏档案）中，不需要永久保存的，一般保存十年后，每三年挑选一次。挑出来的，经过有关部门认定没用的，就可以拿出去卖了。

因此，苏舜钦卖档案，有章可循，并不犯法。

卖"故纸"赚的钱怎么办？这钱谁也不敢私吞，一般流入了单位的小金库。

今天看来，小金库当然是违规的。不过，按照当时的规矩，如果把钱花在公务上，比如置办桌椅、笔墨，哪怕是公务宴请，谁也不好指摘什么。可如果花在私人聚会、吃喝玩乐上，就说不清了。

这个道理，苏舜钦当然很懂。于是，他把宴会放在了进奏院里，就包装成了公务宴请，花小金库的钱就顺理成章了。

可是，苏舜钦机关算尽，还是违规了。卖"故纸"流入小金库的钱，本质上属于公款。

用公款"会宾客"，把自己的私人朋友聚在一起嗨皮，明显超出了公务宴请的正常范围；用公款"召伎乐"，大吃大喝，明显过于铺张。

尽管苏舜钦让与会客人都自掏腰包，多少出点，但还是无法掩盖公款使用上的差池。这也成了构成"监守自盗"罪名的主要罪状。

因此，这里的"盗"，实际指的是花公款办私事，以权谋私。

公款吃喝、花钱铺张、替王益柔的出言不逊背锅，这三件事加起来，按照宋代律法，也不过就是打板子、罚铜而已。可是，如果把"监守自盗"的帽子扣上，罪过就大了。

——这不是一桩冤案。

苏舜钦出事后，老丈人杜衍爱莫能助，好朋友蔡襄噤若寒蝉，欧阳修借口自己不当谏官，置身度外，只有韩琦上书，一方面承认苏舜钦有"醉饱之过"，另一方面提醒宋仁宗"何至如是"，并没有讲这是政敌栽赃的冤案。

宋仁宗虽然把他削职为民，但没打算永不叙用。这场风波里倒霉的其他官员，后来陆续重新起用。遗憾的是，苏舜钦没有等到东山再起的那一天。

——对苏舜钦量刑合理。

这是一桩涉嫌公款使用不当，乃至公款私用的经济案件。虽然涉案金额也就四五十缗，额度不大，但如果坐实"监守自盗"的话，按照北宋律法最高可判死刑。

苏舜钦得到"减死一等科断，使除名为民"的判决，是考虑了小金库的钱只是用于宴请，并没有流入苏舜钦个人腰包。

因此，尽管苏舜钦跟欧阳修抱怨"举朝无一言辩之，此可悲也"（《与欧阳公书》），但这恰恰说明这桩案子事实清楚，量刑恰当，让同情他的人也无话可说。

——经济案件背后，蕴含着不同层面的部门利益之争。

在写给欧阳修的书信里，苏舜钦自认为是中书门下和御史府之间矛盾冲突的牺牲品。庆历八年（1048），他甚至将此诉诸《上集贤文相书》："始者，御史府与杜少师、范南阳有语言之隙，其势相轧，内不自平，遂煽造诡说，上惑天听，全台墙进，取必于君。"

在他看来，这是监察机关和宰相集团之间，围绕各自部门利益，特别是谁主导朝政走向的政治斗争。毕竟，宰相集团推行新政，而御史府反对新政。

欧阳修则把这桩案件归入"君子党"与"小人党"的恶斗，这就将部门争端"朋党化"，把部门利益和派系倾轧混在一起了。

在苏舜钦眼中，中书门下和御史府是两个对怼的部门；而在皇帝眼中，皇权和士权只是两个部门。宋仁宗虽然好脾气，但还是对苏舜钦的"醉饱之过"大发雷霆。他希望借机整肃士风，重塑皇权和士权的关系，调整"天子与士大夫共治天下"的格局。

宋仁宗的着眼点，不是皇权扩张，而是遏制士权泛滥。

——不管苏舜钦怎样自我辩解，该他承担的责任，一点都少不了。

南宋大学者朱熹曾讲过，苏舜钦"此辈虽有才望，虽皆是君子党，然轻佻戏谑，又多分流品……虽是拱辰、安道辈攻之甚急，然亦只这几个轻

薄做得不是。纵有时名，然所为如此，终亦何补于天下国家邪？"（《朱子语类》）

在朱熹看来，苏舜钦"轻薄做得不是"，宋仁宗严惩他，就是要"惩才士轻薄之弊"。

乾隆在评价欧阳修《祭苏子美文》时说，宋仁宗严惩苏舜钦，"不使朝士以夸诞标榜相尚，所以维风端习，未为失也"。

站在帝王的角度，乾隆认为宋仁宗做得没错，只是应该区分不同情况。对于写《傲歌》的王益柔应该严惩，对苏舜钦这种"醉饱之过"应该批评教育，没必要重惩。这样既能整饬士风，又不至于万马齐喑。

不过，乾隆的看法跟他大兴文字狱似乎有点关联。如果没有文字狱，谁会操心研究醉酒时，到底谁说了过头话，谁该接受更严厉的惩罚。

苏舜钦是豪放派文人，跟后来更内敛、更精致的宋代主流文化有些格格不入。宋仁宗给文人留出了宽松的发展空间，但也无法容忍他们在精神自由和挑战权威之路上越走越远。

因此，苏舜钦只是个突破口。从某种程度上说，他的倒霉是必然的。只是跟屈原相比，他的罪刑适当，也没必要投江。

六、沧浪亭畔的谢幕

苏舜钦的最大悲剧，在于始终没有走出仕途挫败的怪圈。

罢官后，他一直在抱怨，在生闷气。与此同时，他很内疚，觉得受了奇耻大辱。

在短暂的职业生涯中，大多数时间他都只在做基层干部，直到范仲淹拉了一把，他才看到了大干一场的曙光。

出师未捷，一个饭局就让自己折戟沉沙，心中除了哀叹，更有悔恨。悔恨自己不谙世事、授人以柄，悔恨自己贪小便宜吃大亏，即便面对沧浪亭畔的满园春色，他也会感叹"旅愁无处避，春色为谁来"（《淮亭小饮》）。

遇到挫折，许多人会找个安静的角落，要么放飞，要么放空，要么冥想。沧浪亭，就是苏舜钦给自己营造的安静角落。然而，他不是陶渊明，始终做不到心静，始终得不到解脱。

游山玩水时，他痛恨自己身心不一。虽然向往桃花源，但又脱不掉现实的羁绊。在苏州居住期间，他曾写下一首诗曰："年光冉冉催人老，云物涓涓又变秋。家在凤凰城闭下，江山何事苦相留。"诗旁还加了一句注释："江山留人也？人留江山也。"

连欧阳修都说他"时发其愤闷于歌诗，至其所激，往往惊绝"（《湖州长史苏君墓志铭》）。显然，桃花源不属于他，他静不下来。

这样的怪圈，跟他思想观念上的畸形成分有关。

一方面，他行事高调，不够谨慎。

酒宴上人多嘴杂，不适合议论国家大事。公开臧否皇帝、周公、孔子等政治人物，与传统政治伦理严重不符。遗憾的是，苏舜钦主管进奏院后，这种风气见长，而他也没有抑制。王益柔本来就喜欢议论，这次在宴会上出言轻率，苏舜钦是甩不掉这口锅的。

另一方面，他没有正视问题，安心检讨。

人非圣贤，孰能无过，过而能改，善莫大焉。罢官后，苏舜钦给欧阳修写信，给文彦博写信，总在自我辩解和吐槽，甚至到了强词夺理的地步。

去苏州，是他偏执个性的选择，有自虐倾向。仕途受挫后，他没有泰然处之，也没有一吐为快，而是摆出一副决裂的架势。

明明是自己要负气离开京城，挥别亲友，到苏州去静静，他反倒抱怨自己是为世所弃，写出"平生交游面，化为虎狼额""山是往时色，人皆今日情""风流看石兽，人事共江波"的诗句。

他自感世态炎凉，自感被士大夫群体抛弃，自感罪名之重、时代之新、历史责任之大，他已无法承受，只剩一丝精神浪漫和政治率真。

庆历八年（1049），苏舜钦忧愤成疾，因病去世，享年四十岁。尽管此前他已经从老百姓变成了湖州长史，可一切都太迟了。

只有一汪清水，潺潺流过，似乎还在诉说着苏舜钦喋喋不休的自辩和吐槽。

富弼：官场"万金油"

> 人生七十古来稀，今日愚年已及期。
>
> 从此光阴犹不测，只应天道始相知。

这是富弼的七言绝句《岁在癸丑年始七十正旦日书事》。

富弼这辈子，当过枢密副使，主政过多个州县，德才双馨，口碑不错。哪里需要他，他就在哪里挺身而出，属于"万金油"式的干部。

富弼活了八十岁，绝对是古人里的寿星。不过，当进入古稀之年，基本告别政坛一线以后，他回顾人生，既感幸运的同时，也感光阴如梭、逝者如斯。做了许多事，但最闪光的，莫过于诟如不闻、推行新政、出使契丹、抗疫救人。

一、诟如不闻：智对"红眼病"

职场上，常见这样的场景：你表现突出，会引来一群"红眼病"，羡慕嫉妒恨，甚至挖坑栽赃，看不得你比他们好；你收敛了，低调了，这些"红眼病"又会摇身一变，鄙视你无能，甚至到处制造舆论，说你尸位素餐。反正，你行，或者不行，他们都觉得不行。

这时候，你该怎么办？是人云亦云，还是我行我素？是暴跳如雷，还是安之若素？年轻的富弼展现出心智成熟的一面。

富弼出身官宦世家、书香门第。自幼聪慧勤学，博览群书，过目成诵，被誉为洛阳才子。他的大才，不光源自天资和家境，更有个人勤奋的因素。范纯仁在《富郑公行状》中说他在寺庙里静读，冬天用雪水洗脸，过着苦行僧的日子。

这样勤奋，就是为了学富五车、出人头地，获得加倍的回报。

富弼写得一手漂亮的文章，带动了他的知名度直线上升。范仲淹读了他的文章后，急不可耐地要见他。待到相见，连连感慨"标格过于诗"，称赞富弼有"王佐之才，宰相之器"。

范仲淹爱才，就把富弼的文章推荐给宰相晏殊。晏殊读罢，击节惊叹，听说富弼尚未婚配，恰合东床之选。于是，经由范仲淹牵线，富弼成了晏殊的乘龙快婿。

在宋仁宗时代，范仲淹是知识界"圣人"，晏殊是士大夫的翘楚，能让他俩高看一等，说明富弼确实文才亮眼。

这样的才华和际遇，不免遭人妒忌。一天，有个书生就在洛阳的街上拦住富弼，厉声说道："听说你博学多才，我有个问题想请教你。"言语间充满了挑衅的味道。

富弼笑了笑说："愿闻其详。"

书生问道："如果有人骂你，你会怎么办？"

富弼听罢，压了压情绪，说了三个字："不知道。"

书生一听，哈哈大笑道："人家都说你满腹经纶，我看也不过如此嘛。"说完扬长而去。

两人对话之间，有许多人过来围观。大家都以为富弼会语出惊人，见解高明，没想到他会如此作答，纷纷失望而去。富弼也没当回事，继续赶路。

这时，随从有些愤愤不平，就对富弼说："这么简单的问题，老爷您为何推说不知道呢？"

富弼笑道："这书生是轻狂之人，如果你跟他辩解，一定会唇枪舌剑，以至剑拔弩张，不管谁有理，最后的结果一定是口服心不服。更何况，这个人能做出拦路挑衅的事来，应该是个心胸狭窄之人，事后会记仇的。我跟他往日无冤无仇，又何必跟他争呢？"

富弼很清楚，自己遇到了"杠精"。跟"杠精"辩论，无法以理服人，因为"杠精"为"杠"而杠，根本不会讲道理。因此，富弼的做法，是赶紧脱身，避而远之。

巧的是，几天后，富弼跟这位书生又在路上相遇。富弼很礼貌地跟他打招呼，没想到这位书生视而不见，擦肩而过，等富弼走远了，他突然回头，冲着富弼的背影大声骂道："富弼真是一只乌龟！"

富弼听到了，但没有扭头，更没有回怼，而是装作没听到，继续往前走。这个时候，有好事者追上来跟他说："刚才有人在骂您呢！"

"那人可能是在骂别人吧？不会是骂我的。"富弼答道。

"他骂得可难听了，是在指名道姓骂您呢！"好事者接着说。

看着好事者打抱不平的神态，富弼继续装糊涂："天下同名同姓的人多了，我跟那位又无冤无仇，不会是骂我的。"

好事者听罢，一脸懵圈，悻悻而去。

这段故事，出自宋人陈长方编撰的《步里客谈》，还衍生出一个成语——诟如不闻。意思是说，无端被人辱骂，却不动声色，就好像没听见一样。

一个人的涵养和心胸，在这一刻高下立见。

生活中会遇到很多小摩擦，如果只争一时长短，到头来很可能"小不忍则乱大谋"。《水浒传》里的杨志，就是忍不了地痞牛二的一再挑衅，最后将其手刃，吃了官司，不得不上梁山，改变了人生命运。

其实，"不争"也是一种美德，"糊涂"也是一种不差的处事方式，对那些冷言冷语、鸡毛蒜皮、"红眼病"，完全可以视而不见。走好自己的路，做好自己的事，比过度在乎别人的议论，比无休止的争辩和掩饰，显得更重要，也更有价值。

二、吾爱吾师，吾更爱真理

北宋前期，科举考试分两类。一类是三年一次的常科，一类是不定期举行的制科。制科旨在选拔特殊人才，因而程序繁琐、遴选严格，应试者必须由公卿大臣推荐，先预考，再由皇帝亲自出题考试。

天圣八年（1030），宋仁宗颁布诏书，举行制科考试。富弼虽在洛阳小有名气，但只是个茂才。正是范仲淹的欣赏和推荐，使他获得了参加制科的资格，脱颖而出，进士及第，步入仕途。他和范仲淹也成莫逆之交，"相勖以忠，相劝以义"，亦师亦友。

虽说范仲淹一直在提携富弼，但两人一旦有分歧，富弼似乎不买恩师的账，执意要较真。

庆历年间，富弼外放京东西路安抚使、郓州知州，管辖山东一带。这里民风彪悍、匪患严重。官军镇压不力，一些州县官索性放弃追剿，转而绥靖，认敌为友，开门延纳，待如上宾。不过，官府跟盗匪称兄道弟，有失体统。于是，宋仁宗便派范仲淹坐镇处置。

如何来处理这些开门揖盗的州县官，富弼和范仲淹的看法截然不同。

富弼认为，这些州县官吃里扒外，姑息养奸，形同通匪，理应严惩，以儆效尤。

范仲淹认为，盗匪人多势众，啸聚山林，官军兵力不足，贸然围剿，只能劳师无功，让老百姓白受折腾。州县官按兵不动，等待时机，大概是降低匪患、安民保境的权宜之计。

两相比较，范仲淹果然沉稳老练，对地方官的痛处也有切身体会。富弼虽然秉公耿介，疾恶如仇，仗义执言，但说话太过直接，不留余地，很容易得罪人。

没想到，富弼听罢，跳了起来，横眉冷对，对着范仲淹脸红脖子粗地吵了起来。

旁人觉得富弼有些意气用事，说话方式欠妥，劝他说："你这样也太无情无义了。范先生对你恩重如山，你难道忘记了吗？怎么能在他老人家面前出言不逊呢？"

富弼的回答理直气壮："我跟范先生是君子之交。当年范先生举荐我，并不是因为我事事附和，而是因为我胸怀坦荡，遇事不回避，敢于亮出自己的独立见解。我怎能为了报答私恩，而放弃自己的主张呢？如果我连这点都做不到，又怎能对得起范先生呢？"

他之所以敢在范仲淹面前怒怼，是因为两人有着高度的默契，"出处以道，俯仰无愧"。他清楚，范仲淹是"以天下为己任"的圣人，不会计较小事，更不会把顶嘴演变为个人恩怨。两人几乎能做到"凡有大事，为国远图。争而后已，欢言如初"。

事后，范仲淹非但没生气，反而很自豪地说，富弼不同俗流，特立独行，正是看中了这点，我才会很欣赏他。

对于范仲淹的知遇之恩和博大胸怀，富弼是感恩的。在给范仲淹写的《祭范文正公文》中，他深情怀念起两人的交情："某昔初冠，识公海陵。顾我誉我，谓必有成。我稔公德，亦已服膺。自是相知，莫我公比。一气殊息，同心异体。始未闻道，公实告之。未知学文，公实教之。肇复制举，我惮大科，公实激之。既举而仕，政则未谕，公实饬之。"

既能和衷共济，也能相爱相杀，更能和而不同，说真话、办真事、当净友、不挖坑，这才是真的朋友。富弼和范仲淹的莫逆之交，成了朋友一词的最好诠释。

三、临危受命，不当"银样镴枪头"

庆历二年（1042），辽兴宗派出南院宣徽使萧英、翰林学士刘六符等人，出使北宋。在澶渊之盟达成后，宋辽之间互通使臣是家常便饭，但这次的情况比较特殊。

知制诰富弼奉旨接待辽使。

按说，辽使见到富弼应当行礼。可是，萧英等人愣是托病不拜。

富弼见状，并没有发怒，而是甩出一段四两拨千斤的话语："昔使

《景德四图》之《契丹使朝聘》，宋佚名。台北故宫博物院藏

北，病卧车中，闻命辄起。今中使至而君不拜，何也？"（《宋史·富弼传》）

意思是说，以前宋使即便带病出使契丹，听到召唤也会起身行礼。如今代表大宋皇帝的官员在此，你居然不叫拜行礼，这是为什么？

富弼话不多，萧英却被说懵了，"矍然起拜"。

相互接触的几天里，萧英觉得富弼这人挺厚道的，便几乎无话不谈，还不慎说漏了嘴，把契丹方面的谈判底线讲了出去："可从，从之；不然，以一事塞之足矣。"（《宋史·富弼传》）

由此，宋仁宗掌握了契丹方面的谈判筹码，心里反而有底了。

然而，宋辽双方的谈判气氛依然是不愉快的。

辽使入宋，带来了辽兴宗致宋仁宗的一封信，口气托大，桀骜蛮横。先是对北宋横加指责，然后提出了解决方案：要宋朝割让关南十县的地盘。

所谓"关南"，是指瓦桥关以南。五代十国时期，后晋儿皇帝石敬瑭将幽云十六州割给契丹，其中就包括"关南"地区。后周世宗柴荣率军北伐，收复三州三关，就包括瓦桥关。宋太祖赵匡胤当年作为柴荣的部将，参加了此次北伐。

可以说，关南十县是北宋的老祖宗把脑袋别在裤腰带上，玩命夺过来的地盘。

虽说澶渊之盟约定宋辽结为兄弟之邦，但当哥哥的宋朝如果靠割地来取悦弟弟，换取"益深兄弟之怀，长守子孙之计"（《续资治通鉴》），怎么对得起列祖列宗，又怎么向国人交代呢？

一口回绝？眼下北宋被西夏搞得焦头烂额，契丹人又陈兵边境，如果跟契丹撕破脸，北宋就会陷入双线作战的险境。想到这些，宋仁宗有点心慌。

能不打仗，还是别打仗。于是，宋仁宗决定遣使入辽，进行谈判斡旋。他的谈判底线，就是既不割地，又不开战，其他条件都好商量，哪怕多花点钱。

遍观满朝文武，大家面面相觑，谁也不想接这个苦差事。一方面，前往契丹，路途遥远，天气寒冷，有舟车劳顿之苦；另一方面，这时跟契丹据理力争，犹如与虎谋皮，凶多吉少。

宰相吕夷简推荐了富弼。一方面，吕夷简视他为政敌，打算借此机会，让富弼出洋相。另一方面，富弼在接待辽使萧英、刘六符期间，表现了一定的谈判技巧。因此，推荐富弼，也不全是公报私仇。

富弼主动站出来表示：让我去，我就去。

面对宋仁宗的单独召见，富弼慷慨陈词："主忧臣辱，臣不敢爱其死。"宋仁宗颇为动容，当即擢升他为枢密直学士。可是，富弼坚辞不受："国家有急，义不惮劳，奈何逆以官爵赂之。"（《宋史·富弼传》）强调自己是为国分忧，不图酬劳。这让宋仁宗更加肃然起敬。

庆历二年（1042）七月，富弼奉旨出使。他将怎样跟契丹打交道呢？

会不会也像北宋禁军那样"银样镴枪头,好看不中用"呢?

四、唇枪舌剑:坚决不给一寸地

对于富弼来说,辽兴宗耶律宗真是个难缠的谈判对手。这位年仅二十六岁的青年皇帝,仗着兵强马壮,摆出一副盛气凌人的架势。

富弼认为,宋辽讲和四十年了,如今契丹公然索要关南十县,明显是在破坏澶渊之盟。辽兴宗立刻回怼:北宋方面在边境搞小动作,背盟在先。因此,要么北宋割地,要么刀兵相见。

面对辽方的霸道要求,富弼开始了摆事实讲道理的长篇大论,主要讲了两层意思:第一层,论打仗,契丹打不过北宋。第二层,打仗不是解决问题的最佳方案,双方议和更实惠,最起码契丹每年都有岁币赚,承担的花销只是使臣往返而已。

辽兴宗不是傻瓜,一算账,果然打仗不实惠。富弼抓住了辽兴宗贪财好货的心理,大做文章,三言两语就把契丹人摩拳擦掌的劲头打掉了。

接着,富弼解释了北宋方面"塞雁门,增塘水"不是为了备战,把背盟的帽子摘掉了。

仗是打不起来了,但辽兴宗仍然垂涎关南十县。在他看来,关南十县属于幽云十六州,算是契丹故土。

对于关南十县的归属问题,富弼表示,新朝不理旧账。幽云十六州是石敬瑭割给契丹的,关南十县是周世宗柴荣收复的,这才造成了宋辽边界现状。后晋以前,幽云十六州都是中原王朝的地盘,不是契丹的地盘。如果非要历史溯源,契丹恐怕要吃大亏。

富弼主张疆土归属不溯及既往,以现状为准,这是一种现实主义考量。他强调,如果契丹执意索要关南十县,那么北宋就索要整个幽云十六州。这种讲道理+讹诈的策略,让辽兴宗理屈词穷,只能转移话题,抱怨北宋讨伐西夏这事,事先没跟契丹打招呼。

富弼很有条理地进行了回怼:"北朝向伐高丽、黑水,岂尝报南朝乎……向不知元昊与弟通姻,以其负恩扰边,故讨之,而弟有烦言。今击之则伤兄弟之情,不击则不忍坐视吏民之死,不知弟何以处之?"(《续富弼讲了五层意思：

——契丹打高丽、黑水靺鞨，也没知会北宋，北宋打西夏，干吗要知会契丹？

——契丹和西夏联姻这事，北宋事先一无所知。毕竟，契丹没把这事知会北宋。

——如今元昊忘恩负义。北宋给他封官，对他有恩，他反倒进攻北宋，以怨报德。因此，北宋打西夏，合情合理。

——北宋讨伐西夏是不得已而为之。北宋承平已久，压根不想打仗。是西夏一再扰边，北宋方面忍无可忍，不得不反击。

——打西夏，伤了兄弟感情，不打西夏，看着西夏人烧杀抢掠，让北宋边民涂炭，北宋不能无动于衷。这种事要是发生在契丹身上，难道坐视不管吗？问题抛给了契丹，将了辽兴宗一军。

辽兴宗被驳得乱了方寸，甚至还觉得北宋进攻西夏合情合理："元昊为寇，岂可使南朝不击乎？"

经过三个回合的较量，富弼见招拆招，打掉了辽兴宗的气势。等回到馆舍，老熟人刘六符跟了过来。朝堂上不好意思明说的话，在这里和盘托出。

刘六符再次提出索要关南十县。富弼当然再次拒绝。

不但如此，富弼还继续分析，说契丹为什么坚持索要关南十县，还不是图当地的赋税收入吗？北宋不愿割地，但愿意给钱，换取契丹不再索要土地，避免两国为争夺土地大打出手，给老百姓造成灾难。

富弼这么说，一方面私下亮出了一部分底牌，一方面表达了宋仁宗的想法：北宋不想惹事，也不怕事，而且宅心仁厚，愿意化干戈为玉帛，拯救黎民苍生。这样一来，北宋方面站位更高，搞得刘六符灰头土脸。

五、坚持原则：一个字也不能改

直接索要、私下索要都没成功，但契丹方面还不死心，又发动了感情攻势。

几天后，辽兴宗邀请富弼一起去打猎。等到两人并辔而行时，富弼表示，希望两国关系就像今天的打猎一样，欢快友好。

辽兴宗当即表示：只要北宋割让关南十县，立刻就能长久和好。

富弼反应很快：契丹以得到祖宗故地为荣，北宋以失去祖宗故地为耻。宋辽两国既然是兄弟之国，怎能有这种一荣一辱的事呢？就这样，富弼再次拒绝割地。

辽兴宗见割地不成，又提出两国和亲，请宋仁宗把公主嫁过来。其目的，不光是捞个皇室美女，更想借机收一大笔嫁妆钱。

尽管和亲是宋仁宗的底牌之一，但富弼认为，和亲要比增岁币屈辱得多。为了维护宋朝的体面，他借口公主年幼，婉拒了和亲请求。

对于契丹来说，和亲捞到的嫁妆只是一次性收益，还不如增岁币细水长流更实在。因此，既然富弼婉拒，辽兴宗也就不在和亲问题上过多纠缠了。

割地不成、和亲不成，辽兴宗觉得，啥也捞不到，实在是没面子。于是，他拿出了和亲和增岁币这两份誓书，请富弼回开封传话，要北宋方面二选一。

一个月后，富弼再次出使契丹。北宋方面选择了增岁币这份誓书，换取契丹不仅不再索要关南十县，而且向西夏施加压力，要其重新向北宋称臣纳贡。

这个新方案让契丹增加了经济收益，辽兴宗满意了。不过，就在双方起草誓书，准备达成盟约的当口，契丹方面节外生枝，又提出了新条件：北宋和契丹是兄弟之国，北宋给契丹的岁币，以前都是"赠"，体现双方地位平等。可是，这次契丹提出，誓书里要改用"献"或"纳"。

一字之差，双边关系的性质就变了，意味着北宋自降身段，契丹占了便宜。

对于富弼来说，面对这突如其来的挑战，怎么办呢？临时请示皇帝根本来不及，只能随机应变。于是，他灵机一动，当场表示："献字乃下奉上之辞，非可施于敌国，况南朝为兄，岂有兄献于弟乎？"（《续资治通鉴长编》）

富弼摆出了强硬姿态：作为兄长的宋朝，怎能屈居下级，对弟弟辽兴宗低三下四呢？

辽兴宗也针锋相对，说契丹在边境屯集重兵，如果达不成新盟约，双方恐怕迟早会开战。

富弼不为所动，对刘六符表示："若欲'献''纳'二字，则如天不可得而升也。使臣颈可断，此议决不敢诺。"（《续资治通鉴长编》）

到头来，为了宋朝的尊严，富弼也没同意改字。

契丹使臣携带誓书来到开封。誓书上仍旧写着"纳"，而不是"赠"。宋仁宗和晏殊虽然不太满意，但为了赶紧稳住契丹，腾出手来对付西夏，也就不计较一字之差了。

庆历二年（1042）九月，宋辽双方达成了庆历增币的新盟约。北宋每年给契丹的岁币，各增加十万两银子和十万匹绢，总数达到二十万两银子、三十万匹绢。

六、破财免灾：和平比战争更可贵

富弼临危不惧，不辱使命，以有限的经济代价，为北宋北部边境拆掉了一颗"炸弹"。

对此，苏轼点赞："百余年间，兵不大用者，真宗、仁宗之德，而寇准与公之功也。"（《富郑公神道碑》）

——富弼是一个人在战斗。他舌战契丹，表现了高超的语言艺术和谈判技巧。

《三莲诗话》记载："富郑公奉使辽国，虏使者云：'早登鸡子之峰，危如累卵。'答曰：'夜宿丈人之馆，安若泰山。'"在对手面前，不光谈判不能输，就连文化比拼也技高一筹。这是多年读书的厚积薄发，更是他才思敏捷、妙语连珠的集中体现。

苏轼一般不给人写墓志铭，但富弼是个例外。在这篇《富郑公神道碑》中提到："然以单车入不测之虏廷，诘其君臣，折其口而服其心，无一语少屈，所谓大勇者乎！"言语之间，满满的钦佩。

即便是敌国契丹，也很钦佩富弼，"北方自（国）主（辽兴宗）而下，皆称重之"（《续资治通鉴长编》）。

尽管有时代局限、阶级局限，但富弼仍是北宋的英雄，也是中华民族的英雄。

——富弼是用一种信念在战斗。他以圣贤为榜样，将爱国情怀和个人发展融为一体。

年轻时代，他就认为："圣贤得其时，则假富贵之位，以所学之道施于当世之民，不得其时，则甘贫喜贱，亦以所学之道著于书以教后世。圣贤之心，尽于是而已矣。"（《与陈都官书》）很有"穷则独善其身，达则兼济天下"的雄心壮志。这正是"以天下为己任"的精神。

自从奉旨跟契丹人周旋以后，家里接连来信，他认为家信会扰乱思绪，便付之一炬，专心谈判工作。他是满含对国家、民族的挚爱，最终完成了出使的使命。

——富弼是用一份理智在战斗。两个大块头的博弈，不可能是零和游戏。谈判的过程，既是人与人之间的斗智斗勇，也是国家实力和耐力的比拼，更是在寻求相互妥协和利益交集。

庆历增币的实质，是破财免灾，加钱换和平，加钱换土地，对宋朝来说有点窝囊，但也不能脱开当时的形势，就全盘否定。

毕竟，北宋深陷内外交困，财政枯竭、内乱不断，边备废弛，急需打破契丹和西夏的军事同盟，稳住契丹，集中力量对付西夏。

在这种情况下，富弼跟契丹周旋的本钱并不多。两害相权取其轻，加钱对宋朝的危害远小于割地。否则，如果双方开启战端，开销更大，且胜负难料。宋朝一旦输了，损失更大。

其实，富弼的小算盘打得很精。北宋用增加岁币，换得契丹不再惦记关南十县，还破坏了契丹和西夏的军事同盟，让契丹不再支持西夏，甚至出兵攻打西夏，尽管输得一塌糊涂，但还是牵制了西夏的精力。

使命完成后，富弼两次婉拒了宋仁宗的提拔，还特地禀告宋仁宗："增岁币非臣本志，特以方讨元昊，未暇与角，故不敢以死争，其敢受乎！"（《宋史·富弼传》）

富弼在下更大的棋。他希望宋仁宗以此为契机，"思北境轻慢中原之耻，常怀仇雪之意，坐薪尝胆，不忘戒备，内则修政令、明赏罚、辨别邪正、节省财用，外则选将帅、练士卒、安葺被废，崇建威武。使二边闻风自戢，不敢内向，纵有侵犯疆塞不为深患"（《辞枢密副使》）。

在富弼看来，皇帝励精图治，比自己升官更重要。

遗憾的是，宋仁宗不是汉武帝，也不是宋太祖。即便是影响远不及王安石变法的庆历新政，刚动了既得利益者的奶酪，就被扼杀了。

七、覆巢之下无完卵

康定元年（1040）正月，北宋境内发生日食。民间将这种天象视为天狗吃月亮，预兆不祥。按照天人感应的说法，君臣都需要反思自己是不是做错了什么。

富弼也没闲着。他奏请罢宴撤乐，展现皇帝节俭爱民的姿态；取消越职言事的限制，实现广开言路，"尽人情，答天意"。

宋仁宗不但全部采纳，允许中外臣庶上书议论朝政得失，而且连年号都改成了"庆历"，向老天爷表决心。可是，宋军在西北连败，让他意识到，病根不在年号，而在制度设计。到了必须改弦更张的时候了。

庆历三年（1043）七月，范仲淹、富弼分别升任参知政事和枢密副使，吕夷简罢免宰相。最高决策圈的进退，意味着北宋官场的政治力量对比发生了急剧变化。新政呼之欲出。

对于新政，富弼是认真的。他认为，人是官僚政治的核心。会用人、用对人，事业才能兴旺发达。因此，他和范仲淹把吏治改革作为庆历新政的核心举措。

对于新政，宋仁宗是敷衍的。在他眼里，新政只是应对西北连败的急就章，一旦庆历和议达成，西北战事平息，实施新政的必要性就要打折扣了。

宋仁宗曾问翰林承旨丁度："用人以资与才孰先？"丁度的回答很微妙："承平宜用资，边事未平宜用才。"（《续资治通鉴长编》）如今，边事已平，该回归论资排辈、四平八稳的模式了。

当朝廷需要的时候，"范粉""清流"就是救国救民的改革家；当朝廷不那么急需的时候，他们就是比"吕粉"更抱团的朋党。结党，是任何统治者都不会坐视不管的。

作为"吕粉"骨干的夏竦、王拱辰等人，敏锐地感受到宋仁宗心态的变化。他们抓住"范粉"结党的现象，大肆攻讦。

而"范粉"还在一面自我粉饰，一面排斥异己。比如蔡襄就把大臣们分成"贤"和"邪"，建议宋仁宗"众邪并退，众贤并进"（《宋史·蔡襄传》）。欧阳修炮制的《朋党论》、石介炮制的《庆历圣德颂》，又将朋党之争升格为君子和小人的对决。

凭什么"范粉"就该是贤、君子，凭什么"吕粉"就该是邪、小人？

"清流"们一刀切地将官员进行分类，抬一方贬一方，不但做小了格局，还树了敌。

同在枢密院，夏竦是枢密使，富弼是枢密副使，两人搭班子，但并不融洽。论双边谈判的艺术，夏竦比不过富弼；论政治内斗的本领，富弼比夏竦差好几个段级。

夏竦觉得，既然"清流"把自己当靶子，那就索性干一仗。夏竦使了阴招，让婢女伪造了一封石介写给富弼的书信，内容是石介准备草拟诏书，废掉宋仁宗，由富弼"行伊（尹）霍（光）之事"。

这封书信的内容谁都不信，但它成了宋仁宗放弃改革、压制朋党的借口。于是，朝廷以加强边防为由，把范仲淹和富弼调离京城。范仲淹担任陕西、河东宣抚使，富弼担任河北宣抚使。韩琦上书为富弼辩护，结果被贬到扬州做知州。

庆历新政以轰轰烈烈始，以戛然而止终。这是富弼职业生涯栽的最大跟头。

富弼在庆历新政中的表现，并没有范仲淹、石介、欧阳修激进。他做的工作，有两件事值得一提：

——他建议加强制度设计和整理。

宋仁宗欣然采纳，下令史馆检讨王洙，以及集贤校理欧阳修、余靖等人，把先朝典故和各部门规章制度汇编成册，形成《祖宗故事》二十卷。

——他质疑范仲淹过激的人事政策。

范仲淹把各路转运使候选人名单筛了一遍，对其中庸碌无为者大笔一挥，直接勾掉。富弼觉得这么做有些草率，就说："你勾得容易，那些被勾掉的人，全家都要哭了。"

没想到范仲淹的回答更惊世骇俗："一家哭，总比一路哭好啊！"

不管有没有过质疑，但"覆巢之下，安有完卵"，富弼还是下课了，新政也被全部废除。

夏竦、王拱辰很想将"范粉"斩尽杀绝，但宋仁宗没有这么做。一方面，宋仁宗不希望任何一派过度膨胀，更乐见大臣们相互制衡，甚至有限度地吵吵架。另一方面，范仲淹做了一些铺垫，阻止了富弼的盲动，从而避免了"范粉"遭受更惨烈的报复。

庆历三年（1043），高邮闹匪患，知军晁仲自忖兵力有限，打不过土匪，索性花钱请他们离开高邮。

私通盗匪，在宋律里是死罪。枢密副使富弼重视制度建设，当然要依法办事，准备将晁仲就地正法。可是，范仲淹不同意，并建议宋仁宗赦免晁仲的死罪。

富弼大惑不解，就跑来质问："方今患法不举，举法而多方沮之，何以整众？"他的担心不无道理。新政遇到很大阻力，连新政的制定者都做不到依法办事，还怎么服众呢？范仲淹语重心长地告诉富弼："祖宗以来，未尝轻杀臣下，此盛德之事，奈何欲轻坏之。且吾与公在此，同僚之间，同心者有几？虽上意亦未知所定也，而轻导人主以诛戮臣下，他日手滑，虽吾辈亦未敢自保也。"（《续资治通鉴长编》）

范仲淹的意思很明确：不能让杀官员成为一种先例、一种习惯，这么做不光是为了保晁仲，更重要的是保未来的自己。

富弼一直不解其中深意。直到自己遭到夏竦诬陷，被贬到河北，想要回京城办事，却连城门都进不来的时候，他才明白：范仲淹真是未雨绸缪。

八、从改革派到保守派

富弼的工作能力，宋仁宗是认可的。在他看来，这样的年轻人还是应该到地方上多多磨炼和摔打，经风雨，才能见彩虹。于是，庆历新政失败后，富弼开始了地方官生涯，从河北到山东，换了好几个地方。

地方官生涯给他带来的，不光有抗疫救灾的政绩，更有对仕途挫折的反思，以及对北宋社会的新认识。改革是一项系统工程，牵一发而动全身。准备不充分的改革，其结局不会比庆历新政好到哪儿去。

富弼花了十年，才弄懂这个道理。

至和元年（1054），富弼奉旨重返京城，担任宰相。这是宋仁宗这辈子最自豪的一次人事安排。他说："至于富弼，万口一词，皆曰贤相也。"（《续资治通鉴长编》）

富弼先后跟文彦博、韩琦搭档，主持中书门下事务，欧阳修为翰林学士、包拯为御史中丞。一时间，活着的"范粉"又都回来了，堪称举朝盛事。

岁月，把富弼的棱角磨平了。他再无大刀阔斧改革的锐气，只剩下"守典故，行故事，而傅以公议，无容心于其间"（《宋史·富弼传》）。北宋官场也迎来了"百官任职，天下无事"的平稳局面。其间虽有一些小修小补的改革，但力度和广度，都比不上庆历新政。

宋英宗上台后，曾询问富弼如何治理弊政。富弼的回答耐人寻味："恐须以渐厘改。"（《续资治通鉴长编》）富弼已经不是庆历年间的富弼了。

当王安石变法风起云涌之际，他这个老资格的改革派，反倒站到了变法的对立面，甚至公开反对"青苗法"。

屁股决定脑袋，思路决定出路。既然不支持变法，即便官位尊隆，也要靠边站了。于是，他只有跟文彦博、司马光一起赋闲饮酒。

元丰六年（1083），八十岁的富弼因病去世，没能看到"元祐更化"的那一刻。

社会是个大染缸，染心染身染衣裳。天真无邪浸渍久，世故圆滑老金刚。富弼在官场浸淫半生，却常在河边走，就是不湿鞋，这在任何时代都是可贵的。

富弼的个性和做官原则，用一句话概括，就是该说不时就说不。

——面对别人的挑衅谩骂，要不要以牙还牙，他莞尔一笑，释然说"不"。

——面对恩师在"剿匪"问题上的不同看法，他拍案而起，大声说"不"。

——面对敌国君臣气势汹汹地索要大宋国土，他不畏强暴，坚定说"不"。

——面对"青苗法"这样有瑕疵的新法，他认为误国害民，愤然说"不"。

——面对皇帝催他晋升职务的圣旨，他居然一直昂着头颅，连连说"不"。

曾几何时，有许多热血青年跟富弼一样，抱着安邦定国、经世致用、为民做主的远大志向，参加科考，踏入官场。

可是，随着时光流逝，官场的明规则和潜规则，给其中很多年轻人的热血降了温、褪了色。当年的豪言壮语早已销声匿迹，最终一个个都成了圆滑世故的"老油条"，或是尸位素餐的庸官混子，甚至鱼肉百姓、祸国殃民的贪官污吏、民族败类。

在这样的官场氛围里，讲真话已经成了奢侈品。富弼的个性就显得更加可贵。或许这才是抵御染缸文化的榜样，这才是良好政治生态下官员该有的真模样。

九、抗疫先驱：北宋传以为式

一千年前的瘟疫，比今天的新冠肺炎、埃博拉病毒，破坏力更强。许多人还没有来得及享受生活，甚至还在辛苦劳作，便被瘟疫夺去了生命。

身染重疫的老百姓，只要还没绝望，就都期待神医降临，更企盼父母官能够挺身而出，领着大家赶走瘟神。

富弼就做了这样的父母官，及时遏制了疫情，救活了不少人。他的抗疫事迹，不但能吹一辈子，甚至算得上是宋仁宗时代抗疫的先行者。

至和元年（1054）正月，汴京大疫。时疫暴作，民中其疾者，十有八九。

《宋史·食货志》记载，宋仁宗获悉疫情，立即下令让太医研制药物。太医说药物成分里需要犀牛角，宋仁宗就让太医去宫里的仓库支领。

有个宦官听说此事后，就劝宋仁宗说：宫里仓库仅有一只通天犀，官家还是自己留着吧。可是宋仁宗不为所动："吾岂贵异物而贱百姓？"于是，亲自"碎通天犀和药以疗民疫"，亲手捣碎那只通天犀，让太医做成药引子。

他还传旨颁布了一部《庆历善救方》，收录了不少抗疫奇方。

同月，首都汴京附近的祥符县也发生瘟疫。二月，宋仁宗就传旨："乃者调民治河堤，疫死者众，其蠲户税一年，无户税者，给其家钱三千。"（《续资治通鉴长编》）对灾民减免赋税，发放补贴。

不知道犀牛角和所谓"抗疫奇方"究竟发挥了多大作用，但作为最高领导，宋仁宗亲自决策、亲自指挥、亲自部署、亲自落实，展现了宽仁形象，也在历史上留下了有人情味儿的好名声。

《大傩图》，宋佚名。该画描绘了民间驱除厉疫的习俗。北京故宫博物院藏

瘟疫是北宋的常客。《宋史》记录了五十九个瘟疫年份，发灾频度达到百分之三十五。

庆历八年（1048）六月，黄河在商胡埽（今河南濮阳附近）决口，导致河道向北摆动，引发了历史上第三次黄河大改道。

新河道所经之处，老百姓不得不放弃田产，沦为灾民；老河道干涸，靠河吃饭的老百姓瞬间没了生计来源。京东西路青州、淄州一带（今山东青州、淄博），土地肥沃、财富丰饶，三十多万灾民为了谋生，趋之若鹜。

京东西路安抚使富弼，面对大量灾民，有些发蒙。既不希望灾民饿死病死，也不希望灾民铤而走险，上山落草，走上对抗朝廷的不归路。他开动脑筋，立即启动赈灾举措。在解决温饱问题的同时，富弼马上意识到另一个大问题：大灾之后有大疫。

《宋史》记载，以前老百姓四散逃疫和官府救灾不当，确实导致瘟疫扩散的严重后果。富弼深有感触：以前官府赈灾，在城里设粥棚，定点施粥。灾民大量聚集，排队领粥，没有任何防护，没有保持安全距离。一旦有染疫灾民混杂其间，就会迅速传播瘟疫。有的灾民排着排着，突然倒地不起，说明已经染疫。用这样愚蠢的办法赈灾，名为救人，实则杀人。

既然意识到问题所在，那该怎么办？富弼开出的药方就是分区隔离。

——隔离活人。

官府出面，短期内临时征用了十几万间空闲的公房和民房，让难民分散居住。这么做的目的，是让灾民停止流动、停止聚集、就地安置，把外来输入的疫情控制在一定区域内，便于查找病源，打歼灭战。

"隔离"大法迅速推广。不但隔开外来灾民和本地百姓，还将受灾州县划分为不同区块，进行有序隔离和救助。京东西路统一部署，各州县在交通要冲张贴告示，引导灾民及时分散到各个区块的邻近村庄，就地安顿，将"逃荒"流动按下暂停键，让病毒传播停下来。

——救助活人。

大灾临头，为了让按了暂停键的灾民活下去，必须允许他们生产自救。富弼下令，把那些官府控制和封禁的山林湖泊用起来，允许灾民就近进去采伐和捕捞，解决衣食之需，渡过难关。

灾民进山下湖，不太容易有相互近距离接触的机会，实际上也阻断了病毒的传染链。

——隔离死人。

在颠沛流离中死去的灾民，没人晓得到底是饿死的，还是病死的，有没有染疫。富弼要求把这些死者集中安葬在远离居住区的大冢里，让活着的人远离传染源，切断死人传活人的传染链条。

——治病救人。

分区隔离，是为了切断传染链。这只是疫情防控的第一步。接下来更重要的，还是治病。

宋仁宗时期，官办医疗机构比较健全，有翰林医官院、太医院、惠民局、方剂局、药局等，对付一般的疫情还是很有经验的。

收到富弼呈来的灾情奏报后，宋仁宗当即安排这些机构开药方、研药品。次年二月，朝廷派出使臣，向灾区颁药。

有了药，幸存的病人算是看到了活下去的希望，没患病的人算看到了疫情结束的希望。

——稳定秩序。

这么多人停止流动，住在隔离区，吃饭成了大问题。朝廷拨了赈灾物资，但怎样发到灾民手里，就得靠自己了。

大疫当前，不少人恐慌焦虑、心态失衡。要想真正实现自救，就必须设法不让地方出乱子。最好的做法，就是用人性化手段缓和官民矛盾。

富弼的点子，就是给所有人安排活儿。他坚信，只要人人有事做，既能缓解官府人手不足的难题，又能把矛盾消化在基层，维持社会稳定。

各州县衙门派专人深入基层，组织自救和稳定秩序。动员乡绅带头出钱出力，管好本宗族不惹事。登记灾民家中人口、性别年龄、受灾程度，获取基础数据，作为计算赈灾口粮的参照依据。挑选身强力壮、头脑清楚的灾民负责分发物资，先发穷人，再发给富人。每五天，富弼"辄遣人持酒肉饭糗慰藉"（《宋史·富弼传》），安抚人心，稳定军心。

——处理善后。

富弼给出的办法，就是荒年募兵和轻徭薄赋。

他认为，流民如水，要在疏导。只要源头治理得当，就会化阻力为助力；如果一味武力压制，则会适得其反。

宋太祖赵匡胤早就认识到"堵不如疏，疏不如引"的道理。每逢荒年，他就下令禁军在灾区募兵，把身强力壮的灾民纳入"体制内"。一方面最大限度避免了这些人造反的可能性，另一方面也扩大了禁军规模。

要知道，禁军是北宋最精锐的部队，主要驻在京城附近和重要府州，直接听命于中央。宋太祖要的就是强干弱枝，把禁军搞得棒棒的，避免地方割据，巩固中央集权。

这个做法也成了祖宗之法的一部分，北宋历代皇帝纷纷仿效，奉为圭臬。宋神宗还夸耀这个做法是太平之业，说"自古未有及之者"。

其实，这个做法利弊兼有，主要弊端是禁军员额无序扩张，导致禁军规模和军费开销膨胀，财力难以支撑，军人素质下降。

富弼深知荒年募兵的弊端，在继续这一做法的同时，也做了调整。他提出，把身体强壮的灾民纳入厢军，也就是地方守备队。

厢军的各项待遇低于禁军，但按照禁军的规格来训练，并免除其他徭役，表现优异的还可以推荐参加禁军。这样一来，既节约了军费开销，又为禁军提供了兵员储备，还给身强力壮的灾民提供了安稳的出路，避免了社会动荡。

对于那些身体不够强壮的灾民，以及老弱妇幼，他们的善后该怎么办呢？

富弼认为，灾荒年份里，灾民本来就生活艰难，压力重重，如果富商大贾为富不仁、囤积居奇，地方官府墨守成规、横征暴敛，就会给灾民带来更大的人祸，甚至官逼民反。因此，他秉持"民惟邦本，本固邦宁"的思想，主张灾荒年对灾区轻徭薄赋。

他是这么想的，也是这么建议的。疫情结束后的第二年，京东西路粮食丰收，五十万灾民得以重返家园，生计有了着落。富弼制定和实施的救灾和抗疫举措，全面系统、细致周到，收效良好，得到了京东西路辖区百姓的称赞。

《宋史》给出的评价更高："自（富）弼立法简便周尽，天下传以为式。"富弼的抗疫方法，既简便，又全面，成了各地官员救灾抗疫的指南。

文彦博：灌水浮球的智者

少年不识愁滋味，爱上层楼。爱上层楼，为赋新词强说愁。

而今识尽愁滋味，欲说还休。欲说还休，却道"天凉好个秋"！

这是南宋爱国词人辛弃疾的词作《丑奴儿·书博山道中壁》。其中愉悦的意境，用在年少得志的文彦博身上，还是蛮贴切的。

文彦博对写诗填词很是热爱，但传世作品寥寥。他留给后人最有趣的记忆，就是"灌水浮球"的故事。它虽然只是文彦博留给历史的一朵浪花，但蕴含着超出同龄人的智慧和担当。让历史真正记住文彦博的，正是这样的智慧与担当。

正如他在《昨夜饮散未眠偶成拙颂录呈武功寺丞若犹未弃无惜开示》中所写的那样：

以幻能除幻，居尘不染尘。

略于歌舞地，聊现宰官身。

有法犹为滞，无心乃是真。

还将所得趣，试问悟空人。

一、红豆黑豆，传承家教

北宋时期有了足球运动，涌现出像高俅这样的球星。文彦博小时候，也喜欢踢球。有一次，他跟几个小伙伴在草地上踢球，一不小心，把球踢进了一个树洞。

小伙伴们趴在洞口，伸手去掏，却怎么也掏不到。后来，有小伙伴找了一根棍子，捅到洞里，想把球拨出来，也没成功。

大家急得团团转，文彦博想出个主意：他让小伙伴们找来水，灌入树

《冬日婴戏图》，宋代苏汉臣。
台北故宫博物院藏

《秋庭戏婴图》，宋代苏汉臣。
台北故宫博物院藏

洞里。等到灌满的时候，球就浮出洞口了。

灌水浮球作为中国古代著名的儿童益智故事，简直能跟司马光砸缸相媲美了。文彦博从小就被视为神童。这件事让神童的名号增色不少。

聪明的孩子讨人喜欢，也有顽皮的另一面，连调皮捣蛋都别出心裁、出人意料。

有次，文彦博搞恶作剧。爸爸唱白脸，忍无可忍，揍了他一顿；妈妈唱红脸，把他揽入怀中，谆谆教诲，鼓励他的聪明才智要用到正道上。渐渐地，文彦博开窍了。他拜颍昌大儒史炤为师，一心向学，刻苦攻读。

为了不忘本业，多做善事，文彦博找来两个罐子。只要做了件好事，就往其中一个罐子里放一颗红豆，如果做了件坏事，就往另一个罐子里放一颗黑豆。

他每天都把罐子里的豆子倒出来数一数，借此警醒自己。

日子一天天过去了。装红豆的罐子里，红豆越积越多；装黑豆的罐子里，黑豆增长缓慢，逐渐停增了。

攒红豆、黑豆的办法，不知是文彦博自己琢磨的，还是有高人指点。这两个罐子及其所代表的价值观，让文彦博一生受用。

其实，文彦博塑造担当精神的过程，就是文氏家族发展演变历程的缩影。

文家源自春秋时期齐国公子完一脉。公子完是陈氏家族的成员，后来通过语音流变改姓田。公子完死后，谥号"敬仲"。他的后人就以敬为氏。敬氏家族香火不断，一直延续到五代十国时期的后晋。

石敬瑭以割让幽云十六州和自称"儿皇帝"而臭名昭著，但他毕竟是后晋的开国皇帝。为了避讳，文彦博的曾祖父决定，改敬氏家族为文氏家族。曾祖父跟石敬瑭有"丰沛之旧"，当了多年幕僚，最后也只干到县令、录事参军这种层级，但好歹进了官场。

文彦博是山西人，祖籍汾州介休（今山西介休）。有曾祖父的履历打底，祖父文锐"荫补入官"，做到了北汉的石州军事推官。

文彦博的老爹文洎是北宋时期兢兢业业做好本职工作的士大夫代表，他的担当精神、责任意识，对教育下一代有着潜移默化的影响，让文彦博从小就具备了异于同龄人的特质。

在文洎的熏陶和管教下，文彦博走上了北宋知识精英的常规成才之路——勤学苦读，出人头地。天圣五年（1027），文彦博金榜题名，高中进士，年仅二十一岁，可谓少年得志。

二、做州县官，办世俗事

天圣八年（1030）到庆历七年（1047），文彦博做了十几年地方官。庆历四年（1044）十二月，他调任枢密直学士、益州（今四川成都）知州。刚上任就赶上成都米价暴涨。

别看文彦博是个"文科生"，但也懂得微观经济的供求关系。他将靠近各个城门的十八所寺院作为投放点，大量投放官府储备粮，带动大米市场价回落。

四川市面上流通的铁钱过于笨重，不便携带。当地大商人就联合起来发行了一种叫作"交子"的纸票，类似近代的汇票或者支票。当地官府没有阻拦。

由于靠近陕西前线，四川承接了供应军饷的差事，将士们就利用交子从四川换来大量铁钱消费，使得四川流通的交子缺少本金支撑，濒于大幅贬值。

文彦博立即奏请朝廷，给四川各州的交子务调拨铁钱，作为准备金，保持充足的本金支撑，从而维系了交子的交易信用。

时人评价："成都人称近时镇蜀之善者，莫如田元钧（况）、文潞公（文彦博）。"（程颐《蜀守记》）这个评价还是蛮高的。文彦博所谓"善"，套用北宋大学问家程颐的话，就是"得民心之悦"。调控米价就是他做过的一件得民心之事。

宋代文人热衷请客吃饭、喝酒赋诗，文彦博也有这样的爱好，在成都酒局不断。独在异乡为官，难免寂寞，饮酒作乐大概是排遣寂寞的最好方式了。

有一天晚上，雪大奇冷，文彦博跟朋友喝酒喝到半夜。这时有人报告：军人要哗变了！

原来，一些值班士兵受不了冷，把衙门门前的井栏拆掉点着，围在一起烤火取暖。带班军官直接出言辱骂，把值班士兵们激怒了。官兵大打出手，兵变箭在弦上。

闻讯，举座色变，吓得腿颤，而文彦博只淡淡地说："天寒地冻，他们要拆了烤火，就去烤吧。"说罢，该吃吃，该喝喝。

有文彦博的指令，带班军官不再打骂，值班士兵也没了造反的心气，一场哗变戛然而止。

次日，文彦博派人追查带头闹事的值班士兵，按军法打一顿军棍，开除回家了事。

临危不乱，举重若轻，这是大将风度。

成都让文彦博刻骨铭心，不光是因为政绩，也不光是因为处变不惊，主要是因为生活作风。

文彦博不但爱吃喝，还爱跟当地名伎秦凤仪卿卿我我，每次应酬都带去。这事很快传到了京城，说文彦博道德败坏，亵渎国家官员形象。宋仁宗决定，派御史何郯去成都调查。

上面捕风捉影，派人下来调查，形势对文彦博不利。他的救命稻草，就是搞定何郯。

按照一般套路，文彦博应该巴结讨好何郯。不过，何郯吃不吃这一套，会不会越巴结越心虚，最后弄巧成拙、适得其反？文彦博心里也没底。

这时，幕僚张俞（字少愚）自告奋勇，在何郯来成都的必经之地汉州（今四川广汉）搞接待。张俞有个先天优势——跟何郯同是四川老乡。

在汉州，张俞举行盛大宴会，招待何郯一行。按照当地的官场惯例，安排营伎表演歌舞是保留节目。何郯入乡随俗，喜欢上一位舞姿曼妙的营伎。一打听，才知这位营伎姓杨。何郯就管她叫"杨台柳"。

"杨台柳"这个外号是有历史典故的。

早在西汉时期，首都长安有条繁华街道名叫"章台街"，因位于战国秦宫的章台之下而得名。后来，这个地方妓院云集，逐渐成了"红灯区"的代名词，类似清代的"八大胡同"。

晚唐时代，孟棨《本事诗》和许尧佐《柳氏传》记载，唐玄宗天宝年间，进士韩翃与名伎柳氏相狎，柳氏曾是豪富李生之妾，后来属意韩翃，李生便将柳氏慷慨相荐，促成一段姻缘。韩翃以《章台柳·寄柳氏》词相赠。

就这样，"章台柳"既承载了姓氏和职业，又成了词牌名。

何郯把杨姑娘跟"章台柳"相提并论，既炫耀了自己的文采，又让杨姑娘很受用。

看到这一切，张俞灵机一动，马上取下杨姑娘脖子上的纱巾，写下一首《竹枝词》："蜀国佳人号细腰，东台御史惜妖娆。从今唤作杨台柳，舞尽东风万万条。"

杨姑娘即就着这首诗载歌载舞。

何郯在汉州连吃带拿，非常尽兴。接下来，他抵达成都公事公办，摆出一副不徇私情的架势。对此，文彦博早有准备。在接风宴上，令何郯魂牵梦绕的杨台柳又出现了。这次，她一边带着姑娘们轻歌曼舞，一边领唱那首《竹枝词》。

旧爱相逢，何郯喜出望外，喝得大醉。他也懂"吃人嘴软，拿人手短"的道理，回京后果然没讲文彦博的坏话，反倒说文彦博刚正清廉，是少有的好官。

文彦博利用了何郯的弱点，有惊无险地过了关。

三、遭人举报，大度能容

庆历七年（1047）三月，文彦博升任右谏议大夫、枢密副使。旋即擢升参知政事。从此，历经宋仁宗、宋英宗、宋神宗、宋哲宗，文彦博一直混迹宰执行列，堪称四朝元老。

太平盛世的宰相很难有作为，而文彦博上任不久，就赶上了贝州的王则兵变。眼看宋军镇压不力，文彦博亲自上阵，迅速平定，令朝野刮目相看。宋仁宗论功行赏，加封他为礼部侍郎、平章事，成了排名第一的宰相。

其后三年，文彦博谨守既有秩序，不变法、不折腾、不创新，维持国家机器运转。可是，太平宰相的日子并不太平。三年后，一封举报信让他狼狈不堪。

写举报信的名叫唐介，官至监察御史，给高官找茬是他的本职工作。

皇祐三年（1051），张尧佐在一天之内拿到了宣徽使、节度使、景灵使、群牧使四个官职，满朝哗然。于是，这家伙就成了众矢之的。

张尧佐是张贵妃的伯父，张贵妃是宋仁宗的宠妃，张尧佐主要是靠这层关系平步青云的。当然，这事与宰相文彦博也脱不开干系。毕竟，如果宰相不点头，张尧佐根本爬不上去。

接下来，唐介发现，文彦博跟张贵妃的关系不一般。

张贵妃的老爹曾是文彦博府上的门客。为了巩固在后宫的地位，张贵妃以伯父相称，主动结交文彦博，两人一前一后，相互配合，互相帮衬，结成了利益同盟。

上元节快到了，各地官员都要给皇帝进贡，时任益州知州的文彦博也不例外。张贵妃给文彦博捎口信，让他进献灯笼锦。

蜀锦天下闻名，成都的灯笼锦更是有特色，其纹样以灯笼为主体，以流苏和蜜蜂为配饰，寓意"五谷丰登"，很适合当贡品。

有贵妃打招呼，文彦博马上安排赶制，按时把灯笼锦送到了京城。

到了上元节那天，张贵妃特意穿上灯笼锦做的衣服。宋仁宗惊呼："何处有此锦？"张贵妃答道："成都的文彦博听说官家宠幸臣妾，特地送来献给官家的。"宋仁宗龙颜大悦，不久就把文彦博调到京城，进入宰辅行列。

唐介搞清原委后，如获至宝，写了封举报信，弹劾文彦博两大罪状：

——走"夫人路线"行贿跑官，"因贵妃而得执政"，投桃报李提拔张尧佐。

——文彦博抵达前线时，明镐指挥宋军已经打下贝州，但文彦博竟贪功归己。

这两大罪状能否成立呢？

如果进贡个灯笼锦就能跻身宰辅，那么混迹北宋官场岂不太简单了？宋仁宗和张贵妃每年收到那么多贡品，哪有那么多宰辅的头衔安排呢？

文彦博之所以能位列宰相，与十几年地方官生涯的积累密不可分。庆历新政之后，像他这样在地方上既当过文官又带过兵的全才并不多见。朝廷提拔他，并没有引发争议。这说明，他当宰相众望所归。

更何况，宋仁宗对高级官员的任用非常慎重，主要通过本人了解、大臣举荐、召见谈话、阅看奏章，尽可能全面了解高官人选的能力素质。至于张贵妃的因素，顶多算个加分项，让文彦博的临门一脚更有针对性，如此而已。

送灯笼锦这事，另一说，是文彦博的夫人走夫人路线，赠送给张贵妃的，文彦博本人并不知情。不管怎样，瓜田李下之嫌是没跑了。

镇压贝州兵变的战事，一开始并不顺利，宋仁宗曾在后宫喃喃自语道："执政大臣无一人为国家分忧者，日日上殿无有取贼意！"（周勋初《宋人轶事汇编》）这话恰被张贵妃听到。她立即派人给文彦博捎话，让他主动请缨，以博得宋仁宗的好感。

贝州之战究竟谁是首功？《宋史·文彦博传》的记载再清楚不过："贝州王则反，明镐讨之，久不克。（文）彦博请行，命为宣抚使，旬日贼溃，槛则送京师。"

文彦博到任以后，经过观察分析，决定声东击西，一面让官军猛攻北城，麻痹叛军，一面派兵在南城挖地道，直通城里。十几天后，地道挖通，官军从地道冲入城内，一举拿下了贝州。显然，首功还是文彦博的。

唐介列出的两条罪状，都不符合事实。可是，这封举报信，尤其是文彦博因贵妃而得执政的话，实际是对宋仁宗干部工作的极大嘲讽。宋仁宗陷入了尴尬之中：如果还文彦博清白，坊间就会说皇帝昏庸误国，偏袒宠臣；如果支持唐介，那就助长了捕风捉影的坏风气，对文彦博也不公平。

思前想后，宋仁宗决定各打五十大板：文彦博贬去做许州（今河南许昌）知州，唐介贬去做春州（今广东阳春）别驾。许州离首都不远，经济发达；春州位于岭南，当时还是偏僻之地。这样的安排，也反映了宋仁宗的真实想法。

这出闹剧并没有收场。次年上元节，宫里有人写了一首诗，其中提到"无人更进灯笼锦，红粉宫中忆佞臣"，就是故意揶揄文彦博的。

文彦博蒙受了不白之冤，但他并没有跳出来辩解，这也给宋仁宗留出了回旋余地。至和二年（1055）六月，宋仁宗将其调回京城，升任同中书门下平章事、昭文馆大学士。这是文彦博第二次拜相。宋仁宗以这种方式，给文彦博平了反。

就在宋仁宗渴盼文彦博尽快到任之际，却收到了文彦博的奏章，其中写道："唐某所言，正当臣罪，召臣未召唐某，臣不敢行。"（张光祖《言行龟鉴》）

被唐介坑了一道的文彦博，竟然建议朝廷在提拔自己的同时，连同唐介一并起复。

就这样，唐介被提拔为潭州通判，随即调任回京，继续担任监察御史。

宋神宗熙宁元年（1068），唐介升任参知政事，跟宰相文彦博搭班子。两人不打不成交，"相知为深"，关系极为融洽。

人非圣贤，孰能无过。最糟糕的莫过于身居高位，反而对缺点视而不见、矢口否认，甚至对指出自己缺点的人伺机报复。

面对唐介捕风捉影的举报，文彦博没有争辩，没有仗势压人，只有坦诚谦让，甚至愿意为举报人的职业前途出力。

这才是智者胸怀、大将风度。

四、四朝元老，关键时刻扛得住

至和元年（1054）正月，宋仁宗在朝会上突感风眩。几天后，他在宴请契丹使臣时，语无伦次，连酒局都主持不了了。

这是北宋立国近百年遭遇的最危险局面：皇帝没有儿子，皇储尚未确立；皇帝病情危重，最高权力空悬。一旦宋仁宗有个三长两短，最高决策层可能陷入混乱。

宰相文彦博率领一众大臣在殿阁外等候多时，不见动静。他焦急万分，立即把内副都知的宦官史志聪、邓宝吉叫来，询问皇帝的起居近况。两位宦官借口"禁密不敢漏言"，拒绝吐露半点内情。

危急关头，文彦博也顾不得高官的体面了，劈头盖脸把两宦官骂了一顿："我等身为宰相，肩负国家安危，你们不让宰相知道官家的身体状况，究竟是何居心？从现在起，官家病情如有变化，必须立即告诉我等，否则按军法处置！"

文彦博把稳定政局放在了循规蹈矩之前，毅然临机处置，体现了作为宰相的责任担当。

随后，他启动了危机部署：锁闭皇城宫门；从中书门下取来军令状，便于随时下达命令。史志聪见文彦博部署周密、态度强硬，索性撂挑子。文彦博随即接管皇宫，稳住大局，避免了不必要的麻烦。

宋仁宗的病情一时不见好转，文彦博等人干脆以在大庆殿设醮祈福为名，住在殿外小屋里。每天轮番焚香祷告。史志聪坚决反对，认为"故事两府无留宿殿中者"。

按照宫规，宰辅官员是不能在宫里留宿的。可是，文彦博厉声反驳道："今日何论故事也？"意思是说，现在情况这么紧急，还讲什么先例！

事实证明，文彦博的临机决断很有必要。因为，就在宋仁宗病重期间，宫里出事了。

深夜，权知开封府王素突然叩开宫门，声称有谋反案件要紧急上报。文彦博刚好在宫里祈祷。按照先前部署，宫门都锁闭了。为慎重起见，文彦博没有下令打开宫门，放王素进宫，而是悄悄加强了宫内戒备。

第二天，文彦博搞清楚了：王素没有说谎，一名禁军士兵举报他的上司图谋造反。这位上司官至禁军都虞候，属于中层军官。

谋反是大案，何况在禁军中，这将直接威胁皇帝的安全。同为宰相的刘沆主张，把这个都虞候抓起来再说。文彦博却很冷静，没有偏听偏信，匆忙行事。

他深知，在皇帝病重的节骨眼上，不问青红皂白抓捕禁军军官，会引发禁军混乱。这事必须先调查，掌握足够证据，再妥善处置。

文彦博先把都指挥使，也就是这位都虞候的上司叫来询问，又找了禁军的其他将领了解情况，终于搞清原委：这个士兵跟都虞候结怨，为了报复，趁乱诬告。

真相大白，虚惊一场。不过，为了迅速平息事端，文彦博下令斩杀了那个诬告的士兵。

无论是探听皇帝病情，还是处置谋反案件，在君主专制时代都是复杂敏感的事情，稍有不慎就会酿成大错，甚至丢官掉脑袋。而文彦博在非常时刻果断的举措，展现了优秀政治家的气魄和才智。

有文彦博作为主心骨，宋仁宗病重期间没有闹乱子。一个多月后，宋仁宗病体康复，北宋的国家机器依然运行平稳。对文彦博的及时出手，宋仁宗给予很高评价。

对于文彦博来说，这场风波不能说完就完啊！得让它多发挥点积极作用。文彦博联合韩琦等重臣，顺势将皇储问题端上了台面，反复劝谏，终于在宋仁宗去世前一年，确定了养子赵宗实的皇储身份。

对于北宋王朝而言，赵宗实的上位稳住了皇位传承的谱系；而对于文彦博个人而言，这无疑是定策之功。

也正因如此，宋英宗、宋神宗和宋哲宗对文彦博继续重用，直至其92岁无疾而终。

宋神宗曾委任文彦博为枢密使，掌管军事。不过，宋朝重文轻武，同级武将要排在文官之后。宋神宗考虑文彦博德高望重，特许让文彦博排在宰相之前。文彦博连忙推辞，说本朝没有枢密使排在宰相之前的先例，不能坏了规矩。

面对危难关头的挑战，他扛住了。面对权力地位的诱惑，他也扛住了。关键时刻扛得住，让文彦博演绎了"四朝元老"的传奇。

庞籍：我不是奸臣

　　儒将不须躬甲胄，指挥玉尘风云走，战罢挥毫飞捷奏。倾贺酒，三杯遥献南山寿。

　　草软沙平春日透，萧萧下马长川逗，马上醉中山色秀。光一一，旌戈矛戟山前后。

这是庞籍的词作《渔家傲·儒将不须躬甲胄》。

电视剧《包青天》里，太师庞籍是个反派，处处跟包拯作对，俨然朝中黑势力的总后台。

历史上的庞籍，却在字里行间浸透着沙场点兵的豪迈，浸透着指挥若定的威武，浸透着飞传捷报的喜悦，哪有奸臣的猥琐亵渎？哪有佞臣的阴险狡诈？哪有庸官的低三下四？

历史是公允的，历史是可以盖棺定论的。奸臣这口锅，庞籍背了近千年，该给他正名了。

一、不是太师，替人背锅

庞籍是山东人，出身书香门第。父亲是国子监博士，相当于国家最高学府的教授。作为教授的孩子，有家庭的熏陶，庞籍饱读诗书，走上了传统的精英路线。

大中祥符八年（1015），二十八岁的他考中进士，被授予黄州（今湖北黄冈）司理参军。他很幸运，遇到的顶头上司，是时任黄州知州夏竦。

夏竦以破坏庆历新政而著称，但有一双识人慧眼，发现和提拔了不少人才。庞籍足智多谋，办事靠谱，得到了夏竦的赏识，以"异礼优待"，认为他必成大器。

一天，庞籍卧病在家，自以为没法痊愈了。夏竦亲自来看他，还安慰他说："你不会死的，以后会做个宰相，还能长寿。"

庞籍听罢问道："我做了宰相，还会穷吗？"

夏竦说："在宰相这个层级里，你是算穷的。"

夏竦的话里，戏言的成分多些，但不幸言中。庞籍后来真的做了宰相，两袖清风，退休后还大为感慨："田园贫宰相，图史富书生。"

把夏竦称为"赛半仙+伯乐"，恐怕也不为过。他不但看人看得准，而且只要看中的人，他都会出面推荐。乾兴元年（1022），有夏竦的力挺，庞籍调入京城，任开封府兵曹参军事。在京城，他又得到权知开封府薛奎的推荐，历任开封府法曹、大理寺丞、知襄邑县。

得到知州、知府的赏识，只是庞籍职业生涯迈出的第一步。想要成为宰相，必须有皇帝的青睐。

宋仁宗在位的最初十二年，一直生活在太后刘娥的影子里。刘太后去世前，留下《内东门议制》，准备让好闺蜜杨太后继续垂帘听政。

虽说宋仁宗是杨太后带大的，但他已经二十四岁，不甘心当傀儡。于是，关于皇帝是否亲政的问题，就在朝堂之上引发了争论。

时任殿中侍御史的庞籍认为，皇帝已经成年，理应亲政，杨太后继续垂帘的理由站不住脚。为此，他还当众烧掉《内东门议制》。这样一来，朝堂上就没人继续支持太后垂帘了，宋仁宗也就实现了亲政。

对于庞籍的这番表现，宋仁宗心存感激。关键时刻的准确站位，加上在政坛和边疆领域的多年政绩，让庞籍先后做到枢密副使、枢密使、太子太保，封颍国公。不过，有个头衔他从来没做过。这就是"太师"。

所谓"太师"，主要指两类官职。

一类是周代设置的"三公"，包括太师、太傅、太保，其中太师位居第一。

商纣王时期的箕子、周武王时期的吕尚（姜子牙），都当过太师。秦统一六国后，将"三公"明确为丞相、太尉、御史大夫，周代的"三公"就演化为荣誉头衔。北宋时期，赵普、文彦博、蔡京都加过太师衔。显然，这只是荣誉头衔，没有实权。

另一类是古代设置的"东宫三师"，包括太子太师、太子太傅、太子太保，作为太子的教师。

隋唐以后，"太子太师"也逐渐演变为荣誉头衔，不再给太子上课。比如颜真卿、张居正、洪承畴等曾加太子太师衔。即便庞籍当上了太师，也只是个荣誉头衔。更何况，北宋的"太师"名单里，压根就没有庞籍。

《包青天》里庞籍的上位，得益于女儿嫁给宋仁宗当宠妃。问题是，见于《宋史·庞籍传》的庞籍后人，只有儿子庞元英和孙子庞恭孙，根本没提女儿的事。

宋仁宗的宠妃张贵妃，倒是有意提拔伯父张尧佐，一天之内连加四衔，引发朝野争议。

张尧佐做地方官时，官声不错，然而，这把火箭式提拔，直接毁了名声。由于才不配位，张尧佐遭到弹劾，其中弹劾最狠的，就是包拯。

《宋史·张尧佐传》里给张尧佐的评价不高："以戚里进，遽至崇显，恋嫪恩宠，为世所鄙。"值得一提的是，张尧佐虽然生前口碑不佳，但死后被追封为太师。

倚靠侄女、火箭式提拔、才不配位、追封太师，这些要素加起来，不就跟《包青天》里的庞太师很相似吗？

没错，《包青天》里庞太师的原型，正是这位张尧佐。后世小说家添油加醋，让庞籍为张尧佐背了近千年的锅。

历史上的庞籍刚正不阿。可是，当碰到宠妃违规时，他该怎么处置呢？

二、天子御史，意见一箩筐

担任开封府推官期间，庞籍遇到了一件棘手的事情。

据《宋史·庞籍传》记载，尚美人常派宦官到开封府传达旨意，"教旨免工人市租"。嫔妃给开封府传旨，显然违反了祖宗之法，不成体统，有后宫干政之嫌。

或许因为尚美人是宋仁宗的宠妃，以前的推官不敢招惹她，但庞籍根本不给面子。他很严肃地讲："祖宗以来，未有美人称教旨下府者，当杖内侍。"于是，他不但拒绝领旨，而且下令把宣旨的宦官揍了一顿。

庞籍这么做，虽然方法比较刚，但维护了律法的权威，让宋仁宗无话可说。几天后，宋仁宗传旨各衙门："自今宫中传命，毋得辄受。"

办事公正是庞籍的职业信条之一。宋仁宗亲政后，一直在琢磨从哪儿打开工作突破口，庞籍的建议让他很受启发："官家用人，应当明辨忠奸，防范朋党，提拔近臣，遇事多听大家的意见，别只由着宰相一个人拿主意。"

皇帝就像一支军队的统帅、一个单位的领导，不可能事无巨细、面面俱到。优秀的统帅，首先是会"将将"；优秀的领导，首先是会用人。把合适的人放在合适的位子上，最大限度发挥潜力，同时防止下属拉山头、搞帮派、一手遮天，这才是统帅和领导该做好的事。

知谏院孔道辅是庞籍的顶头上司，他对庞籍这个年轻人的勇气钦佩不已："言事官多观望宰相意，独庞醇之，天子御史也。"御史的职责是监督百官，而孔道辅所谓"天子御史"，则负责监督皇帝。庞籍顶着这个名号，显得更加不一般。

天圣五年（1027），庞籍升任群牧判官，负责管理马匹。经过一番调研后，他上书朝廷，列出一些官场怪现象：

——要害部门带头不遵守制度规矩。

以前，朝廷规定大臣不能使用国家养的马，这是为了彰显朝廷重视武备。可是，宦官头子杨怀敏从枢密院三番五次借用战马，大搞特殊化。枢密院作为国家最高军事机关，居然不守规矩，说借就借。

——文件越发越滥，但越来越没用。

以前，大臣们奏事，直接把奏章送到中书门下、枢密院就是了，无需大臣所在的部门发文。近年来，朝廷各部门发布的文件比以前还多，反而堵不住私人请托、佞幸之徒。

——官员违法却得不到应有惩处。

以前，王世融殴打府吏，纵然身为公主之子，也要依法缴纳赎金，停职查办。近年来，作坊物料库主管官吏偷盗国家物资，凭借跟宫里的亲戚关系，却能逍遥法外，三司也不追究。

——只要想严查，总能查出问题。

大中祥符年间，宋真宗下令各衙门严查下属单位。这场运动式检查导致大批胥吏离职，县政因之瘫痪，知县因之罢免。这说明，基层吏治经不起查。长此以往，清官怎不慨叹泄气？

庞籍讲了这么多，凸显了当时有令不行、有法不依、朝廷制度缺乏约束力的现状。他希望宋仁宗把以往的制度捡起来用好，重塑朝廷权威。

宋仁宗时期，"三冗"问题日益突出，演化为北宋中叶的财政危机和社会危机。范仲淹等人领导的庆历新政，就是要着力解决"三冗"特别是冗官问题。庞籍没有参与庆历新政，但也提出了自己的看法：

——近年来，天降灾异，连年干旱。从天人感应的角度看，这是由于人间有人祸。

——都有哪些人祸呢？最突出的莫过于宫里花钱太多，账目不清，朝廷杂费繁杂，没法审计核实。庞籍列举的这些，就是冗费的冰山一角。

——冗费问题这么严重，该怎么办呢？庞籍建议，坚决裁减宫里的花销，特别是压减给宦官、医官、乐官、宫女的赏赐。

——省下来的钱干什么用？庞籍建议，赏给将士们，奖励战功，提振士气。

庞籍只触及了冗费问题的一个方面。事实上，"三冗"问题环环相扣、相互交织。冗费的大头不是宫里的开销，而是庞大的军队和官僚系统的开销。

要想真正解决"三冗"问题，必须综合治理，三管齐下，而不只针对宫里的冗费。当然，拿宫里的冗费开刀，或许能为彻底解决冗费问题带个好头。

后来，庞籍在边疆指挥作战，也注意到冗兵与冗费的关系问题。当北宋和西夏达成庆历和议后，庞籍曾建议，合并机构，裁撤官员，减少边关要塞驻军，让这些士兵们复员回内地谋生，以减轻朝廷和百姓的负担。宋仁宗接受了。

这或许是庞籍在西北打仗的一点收获吧。那么，他这一介文官，怎么会调到西北打仗呢？

三、亦文亦武，尽显儒将风采

宝元元年（1038），元昊建立西夏，跟北宋分庭抗礼，并蚕食北宋疆土。宋仁宗立即调兵遣将，准备打仗。庞籍担任过州县的军事推官，就被派去做陕西体量安抚使，负责备战。

刚去西北没多久，庞籍就摊上一桩买卖妇女案，由于处置失当，被降为汝州知州。后来几经折腾，调任陕西都转运使等职，成为继范仲淹、韩琦之后，负责西北防务的重要将领。其间，他做了五件事。

——平反冤案。

西北战场发生三川口之战，以及黄德和诬陷刘平的案件。庞籍奉命与文彦博同审此案，最终查明："（黄）德和退怯当诛。刘平力战而没，宜加恤其子孙。"（《宋史·庞籍传》）刘平沉冤昭雪，诬陷忠臣的监军黄德和被腰斩，可谓罪有应得。

——严肃军纪。

庞籍熟悉军中条令，执法非常严格。对军中犯法之人，庞籍用刑不眨眼。鞭打、断肢、斩首、剖腹、分尸，搞得大家毛骨悚然，谁都不敢造次。

——提拔狄青。

在北宋的军事体系中，像狄青这样出身寒微、缺乏系统培训的低级军官，是难有出头之日的。可是，庞籍发现狄青具有深厚的理论功底和丰富的实战经验，就让狄青在战略要道桥子谷旁筑寨驻兵，给了他独当一面的机会。

——自给军需。

前线几万驻军的军需是个大难题。庞籍觉得，与其干等后方艰难运来，不如自己动手，丰衣足食。他招募当地百姓在招安寨附近就地种地，供应军粮。通过修筑城寨，逐渐蚕食被西夏攻占的地盘，扩大耕种面积，扭转战场形势。

——精兵简政。

他对全军将士进行了一次筛查，裁掉个头不达标、年龄偏大、体质虚弱的士兵，安置他们务农，节约了军费开支，把省下来的钱用于当地民生。

经过整顿，鄜延路的宋军战力明显增强，经济状况大为好转。有了这个底牌，庞籍的腰杆硬了起来。

看到宋军守备森严，元昊放弃了强攻的打算，转而派人跟庞籍谈判。先前，庞籍多方打探，断定其中有诈，便一面谈判，一面严防偷袭。不出所料，元昊果然出兵了，但没讨到便宜，只能悻悻而归。

庞籍坚决执行范仲淹以守为战的整体思路，一面利用西夏决策层内部矛盾，制造事端，搞乱对手，迟滞西夏进攻，以拖待变；一面抓紧休养生息，积累反击的实力。最终把元昊逼回谈判桌，达成庆历和议，让北宋体面地结束了这场战争。

对于西夏在边境地区的蚕食侵耕，庞籍双管齐下，一面派兵加强巡边，驱离盘踞在这里的西夏人；一面关闭边境互市，阻断日用品供应渠道，造成西夏内部恐慌，迫使其停止侵耕，接受北宋的划界条件。

军事防御和经济制裁并用，将北宋的战略优势发挥得淋漓尽致，有效维护了自身利益。

西北边疆的经历，给庞籍带来的最大收获，就是狄青。就像当年夏竦赏识自己一样，如今庞籍对狄青也百般栽培。

皇祐四年（1052），广南西路侬智高起兵，时任同中书门下平章事（宰相）的庞籍力荐狄青担任宣抚使，委以统一指挥权。狄青不负重托，因地制宜重整各路军队，调整作战方案，最终大获全胜。

庞籍是文官，但他在军事部署上的一招一式，不像文官，倒像很专业的军官。

虽然是文武全才，但庞籍也有倒霉的时候。

皇祐五年（1053），兖州学究皇甫渊抓捕盗匪有功，想借机求升官。道士赵清贶和庞籍是姊妹亲家，皇甫渊打听到这层关系后，就去找赵清贶帮忙。当然，不能白忙活，得送钱。

没有不透风的墙，这事很快被捅了出去。庞籍稀里糊涂地降了职，赵清贶则发配偏远州县，路上死了。

有人怀疑这是庞籍杀人灭口，但查无实据。即便如此，庞籍还是被贬去做了郓州知州。

庞籍主张用人不疑，但也有看走眼的时候。司马光和武戡这两位下属，竟在麟州捅了娄子。

四、提携后生，与司马光是忘年交

麟州，位于今陕西神木东北，是北宋抗击西夏的前沿据点。州城建在屈野河（今称窟野河）东岸的高坎上，易守难攻，河西方圆五六十里的沃野，是北宋和西夏的拉锯地带。每到春耕时节，西夏人就跑来耕种，赖着不走，直至秋收结束才离开。

对此，北宋方面一直隐忍，不许守军越过屈野河，为的是维系和局，不开战端。

麟州守将武戡不这么想。他觉得，应该把这块沃野抢回来，然后重金鼓励老百姓去屯垦，给宋军将士提供军粮，并把这个想法报告给庞籍。

庞籍时任河东路经略安抚使、并州知州，是武戡的上司。他不在一线，不太放心，就派副手兼助手司马光去麟州调查一番。

嘉祐二年（1057）春，司马光到了麟州，了解到西夏人基本不讲理，没法和谈，只能打一仗。于是，他同意武戡等边将的主张，在河西二十里处增设两个前沿碉堡。

按照武戡的说法，如果昼夜不停地修建，这两个碉堡十天就能盖好。不过，此时正值春耕之后，西夏骑兵会来河西转悠。因此，司马光认为这个时候先别修碉堡，秋收之后再说。

司马光回到并州，向庞籍做了汇报。庞籍认可了司马光的调研结论和秋后建堡的主张，并打算故伎重演，继续用禁止边贸的方式遏制西夏，迫使其做出让步。

待到夏末秋初，庞籍一面上奏朝廷，一面给武戡等边将下令：可以去河西修碉堡了。然而，无论是庞籍，还是司马光，乃至武戡等前线将领都没料到，这年秋收之后，西夏军队没有离开河西，反而增了兵。

更糟糕的是，武戡等人接到庞籍的命令后，也没做详细侦察，就愣头愣脑地带着一千人马去河西干活了。结果中了埋伏，几乎全军覆没。武戡捡了条命，夺路而逃。

麟州战败的消息传到京城，满朝哗然。大家都不想惹事，纷纷抱怨庞籍处置不当。朝廷派来查办此事的侍御史张伯玉，只想通过办案排挤庞籍，因而一到并州就剥夺了庞籍的兵权，还让他交出所有公文。

对于自己的进退得失，庞籍并不在乎。他最担心的，是司马光因这事蒙受冤屈，影响前途。因此，他在清理公文的时候，特意把跟司马光往来的信件都藏了起来。

然而，庞籍做事不周严，被张伯玉发现了，于是，被贬为青州（今山东青州）知州。武戡则一撸到底，发配江州（今江西九江）。

至于司马光，有人提出要惩处，司马光也自请处分。庞籍以戴罪之身，再次上书朝廷，把责任都揽在自己身上，乞求宽恕司马光。在庞籍的一再保护下，司马光免于追责，反而调入京城，当上了太常博士、祠部员外郎、直秘阁、判吏部南曹。

后来，司马光见到庞籍，很难为情，而庞籍对司马光"待之如故，终身不复言"（《太子太保庞公墓志铭》）。

庞籍比司马光大三十一岁，为什么要力保司马光呢？

——长辈的友情。

司马光的父亲司马池，曾与庞籍同任群牧司判官。两人是同僚，还是好朋友。后来成为司马光岳父的张存，此时也是群牧司判官。庞籍、张存经常到司马池家里串门。少年司马光是几位长辈看着长大的。

——儿辈的友情。

儿时的司马光跟庞籍的长子庞元鲁经常一起学习、一起玩耍。宝元元年（1038），司马光又和庞元鲁同榜进士。更巧的是，庞元鲁的妻子孙氏去世后，续弦的妻子正是张存的另一个女儿。这意味着司马光和庞元鲁是"一担挑"（连襟）。后来，庞元鲁三十多岁就英年早逝，一直以"兄事之"的司马光出面写了墓志铭。

司马光父母去世后，庞籍将其视为子侄。正如庞籍次子庞元英所说，庞籍"平生知爱莫子（司马光）如也"（顾栋高《司马太师温国文正公年谱》）。

此后，司马光就被庞籍带在身边，出谋划策，撰写文稿。庞籍推荐司马光进入馆阁，直接与皇帝对话。两人亦师亦友，还是上下级关系。

麟州战败后，庞籍和司马光，一个在青州，一个在首都，见面的机会少了，但仍有频繁的书信往来。司马光每有思想上的困惑，都会诉诸文字，请庞籍指点迷津。

嘉祐八年（1063），庞籍去世。司马光悲痛万分，不但主动为庞籍撰写墓志铭，而且赋诗诉说衷肠。

在《故相国颍公挽歌辞三首·其三》中写道：

> 沧波与邓林，鱼鸟久飞沉。
>
> 一旦成陈迹，何人识寸心？
>
> 高山亡景行，流水失知音。
>
> 泪尽离东阁，归来破故琴。

在司马光的心目中，庞籍是知音，更是伯乐。他自比西晋青年才俊邹湛，而将庞籍比作西晋名将羊祜。没有羊祜的器重和推荐，邹湛不可能最终成长为渤海太守、太子太傅的。吃水不忘打井人，庞籍和司马光的忘年交，成了宋仁宗时代的一段佳话。

夏竦：励志的"奸邪"

266

> 渡口人稀黯翠烟，登临尤喜夕阳天。
>
> 残云右倚维扬树，远水南回建业船。
>
> 山引乱猿啼古寺，电驱甘雨过闲田。
>
> 季鹰死后无归客，江上鲈鱼不值钱。

这是夏竦在咸平四年（1001）写的诗作《渡口》，时年十七岁。

著有《渑水燕谈录》的北宋学者王辟之认为，以"渡口"为题的诗，没有谁超得过夏竦这首。

夏竦少年成名，文采出众。

夏竦死后，朝廷曾打算赐谥号"文正"，但遭到许多大臣的反对。大臣刘敞就表示："世人认为夏竦奸邪，而谥号为正，不可以。"宋仁宗只能下令，改谥"文庄"。

夏竦在文坛的声誉响当当，为何在政坛的口碑这么差？

一、天生我材必有用

夏竦的老家在江州德安（今江西九江德安）。爷爷在南唐只做到晋陵尉。父亲夏承皓这一代，在军中也只做到右侍禁这样的低级军官。

景德元年（1004），夏承皓带兵跟契丹骑兵打了场遭遇战，不幸中箭牺牲。朝廷追封他为"崇仪使"。夏竦成了"烈士遗孤"。

家庭残缺，给夏竦换来了朝廷抚恤——"三班差使"的头衔，但在宋代重文轻武的大环境里，这样的低级军官注定没有出头之日。

不过，夏竦有自己的绝活。《宋史·夏竦传》说他"资性明敏，好学，自经史、百家、阴阳、律历，外至佛老之书，无不通晓"。这个四岁就开蒙读书的年轻人，尤擅写诗作赋，辞藻华丽，吟诗作对，方正敏捷。

至道二年（996），家中长辈为了让夏竦进一步深造，便领着他拜进士姚铉为师。一天，姚铉让夏竦以"水"为题，写一篇一万字左右的赋。夏竦略加思索，提笔挥毫，不大一会儿，就写了篇《水赋》。

夏竦兴冲冲地交了作业。姚铉扫视一眼，估摸也就三千字，脸上立即"多云转阴"，淡淡地说道："我不看了。你为什么不围绕'水'的前后左右更广泛的范围去写呢？"

原来，夏竦这三千字只是就"水"写"水"，思路局限，经过老师点拨，夏竦若有所悟，马上重新扩写，然后恭恭敬敬地交给了姚铉。这篇新的《水赋》，字数增加了一倍多。姚铉很高兴地说："可教矣。"他对这孩子的领悟能力和落实能力很满意。

一年后，十三岁的夏竦又写了篇作业，题为《放宫人赋》，讲的是唐高宗李治传旨，把没有宠幸过的宫女放出后宫，允其结婚生子。这件事被历代读书人视为仁政而经常夸赞。

夏竦援笔立就，文不加点，其中"降凤诏于丹陛，出娥眉于六宫。夜雨未回，俨鬓云于帘户；秋风渐晓，失钗燕于房栊"的词句，妙笔生花，令人称奇。

是金子总会发光，但金子要想脱颖而出，离不开识货的鉴赏师。夏竦出道的第一位鉴赏师，就是宰相李沆。

有天，夏竦拿着自己创作的诗集，等在宰相李沆退朝回家的路上。左

267

等右等，终于看见宰相李沆的队伍。他上前拦路，躬身跪下，将诗集恭敬地献给轿子里端坐的李沆。

对于这位拦轿子的"愣头青"，李沆并没有怪罪。读到诗集里有"山势蜂腰断，溪流燕尾分"的诗句时，他不住地点头，很是赞赏。继续读下去，发现诗集里金句不少。这引发了他对夏竦及其身世的兴趣。

夏竦拦轿献诗集的事，很可能是有高人指点。不然，一个半大小伙子，怎么可能知晓宰相回家的必经之路，又怎么确信这位宰相一定对他刮目相看呢？

次日，李沆上朝，把夏竦的诗集呈给了宋真宗，并进言说，夏竦父死家贫，文学功底深厚，这样的年轻人应当换个文职。宋真宗看过诗集，深以为然，便调夏竦去做润州丹阳县（今江苏镇江丹阳）主簿。

弃武从文，让夏竦进入了北宋官场的主流圈子。然而，县里的主簿只是个不入流的小官。在那个讲究门第和功名的年代，没有家世背景、没有进士功名，读书人的仕途便格外艰难。夏竦就是这样。可是，有宰相加持，他的名声早已在外。

景德年间，二十岁出头的夏竦应试贤良方正科，刚考完走出殿门，翰林侍读学士杨徽之就迎上前去，掏出吴绫手巾，摊在夏竦面前，向他求诗一首。

夏竦状态正热，乘兴吟诗一首："帘内衮衣明日月，殿前旌旆动龙蛇。纵横落笔三千字，独对丹墀日未斜。"

杨徽之读罢，啧啧称赞："真宰相器也！"

北宋时期，涌现出晏殊、欧阳修、苏轼、王安石等一大批文学家，他们的光芒太过耀眼，让夏竦黯淡了些。不过，以夏竦的文学天赋和创作成果，至少算个大咖。

没有进士功名是夏竦的软肋，但阻挡不了他成长的脚步。在北宋政坛，他将把"白"与"黑"都演绎得淋漓尽致。

二、人生开挂的"君子"官

《宋史》对夏竦评价不高，把他跟王钦若、丁谓放在一起立传，合称为三大奸邪。

景德元年（1004），契丹南下打到澶州的时候，王钦若力主逃跑。要不是寇准坚持请宋真宗御驾亲征，北宋的国运就断了。夏竦的父亲夏承皓就在这场战事中壮烈牺牲。

拿夏竦跟王钦若相提并论，有点不公平。

宋真宗驾崩后，宋仁宗登基、刘太后垂帘，宰相丁谓曾图谋结党专权。夏竦官至枢密使，掌管兵权，但从未专权跋扈，跟丁谓不在同一量级上。

更何况，夏竦多次忤逆丁谓，努力维护朝廷正义，更像是"君子"官、"清流"派。

大中祥符年间，丁谓升任参知政事，奏请整修首都开封"城西炮场，酾金水，作后土祠"（王珪《夏文庄公竦神道碑》）。其他大臣也提出，在上林苑修建复道，连接玉清昭应宫；把海上巨石搬到会灵观池中，建三神山。这些建议都是为了迎合宋真宗求神仙、讲符瑞的愿望，绝大多数大臣不敢反对。

唯有时任户部员外郎的夏竦提出异议，认为这些工程过于阔远，并不是秉承天意。他是财政部门的中层干部，看不得乱花钱，便出手阻拦，愣是让这些耗费巨资的工程没能上马。

天禧三年（1019），夏竦调任襄州（今湖北襄阳）知州。这不是他第一次做地方主官，却是他第一次面临地方政务的严峻挑战。

当地发生大饥荒，百姓流亡，盗匪横行。危难关头，夏竦没有死等朝廷赈济，而是立即组织自救：一方面开官仓放粮，解燃眉之急；另一方面动员富人拿出余粮赈济灾民，一共募集了十余万斛，补官粮之不足。

这两项举措都需要勇气、担当和智慧，是夏竦毅然扛起责任，帮助襄州四十六万灾民跟死神擦肩而过。

巡按使姜遵把夏竦的事迹当作典型上报。宋真宗赐书褒谕。这道诏书被当地百姓刻成石碑，以铭记夏竦的贡献。

不久，夏竦调任洪州（今江西南昌）知州时，遇到了件稀罕事：当地百姓迷信鬼神，有病不看郎中。

当时，洪州正在闹瘟疫，夏竦派郎中给病人分发药品，郎中却连连叫苦。

夏竦觉得，这么多人只信巫师，拒绝吃药，长此以往，会有更多人被巫师害死。为今之计，只能先摧毁巫师，才能真正移风易俗。

很快，一万一千多件神像、符箓、神仗、魂巾被没收和焚毁，一千九百多户巫师就地转行，或种地，或从医。移风易俗的事迹还被写成奏章上报，建议严禁鬼神，革除妖风。宋仁宗和刘太后深以为然。天圣元年（1023）十一月，朝廷"诏江、浙以南悉禁绝之"（《宋史·夏竦传》）。

天圣三年（1025），夏竦被调回京城，任知制诰，兼任景灵宫判官、判集贤院。宋仁宗召他回京，是准备让他干一票急难险重的大事：出使契丹。

对于这项差事，夏竦打心眼里不乐意。最主要的原因，是父亲死于跟契丹的作战，如果出使契丹，向契丹皇帝跪拜，心有不甘。他上表写道："父殁王事，身丁母忧。义不戴天，难下穹庐之拜；礼当枕块，忍闻夷乐之声。"（《西塘集耆旧续闻》）

270

夏竦的理由入情入理，宋仁宗和刘太后就不强求了。不过，这份以四六骈文写成的表章倒是流传开来，被视为"四六对偶精绝"。

景祐元年（1034），夏竦调任青州（今山东青州）知州兼安抚使。这里有条南阳河，将全城分为南北两区。河上没有桥，南北两区的百姓彼此隔离，很不方便。

夏竦多方筹款，组织守城士兵修建了一座南阳桥，又名万年桥。这座桥将几十根大木头，架设在河上，看起来很像一道彩虹，又被称为虹桥。其后几百年，它都是沟通青州南北两区的唯一通道。直到万历年间，随着造桥技术的成熟，它才改为石拱桥。

不要小看它，它可是中国历史上第一座木结构虹桥。这种造桥技术迅速在全国推广。画家张择端在《清明上河图》上画的那座跨汴河的大桥，就是以青州虹桥为蓝本绘制的。

宝元元年（1038），夏竦升任户部尚书。这年，他五十四岁。就在他感觉历练足够丰富、作风足够老道、各方足够认可的当口，西北边疆出事了。

三、与众不同的一把手

康定元年（1040），宋军在三川口惨败，延州险些失守。宋仁宗决定调整西北军事主官。次年四月，夏竦奉旨出镇西北，担任陕西四路经略安

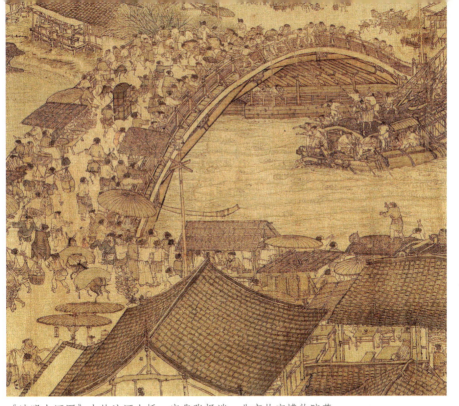

《清明上河图》上的汴河大桥，宋代张择端。北京故宫博物院藏

抚招讨使，韩琦、范仲淹为副使。

这仨人都是久经官场考验的文官，安排到前线指挥作战，既是北宋决策层重文轻武、以文制武的真实写照，也是对他们忠诚度和工作经验的肯定。

眼下，西夏骑兵正在围攻渭州（今甘肃平凉）。对此，范仲淹和韩琦各有主张。

范仲淹深知，西夏的优势是骑兵，劣势是攻坚，其国内经济也耗不起持久战；北宋的优势是据险守城，劣势是平原野战。因此，北宋应当扬长避短，以守为攻，打持久战、消耗战。

韩琦认为，如果久拖不决，无尺寸之功，朝野舆论风向将越发不利，财政也会雪上加霜。因此，必须打出去，解平凉之围，寻机聚歼西夏骑兵主力，一举扭转战局。

两位二把手都只看到了问题的一面，才会得出不同的结论。这个时候，需要一把手夏竦拍板了。他内心倾向范仲淹，但不愿得罪任何一位大佬，便闪烁其词，回避表态。

这种游移的态度让韩琦很不满。于是，夏竦就让韩琦回京城，直接向官家献计。韩琦欣欣然就去了。他哪里看得懂夏竦的小算盘：

宋仁宗一旦采纳了韩琦的建议，如果打赢了，夏竦作为战区主官自然功不可没，况且是他把韩琦派回京城献计的；如果打输了，这一切都是韩琦献计，皇帝拍板，关他夏竦什么事？

夏竦甩锅甩得干净，韩琦献计如愿以偿，但结局是灾难性的。韩琦派出的军队轻敌冒进，在好水川（今宁夏隆德西北）遭遇伏击，几乎全军覆没，主将任福阵亡。

噩耗传来，京师震动。朝廷追责，韩琦难辞其咎。

谁都没想到，就在韩琦落难之际，夏竦会出手相助。

宋军出击前，韩琦曾给任福写了份文书，规定行军路线和战法，嘱咐遇事谨慎，不要冒进。可是，任福小胜即追，中了圈套。打扫战场时，夏竦派人找到了任福衣服里的这份文书。

于是，夏竦上书朝廷，表示战败的主要责任不在韩琦。这给了宋仁宗和韩琦一个恰到好处的台阶。韩琦只受了"罚酒三杯"式的薄惩：降职为右司谏、知秦州。

尽管韩琦对夏竦的为人多有鄙夷，但南宋学者洪迈在《容斋四笔》里专门强调，夏竦"此事贤矣，而后来士大夫未必知也，予是以表出之"。

虽然夏竦后来跟"范粉"势不两立，但一码归一码，他对范仲淹和韩琦还是仗义执言、知人善任。

范仲淹被调往西北前线，担任陕西四路经略安抚招讨副使，离不开夏竦的保荐。他很感激，给夏竦写了封《谢夏太尉启》，其中就讲："深惟山野之材，曷副英豪之荐。"

作为一把手，夏竦最可贵的地方，是敢于放权，给下属提供广阔的施展空间。领兵打仗并非夏竦的优势，于是，他让范仲淹和韩琦冲在一线，自己居中调度，在重大关键问题上一锤定音。

什么是重大关键问题？对于一把手来说，就是用人。把合适的人放到合适的位置上。在下属捅娄子时，夏竦挺身而出，帮忙摘锅；在下属需要栽培的时候，夏竦主动保荐，直接给舞台，这就是善于"将将"的突出表现。

一把手没必要也没精力事必躬亲。善用干部、抓大放小，才是一把手中的高手。

有韩琦和范仲淹挡在前面，夏竦在军中都忙些什么呢？除了日常工作外，他没有荒废，没有嬉戏，没有装腔作势，而是利用一切空闲和碎片时间看书习字，勤学苦读。连睡觉前都用手指在身上比划研究古文奇字。

庆历四年（1044），西北战事告一段落，夏竦的研究成果也出炉了。在郭忠恕《汗简》的基础上，他编纂了《古文四声韵》一书，按韵编排，作为北宋时期古文字研究的重要著作，也成为学术界研究战国古文字的重要参考资料。

这部书在北宋的学术界，究竟有多大的影响力？

《夏文庄公竦神道碑》写道，"祥符中，郡国多献古鼎、钟、盘、敦之器，而其上多科斗文字"，人多不识，"公乃学为古文奇字，至偃卧以指画侵肤，其勤若此"。夏竦为北宋时期古文字研究和普及做了不少贡献。

干副业，也没耽误晋升。庆历三年（1043）三月，夏竦升任枢密使。他的职业履历显得有担当、有主见、有良心。可是，为什么他会招惹以"范粉"为代表的一大批"清流"？《宋史》为什么给他那么低的评价呢？

四、夫妻反目引发的惨案

夏竦是能人，能文能武。宋人笔记、杂记里提到夏竦时，大多尊称他为"夏英公""夏郑公""夏文庄""宰相夏公"。夏竦死后，宰相宋庠专门为他写了两首《宣徽太尉郑公挽词》以表哀悼。宋庠年轻时得到过他的提携，这也算吃水不忘打井人吧。

不过，有些能人会展现出做人的两面。人前一套，背后一套。夏竦就是这样一位既有理想主义、又具现实主义和功利主义的官僚，甚至为达目的不择手段。

电视剧《清平乐》里曾有一段夏竦和贾玉兰的感情戏。据说，他俩早就相识。夏竦考取功名以后，娶了大户人家的姑娘做夫人，但这位夫人非常强势，不接受贾玉兰当小妾。

于是，贾玉兰终身不嫁，跟夏竦发展起地下恋情。

作为宫女教习，贾玉兰收养了张姒晗，悉心培养，适时推荐给宋仁宗，博得宠幸。张妟晗升格为张美人、张贵妃，贾玉兰也因此获利颇丰，夏竦暗中穿针引线，提供了不少帮助。

这些情节都只是剧作家的杜撰。张贵妃的真名已不可考，贾教习固然实有其人，但跟夏竦究竟有没有私情，也不可考。可以肯定的是，夏竦没有科举功名。

夏竦和贾玉兰的感情戏，并非毫无历史根据。

早年，夏竦曾娶杨氏为妻。这个杨氏姑娘读过书，心思缜密，文采出众，跟夏竦有过夫唱妻和、红袖添香的好日子。不过，她有个特殊爱好，就是打破砂锅问到底。

天禧元年（1017），三十三岁的夏竦第一次担任知制诰。能做到这个位子的人，都是皇帝信得过的铁杆，未来职业前途一片光明。

志得意满的夏竦，不免心高气傲。就在这几年，他娶了几房小妾，不知其中有没有"贾玉兰"。在尽享鱼水之欢的同时，也冷落了发妻杨氏。

被冷落的日子很不爽，杨氏心生怨愤。她想不出挽回丈夫的更好办法，便跟本家兄弟杨媚（也有说名叫"杨倡"）一道，四处搜罗夏竦的各种隐私，还真抓到不少小辫子。

赶上双方亲家因为琐事争吵，相互辱骂。两件事搁在一起，被杨氏一纸诉状捅到了开封府。

如果是一般的民事案件，开封府很快就会办结。可是，这是皇帝机要秘书的家务事，开封府觉得很棘手，索性报给了朝廷。宋真宗很重视，指示御史台去查。

案情比较简单，御史台查清后向宋真宗做了汇报。紧接着，一道诏书发了下来：免去夏竦玉清昭应宫判官、礼部郎中和知制诰的职务，贬为职方员外郎、知黄州。理由是"束身不谨，闺门失和，触怒清议，有玷朝选"。

领导干部管不好身边人和家务事，闹得满城风雨，放在任何时代都要受处分的。由从五品降到了从六品，从皇帝机要秘书变成了普通地方官，让夏竦遭遇了政治生涯的第一次挫折。

宋真宗还特别敕令，夏竦和杨氏离婚。其实，有没有这道敕令，他俩的缘分也已到头了。

夏竦的人生轨迹由此改变。直线上升的仕途被打断，只好在饱受非议的舆论氛围里仓皇离京，开启远离政治中心的地方官生涯，很窝囊，很屈辱。

南宋学者陈振孙认为，夏竦作为职业政客，犯了这样的低级失误，实在不应该。夏竦"身中贤科，工为文辞，复多材术，而不自爱重，甘心奸邪。声伎之盛，冠于承平。夫妇反目，阴慝彰播，皆可为世戒也"（陈振孙《直斋书录解题》）。

《夏文庄公竦神道碑》中写道："天禧初，坐闺门之故，左迁职方员外郎、知黄州。"一句"坐闺门之故"，道不尽许多愁滋味。

夏竦是性情中人。他在送别词《鹧鸪天·镇日无心扫黛眉》中，借一个姑娘的身口，抒写了她与丈夫分别时的离情愁绪：

> 镇日无心扫黛眉，临行愁见理征衣。尊前只恐伤郎意，阁泪汪汪不敢垂。
>
> 停宝马，捧瑶卮，相斟相劝忍分离？不如饮待奴先醉，图得不知郎去时。

词中讲道，获悉丈夫打算远行，姑娘就百无聊赖地描眉。一见丈夫打点行囊，愁闷的情绪就涌上心间，但还是竭力憋住。告别宴上，虽然两眼是泪，却不敢喷涌出来，免得丈夫伤心。表面平静，内心煎熬，说不定分别时还会伤心，倒不如自己先醉倒，庶几可免两伤。

夏竦的词，字里行间，语浅情深，深婉曲折，凄美灵动。

然而，一桩夫妻反目引发的惨案和挫折，让夏竦的心态变了。挫折培育了心机，挫折重塑了心智，挫折让他变得更实用、更功利。

五、"清流"眼中的"大奸大恶"

宋真宗时期，宰相王旦最赏识的两个文官，一个是吕夷简，另一个就是夏竦。为了提携这两位后生，王旦曾向另一位宰相王曾推荐两人。按说，吕夷简和夏竦应该沿着王旦铺好的路，去攀附王曾，形成干部梯队。可是，只有吕夷简照做了，夏竦却另辟蹊径。

刘太后垂帘期间，吕夷简给王曾当副手，夏竦在母丧期间，偷偷跑回京城，攀上了宦官张怀德和宰相王钦若。

《宋史》对王钦若的评价很低，但夏竦还是要跟他结交。主要是因为他俩都是江西人。

宋太祖曾定下遗训："不用南人为相""南人不得坐吾此堂"。在赵匡胤眼中，南方都是新征服的地区，南唐、后蜀、南汉、吴越的影响力犹存，那里的人自然不能重用。

《邵氏闻见录》记载，易学大师邵雍在洛阳天津桥游玩，忽听有布谷鸟啼鸣，顿觉惊讶：这是南方的鸟，怎么来北方了？他长叹一声："将来有南人为相，此乃乱世之兆也！"

邵雍的叹息，反映了北宋中叶祖宗之法正在被突破。没错，老人逐渐凋零，新人早已俯首，旧规矩该改改了。

宋真宗准备用王钦若当宰相，却遭到王旦和寇准的反对。寇准还以北方人自居，直接说"南方下国"之人，"不宜冠多士"。但后来王钦若还是如愿以偿了，顺带把宋太祖的这条祖宗之法画上了句号。

宋仁宗亲政后，重用吕夷简。而王钦若早已去世，这让夏竦失去了靠山，被排斥在最高决策层之外。

不过，吕夷简在退休前，还是推荐夏竦做接班人。这又是为什么呢？

吕夷简有自己的算盘：给庆历新政找个作梗添乱的打手，给自己找个挡箭牌。这个人选，非夏竦莫属。因为在西北前线，夏竦做了几件狠事。

——捞钱。

夏竦把打仗的事全权委托韩琦和范仲淹，自己一边搞学问，一边利用职权做生意。没过几年就致富了，家财盈千累万。他把生意交给奴仆去打理，但只要有奴仆胆敢监守自盗，直接棍棒相加，打死了事，弄得奴仆们噤若寒蝉。

——敢杀。

有戍边士兵不守军纪，带头剽掠边关百姓。地方官管不住，老百姓苦不堪言。有人就向夏竦打小报告。夏竦二话不说，直接来到军中，召见士兵诘问，将参加剽掠的将士全部诛杀，一个不留。自此，军中肃然，没人敢再抢劫老百姓了。

夏竦执纪很严，但还是呵护弱者的。士兵中但有疾病死丧，他都会"抚循甚至"，照顾周到。因此，别看他整日躲在二线干副业，在军中还是蛮有威望的。

好不容易熬到吕夷简退休，还推荐自己接班，再加上张贵妃、杨怀敏的支持，夏竦以为万事俱备，宰相大位已经唾手可得了。没想到，一个计划外的大坑正等着他。

庆历三年（1043）三月，朝廷任命夏竦为枢密使。没想到，无论是"范粉"，还是"吕粉"，都跳出来弹劾他。大家列举了他的种种劣迹。

边防事务上表现懦弱，不肯卖力。每次讨论边防大事，他只奏报大家的言论。直到朝廷派人来催，他才陈述自己的主意。

自己人瞧不起他，敌人也瞧不起他。夏竦出巡边地，居然把侍婢安排在中军帐内，激起军队不满，几乎要哗变。元昊悬赏夏竦的脑袋，标价只有三千钱。

谏官们叽叽喳喳，营造了对夏竦很不利的舆论氛围，连守首都城门的小官都对"夏竦是奸臣"深信不疑，愣是不让他进城。

开封城里，谏官余靖又在煽动大家烧一把火，把夏竦彻底搞臭，免得他跑去跟皇帝哭鼻子搞悲情，让皇帝心软。

弹劾夏竦的奏章又来了一堆。宋仁宗招架不住，只好让夏竦去亳州当知州。眼看煮熟的鸭子要飞，夏竦怒不可遏，决心报复。

——"地毯式"报复"清流"。

还没到亳州上任，他就上奏指责欧阳修、范仲淹、杜衍等人结党。

他还遥控宦官蓝元震上书，说当年范仲淹、欧阳修、尹洙、余靖被朝廷逐出京城的时候，蔡襄曾写诗，称他们为"四贤"。如今，这四个人位居高官，"遂引蔡襄以为同列。以国家爵禄为私惠，胶固朋党，递相提挈，不过三二年，布满要路，则误朝迷国，谁敢有言"（《续资治通鉴》）。这两份上书，拿结党作靶子，直戳宋仁宗痛处，对"范粉"进行了全方位打击。

——把石介往死里整。

石介是"范粉"里的耿直哥。他写的《庆历圣德诗》里，既拼命颂扬"清流"，又把夏竦比作"浊流"，搞人身攻击。夏竦被激怒了，决心干掉石介。

他让家里的女奴临摹石介的笔迹，伪造了一份石介写给富弼的书信，内容是"清流"们废掉宋仁宗、另立新君的计划。这封书信让"范粉"有口难辩，只得纷纷引退。庆历新政随之戛然而止。

石介被贬去做濮州通判，还没到任就郁闷而死，享年四十一岁。然而，夏竦针对石介的政治追杀仍不罢手。

徐州举子孔直温煽动兵变未遂。案发后，官府抄家，发现他和石介有书信往来。尽管书信内容跟兵变无关，但夏竦还是揪住不放，上书说石介根本没死，而是被富弼派到契丹借兵去了，到时候，石介领着契丹骑兵南下，富弼做内应，里应外合，推翻宋仁宗。

夏竦的故事编得有鼻子有眼。庆历四年（1044），契丹确实联合西夏征讨呆儿族，作战区域离北宋边境很近。宋仁宗对谋反这种事又高度敏感，宁可信其有，不可信其无。

于是，富弼被免去河北宣抚使职务，调任郓州知州。后来，边境平安无事，夏竦的故事没有兑现，富弼又官复原级，兼任京东西路安抚使。

夏竦的报复结束了，但他在朝中的名声也彻底毁了，等待他的，是更加猛烈的非议。

庆历七年（1047）三月，宋仁宗任用夏竦为同中书门下平章事、集贤殿大学士，相当于排名第二的宰相。夏竦奋斗一生追求的最高理想，终于要实现了。

这时，谏官们纷纷跳出来反对。他们的理由似乎也站得住脚：排名第一的宰相陈执中跟夏竦曾有过节，没法共事。于是，宋仁宗决定，夏竦改任枢密使。夏竦也就当了几天宰相，位子还没坐热，就被迫挪窝了。

这还没完，夏竦当年穷追猛打石介的事，又被谏官抬出来计较。宋仁宗专门派人开棺验尸，坐实石介已死，根本不存在去契丹借兵的事。夏竦的信誉指数再次滑落。

六、丑陋的谢幕

庆历八年（1048），四名崇政殿亲从官发动了一场未遂兵变，史称庆历宫变。事后，朝廷追责，掌管皇城司的人都遭到了贬斥，唯独杨怀敏只是降了职，仍任入内内侍省都知。谏官们怀疑是夏竦利用职权，有意包庇杨怀敏。毕竟，夏竦和杨怀敏确实私交甚密。

朝廷规定，官员父母去世，必须回家守丧，称为"丁忧"。守丧三年，人脉都凉了，还怎么升官？夏竦就在丁母忧期间，偷偷溜回京城，"依中人张怀德为内助……遂起复知制诰，为景灵判官、判集贤院"（《宋史·夏竦传》）。

夏竦能够升官，靠的是结交宦官。在审理宫变案件时，他为大宦官留了情面，算是投桃报李。对此，宋仁宗替他辩解说，宽恕杨怀敏，是因为这家伙率先发现了宫变迹象。

大臣们依然不依不饶。毕竟，先发觉不等于先处置，先处置不等于先遏制。杨怀敏最起码也是劳而无功，没能把宫变遏制在萌芽状态。宋仁宗终究没能顶住大臣们的施压，把杨怀敏赶出了宫廷，贬为和州都监。

几乎同时，京城出现了奇怪的天象：天上没有云却响雷五次。宋仁宗觉得奇怪，把翰林学士张方平叫来询问。张方平借机说道："夏竦奸邪，以致天变如此，宜出之。"（《宋史·夏竦传》）

宋仁宗心里一紧，他相信天人感应，不敢违背天意，只能免去夏竦的枢密使职务，让他以侍中衔，去河南府（今河南洛阳）当知府。就这样，夏竦永远离开了权力中心。不久，他就因病去世，享年六十八。

夏竦为官多年，能力突出，政绩卓著，从地方小吏成长为宰辅大臣，演绎了励志大剧。不过，他才智过剩，白道黑道同吃。个人品行的瑕疵不少，不但作风漂浮、敛财无度，而且做人滑头、睚眦必报。

他不是传统意义的士大夫，更像是游走边缘、亦官亦商的活跃分子。既博学多闻，又聪警机巧。这种双面特质很容易招惹领导喜爱，也容易招致同僚嫉恨。

同时代的学者评价他"阴谋猜阻，钩致成事，一居政府，排斥相踵"（《宋史·夏竦传》）；而南宋诗人陈造在《题夏文庄集》里，说他"辞藻绚丽，自其始学即含台阁风骨，老尤雄健不衰，当圣君贪才、天下右文之时，是不容不富贵"。

他不是奸臣，却比奸臣更复杂。他不是忠臣，却比忠臣更老道。这就是夏竦，一个堪称励志的"奸邪"。

包拯："青天大老爷"的经典样本

> 清心为治本，直道是身谋。
>
> 秀干终成栋，精钢不作钩。
>
> 仓充鼠雀喜，草尽兔狐愁。
>
> 史册有遗训，毋贻来者羞。

这是包拯的五言律诗《书端州郡斋壁》，也是他流传至今的唯一诗作。

包拯的廉政故事和断案传奇享誉民间，人称"包青天"。

端州，位于今广东肇庆。当地盛产端砚，作为特色贡品和收藏品，价值不菲。历任地方官借口准备贡品，向各大端砚作坊超额数十倍索取端砚，用于请客送礼，或倒卖换钱。

北宋康定元年（1040），包拯出任端州知州，规定只能按进贡限额准备端砚，绝不额外索取。自己更是带头"不持一砚"。离任告别后，行船途中，包拯偶然发现当地人偷偷送的端砚，二话不说，毅然将其扔进西江。

小小砚台，折射出官员的良心。包拯感慨良多，写诗明志。

小小五律，亮明了包拯的信条。谋直去贪，除暴安良，青史流芳，不遗污点。字字如钢，句句沥血，满是堂堂正正之气、磊磊落落之情。

在宋代众多诗词中，包拯的五律只是吉光片羽，但他的品格和气节，他的"青天大老爷"形象，永远值得后人研究、品味和发扬。

一、神探：牛舌案的启示

景祐四年（1037）春，天长县（今安徽天长）的驿道上，一位白面书生正在赶路。随他而来的，只有一个书童、几件行李。这就是新任知县包拯。这年，他三十九岁。

年纪老大不小了，却是第一次当官。他明明在十年前就被皇帝点了进士，跟文彦博是同年，为什么现在才开始做官呢？

包拯是家中第三子。他出生时，老爹已年近不惑。两个哥哥早已夭折，他更显得珍贵。等到他中进士的时候，父母已年近古稀。

正是这份珍贵，让包拯抱定"父母在，不远游"的念想，奏请朝廷能否安排在老家庐州（今安徽合肥）附近任职，哪怕官小一些都行。刘太后和宋仁宗觉得，这样的请求不但不过分，还能体现宋朝治国的"仁孝"理念，便让他改任和州（今安徽和县）监税。

虽说比最初安排的建昌县近多了，但和州离老家庐州也有几百里。父母舍不得包拯，包拯舍不得父母。于是，包拯索性推掉官职，在家专心伺候二老。这一晃，就是十年。直至二老相继去世，包拯守孝完毕，才重出江湖。

就在天长县知县任内，他碰到了一桩奇怪的案件。

某日，有个偏僻乡村的农民来告状，说自家耕牛的舌头被人割掉了。

谁是割舌凶手呢？这桩案子看起来毫无线索。

包拯就问牛主人："牛舌被割以及你来告状的事，有其他人知道吗？"

"目前还没有。"牛主人答道。

包拯略加思索后说："那你回去后把这头牛杀了，把肉卖了。本官会找到割牛舌的坏人。"

按县太爷吩咐，牛主人把牛杀了。没几天，就有人来县衙举报，说有人私自宰牛。

包拯沉思半晌，突然问举报人："你为什么要割人家的牛舌头？"

举报人一时语塞。

包拯接着说："如果没猜错，你就是牛主人的仇人。为了害他，你偷偷割了牛舌头。牛不能吃草，迟早饿死，牛主人只能把牛杀了。朝廷规定，私宰耕牛是死罪，你一旦知道这事，肯定会告他。事到如今，你还不从实招来？"

举报人只好承认，牛舌是他割掉的。

这就是包拯办过的著名案件——牛舌案。当然，也只是他破过的诸多案件之一。

有人会问，包拯是"四书五经"教出来的地方官，书本上并没有教给他破案技巧，也没有教他犯罪心理学，他是靠什么破案的呢？

唯物辩证法认为，普遍联系是事物存在和发展的基本条件。这种普遍联系是开展科学联想和心理研判的重要依据。如果能够把握事物发展的客观规律，循着这条轨迹进行合理推断，由此及彼，由因到果，就有可能找到蛛丝马迹，从而抽丝剥茧，找到真凶，让真相大白。

包拯在老家待了十年，并非闷头只当孝子，而是深耕基层、积累经验、反复琢磨，这让他的思维越发发散、多维、辩证，遇到障碍灵活迂回。

现代犯罪心理学也经历了千百年风雨考验，是多少案例的经验总结，凝结而成的人类智慧。或许，包拯的断案传奇，也为此做出过间接的贡献吧。

包拯堪称神探，但也有看走眼的时候。沈括的《梦溪笔谈》就记述了这样的故事：

首都开封，有个富人犯了法，按律当受杖脊，也就是用棍棒打脊背。富人不想受这份罪，打算行贿送礼，谋求减刑。

他知道，权知开封府包拯两袖清风，就转而买通包拯身边的一个小吏。

果然，包拯下令用刑，富人按照小吏事先吩咐，拼命争辩。这个时候，小吏站了出来，厉声喝道："轮得到你争辩吗？还不把嘴闭上？"

见此情景，包拯愣了一下，转而大怒：公堂之上，知府才是老大，哪轮得到小吏说话？包拯平生最讨厌别人狐假虎威、作威作福。于是把小吏拉下去打了十几板子。

打这些板子，是为了否定小吏。包拯觉得，既然要否定小吏，那就不能给富人打板子打得太多。于是，包拯下令对富人减刑，意在告诫所有人：不可仗势欺人。

包拯没想到，这番改判，富人得偿所愿，少受了罪；小吏虽然挨了打，但用苦肉计赚了真金白银。包拯千算万算，还是中圈套了。

这位小吏可能读过兵法。《孙子·九变篇》有云："故将有五危，必死可杀，必生可虏，忿速可侮，廉洁可辱，爱民可烦。凡此五者，将之过也，用兵之灾也。覆军杀将，必以五危，不可不察也。"

所谓"五危"，指的是决策者的五种心理状态或者个人嗜好，无论是必死、求生、急躁、清廉、爱民，不管是优点，还是缺陷，都有可能被人利用的另一面。

看样子，当个好官，不光要有善心和正气，更得活学活用辩证法。

二、谏官：不让外戚管三司

北宋，是中国古代士大夫的黄金时代。

跟汉唐的"贵族社会"不同，北宋官场充斥了大批通过科举逆袭的寒门子弟，塑造了别样的"文官社会"。皇帝垂拱而治，容许士大夫发声；不少士大夫"以天下为己任"，放胆与皇帝进行言语交锋，甚至在朝堂上展开"单挑"或"群殴"式的舌战。

这类士大夫，让宋仁宗既郁闷，又离不开。包拯，就是其中一员。

宋仁宗这辈子"阅女无数"，最喜爱的还是张贵妃。不过，张贵妃出身寒微，早年丧父，无依无靠，是伯父张尧佐把她抚养成人的。为了报恩，更为了巩固自己在宫里的地位，张贵妃多次央求宋仁宗提拔张尧佐。

于是，张尧佐踏上了仕途快车道，一年之内连升四级，做到了三司使，统筹全国财政经济，俗称"计相"。包拯做户部副使的时候，张尧佐就是他的顶头上司。对这位大红人的实际成色一清二楚。他认为，张尧佐能力太差，不配当计相。

眼下，包拯在谏院供职，弹劾大臣是他的本分。皇祐二年（1050），他正式弹劾张尧佐。

他说，张尧佐就是个庸才，没什么本事，也没什么政绩，骤然提拔，显属是非颠倒，应当调离三司，最好安排个闲差。

这次弹劾，"一入宫门深似海"，再无回音。毕竟，宋仁宗刚提拔了张尧佐，不可能因为一份弹劾奏章，就出尔反尔，打自己的脸。

几个月后，张尧佐借三年一度南郊祭天的机会，用公款滥发赏钱，邀买人心。包拯怎么看怎么不顺眼，便又写了份奏章。

他说，当前国家财政困难，就连富裕如两浙江淮也在遭灾。这就需要三司使的人选可靠、聪明、老实。如果用人不当，大家都不吭气，长此以往，就真的"国事不可为"了。

这次，他没有点张尧佐的名，却在向皇帝暗示：张尧佐不是当三司使的料。

几天后，他怕皇帝没看懂，或者没当回事，就又写了份奏章，抬出了先帝和祖宗之法。

他写道，宋太祖选用陈恕当三司使，掌管财权十八年，精打细算，管得很好。后面几任，虽然比不上陈恕，但也管得井井有条。至于张尧佐，才智平庸，只能干个闲差，怎能把财政大权交给他呢？

这两份奏章似乎起效了：张尧佐卸去三司使，而将转任宣徽南院使，兼任淮康军节度使、景灵宫使、同群牧制置使，一人身兼四职。

那么，宣徽南院使是个什么职位呢？

三、包弹：啐皇帝一脸唾沫

宣徽院"掌总领内诸司及三班内侍之籍，郊祀、朝会、宴飨供帐之仪，应内外进奉，悉检视其名物"。通俗地说，功能类似清代的内务府。这个机构分为南北两院，"南院资望比北院颇优，然皆通掌，止用南院印"。（《宋史·职官志》）因此，宣徽南院使是宣徽院的最高领导。

宣徽使长期在皇帝身边工作，负责管理宦官、检验审核进入皇宫的物品，位阶仅次于参知政事、枢密副使。权力大，油水多，地位高，比三司使还实惠。

这个职位一般是安排给枢密副使兼任，或者刚退下来的勋旧高官，张尧佐显然不够格。

宣徽院始建于唐代后期，被宦官长期把持，权力不断膨胀，一度达到专擅朝政的地步。许多谏官担心，一旦张尧佐做了宣徽南院使，保不齐会出现外戚干政的局面。要知道，外戚干政在中国历史上多次出现，被历代史学家视为王朝衰落的肇因之一。

为了避免历史悲剧重演，包拯坚决反对这项任命。他不是一个人在战斗，谏院的许多同僚跟他站在一起。

对于可能出现的反弹，宋仁宗心里有数。他调整了御史中丞的人选，换掉敢于直言的郭劝，换上态度温和的王举正。他还宣布，外戚不得担任宰相和枢密使，划出底线，给包拯看。

宋仁宗这么做，就是摆出了必须提拔张尧佐的架势。包拯很尴尬，只好再次上奏章，直陈谏官的职责。包拯认为，大臣必须服从皇帝，但服从不等于顺从。大臣各有职守，应当履职尽责，为皇帝提供实情和良策，帮皇帝想办法拿主意。如果只考虑个人得失、功名利禄，怕得罪人，恐怕什么都做不好。

谏官们也纷纷上书，劝皇帝收回成命，不要让张尧佐兼任宣徽南院使了。不是他不够优秀，只是他资历太浅、身份太突出。

连与世无争的御史中丞王举正，也批评张尧佐恩宠过甚，使忠臣义士心寒，并且放话：如果官家执意把宣徽南院使给张尧佐，他就辞去御史中丞。

宋仁宗毫不退让，谏官们群情激愤，眼看局面没法收拾，王举正只好甩出"王炸"：廷辩，组织谏官在朝堂上跟宋仁宗当面辩论。宋仁宗同意了。

廷辩是宋仁宗独创的制度，初衷是广开言路，活跃政治生态，改变官场积习。

有宋仁宗首肯，包拯开始了长篇论述。说到激动处，口若悬河，滔滔不绝。按说，廷辩过程中君臣之间是有安全距离的，但包拯一边慷慨激昂地讲，一边移动脚步，手舞足蹈，渐渐靠近皇帝。唾沫星子横飞，一不小心喷了皇帝一脸。

宋仁宗很尴尬，不住地用袖袍擦去唾沫。他一边听着，一边皱眉，脸色铁青，又自觉理亏，不好发作，最后拂袖而去。大臣们目睹此情此景，也都吓呆了。

回到后宫，张贵妃还等着信儿。没想到，她盼来的不是伯父上位的好消息，而是宋仁宗没完没了的埋怨："中丞向前说话，直唾我面，汝只管要宣徽使宣徽使，汝岂不知包拯是御史中丞乎？"（朱弁《曲洧旧闻》）

张贵妃见闯了祸，赶紧跪请恕罪。接下来，她又让张尧佐主动请辞，算是向包拯和谏官们做了让步。不过，这只是缓兵之计，让张尧佐先躲过风头。几个月后，宣徽南院使的头衔还是给了他。

包拯似乎跟张尧佐结下梁子了。只要张尧佐升官，他就使个绊。见张尧佐上位宣徽南院使，包拯便连续奏陈：君王不宜轻易向大臣施恩，以免降低权威；张尧佐贪欲旺盛，不适合做地方官。

这次斗争的结果，是宋仁宗不再给张尧佐加官晋爵了。不久，张贵妃病逝，张尧佐没了靠山，也翻腾不起来了。

包拯弹劾过很多人，有"包弹"的绰号。张尧佐是他弹劾次数最多的冤家。七次上书，历时两年，几经曲折。

面对权贵，包拯敢做敢为，有胆有识。"包青天"的美誉，既源自善于断案，更源自疾恶如仇。

弹劾张尧佐并不顺利，一度出现包拯越弹劾、张尧佐越升官的奇葩景象。这跟宋仁宗的帝王术有关。

北宋奉行"天子与士大夫共治天下"的政治理念，拓宽了谏官参政议政的空间。"不杀士大夫"的祖宗之法，又使谏官有皇权撑腰。面对权力日渐膨胀的谏官，宋仁宗杀不得、动不得，只能通过提拔弹劾对象，有意顿挫谏官的锋芒。

包拯对张尧佐的弹劾，频次很高，却没抓住其违法乱纪的实锤，只是一再强调张尧佐平庸。这种说辞显得牵强，缺乏足够说服力。

只有皇帝脸上还没擦干的唾沫星子，才是谏官的良心。

四、青天：向贪腐宣战

包拯弹劾过的高官分成两类。

第一类是庸官。

这类官员没什么违法乱纪的瑕疵，但在包拯看来，庸碌无为也是一种腐败。比如张尧佐，能力平庸，且有外戚身份，包拯认为，他无法胜任三司使、宣徽南院使这样的高级职位。

兵部侍郎宋庠是北宋文坛名人，文采出众、道德高尚。即便如此，包拯也非要弹劾，就是因为他久居相位，建树寥寥，家法不严，纵容子弟犯法。

第二类是贪官。

包拯在《乞不用赃吏疏》中直陈，"廉者民之表也，贪者民之贼也"。面对"虽有重律，仅同空文，贪狠之徒，殊无畏惮"的严峻形势，他主张"乞今后应臣僚犯赃抵罪，不从轻贷，并依条施行，纵遇大赦，更不录用"。

对于贪官，包拯的对策是用重典，下狠手。他是这样写的，也是这样做的。

江西转运使王逵是个酷吏，所到之处，百姓怨声载道。许州部署郭承祐，仗着是舒王赵元偁的女婿，多次作奸犯科，不思悔改。宦官阎士良仗着是宋仁宗的亲信，在蔡州胡作非为。包拯进行了猛烈弹劾，直到把他们一个个赶下台。

面对庸官和贪官，包拯铁面无情，以一己之力震慑官场污秽。

经包拯弹劾降职、落马的官员不下三十人。在许多官员眼中，包拯就是官场的"阎罗"。

在范仲淹领导的庆历新政渐入高潮之际，包拯被保守派官员王拱辰推荐做监察御史。

王拱辰的如意算盘是让包拯给保守派阵营凑个数，弹劾几个"范粉"。

范仲淹的新政措施之一，是向各地派出按察使，专门监督地方官。对此，包拯上《请不用苛虐之人充监司疏》，一针见血地指出：按察使权力过大，可能会加重吏治腐败。

这份奏章引起了宋仁宗的关注，他猛然意识到："清流""范粉"不全是好人，新政也不见得都是好政策，不能让新政成了少数人浑水摸鱼的工具。

还是官场"菜鸟"的包拯，居然让"范粉"们哑口无言。

其实，包拯的政治理想，跟范仲淹高度雷同。

庆历五年（1045）春，范仲淹罢相离京，其他"范粉"也销声匿迹。主张保守的"吕粉"占了上风。这时，包拯写了份《请依旧考试奏荫子弟疏》，强调只有科举考试，才是较为稳定和多元化的人才选拔渠道。

六年后，已经升任知谏院的包拯，更是提交了专门讨论吏治问题的奏章。他指出，皇帝选人用人应当关注"七事"：区别奸忠、不信朋党、信用贤能、治奸妄之人、用人不疑、访才用贤、启用贬逐之臣。

包括保守派在内的所有官员这才发现，包拯压根不是保守派。他的这些主张，跟庆历新政如出一辙。原来，包拯"向贪腐宣战"是动真格的，不但追杀贪官和庸官，而且还是有系统的整治计划。

在包拯这儿，没有派系，只有公理；没有党争，只有实情。

官官相护、口是心非，是官场常态，而包拯显得很另类，是一个坚持信仰、实话实说的另类。

宋仁宗需要这样的另类，既要装点门面，维持官场生态的多样性，更要倾听不同的声音，时刻警醒自己别"跑偏"，小心翼翼地平衡各派力量和各种声音，维持皇权权威。

包拯的"宣战"不光是动动嘴、告告状、写点形而上的规划，他是有亲身实践的。

嘉祐二年（1057），五十九岁的包拯就任权知开封府，正式成为首都市政一把手。

关于"权知开封府"的头衔，要多说几句。

北宋首都的市长，当时的名称叫开封府尹。不过这个职位很少出现。因为按照朝廷的规定，只有亲王才有资格当这个府尹。整个北宋王朝，当过开封府尹的只有四个亲王。其中，赵光义还曾以晋王的身份当过府尹。

赵光义后来当了皇帝（宋太宗）。因此，开封府尹这个头衔，就不能随便给其他人了，免得让人觉得，只要坐上这个职位，以后就是奔着当皇帝去的。于是，后来凡是皇太子兼首都市长的，就叫判开封府事，相当于主持工作的首都副市长。

问题是，首都的市长职位不可能被王爷们垄断了。如果当市长的不是亲王，这个市长就有了专门的称谓：权知开封府。

"权"是暂时、代理的意思。"权知开封府"的意思，就是职责所系，权且充当首都市长，只干市长的事，从没想染指皇位。

或许这个头衔太具有指标意义，民间对他的传说和演义，都会提到

"开封有个包青天"。

历史上，这里没有张龙赵虎、王朝马汉，也没有龙头铡、虎头铡、狗头铡，更没有砍国舅脑袋、杀负心驸马、铡亲侄子包勉、打皇后銮驾等传奇故事。包拯主持开封府不过一年多，来不及做这么多事。

开封是北宋的首善之区，各种利益集团盘根错节，做点事情要顾忌的因素太多，很难有大的施展空间。不过，包拯还是做了几件利国利民的事。

——打开衙门办案。

以前，老百姓到衙门告状，虽然也能击鼓鸣冤，但状纸必须通过门牌司层层上呈。门牌司的小吏就能层层设卡，收取红包，讹诈百姓，持续寻租。包拯发现其中弊端，上任后直接把门牌司裁撤了，允许百姓直接接触办案人员，堵住了这一灰色漏洞。

包拯还进行了诉讼制度改革，着力化解"门难进、脸难看、事难办"的现象，可谓领风气之先。

——拆除违章建筑。

开封有条惠民河，只要下大雨，肯定会涨水泛滥，冲毁房屋，一点也不"惠民"。细究起来，主要是皇亲国戚在枯水季节侵占河岸空地，修花园、盖豪宅、建亭台楼阁，搞得河道变窄，行洪能力下降。

这些达官贵人干的缺德事，包拯的前任们也心知肚明，但谁也不敢管。唯有包拯，无所畏惧，秉公执法。

他先派人查验这些房屋的地契，发现有不少是伪造的。于是，伪造地契的河岸"豪宅"，一律定为违章建筑，全部拆除，以泄水势。随后，包拯把非法占地盖房的官员列出名单，奏报追责，使他们要么丢官，要么降职。

惠民河的河道变宽了，行洪能力逐渐恢复，"人患"没了，"水患"也减少了。

五、脸不黑：包公的官场生存法则

小说和影视作品里的包拯是"黑脸"，但历史上的包拯脸不黑，反倒眉清目秀、皮肤白皙。故宫博物院收藏的包公画像、安徽合肥包公祠里的包公塑像，以及包氏族谱里的画像，都是白面书生。

那么，包拯的脸为什么会"变黑"呢？

包拯的职业是跟司法刑罚打交道，五行中与此相关的，是"水德"。而水德对应的颜色是黑色。胡适考证，包拯的脸第一次"变黑"，是在明朝，后来就越描越黑了。人们还在包公的黑额头上加了个月牙，大概是说他有穿越阴阳两界的能力。

不过，黑色也有铁面无私、秉公执法、刚正不阿的寓意，这是人们对父母官的美好期待。

天天绷着脸，不讲情面，在人情社会恐怕很难交朋友、拉圈子、得到推荐和提拔。不过，包拯官运不错，一路升官，直至三司使、御史中丞、枢密副使等职。他是怎么做到的呢？

——时代所赐，历史选择了包拯作为清官代言人。

这是一个太平的时代。包拯生于宋真宗时期，长于宋仁宗时期，这两位皇帝都不是气吞山河的政治强人，他们奉行对外收缩、对内发展的国家战略，造就了社会稳定、经济增长的"太平治世"。

这是一个变革的时代。随着经济社会的发展，祖宗之法越来越落伍，"三冗"问题日益凸显。呼吁变革逐渐成了士大夫阶层的共识。

名节是儒家理念的大问题。许多士大夫都很爱惜羽毛，包拯也不例外。学生时代，包拯婉拒了一个富豪的邀约，就是怕日后做官时"为他日累"。

对于绝大多数古人来说，皇帝只是个遥不可及的政治偶像，父母官才是皇权的化身。如果他们是清官，那么这个时代就是太平盛世。包拯恰恰符合这样的民间诉求。

——品质高贵，包拯深谙官场生存法则。

包拯铁面无私，但一生忠于皇帝，努力办事，即便言辞激烈，也都是为朝廷、为皇帝着想，没有异心，宋仁宗很放心。

宋仁宗要塑造亲贤清明的圣君形象，就必须重用像包拯这样有较高社会知名度的清官。重用包拯，至少可以向全社会宣扬"当清官不吃亏"的正能量。

包拯个性刚直，经常特立独行，虽然"粉丝"很多，但在朝中没什么朋友，也就没有掺和任何一支朋党；不偏袒任何人任何事，也就不会卷入无处不在的朋党之争。

包拯办事公道，只看规则，不看人情，也就让别人抓不到把柄，不会被各种政潮牵连。包拯手脚干净，身正不怕影子斜，舆论形象正面，这也让他的升迁鲜少争议。

刚直、公道、干净，就是包拯贴给自己的最好标签。

皇帝最讨厌的事，比如结朋党，他不干；皇帝最喜欢的事，比如树正气，他全干。这样的干部，凭什么不提拔呢？

嘉祐三年（1058），包拯升任右谏议大夫、权御史中丞，正式成为国家监察部门和谏官队伍的负责人。宋仁宗希望他能发挥榜样作用，改善官场风气。

在新岗位上，包拯一如既往地向皇帝提意见，但同僚们发现，此时的包拯，没了锋芒毕露，多了几分成熟稳重。

包拯很清楚，自己的铁面无私和"青天"形象，都离不开皇帝的宽容。在官僚政治的大环境里，与其说制度塑造人，倒不如说是皇帝的好恶塑造人。

既要刚直地做事，又要维护皇帝的脸面，不能触及皇帝的底线和敏感点。包拯的分寸拿捏得恰到好处。

范仲淹、欧阳修、苏轼、王安石、司马光等大才，都有过仕途坎坷、屡遭贬逐的经历，但包拯是个例外。几乎所有的政潮，都与他无关。几乎所有的"黑锅"，都砸不到他头上。

包拯做到了道德人格和政治人格的统一，创造了清官官运亨通、波澜不惊的纪录。在大染缸般的官场里，他是个智者，更是个奇迹。

包拯不是思想家，不是改革家，而是实干家，是官场"工匠"。他没有高深莫测的政治理论，没有大刀阔斧的改革运动，只是操办一个个具体的案子。这样的角色定位和工作内容，也让他的政治处境更安全。

皇祐二年（1050），有个名叫冷青的孩子，自称皇子。他说，其母曾在宫里怀孕，出宫后生下了他。

要知道，宋仁宗膝下的三个儿子全部夭折。如果这个流落民间的孩子真的是皇家骨血，那可是国家大事了。

时任权知开封府钱明逸判定，冷青口出狂言，"送汝州编管"。

开封府推官韩绛认为，钱明逸处理不妥。一方面，宋仁宗膝下无子的事是国家机密，不能因为冷青的横空出世，就搞得天下人皆知。另一方面，如果不加调查，掌握确凿证据，就轻易定罪判刑，容易混淆视听，给外界欲盖弥彰、迫害皇子的嫌疑。

朝中不少大臣建议，应当把冷青送到江南管束，让他远离京城。

同年，五十二岁的包拯升任知谏院，主动担起查清事实的任务。很快，真相大白：冷青的母亲确实在宫里服过役，出宫后嫁给了一个名叫冷绪的郎中，在生育冷青之前，还生过一个女儿。显然，冷青的妈妈并没有在宫里怀孕，冷青肯定不是皇家骨血，而是冒牌皇子。

包拯认为，冷青冒充皇子，惹得朝野议论，造成不良社会影响，应当处以死刑，尽快结束这一闹剧。

九年后，包拯晋升为三司使，推行改"科率"为"和市"，免除部分地区"折变"的措施，使朝廷按照公平价格购买农民的物资，不再要求农民把粮食折成现钱来交税，在当时经济条件下，减轻了老百姓的负担。这项技术性改革，比喊口号、做规划来得更实在。

嘉祐六年（1061）三月，包拯升任枢密副使，即国家最高军事副长官，跟副宰相平级。这是他做过的最大的官，也是最虚的官。国内没有战事，枢密副使就是个高规格的闲差，代表了宋仁宗对包拯的充分肯定。

次年五月，包拯病逝，享年六十四岁。京城百姓莫不感伤，宋仁宗辍朝一日，还亲往包家吊唁，看到他家里陈设简单，生活简朴，不禁潸然泪下。

包拯不是"神"。欧阳修就说他过于严肃较真，不懂人情世故，容易得罪人。不过，欧阳修也不得不承认，包拯这辈子"少有孝行，闻于乡里；晚有直节，著在朝廷"（《欧阳文忠公集》）。

这就是包拯，脸并不黑，却是中国历史上无人企及的正义化身、清官标志、忠臣样本，被历代官方推向神坛、被历代百姓奉为神明的"青天"。

苏颂：跨界科学顶流

行营到处即为家，一卓穹庐数乘车。

千里山川无土著，四时畋猎是生涯。

酪浆膻肉夸希品，貂锦羊裘擅物华。

种类益繁人自足，天教安逸在幽遐。

上得陂陁路转艰，陷轮推马苦难前。

风寒白日少飞鸟，地回黄沙似涨川。

结草枝梢知里堠，放牛墟落见人烟。

从来天地分南朔，今作通逵近百年。

这是苏颂在出使契丹途中撰写的两首七律，分别题为《契丹行》和《沙陁路》。

两首诗里，苏颂寄托了一种情愫，那就是企盼和平、助推和平、维护和平。谁能想到，在近千年后的1987年，世界著名钟表大师矫大羽，在一场古董钟表收藏家演说会上自豪地宣称：世界上第一座天文钟，出自中国人之手，这个人就是苏颂。

这位朝廷命官、和平使者，又是怎样成为科学家的呢？

一、神童是这样炼成的

苏颂与王安石是同年进士。苏颂天资聪颖，以神童闻名乡里，却没有成为王安石笔下的方仲永，而是把"神"力发扬光大。他的成才之路，要拜时代、家庭和个人努力所赐。

苏颂出生的时候，北宋立国已六十年。这样的太平治世呈现出多维的光谱。

第一维，是繁华背后的社会危机。

土地兼并、官员冗余、外战外行、税负不均、流民泛滥，各种社会矛盾加速演化。

忧患和变革，是士大夫阶层的两大共识。不过，一旦改到既得利益者头上，就会遇到阻挠，甚至演化成新的朋党之争。

第二维，是宋代有独特的"言论自由"。

"不杀士大夫"是列入祖宗之法的，士大夫言而无罪，也就没了万马齐喑。不过，各抒己见带来的观点差异，导致士大夫群体分化，乃至产生朋党。

台谏"风闻言事"的制度，助长了捕风捉影、弄虚作假、实名诬告的风气，成了朋党之争的工具。于是，北宋相对开放的舆论环境，反而异化出相互挖坑的病态。

宋仁宗倒是乐见士大夫在可控范围内的互啄。"异论相搅"，反而让士大夫专注于内耗，没工夫威胁皇权了。

第三维，是阶层流动的通道对平民敞开。

科举取士增多，门第限制取消，糊名誊录确保阅卷公平，使平民出身的读书人，通过自身努力，有机会考取功名，进入国家决策层。真可谓"天子重英豪，文章教尔曹"。

第四维，是稽古右文的传统再度抬头。

宋代官府兴办官学、鼓励私学、支持建书院，促进教育发展。在那个时代，家里能有人中进士，女孩子能够嫁给读书人，都是光耀门楣的事。

雕版印刷术和造纸术的普及，推动了文化传播。宋代皇帝对儒、佛、道保持兼容并蓄的态度，营造了相对宽松的多元文化氛围。

这第三维和第四维，对苏颂是重大利好。

苏颂家族是福建同安的大族，苏颂祖父苏仲昌做过知州，父亲苏绅做过翰林学士，母亲陈氏是龙图阁直学士陈从易的女儿，系出名门。

在这样的书生门第，想不好好读书都不行。

苏颂五岁读《孝经》、古今诗赋；七岁学文史；十三岁时延请名师讲学。在苏绅的培养下，苏颂十岁时就帮父亲接待宾客、誊写文件，甚至给苏绅提意见。

苏颂是神童，但并非自学成才，而是在父亲苏绅的指导下循序渐进。

苏颂的成长，离不开拼爹，但自己也足够用功。他曾自述，"占毕自忘劳，攻坚常切问"，"笔枯手成胝，眠稀目生晕。常患涉猎疏，肯效揣摩困"。（《感事述怀诗》）官宦子弟里，有他这样能学到头晕目眩、废寝忘食、天昏地暗的，着实不多。

康定元年（1040）乾元节（宋仁宗的生日），时任知制诰的苏绅获得了"任子"的福利，可以替兄弟和儿子谋个一官半职。苏绅本打算把这个福利给苏颂。可是，苏颂不但自己婉拒，还劝两位叔叔不要"拼爹""拼哥"，而要靠自己、考科举。

这件事让苏绅很生气很尴尬，但转念一想，儿子有这样的志气，不但不该打压，反而应该鼓励。于是，他还把苏颂的两个弟弟叫来，让他们像哥哥那样，凭本事考试做官。

两年后，二十三岁的苏颂进京参加省试。巧的是，这年的省试，父亲苏绅恰是考官。为了既避嫌，又考试，朝廷单设考场，组织"别试"，试题是"论《周礼》之名数"。

苏颂作答的文章写得洋洋洒洒，主考官欧阳修看罢，欣然提笔写下"才可适时，识能虑远。珪璋粹美，是为邦国之珍；文学纯深，当备朝廷之用"的评语，录取为"别试"第一。

金榜题名后，苏颂跟着父亲拜访宰相章得象、吕夷简。父亲的人脉，为苏颂提供了成长的阶梯。对此，苏颂后来感慨不已："相过诸公皆一时之望，予获侍侧，颇蒙奖顾。"（《感事述怀诗》）

时代和家世，共同造就了苏颂的神童气质。

二、学而优则仕

庆历三年（1043），苏颂担任宿州（今安徽宿州）观察推官。由此起步，先后当过知县、馆阁校勘、大理寺丞、太常博士、吏部侍郎、吏部尚书、刑部尚书等职，后来又辗转婺州、亳州、杭州、濠州、沧州、应天府等地当知州、知府。

在中央和地方摸爬滚打大半生，终于在元祐七年（1092），苏颂以七十三岁高龄擢升尚书右仆射兼中书侍郎，成了排名第一的宰相。虽然半年多以后就被弹劾，但也值了。

苏颂的职业生涯很平淡，没什么突出的政绩，没什么显赫的功勋，也没什么英雄的壮举。他拿得出手的，一是高寿，享年八十二岁；二是"五朝元老"，从宋仁宗、宋英宗、宋神宗、宋哲宗，一直服务到宋徽宗。

他是靠什么屹立五朝，把官越做越大，游走在中央和地方之间呢？

他的做官诀窍，可以概括为三个字：细、正、宽。

——细。

苏颂当过江宁知县。这里隶属于江宁府，也就是南唐的故都金陵。

这个地方最难办的事，一是征收赋税，二是民事纠纷。

江宁县的户籍统计混乱，征收标准不清不楚，每年征税都猫腻丛生，要么是地方官上下其手，要么是规定表述得太模糊，让不同背景的纳税人，要么吃了亏，要么钻空子。如果任由这种状况维持下去，就会民怨沸腾、离心离德。

苏颂上任后，迅速走遍全县大小村镇，摸清了哪个地方有多少人、有多少地。他记性很好，谁家隐匿人丁、谁家瞒报土地，他都一清二楚，甚至能当面指出"汝有某丁、某产，何不言"，搞得"民骇惧，皆不敢隐"。（《宋史·苏颂传》）

根据这些调研成果，他制定了征税条例，依据充分，简便易行，老百姓用起来顺手，大家心服口服，以前的积弊就渐渐消失了。

这只是苏颂职业生涯里诸多微改革之一。周边各县看到甜头，争相观摩学习，取以为法，照搬效仿。甚至有知县领着老百姓登门致谢，称赞苏颂的这项微改革，让县衙不必费力追征，工作量大为减轻，老百姓也乐得其所，皆大欢喜。

至于民事纠纷，以前是公说公有理，婆说婆有理，清官难断，争执不断。苏颂出了个主意：自己先居中调停，劝乡亲们团结友爱、互谅互让，别为了鸡毛蒜皮的小事伤了和气，否则一旦有急事，如果彼此心存芥蒂，不愿帮忙，搞不好大家一起玩完。

苦口婆心地讲道理管点用。当事双方听了劝谕，各让一步，画上句号。有些人气呼呼地专程来告状，半路上听说苏颂讲的这些大道理，如醍醐灌顶，豁然开朗，掉头回去，不告了。

几年下来，江宁县的社会风气大为改善。

苏颂是读书人，思想深处打上了"仁义礼智信"的儒家烙印，但他没有死读书、读死书，而是把所学、所思、所想和所读，用到日常政务工作中，成长为干练之才。

——正。

苏颂做官，最大的优点就是依规办事、以理服人。

凭借神童的功底，苏颂熟读古今法度经典，对作为特殊案例的"故事"也了如指掌，只要有人上门告状，他就找出有关法条，让告状的人去读，搞清问题在哪里，该承担怎样的责任。这得益于博览群书的深厚积淀。一番旁征博引，让许多人即便未尝所愿，也心服口服。

苏颂在《苏氏家训》中，总结自己"独岿然高年，未尝为奸邪所污"的经验之一，就是"气必正，心必厚，事必公，用必俭，动必端，事君必忠敬，居官必廉慎"。

尊重规矩，遵守规矩，不蝇营狗苟，不以权谋私，正是这股正气，为苏颂赢得尊重和信任。皇祐二年（1050），苏颂任应天府留守推官，他的上司、应天府留守欧阳修不但把日常政务放手给他，还称赞他"处事精审，一经阅览，则修不复省矣"（《宋史·苏颂传》）。

——宽。

苏颂是爱民的。为了让老百姓减轻点负担，他不惜跟朝廷"硬扛"。

嘉祐八年（1063），宋仁宗驾崩，朝廷要修陵寝，到处搜罗陪葬的奇珍异宝，搞得各州县不胜烦扰。

苏颂时任颍州（今安徽阜阳）知州，非常愤慨："朝廷让我搜罗珍宝，问题是我这儿不出产这玩意，让我去哪儿找啊！"

吐槽归吐槽，活还得干。他的做法就是自我消化。如果本地出产，就向朝廷申请展期，由官府揽下来；如果本地不出产，就由官府出面，到外地高价求购。总之，官府能接得住的，尽量不麻烦老百姓。

他对老百姓的宽，不仅体现在"放开他，冲我来"的担当精神上，更在灾荒年以实际行动救民于倒悬。

熙宁八年（1075），苏州、杭州发生旱灾和饥荒，次年又发生大瘟疫，死者过半。宋神宗认为，苏颂"仁厚，必能抚安吴人"，便任命他为杭州知州，前往救荒。

苏颂上任后，提出"以荒政之所宜，为职事之先急。农桑衣食，劝家户以趋时"的施政方针，把救荒作为头等大事来抓，引导幸存的百姓生产自救。

跟那些只会动嘴喊口号的父母官不同，苏颂对百姓疾苦是真关心。

有次，他听说有百十号小商贩欠了官府的钱，被关进了大牢。他觉得，与其这样杀鸡取卵，不如先撒一把米。

他下令把这些欠钱的商贩都放了，让他们做生意，规定还债的日期。这些商贩感恩戴德，全力经营，按期还清了债务。商贩甩掉了包袱，官府的账单也两清了，各得其所。

拿得起、放得下，以最小的代价、最小的影响、最宽的心态，换取最大的平安。这就是苏颂应对急事的高明之处。

苏颂的宽，是将原则性和灵活性有机整合的宽，是将宽厚仁慈的人情寓于沉稳精明的世故之中，既遵循了规则，又赢得了人心。

三、跨界科学家

像苏颂这样学而优则仕且德才兼备的高级干部为数不少，而他之所以能在群星璀璨的北宋时代有一席之地，主要得益于跨界——在科学家里，苏颂做官做得最好；在官僚队伍里，苏颂的科学研究最有成就感。

有人说，他是北宋唯一的科技宰相，而以研究中国科学技术史闻名于世的英国学者李约瑟，给出更高的评价："苏颂是中国古代和中世纪最伟大的博物学家和科学家之一。他是一位突出的重视科学规律的学者。"

苏颂当得起这样的评价。

在中国国家博物馆的展厅里，摆着一台水运仪象台的模型。

在英国南肯辛顿科学博物馆的展厅里，也有一尊水运仪象台的模型。

水运仪象台是一台水力传动的机械设备。它上层观天象，中层演示天象，下层是报时装置，集观测天体（仪）、演示天象（象）、自动报时（钟）于一身，是世界上最早的天文钟。

水运仪象台的发明人，是苏颂和他的同事。他们积三年之功，在宋哲宗时期制作完成，放置在首都开封的皇宫里。

这是个大家伙，高三丈五尺多（约十二米），宽二丈一尺多（约七米），形如方台，用铜二十多吨。

苏颂的水运仪象台有哪些特色呢？

——浑仪上方设计安装了九块活动屋顶板，类似现代天文台的圆顶，可以遮挡雨雪，也可以根据观测需要随意移动。这种可自由开闭屋顶的天文台观测室，堪称全球首创。

——浑仪的四游仪窥管跟天体同步运转，与现代转仪钟控制望远镜随天体运转一样。这项设计比欧洲同类研究早了近六百年。直到1670年，欧洲的天文学家罗伯特·胡克才第一次建议制造自动调整的钟机转动望远镜。

——水运仪象台的天衡系统，实现对枢轮的擒纵控制，成为现代钟表的先驱。欧洲人直至14世纪初才发明有锚状擒纵器的钟表装置，比中国晚了两百多年。

这三个特色为中华民族赢得了三项第一。

水运仪象台的研制成功，是中国人引以为傲的重大科技成就。水运仪象台也被誉为"世界时钟鼻祖"。

苏颂的天文学成就还不止这些。他还撰写《新仪象法要》一书，介绍水运仪象台的设计原理，既是使用说明书，更是一本不简单的科学专著。

书中的五幅星图，成为国内现存最早的纸绘全天星图，解决了赤道与北天极周围绘制失真的问题；书中的设计图纸，是世界上最早最完整的机

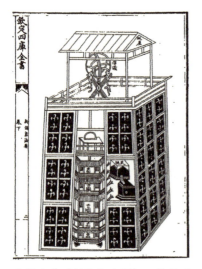

苏颂专著《新仪象法要》，收录于
《四库全书》中

水运仪象台模型。开封博物馆藏

械图纸。

苏颂还研制了一台假天仪，就是模仿天体运行的仪器。形如圆球，凿孔为星，人可以站在其中，观测人造天象。这也是世界首创。

作为"科技宰相"，苏颂不但在天文学领域成就丰硕，在医药学和人文科学领域也独树一帜。

苏颂曾奉旨担任校正医书官，参与编校古代医书。这是一份专业性很强的苦差事。其后九年，他枯坐冷板凳，潜心钻研，终于在嘉祐三年（1058）完成《嘉祐补注神农本草》。

这本书总结吸收前代药物学研究成果，汲取宋代医学经验，收录了千余种药品，其中新收录近百种。

在编校过程中，他发现有的药物只有文字，没有图形；有的药物因方言差异，同药不同名，同名不同药。混乱的名称记载，如果传之后世，会贻害病患。于是，他建议朝廷重修一部带图的《本草》。

在朝廷支持下，全国各州县的医师和药农都被动员起来，采摘各地的草药，画成图样，送到京城，由他领衔统一审定。嘉祐六年（1061），一部名为《本草图经》的巨著闪亮登场。

它是中国现存最早的版刻药物图谱，收录九百多张图和一千多个常规单方，成为明代医学家李时珍纂修《本草纲目》的重要参照。

它和《嘉祐补注神农本草》相辅相成，珠联璧合，代表了宋代药典的最高水平。

它是由国家出面纂修的药物图谱，比欧洲同类著作早四百多年，是世界医药史上的壮举。

李约瑟对苏颂的医学成就评价很高，说他是"一位才华横溢的药物学家"，说他领衔审定的《本草图经》是"附有木刻标本说明图的药物史上的杰作之一。在欧洲，把野外可能采集到的动植物加以如此精确地木刻并印刷出来，这是直到15世纪才出现的大事"。

在医药学领域，苏颂不但有科研成就，还有实操经验。担任杭州知州期间，为了抗击当地疫情，他下令在大街小巷张贴药方，把中药掺到各个粥棚熬制的米粥里，免费给灾民取用，连充饥带治病，可谓学以致用。

苏颂的科学研究不都是刻意为之。有时候，执行政治任务时也顺带搞科研。奉旨出使契丹的路上，苏颂处处留心，积累素材。

他奉旨汇编《华戎鲁卫信录》，把宋辽两国官方往来盟誓、聘使、礼币、书仪等资料整合在一起，便于查阅。

他还走一路，写一路，把自己的诗歌作品编成"使辽诗"。其中有不少写实的成分，涵盖了契丹民众的衣食住行、农牧渔猎等日常生活，以及契丹境内的山川河流、毡帐村落等自然景观，为后人留下了大量地理学资料。

这种处处留心的习惯，不光用在出使契丹的路上，也渗透到日常生活中。

杭州知州任上，他写过《观潮三首》《续观潮》等诗，一边描述钱塘江大潮的壮观景象，一边阐释潮汐产生的成因。他还写过《石缝泉》诗，记载了杭州首创自来水的故事。这些诗歌都收录在《苏魏公文集》里。连清代四库馆臣都称赞他的诗文"文翰之美，脍炙人口"。

苏颂受业于欧阳修、宋庠、宋祁等大家，能写爱写，主持纂修过《两朝国史》《神宗实录》《元祐详定敕令式》《迩英要览》等官修著作。朱熹盛赞"如公学至矣，又能守之，终其身一不变。此士君子之所难，而学者所宜师也"（《丞相苏公祠堂记》）。

如此文理全才，在宋仁宗时代横空出世绝非偶然。

北宋是个文化管制相对宽松的朝代，不排斥自然科学，保护官员的业余爱好，支持科学研究事业，为中华文化不断积蓄力量、厚植底蕴。

苏颂置身这个时代，又亲身参与运筹这个时代，利用这个时代的宽松环境，广交朋友。他是沈括的挚友、苏轼的诗友、王安石的同榜进士、欧阳修的学生。在这个人才荟萃的年代里，他走出了一条不同寻常的人生路。

在苏颂老家福建同安的苏颂科技馆里，陈列着另外一座水运仪象台的模型，仿佛还在继续诉说这位科技宰相、五朝元老的清爽人生。

王安石：超越时代的"拗相公"

横看成岭侧成峰，远近高低各不同。

不识庐山真面目，只缘身在此山中。

飞来山上千寻塔，闻说鸡鸣见日升。

不畏浮云遮望眼，自缘身在最高层。

前一首是苏轼的七绝《题西林壁》，后一首是王安石的七绝《登飞来峰》。

王安石的政治生涯总固执于自己的世界，"不识庐山真面目"，到了偏执的地步。这一点，他也有自知之明，"自缘身在最高层"。

遗憾的是，他似乎始终活在一个套子里，怎么也挣脱不开，就像"拗相公"的绰号那样，最终让他的变法事业也出现了无法修复的缺陷。

接下来，我们换个角度，从他执拗的个性，以及早年在宋仁宗时代的鄞县试验，双轨切入，探讨他为什么会走上大变法的不归路，他的大变法为什么既超越了11世纪这个时代，又无法走出旧王朝的封闭循环。

一、父亲的背影

2009年，南京西南方向的将军山。

一家房地产公司正在这里修建别墅，意外挖到大量墓砖。按照国家法律法规，挖到文物，必须停工，等考古队来鉴定。

闻讯而来的考古队经过清理，从墓砖和棺椁判断，这是一座明代墓葬。

众所周知，将军山是明初开国功臣沐英的家族墓园所在地。这是当地重点文物保护单位，如今南京博物院的镇馆之宝——元青花萧何月下追韩信图梅瓶，就是从沐英墓出土的。

有人猜测，这座新发现的墓葬，墓主人可能是沐英的后代。不过，这座古墓已被开发商破坏了，失去了考古价值。

就在考古队即将遗憾离开之际，有队员在不远处的小土包上，发现了两块看似墓志铭的石板，也是最近挖出来的。

清掉石板表面的泥土后，一行行清晰的文字跃然眼前。仅通过释读文字，就能判断这两块石板是北宋的，上面写着"母谢氏永安县太君""其卒×四十有六""四月十日安石以×友故来"等字样。这勾起了一位考古专家的兴趣。

在他的印象里，王安石的父亲王益，死后葬在南京。有"安石""谢氏"等字样，有队员猜测，这墓的主人可能是王益。

猜测很快得到了印证。另一位大文学家曾巩跟王安石是好朋友，曾给王益写过《尚书都官员外郎王公墓志铭》："享年四十六……母谢氏封永安县君……而吾又与安石友……以安石之述与书来请铭，遂为之铭其尤可哀者。"

曾巩的书面表述，跟石板上的文字如出一辙，由此基本确定，将军山出土的墓志铭主人，很有可能是王安石的父亲王益。

这是一个惊天发现，让原本觉得一无所获、已经泄气的考古队员们重燃斗志。上报获批后，他们开始了对王益墓的抢救性发掘，很快就清理出陶器、瓷器、棺材残片和遗骨等几十件文物。就在大家准备乘胜扩大战果的时候，又碰到了意外事件。

四名村民代表找到了考古现场，要求立即停止挖掘。考古队不明就里，交涉才知，他们来自江西抚州上池村，是王安石的后人，听说南京找到了王益的墓地，特地赶过来，希望将祖先的遗骨运回老家安葬。他们还出示了家谱和联名信，自证身份。

经过几番往复，文物部门批准了他们的诉求，还出了相关证明。考古队只得停止发掘，无功而返。不过，大家都记住了王安石有个叫"王益"的老爹。

大中祥符八年（1015），王益进士及第，担任建安县（今福建建瓯）主簿。

别看他年轻，做起事来却有板有眼，尤其关照弱势群体，博得良好声誉。他有次生病，全县男女老少居然都跑到祠堂为他祷告。

任期届满，王益改任临江军（今江西樟树）节度判官。这地方离老家抚州临川（今江西抚州临川）不远。当地土豪劣绅横行不法，低级官员和胥吏也跟着胡作非为。王益到任后，整肃官场，约束胥吏，扭转当地的社会风气，让土豪劣绅不得不有所收敛。

天禧五年（1021），临江军节度判官衙门里传来一声啼哭，判官王益喜得一子。这个孩子就是王安石。四十多年后，他不但当了宰相，而且做出了大变法的大事。

父亲饱读诗书，他也深受儒家熏陶；父亲宦游各地，他也跟着走南闯北。别人读几遍都记不住的东西，他能过目不忘，堪称神童。

跟同乡方仲永比起来，王安石是幸运的。父亲没有拿他到处炫耀，也没有对他揠苗助长。

一年秋天，屋外下雨，王益跟王安石说："许多人都说你很聪明，现在下着雨，如果你能把我叫到院子里去淋雨，那你就算是真聪明。"

王安石知道父亲在考自己，就笑着说："爹爹，屋外正下着雨，我怎么忍心叫您站到院子里淋雨呢？不过，如果您站到院子里，我倒是能把您请进屋里来，您信不信？"

王益当然不信。然后就径自走到院子里，等着王安石相请。没想到，王安石笑着说："爹爹，您现在不已经在院子里淋雨了吗？"

这时，王益恍然大悟，哈哈大笑道："你小子还真有两下子。"

王安石说："爹爹，快回屋吧，当心着凉！"王益立即回了屋。

这时，王安石又哈哈大笑道："爹爹，我真的把您请到屋里来了。"

话音未落，王益再次恍然大悟。父子俩相视一笑，接着哈哈大笑。

王益职业生涯做过的最大的官，是江宁通判。接到"委任状"的那天，他兴奋得一夜没睡。那年，王安石十六岁。

父亲很开心，陪伴左右的王安石却不以为意，在《忆昨诗示诸外弟》诗里曾写道："男儿少壮不树立，挟此穷老将安归？……材疏命贱不自揣，欲与稷契遐相晞。"

他觉得，父亲居然做到通判就很满足，这未免太没出息了，自己将来一定要超过父亲。

毕竟年少轻狂，王安石还没有体会到仕途的艰辛，没有体会到父亲做官做事的不易。然而，这种"以我为主"的价值观和"执拗不拐弯"的方法论，没有随着年龄和阅历的增长而消退，反而越来越强烈，乃至伴随了王安石的一生。

王益是慈父，从不体罚孩子；王益是清官，没有置办田产，就靠俸禄养家。这些品格，给王安石留下了深刻印象。

在王安石眼中，父亲的背影是伟岸的，但并没有挡住他前行的步伐，也没有遮住他圆梦的方向。父亲在任上去世，没能看到儿子圆梦。可是，王安石圆梦的决心反倒更坚定了：谁也不靠，就靠自己，做一番事业，超过父亲。

他走上了北宋读书人的通行路径：十年寒窗、金榜题名、入仕做官。

宝元二年（1039），王益在江宁通判任上去世。临终遗嘱，希望孩子们把他就地安葬在江宁（今江苏南京）。这年，王安石十九岁。此后，王安石和兄弟们就在江宁定居了。四十多年后，王安石也是在这里结束了平淡的最后时光。

庆历元年（1041），王安石丁父忧满三年，进京赶考。考场上，他激扬文字、行云流水、一气呵成。主考官一眼相中，准备推荐他的文章作为状元卷子。然而，卷子里的"孺子其朋"四个字，让煮熟的"状元"飞了。

这四个字，是西周初期周公旦训导周成王的话，意思是说，天子啊，你还年轻，今后要跟群臣融洽相处啊！

宋仁宗觉得，王安石不过一介书生，居然敢用这种口气对答天子考卷，成何体统？他越看越觉得这篇文章文笔冷峻，不对胃口。就这样，王安石只得了第四名。

二、拆洗王安石

王安石一生宦游各地，政治经验丰富。然而，人们对他评价不一。褒奖的，说他是"中国11世纪的改革家"；批评的，说他领导的变法，"侵官、生事、征利、拒谏、致怨"。

无论是褒是贬，共识还是有的：王安石虽然位极人臣，但生活邋遢，不讲卫生。

现在有个时髦词汇，叫"男人靠装"。其实，中国古代的士大夫，也很重视仪表。有些帅哥甚至更关注回头率，比如战国时期齐国国相邹忌，就热衷跟本地的美男子徐公比美。只要有清洁条件，都会按时洗脸、洗澡，干净清爽，没有异味。

王安石，恰恰是个例外。他基本不洗脸，几个月才洗一次澡，每天带着汗臭味行走四方，甚至在汇报工作的时候，虱子都爬到胡子上打转转了，惹得宋神宗都忍俊不禁。

淮南签判，是王安石职业生涯的第一个职务。这里的"淮南"，指的是淮南路，治所就在扬州。"签判"，相当于市政府办公厅的秘书。

在"二分无赖"的扬州，王安石做了三年官，遇到了人生中的第一个冤家——韩琦。

说韩琦是冤家，并不是因为两人一正一邪、一忠一奸，而是因为跟王安石这个"邋遢大王"相比，韩琦有洁癖，特别注重个人仪容仪表。

王安石是文化人，求学的时候爱看书。参加工作以后，白天就没空看书了，只能晚上下班回家看。一旦看上瘾，经常熬到半夜，乃至通宵。搞得睡眠不足，早上经常睡过头，头不梳，脸不洗，邋里邋遢地来上班。眼睛红肿、脸色惨白，一副睡不醒的样子。

一个有洁癖的领导，看着自己的秘书如此邋遢，对比度过于鲜明。一次两次，韩琦也就忍了。天天邋遢，韩琦就忍无可忍了。

他觉得，王安石这么邋遢，可能是熬夜贪玩所致。于是，他就找王安石谈话，告诫道：年轻人嘛，爱玩也正常，但要分清主次，把精力放在工作和学习上，别沉溺于游戏人生。

显然，韩琦误解王安石了。

对于领导的误解，王安石只是唯唯应答，满口讲领导说得对，根本不辩解。

如果领导对员工有误解，员工为了前途，有权解释澄清。可王安石很坦然：我的地盘我做主，我的人生不需要解释。

韩琦对王安石的误解是一时的，王安石做官的才干和口碑是长期的。在大臣们的极力推荐下，爱才惜才的宋仁宗打算把王安石调入京城，予以重用。

要是搁一般人，这简直是皇恩浩荡啊！马上就屁颠屁颠跑进京城了。可是，王安石居然借口家里太穷，京城消费太高，实在去不起，多次婉拒。

朝廷非要让他进京，便封他做群牧判官，管理全国的马匹。宋仁宗琢磨：你不是说家里穷吗？给你个肥缺，专治你的"穷病"，看你还拿什么理由不进京。

王安石本想再找别的借口婉拒。欧阳修出来劝他："还是给官家留点面子吧。"

欧阳修是当时的文坛领袖、文学前辈，王安石还想在文化圈混下去，只好照办。当然，在群牧司，他继续邋遢，我行我素，对别人的指摘不管不顾。

王安石可以满不在乎，好友韩维和吴充觉得，跟"邋遢大王"同朝为官，甚至交朋友，太没面子！于是，他俩隔一两个月就约王安石泡澡堂子，美其名曰"拆洗王安石"。

"邋遢大王"很少主动洗澡，但如果有朋友约他同洗，他还是会去的。一来要给朋友面子，二来有个伴，边洗边聊天。

不过，王安石洗澡从不带换洗衣服。韩维和吴充就提供配套服务——

提前准备一套干净衣服，挂在架子上。因为，王安石洗完以后，穿上就走，根本不看是谁的衣服，也不看衣服到底是干净的，还是脏的。

"拆洗王安石"的典故，是见诸历史文献的。叶梦得《石林燕语》记载："王荆公性不善缘饰，经岁不洗沐。衣服虽敝，亦不换濯。与吴冲卿同为群牧判官，时韩持国在馆中，三数人尤厚善，无日不过从。因相约：每一两月，即相率洗沐定力院，家各更出新衣，为荆公番，号'拆洗'。王介甫云：出浴见新衣辄服之，亦不问所从来也。"

对于生活不讲究的人，就得用不讲究的办法来对付。这叫见招拆招。韩维和吴充对王安石对症下药，药到病除。

世界上就没有解决不了的问题，只有还没找对的办法。

三、邋遢也有用

王安石的"邋遢"，也算是另类的艰苦朴素。《宋史·王安石传》就说，王安石"性不好华腴，自奉至俭，或衣垢不浣，面垢不洗"。

沈括在《梦溪笔谈》里说，一次，家人看王安石脸太黑，以为他病了，就请个大夫来诊治。大夫看罢，摸了摸王安石黝黑的脸，给出了诊断结论：脸黑不是病，那是长年不洗脸积攒的污垢，洗一洗就好了。

可是，王安石还不服气地狡辩："我天生就长得黑，再怎么洗也白不了。"

就是这个脸黑的家伙，若干年后，跟传说中脸更黑的"硬茬"杠上了。

这个"硬茬"，就是包拯。

历史上包拯的脸不黑，但人们更愿意把他塑造成铁面无私的清官形象。眼下，王安石担任三司判官。而包拯担任三司使，是"三司"的一把手，也是王安石的顶头上司。

跟一把手杠，是需要勇气和底气的。

别看包拯平时一脸严肃，遇到开心事也会有惊人之举。

初夏时节，衙门院子里牡丹花盛开，包拯心情愉悦，决定下班后请下属喝酒。王安石应邀参加，同席的还有司马光。

衙门后院，桌案排开，美酒佳肴，喜笑颜开。包拯频频举杯，一时间觥筹交错。

司马光平日里不喝酒，个性执拗，还被苏轼起了个"司马牛"的外号，可是面对领导敬酒，焉有不喝的道理？他只好硬着头皮喝了一杯。

王安石平日里也不喝酒，偏偏就不给领导面子。说不喝，就不喝，劝也不喝。

包拯被搞得脸色黑沉，很没面子，但也没计较：你王安石不喝就不喝，多吃菜吧。

就是这样不惧权贵，连领导也不惧。这就是王安石。"拗相公"的绰号由此得名。

王安石虽然邋遢，夫人吴氏却有洁癖。

一次，王安石的女儿回江宁省亲，吴夫人特地吩咐家人，用上好布料做了几件高档袍子，准备送给女婿。

突然，一只猫钻进了衣箱，踩了这几件新袍子。吴夫人觉得有点脏，愣是把这几件新袍子扔在浴室里，直至放坏了也不肯送人。

吴夫人很可能家境殷实，否则想讲究也讲究不起来，顶多是穷讲究。

老公邋遢，老婆有洁癖，各走极端，"每不相合"，闹出不少笑话。

王安石在江宁府做官期间，吴夫人向府里借了一架藤床。后来，王安石告老辞官，或许是用着顺手舍不得，或许是时间久了忘记了，总之，吴夫人没及时把藤床归还府里。

府里的办事人员前来索要，但这么个不大的物件，谁也不好意思跟吴夫人明说。

这事被王安石知道了。他啥也没说，便兴致盎然地躺在了藤床上，光着脚丫子，翻来覆去。吴夫人看到老公的邋遢样就犯恶心，赶紧让人把藤床还回去了。

这两口子真是一对欢喜冤家、奇妙组合。

需要多说两句。

《宋刑统》规定，公务人员借用公家财物，要履行手续，按期归还，否则就会涉嫌犯罪，受到严惩。府里的办事人员直接上门索要，仰仗的也正是北宋时期完备的官物清理制度。

王安石有大志向，因而不拘小节，不占小便宜。为的就是保护自己、保护他人。

他曾当过知制诰，负责为皇帝起草和审核诏令。这种写材料的官，是有机会搞副业，收点润笔费的。可他一反常例，拒收润笔费，甚至把别人送的礼品也都放在单位大院的房梁上。

在经济问题上，王安石做到了零容忍、零差错，让他的政敌也找不到软肋，只能打打嘴炮，拿他的邋遢做文章，比如苏洵的《辨奸论》："夫面垢不忘洗，衣垢不忘浣，此人之至情也。今也不然，衣臣虏之衣，食犬彘之食，囚首丧面而谈诗书，此岂其情也哉？凡事之不近人情者，鲜不为大奸慝。"

对于王安石来说，邋遢的另一面，就是两袖清风。

四、舌尖上的不讲究

王安石不但不讲卫生，在吃的方面也很不讲究。

一天，儿媳妇娘家一个姓萧的亲戚来京城拜访。王安石很讲礼数，安排了接风饭局。

萧某兴冲冲而来，以为宰相家的饭局肯定很高级，但一直等到过了午饭时间，王安石还是没请他入席开饭。萧某饥肠辘辘，但又不好意思不辞而别，只好饿着等。过了好大一阵子，王安石才把他请到宴会厅，准备吃饭。

萧某刚落座，就想站起来走。原来，宴席上只摆了酒，而"果蔬皆不具"。他有点怕了：难道宰相家就这样招待客人吗？干喝啊！太狠了吧。

可是，宰相的宴请，哪敢说走就走啊！萧某只好硬着头皮，客随主便。

酒过三巡，终于上菜了。他定睛一看，一共"两菜一汤"：两个胡饼、几块猪肉、青菜汤。

难道宰相就请人吃这个？萧某也是富家子弟，舌尖上的美味经验十分丰富，但这次他开眼了：虽然饥肠辘辘，却又毫无胃口；如果不吃两口，又对不起人家一番张罗。最后，他只好胡乱啃两口胡饼，只吃中间的馅，扔掉四周部分。

让他惊讶的是，王安石把扔掉的胡饼边边捡了起来，有滋有味地吃了。萧某吓蒙了，赶紧走人。

王安石热衷极简生活，比起下馆子，他更愿意纵情山水，寻求精神寄托，他觉得这比物质上的享受更可持续。而舌尖上的不讲究，反映出他对物质生活的追求确实很低。

五、醉心事业的"拗相公"

为什么王安石会如此邋遢？

是他真的不想讲究生活品质吗？当然不是。

是他刻意把自己打造成艰苦朴素的道德楷模吗？好像也没必要。

还是"拆洗王安石"的韩维、吴充，对他的为人最了解。

王安石的主要精力都专注于事业，没工夫考虑生活，更没工夫沽名钓誉。

吃穿方面的不讲究，并不意味着学业和事业上也不讲究。

——干一行钻一行。

王安石认为，以前的科举是考诗词歌赋，这些当然可以提升文化修养，但也会引导读书人闭门造车、埋头吟诗，不去关注和思考现实问题。

为了拨正考试导向，他亲自撰写《周礼义》《书义》《诗义》，编成所谓《三经新义》，并在大变法期间向全国颁发，作为各级学校的"课改"教材。

《三经新义》的质量好坏有争议，但王安石开辟了解读经书的新路，得到同时代学者的肯定。朱熹就沿着王安石的路子，撰写《四书集注》，作为对经书的辅导读本，成了元明清三代开科取士的主要参考书。

《三经新义》主打注解经书。这条路成功以后，王安石注解上瘾了，不但热衷注解经书，还热衷注解汉字，甚至逢人就讲，好为人师。他还专门编了本《字说》。

不过，王安石注解汉字，只从字体结构去解读字源，往往望文生义、牵强附会。明代学者王世贞在《苏长公外纪》里就讲了段趣闻。

一天，苏轼问王安石：我这个"东坡"的"坡"，怎么解释？

王安石不假思索地答道：坡，不就是土地的皮吗？

苏轼哈哈大笑道：那要照你这么说，滑，就是水的骨头咯？

王安石听罢，无言以对。

为了缓解尴尬的气氛，苏轼眼珠一转，就问道：那你知道"鸠"字左边是个九，右边是个鸟，这怎么解释？

王安石一听，来了精神，赶紧请教。

苏轼莞尔一笑，说道："《诗经》里说，'鸤鸠在桑，其子七兮'。七个儿子，再加上它们的爹娘，可不就是九只鸟吗？"

王安石听完，恍然大悟，觉得这解释还蛮有道理。事后才回过味来，敢情苏轼是在拿他开涮呢！

虽然闹了笑话，但王安石对汉字的研究还是有成果的。

某日，韩琦收到一封书信，信里有很多古字，他和部下都看不懂。韩琦虽然看不上王安石邋遢，但怀念他用功，对部下感叹道："可惜王安石不在这里了，他还认识些古字难字的。"

王安石曾有一首五言绝句《泊船瓜洲》，其中以一个"绿"字，将大江两岸生机勃勃、春意盎然之变展现得惟妙惟肖："京口瓜洲一水间，钟山只隔数重山。春风又绿江南岸，明月何时照我还？"

他特别热衷"锤炼"用字。"春风又绿江南岸"的"绿"字，是最终的动词定案。可是，在揣摩用词的过程中，他曾试过"到""过""入""满"，都不合意，改了好多次，最后选定"绿"。

一个"绿"字，色彩鲜明、语言凝练，增加了诗情画意，成就了千古佳话。

——两袖清风，做"干净人"。

沈括在《梦溪笔谈》里讲了个故事："王荆公病喘，药用紫团山人参，不可得，时薛师政自河东还，适有之，赠公数两，不受。人有劝公曰：'公之疾，非此药不可治，疾可忧，药不足辞。'公曰：'平生无紫团参，亦活到今日。'竟不受。"

虽然紫团山人参对治疗哮喘病很管用，但别人赠送的，王安石坚决不要，甚至公开讲：没这个东西我也活到现在了。

苏轼在《赤壁赋》里说："苟非吾之所有，虽一毫而莫取。"这句话也是王安石秉持的基本做人底线。

他喜欢舞文弄墨，酷爱收藏文房四宝。一个地方官想巴结他，就登门送来一方宝砚，说这砚"呵之即可得水"。王安石看了看砚，笑着反问他："纵得一提水，又能值几何？"让这位地方官十分尴尬，只好收起宝砚，狼狈告辞。

王安石的变法有争议，用人有争议，但人格没争议。他一生高标准自律，清廉高洁，他有宏大的志向，并为之奋斗。黄庭坚在《跋王荆公禅简》里说，王安石是"一世之伟人"，他当得起这个赞誉。

晏殊跟王安石同是江西老乡，欣赏王安石的才情，却也感慨王安石性格偏执。他曾推心置腹地劝年纪尚轻的王安石，做人要大度一些，"能容于物，物亦容矣"。王安石却不以为然，反而讥讽晏殊作为宰相，却醉心于填词，能把国家治理好吗？

王安石就是这样不讲人情、个性执拗。当他推行变法时，非但没有团结各派力量，形成统一战线，反而搞起了"顺我者昌，逆我者亡"，凡是支持变法的，一律重用；凡是反对变法的，全部贬官外放。

结果，那些提携过他的老伙计们，比如富弼、欧阳修、苏轼、司马光，一个个都被赶出了京城，而一些别有用心、见风使舵的小人纷纷上位。依靠小人搞变法，变法怎么可能成功？最终，连王安石自己也被小人告了黑状，离开了京城。

伟大的人物都是有个性的。王安石的个性，就是刚直而过于刚直，变法而不愿变通。也只有这样的王安石，才是完整的、鲜活的、独特的王安石，才在中国历史上独一无二。

六、大宋鄞县试验

相比在首都开封的种种大喜大悲，王安石还是更愿意在南方书写人生。

他喜欢金陵（今江苏南京），曾两次充当江宁知府，留下不少诗词。

不过，真正给王安石带来美好回忆的，还是鄞县（今浙江宁波鄞州区）。因为，他的变法事业在这里试点，从这里起步，由这里推向全国。鄞县，是他梦想起飞的地方。

庆历七年（1047），王安石调任鄞县知县，时年二十七岁。

别看年轻，这时的王安石"气甚锐，而学甚富"。然而，刚上任就碰上当地闹旱灾。

抗旱是要务，但究竟旱成啥样，他要亲眼看看，找找病根。

十二天，徒步千余里，王安石跑遍全县十四个乡，写了《鄞县经游记》，既是调研报告，也是散文作品。

他发现，东钱湖的问题最突出。

这是鄞县东南的一个大湖，由七十二条溪流汇合而成，转一圈要走八十里。经唐代整修，能够灌溉沿湖五十多万亩农田，改善了当地的小气候。

到了北宋中叶，湖中的"药草"盘根错节，沉积了从上游冲刷下来的大量泥沙，导致湖岸收缩、湖底抬升，不少湖湾地段变成了富豪圈占的田宅，湖界也不断被蚕食。东钱湖的抗旱和蓄洪功能日渐萎缩。

东钱湖的问题，只是鄞县水利建设年久失修的缩影。

鄞县这个地方，"跨负江海"，水网密布，"十百相通"，但水利建设长期缺位，导致"渠川浅塞"。夏季只要有十天不下雨，大小支流就会干涸，耕地水源枯竭，引发干旱。

对此，王安石准备"重清东钱湖，起堤堰，决陂塘"（光绪《鄞县志·名宦传》），固塘筑坝，重整湖界。

他给两浙转运使杜杞写了《上杜学士言开河书》，建议趁农闲时节，组织当地富余劳动力浚治川渠，恳请这位顶头上司支持。杜杞是个明白人，当即表示力挺。

有上司的关照，王安石立即动员民众，掀起一股水利建设热潮。

东钱湖疏浚等工程完工，"旱则滴水如油，涝则民居漂没"的情况有所缓解，对农田灌溉、农业生产都有好处。东钱湖兼有灌溉、养殖、供水、观赏休憩等功能，是如今宁波近郊有名的风景名胜区。

东钱湖的这波水利建设，成了二十多年后王安石变法中农田水利法的雏形。

推进东钱湖疏浚工程，最大的难题是筹钱。王安石通过向全县富户摊派、支取县里的差役钱，以及上司拨款，也才勉强凑够了一半的工费。剩下的一半，他思前想后，只能向东钱湖灌区受益的农户摊派了。

东钱湖灌区的农户分三类：佃户、自耕农和财主。

佃户要地没地，要钱没钱，根本指不上。自耕农名下田地太少，摊不了多少钱。要想搞钱，还得打财主们的主意。

王安石发现，全县土地登记册上显示，东钱湖灌区只有三百顷耕地，而经过周密测算，实际面积理应不少于五百顷。两者怎么差这么多呢？

原来，登记在册的耕地主要在湖畔。远一点的地方，比如邱隘、五乡等地，登记的量很少。尤其是一些大财主，名下田连阡陌，但都自称不靠东钱湖水灌溉，要么隐匿不报，要么随便填点应付了事。

那些隐匿不报的田地，到底该不该登记？主要看是不是靠东钱湖水灌溉受益。怎样来证明某块地是否从东钱湖灌溉受益呢？

王安石看到，有个女人在湖边淘米。淘出的米糠屑，宛如一条珍珠丝带，顺流漂下。他顿生灵感，有了主意。

他吩咐手下人紧急搜罗几百担碧糠，堆放在东钱湖几个湖堤的堰塘口。然后借口整治湖泊，需要放干湖水，派人把所有的湖堤堰塘口全部打开，向下游放水。

放水的同时，他又让附近各乡组织几十名壮丁，分成多个小组，在衙役的监督下，前往放水的各个堰塘口，往水里连续大量投放碧糠。

过了几天，这些顺流而下的碧糠漂入了东钱湖周边的各个支流、汊港，随处可见，非常显眼。衙役们随即督促各地保正，对河流中漂浮的碧糠状况进行了实地查看和登记。

王安石拿到了第一手资料：东钱湖的水可以流入十里八乡，浇灌周边田地。大财主们如果再想以"不靠东钱湖浇灌"为由隐瞒田产，恐怕就说不过去了。就这样，东钱湖灌区的登记耕地，从三百顷增至五百顷。官府税收大增，灌区受益田地的亩均税负相应地下降了。

这件事给王安石留下的一条经验：做什么事，必须先做好基础性工作，把底数搞清楚。清丈东钱湖田地这件事，成了二十多年后王安石变法中方田均税法的雏形。

修水利、清田亩，只是王安石基层治理的小试牛刀。他在鄞县推行的新政，才刚刚开始。

鄞县是明州下辖的大县，但跟其他县一样，富人少，穷人多。每当春种秋收，农民既要忙农活，又要应付官府的苛捐杂税，大家都缺钱。民间借贷就成了穷人搞钱的主要途径。

农民把仅有的一点田地抵押给富户，换取百分之五十或更高年息的贷款，救一时之急。一旦遇到天灾人祸，没了收成，就会还不起本息。最终，抵出去的田地再也要不回了，甚至不得不典妻卖子来还贷。

两浙地区的土地兼并，大多是这样操作的。当地老百姓也是这样饮鸩止渴、陷于破产的。

王安石认为，造成穷者愈穷、富者益富的由头，就是"质田贷款，以逞兼并"的民间高利贷。长此以往，会导致百姓财力枯竭、纷纷破产，丧失向官府纳税的能力。

317

民间高利贷，是富户向官府争夺劳动力资源和土地资源的经济行为。当一种经济行为长期存在，形成社会共识后，要想打破它，就必须有勇气，有担当，有合理化的替代方案。从维护官府利益的角度出发，王安石决心碰碰这帮富户的既得利益，想办法抑制他们的土地兼并。

现在看来，保护和维持一定规模的自耕农，就是在维系一个王朝的农业经济活力，以及对农业财政的掌控力。不过，王安石跟富户一样，都是统治阶级的一分子，不可能搞"土改"，也不愿重复西汉后期带有行政干预色彩的"限田之议"。他打算用市场化手段，与富户争利。

鄞县县衙宣布，在青黄不接的春季，农民可以向官府申请放贷，秋收时节连本带利偿还，年息百分之二十。王安石把这个措施称为"贷谷与民""贷钱与民"。

王安石认为，官府放贷，优势有三：一是额度充裕，随贷随有；二是利率比民间高利贷更实惠；三是官府有公信力，如遇灾年，还款期可以推迟。

对官府来说，这么做也有三大好处：一是压制富户的高利贷剥削和投机兼并；二是争取老百姓支持；三是官仓存粮借机去库存，放旧收新，还能赚点额外收入。

这项改革试点的原理就八个字："特出官钱，轻息以贷"。这就是二十多年后王安石变法中"青苗法"的雏形。

疏浚东钱湖这样的水利工程，需要大量民力。如果征发徭役，让农民给国家尽义务，不但干活积极性不高，而且耽误农时，影响种地，工程质量也够呛。

有些农民忙着种地，不想去服徭役；有些没地的闲人，有的是时间服徭役，但他们不愿意白干，想赚点钱，养家糊口。于是，唐代就有"纳庸代役"的规定，只要向官府交够一定数量的丝绸，就可以免除当年的劳役，由官府用这些丝绸去雇人。

王安石也准备做类似的尝试。

他把作为义务的差役改成雇役。不想服役的人交了免役钱，就可以免去当年的劳役；官府拿着这个钱购买服务，雇那些想赚钱、有空闲的人，替交了免役钱的人服役。官府按等次付给数量不等的钱。这样，官府、不愿服役的，以及想赚钱的人，各取所需。

这就是二十多年后王安石变法中免役法的雏形。

在祖宗之法的约束下，北宋社会重文轻武的倾向日益严重。南方承平百年，百姓不知战争是何物。王安石认为，千百年来的历史教训证明，"忘战必危""怠战必败"。然而，巩固国防不光是军队的事，也要把老百姓组织起来，有助于维护社会稳定。

于是，王安石主张兵农结合，按照"什伍之法"组织保甲。他在《上五事札子》中表示，"保甲之法"源于夏商周时期的"丘甲"制度，管仲、子产、商鞅等人都实行过，并不是他标新立异。

父亲王益在韶州平定未遂兵变的事，使王安石将基层社会治理看得很重。他在鄞县推行"严保伍"，建立百姓自治的基层治安组织。

这就是二十多年后王安石变法中"保甲法"的雏形。

王安石是个文人，反对愚民政策，主张教化百姓，为国育人。他曾目睹方仲永的悲剧，感慨国家缺乏人才，更感慨人才浪费甚至埋没。因此，他力主兴办学校，培养人才，使得"所学必皆尽其材"。

他看到，鄞县县学的院子，有一部分被挪作庙宇。院子里没有一个学生，只有几个混日子的老秀才，拿钱不干事。一面是学校管理混乱，另一面是衙门里充斥着半文盲。王安石对此忧心忡忡。

庆历八年（1048），即上任鄞县的第二年，王安石把当地孔庙改为鄞县学，作为县里最高学府。

大楼有了，下一步就是请大师。

王安石亲自延请越州（今浙江绍兴）大儒杜醇出山，作为鄞县学的教师。

杜醇以前在慈溪教书，很有名望，跟杨适、王致、王说、楼郁合称"四明庆历五先生"，学问道德俱佳。不过，他长期低调隐居，无暇旁顾。

王安石在邀请信里毕恭毕敬地说："君不得师，则不知所以为君；臣不得师，则不知所以为臣。"（光绪《鄞县志·名宦传》）教师的社会地位被抬到了空前高度。

这就是二十多年后王安石变法中学校教育改革的雏形。

鄞县的"小变法"，都是二十多年后"大变法"的预演。王安石做了许多尝试，并在鄞县取得了实效。在鄞县能成功的变法措施，为什么推广到全国后，却引发那么大的争议呢？难道真的是"橘生淮南为橘，生淮北为枳"吗？

七、"样板"推广之后

皇祐元年（1049），浙东路转运司下了一道公文，向所辖州县的百姓催交赋税，语气生硬，内容空洞，不接地气。胸怀责任感、使命感，王安石给转运司回了一封《上运使孙司谏书》，字里行间，饱含着王安石"哀民生之多艰"的慨叹。

其实，转运司的这道公文里，还有收紧盐业专卖、禁止私自制盐贩盐的要求，甚至鼓励老百姓互相举报。

王安石不但拒不执行，而且强调沿海民众失去经营私盐的权利后，就会断了靠山吃山的饭碗，很可能官逼民反。

顶撞上司，是要冒政治风险的。可是，王安石偏要为民请命。他笃信，"一民之生重天下，君子忍与争秋毫"。

鄞县试验有扎实的实地调研基础和群众基础，针砭时弊、关注民生，最终实现官府、百姓、商人的共赢。短短三年时间，鄞县的社会面貌焕然一新。高田不怕旱，低地不愁涝，青黄不接不挨饿。改善了农业生产条件，改变了贫困落后面貌。

王安石每每提起鄞县试验，还津津乐道，将其作为施展政治抱负的样板。然而，当这个样板以大变法的形式推向全国后，情况就变了。

——过多强调富国，忽视了普通人的民生诉求。

在鄞县当知县，王安石考虑的是全县百姓能不能吃饱穿暖；而当了参知政事，他就必须统筹整个国家的布局，迎合皇帝的喜好——富国强兵、收复失地。

鄞县试验的"小变法"，施政目标是改善民生，为此，他可以劫富济贫，可以轻徭薄赋。而王安石的"大变法"，施政目标是帮朝廷理财，想办法"富国"，为此，他必须千方百计给朝廷捞钱，帮朝廷摆脱财政危机。

既然财政要增收，就要羊毛出在羊身上，势必增加民众税负。尽管王安石标榜"民不加赋而国用饶"，但实际操作上根本做不到。比如免役法，不想服役的人可以交免役钱，但到基层就变成了摊派所有人的新税种。连穷人家"本来无役者，亦一概输钱，谓之助役钱"。

显然，王安石的大变法是在与民争利，导致熙宁年间民变不断，见于文献记载的就多达三十余次。范祖禹就感慨："自行法以来二十余年，不闻盗贼衰止，但闻其愈多耳。"（丘濬《大学衍义补》）民间的不满情绪很容易被守旧派利用，作为攻讦王安石及其大变法的借口。

——过多强调站队，导致变法和吏治脱节。

宋神宗时期，一次宫里演戏，艺人故意骑着毛驴上殿。左右急忙阻拦，艺人故作不解道："将谓有脚者尽上得。"意思是说，我还以为只要有脚的都能上这大殿呢。

北宋宫廷有规定，艺人可以在戏台上讽刺任何人。这次，艺人讽刺的对象，就是王安石和他的用人原则。

王安石的大变法触动了固有政治秩序和老臣的既得利益，反对者众，使他陷于孤立。为了扩大"粉丝团"，摆脱不利境地，王安石提拔了一大批政坛新锐。这些人的最大特点，不是清廉正直，不是业务超群，而是拥护变法。他们是靠站队、喊口号来上位的。

于是，投机钻营者蜂拥而入，给王安石带来了"团团伙伙"的恶名。什么样的好政策，交给这群投机分子来落实，都会把"好经"念歪。最终，好政策也变成了扰民的坏政策。

尽管王安石努力推行"饶之以财、约之以礼、裁之以法"的用人原则，甚至把"饶之以财"放在第一位，倡导高薪养廉，但"良吏实寡，财取如故"，贪风日炽，民意失落。

这样的干部队伍，领导这么大的变法，不输才怪。

八、束之高阁的万言书

《宋史·王安石传》记载了这样一个故事："朝廷每欲畀以美官，惟患其不就也。明年，同修起居注，辞之累日。阁门吏赍敕就付之，拒不受；吏随而拜之，则避于厕；吏置敕于案而去，又追还之；上章至八九，乃受。"

这是一个很有意思的段子。

宋仁宗对王安石很是高看，想给他安排个京城美差。可是，王安石坚辞不受，就愿意去当地方官，直接跟老百姓打交道。

宋仁宗不甘心啊：如此大才，怎能流落地方呢？于是，他把王安石安排在身边，当个"同修起居注"，每天紧跟皇帝，把皇帝见什么人、说什么话、做什么事都记下来。

这是妥妥的皇帝近臣啊！如果能在皇帝身边混几年，这哪是镀金啊，分明就是镀钻石了！

别人梦寐以求的位子给了王安石，而这位"拗相公"就是不干。

皇帝急了，直接派使者给王安石送委任状，逼他不干也得干。

王安石也不含糊，听说宫里来人了，干脆躲到厕所里。

如果换到清朝，躲着不接旨，就是杀头大罪。然而，这是宋仁宗时代，对知识分子是宽容的。使者左等右等不见人来，只好把委任状放在王安石的办公桌上，回去交差了。

王安石从厕所出来，看见这份委任状，拿起来就追，愣是把委任状塞回给使者，表达的意思也很明确：恕不从命。

使者完不成差事，急得直哭。有朋友也劝王安石：你得给官家留点面子啊，还是从了吧。王安石这才接受委任状，到宋仁宗身边效力。

这不是他第一次当京官了，宋仁宗对他格外厚待，加官晋爵，毫不吝惜。然而，王安石还是那么死心眼，遇到矛盾，据理力争，没少得罪王公大臣。最后，借口给老娘守孝，辞职回江宁了。

宋仁宗驾崩后，新上台的宋英宗也时不时发个诏书，哀求王安石回京做官。可是，王安石根本不给面子，就在江宁待着。

不给皇帝面子，不是沽名钓誉，也不是摆臭架子。

一般人做官，是为了当大官，光宗耀祖；王安石做官，是为造福百姓、强大国家。王安石之所以能成为北宋时期不同凡响的大人物，就在于他从来不按普通人的生活规则做事，而是按照自己的原则，要做就做得开心痛快，绝不迁就自己，卑躬屈膝。

鄞县试验是有成效的，但整个大宋王朝仍旧陷于"三冗"的泥淖里。表面歌舞升平，实则隐患迭出、危机四伏。

掌权的高官们变了。他们参加过庆历新政，经历过党争挫折。重回高位后，早已没了当年改革的锐气，只剩下沉沉暮气，混一天是一天。毕竟，他们老了，变成既得利益者了。

宋仁宗也变了，至和三年（1056）中风以来，他身心俱疲，精神萎靡，当年庆历新政他都没坚持下去，眼下指望他再领导一次波澜壮阔的改革，难度太大。

不过，王安石还是对宋仁宗抱有期待。毕竟，宋仁宗让"范粉"充斥执政团队。这说明，宋仁宗还想做点事。

嘉祐三年（1058），王安石返京述职时，向宋仁宗呈送了一份名曰《上仁宗皇帝言事书》的奏章，号称"万言书"："今天下之财力日以困穷，风俗日以衰坏，患在不知法度，不法先王之政故也。法先王之政者，法其意而已。法其意，则吾所改易更革，不至乎倾骇天下之耳目，嚣天下之口，而固已合先王之政矣。……自古治世，未尝以财不足为公患也，患在治财无其道尔。在位之人才既不足，而闾巷草野之间亦少可用之才，社稷之托，封疆之守，陛下其能久以天幸为常，而无一旦之忧乎？愿监苟且因循之弊，明诏大臣，为之以渐，期合于当世之变。臣之所称，流俗之所不讲，而议者以为迂阔而熟烂者也。"

王安石分析了北宋中叶社会危机的深刻原因。他认为，全社会面临的最大困难，是朝廷财力枯竭，社会风气败坏。究其原因，主要还是"不知法度"，没有"法先王"。

当然"法先王"只是"法其意"，而不是"法其政令"，也就是领会先王的精神，而不是照搬、盲从先王的法令。既然社会出了问题，该改还是要改。

到底怎么改呢？王安石复制了鄞县试验的一部分好做法，把改革着眼点放在了理财和选才上。

所谓"理财"，就是"因天下之力以生天下之财，取天下之财以供天下之费"，即广开财源，增加财政收入。

所谓"选才"，就是建立一套培养人才的合理机制，确保理财有道。

《宋史》没有对万言书的人才政策有过多引述。事实上，王安石对人才培养提出了"教之、养之、取之、任之"的改革主张。

"教之之道"，就是取缔日趋泛滥的私学，振兴国家控制的官学，有针对性地培养实用人才。

"养之之道"，就是要让各类人才"饶之以财""约之以礼""裁之以法"，成为不差钱、不媚俗、不违法的社会精英。

"取之之道"，就是改革科举制度，由皇帝直接控制人事权，加大基层推荐和学校教育在人才选拔中的权重。对新选拔的人才，要考察言行和实务，选出那些真正德才兼备的人。

"任之之道"，就是用人不问出身和资历，以称职为原则，力主久于其任，奖勤罚懒，尤其要鼓励主动作为，贬斥为官不为。

王安石的万言书，论证的是理财和吏治，源自多年的基层治理经验，也是对范仲淹庆历新政精神的继承。

范仲淹和王益是同年进士。王安石比范仲淹小三十二岁，妥妥两代人。不过，这两位北宋政治家却有太多共同点：都是才华横溢的文人，都有志于改革图强。

王安石一直是铁杆范粉。在鄞县知县任上，他就写了《上范资政先状》的文章，其中"粹玉之彩，开眉宇以照人；缛星之文，借谈端而饰物"的话语，表达了对范仲淹的仰慕。

范仲淹很欣赏这位年轻的后生。皇祐三年（1051），范仲淹以户部侍郎衔任青州知州，在赴任途中，曾向朝廷写信推荐吕公著、司马光和王安石。

遗憾的是，皇祐四年（1052），范仲淹在徐州病逝。此时，王安石正在舒州通判任上，悲痛万分，写下了《祭范颍州仲淹文》，感慨"呜呼我公，一世之师，由初迄终，名节无疵"。王安石一生写过三十七篇祭文，这篇是篇幅最长的。

他深知，自己有能力继承范仲淹的衣钵，把改革事业推进下去。万言书正是他推进改革事业的动力，也彰显了他在多年后推行"大变法"的主要思路。

万言书呈上去便杳无音信了。宋仁宗有没有认真看？《宋史》没有记载。倒是邵伯温在《邵氏闻见录》里记述了一件事：

一天，宋仁宗心情不错，决定在宫里办一场赏花钓鱼宴，把够级别的京官都请到御花园来，领略皇家情调，君臣大快朵颐。王安石作为知制诰，自然也在受邀之列。

赏花钓鱼宴，顾名思义，除了吃饭之外，还有两项娱乐活动——赏花、钓鱼。王安石对赏花没兴趣，就选了钓鱼。宦官端来盛鱼饵的金盘，放在茶几上，供官员们取用。

可能是皇家鱼饵的配料比较丰富，气味更加浓香，王安石还没开钓，居然稀里糊涂地把一粒鱼饵塞进了自己嘴里，细嚼慢咽起来。越吃越对胃口，不大一会儿，竟然把身边的一整盘鱼饵吃了个精光。

宋仁宗对宰相文彦博说："王安石是个伪君子！如果是误食，吃一粒也就意识到了，可他居然把一整盘都吃下去了，不合情理嘛！"

这么看来，尽管宋仁宗认为王安石是个人才，应当大用，但对他的人品不太放心。

连人品都信不过，怎么可能认同他的主张？

万言书石沉大海，但王安石也没被宋仁宗为难。君臣相安无事，直至宋仁宗驾崩。

绝大多数大臣都坚信，君要臣死，臣不得不死。而王安石是个例外。在他看来，君择臣，臣子亦择君。如果没有完全信任他、支持他的君王，他宁可不去做官。

有趣的是，四十七岁那年，他终于等到了那个支持他的君王——宋神宗。接下来，他将掀起一场毁誉参半的"大变法"，并将把自己镌刻在充满争议的历史大人物榜单之上。

无论后人怎样评说，王安石依旧是那个傲娇如初的"拗相公"，无视身边的风雪，用自己的画笔，坚定执着地勾勒着他心中最美的天下。正如他的五言绝句《梅花》所写：

墙角数枝梅，凌寒独自开。

遥知不是雪，为有暗香来。

王安石的人生，不需要改变。至少鄞县的百姓永远记住他，永远念他的好。

司马光：砸缸一辈子

　　宝髻松松挽就，铅华淡淡妆成。青烟翠雾罩轻盈，飞絮游丝无定。

　　相见争如不见，有情何似无情。笙歌散后酒初醒，深院月斜人静。

　　这是司马光的词作《西江月·宝髻松松挽就》。

　　月明之夜，深院之中，伊人淡妆，舞姿曼妙，情愫悠然，如醉如痴。酒醒时分，追思惆怅。尤其是"相见争如不见，有情何似无情"，写出了司马光的直率真情。字数不多，尽得风流。

　　情场上的司马光是羞涩的，他一辈子不讲究吃穿，不爱钱财，不讨小老婆，放眼大宋朝的精英层，只有王安石这个"邋遢大王"能相提并论。

　　他与王安石既有私交，又是政敌。他不反对改革，但又一股脑地推翻了王安石的全部新政。他活跃在北宋政坛，却又呕心沥血十九年，在书斋里写成了传世千年的《资治通鉴》。

　　他的出道，始于司马光砸缸的民间故事。从此，他似乎"砸"上了瘾，一辈子都在"砸缸"，尤其是砸王安石的"缸"。

一、砸缸少年

关于"司马光砸缸"的故事，《宋史·司马光传》记述道："群儿戏于庭，一儿登瓮，足跌没水中，众皆弃去，光持石击瓮破之，水迸，儿得活。其后京、洛间画以为图。"

这个发生在光州（今河南潢川）的故事家喻户晓，它让少年司马光瞬间成了家喻户晓的"小鲜肉"。这年，他才七岁。

问题来了，小孩掉进了水缸，大伙想的都是如何把孩子捞出来，而司马光想的却是把缸砸破，让水流走，小孩照样得救。为什么司马光的想法会与众不同的呢？

这就是逆向思维，属于发散思维的一种。既然是"发散"，说白了就是遇事多琢磨，甚至是瞎琢磨，多设计几种可能性。有许多发明创造，不也是从无规则可循的瞎琢磨中迸发出来的吗？

司马光的发散思维，不是凭空胡思乱想，而跟家庭环境和童年经历有关。

他出身官宦家庭。父亲司马池中过进士，在四川郫县（今四川成都郫都）当过县尉。有人造谣说驻军叛乱，吓得知县跑路，主簿请病假，全县乱套。司马池临危受命，代管全县政务，一面做好防范，一面安抚人心，稳住了局面，得到上级表扬。

司马池也不是横空出世的能人，他的父亲司马炫是北宋第一批进士。司马炫去世早，留下万贯家财。可司马池竟然全部分给了族人。他用实际行动表明，自己追求学问，而非钱财。抱着一大堆钱财，不但要打理，还得守护，操心费神，哪还能专心读书？

把心思花在读书上，给司马池带来了超乎钱财的回报。

宋真宗天禧三年（1019）三月，司马池调任郑州防御判官，刚好光山知县出缺，朝廷一纸调令，就调他去做知县了。

朝廷修宫殿，向光州征调竹子，要求三天办完。问题是，光州不产竹子。对于这份差事，光州下辖几个县的知县都很发愁。

亏得司马池在书中读到，黄州（今湖北黄冈）产竹子。这是离光州最近的竹子产地。于是，他一面向朝廷奏请宽缓时日，一面派人连夜去黄州大量采购，然后雇车运到京城。结果，光州各县只有司马池的光山县最先完成了任务。

这件事给宋真宗留了个好印象。等到司马池在光山任满后，在广州知州的推荐下，司马池调入京城，先做秘书省著作郎，后来又调任司录参军、留守司通判，打开了升官的通途。

天禧三年（1019）十月，司马池的第三子降生人间。由于出生地就在光山县，于是他给这孩子起名"司马光"。

这是个类似方仲永的神童。六岁就能读书识字，七岁就既能背诵《左氏春秋》，还能讲解大意，比自称熟读《春秋》的关羽，以及号称《左传》癖的杜预更了不起。

因此，能在七岁干出"砸缸"创举，绝非偶然。

事实证明，创造性的发散思维，离不开知识经验的积累和智商的培育。司马光走在了同龄人的前列。

这还没完，几年后，这位"砸缸少年"又干出一件狠事。

宋仁宗天圣九年（1031），司马池升任利州路（今四川广元）转运使。带全家人赴任途中，在栈道上遇到一条巨蟒。随行用人们都很害怕，而十二岁的司马光沉着冷静，拎了把利剑走上前去，猛扎巨蟒的尾巴。巨蟒猝不及防，疼得一震，滚落山涧。

司马光的突然之举，让司马池又惊又喜。他觉得，这孩子不但有文采，而且有胆识，值得好好培养。于是，司马光就走出了一条有别于方仲永的路子——不是有点本事就跟着父亲四处卖弄，而是在父亲的带领下潜心深造。

地方官的孩子，深造的方法无非有两条：其一，勤学苦读；其二，多见世面。前者主要靠自己，后者主要靠拼爹。

只要有出游和会友的机会，司马池都把司马光带在身边，让他耳濡目染。许多大臣都对这孩子很赏识，甚至评价他"凛然如成人"。大臣庞籍还把司马光认作干儿子，悉心教育。

光有大佬们的关怀，还是不够的，学习成才这种事，关键靠自己。

北宋学者范祖禹在《司马温公布衾铭记》里记载："以圆木为警枕，小睡而枕转而觉，乃起读书。"

司马光用圆木做枕头，名曰"警枕"。这玩意圆滚滚的，躺上去可不怎么舒服。如果太过困累，无论什么样的枕头，靠上去就呼呼睡着了。不过，只要一翻身，头和脖子就会从这圆滚滚的枕头上跌落，从而惊醒。

司马光这么自虐，就是为了少睡会儿觉，多挤出点时间读书学习。

本来就拥有拼爹的本钱，又兼有勤奋刻苦的劲头，这样的司马光是令人恐惧的。

如此勤奋，离不开司马光本人的行动自觉，离不开父亲司马池的悉心培养，更是司马氏家族的家风家教使然。

在这样正能量的风气里，司马光如鱼得水，进步神速。宋仁宗宝元元年（1038），他首次参加进士考试，就在会试中一举高中进士甲科。这年，他刚二十岁。

从此，司马光真正践行了学而优则仕的理念，由"砸缸少年"摇身一变，成了官场的未来之星。

二、人格魅力

说司马光是未来之星，是因为他拥有很多优良品质。

——用功。

小时候，他在私塾念书。老师讲完书上的东西，其他同学读几遍就能背下来，而司马光需要比别人多花两三倍时间，才能勉强背下来。

记不住、背不出，是司马光的先天不足。为了训练记忆力，他常把自己单独关在教室里，反复朗读，直至滚瓜烂熟，终生不忘。骑马赶路、夜不能寐的碎片时间，也被他用起来读书。

枯坐洛阳书斋中，皓首穷经十九年，写成煌煌大作《资治通鉴》，这样的定力不是一天炼成的。用功，是他走向学术巅峰的基本功。

——讲究。

书，是司马光最大的讲究。他不差钱，但一直布衣粗食。他的钱财，要么接济穷人，要么买书藏书。他的藏书，能排全国前几名。

司马光对读书、翻书是很讲究的。读书的时候，要端坐，用右手拇指轻轻把书托起，再用左手食指轻轻掀开每一页。读罢，书本不能有任何折皱。

他的这份讲究，不但终生坚守，而且传给了后人。儿子看书时动作粗鲁，他就发飙了。盛怒之后，还对儿子一番叮嘱：钱是商人的根本，要重视；书是读书人的根本，要爱惜。

——老实。

五六岁的时候，他玩青胡桃，姐姐想帮他把胡桃皮剥下来，结果没成功。姐姐走开后，女用人拿热水把胡桃皮泡掉了。姐姐回来后，问这皮是谁剥掉的，司马光抢功心切，说是自己剥的。这一幕恰好被司马池看到。于是，这位慈父说了句狠话：你小子怎能信口胡说啊！

可能是受这事刺激，此后司马光有一说一，鲜少说谎。

考中进士那年，皇帝买单，请新科进士撮一顿。其他进士兴冲冲地参加了，只有司马光不肯戴花赴宴。还是有同科进士跟他说：这花是官家赐给的，不能不给面子。司马光这才勉强戴上。

时至暮年，司马光表现得更加实诚。一天，他让家人去卖马。别人卖马，为了多卖点钱，都会尽量夸耀这马的优点，避谈马的缺点。司马光居然还嘱咐家人："这马夏天得过肺病，你卖的时候要跟买主说清啊！"

——仗义。

宋仁宗嘉祐年间，司马光出任并州通判。他奉庞籍派遣，对麟州屈野河西地区实地考察，建议在此修城堡和屯田，以增强防备西夏的军事和经济自给能力。庞籍采纳了。

然而，庞籍麾下的将领郭恩急躁冒进，在对敌情一无所知的情况下，连夜渡过屈野河，企图抢占西夏的地盘。结果中了埋伏，被西夏骑兵全歼，自己也兵败自杀。

吃了败仗，朝廷要追究责任。庞籍作为主帅，主动扛责，被贬为青州知州。朝廷没再继续追责，司马光躲过一劫。可是，他没有心存侥幸，而是三次上书，自责引咎，为庞籍辩白。他认为，明明是自己建议在这地方修堡寨的，怎能让恩师庞籍受过呢？

抢功不罕见，但抢着扛责还是稀罕。宋仁宗是个明白人，司马光把话都说到这个份儿上了，他就不再处分庞籍了，也没再向司马光追责。

用功、讲究、老实、仗义，这是一组难能可贵的品质，这是一段历久弥新的传奇。司马光砸了传统积习的"缸"，树立了中国传统知识分子讲气节、讲风骨的标杆。

三、超凡异类

纵容贪腐，是北宋前期官场的一大特色。宋太祖赵匡胤曾得意地说："我把一百多个文官派到各地做知州，就算他们都贪污，为害也不及武将的十分之一。"

在赵匡胤看来，官员贪几个钱，只要没有政治野心，那都不叫事。尽管他自己很清廉，但架不住北宋的社会风气越发奢靡。

在这方面，司马光是个异类。

——清廉。

司马光为官近四十年，从不私取分文，也不贪图回报，不光因为不差钱，更因恪守清廉。

嘉祐八年（1063），宋仁宗驾崩，新皇帝宋英宗宣布，文武百官每人晋级一等，按照乾兴元年（1022）的标准给赏。

皇帝这一大方，就甩出去一千多万贯赏钱。对于北宋的财政来说，这是很大的一笔开销。

其他人得了御赐赏钱赏物，都笑纳了，只有司马光觉得不能收。

他在《言遗赐札子》中指出，如此赏赐，"恐非所以（礼）遇士大夫之道也"。在《言遗赐第二札子》里，他还说出了如果群臣稍有"廉耻之心"，又"何面目以自安"的狠话。

司马光不光是说说而已，还带着几个同僚到朝堂之上，真的打算带头把御赐金帛珠宝都退回去。然而，不管他怎么说怎么做，朝廷都以"乾兴无此例"为由，予以拒绝。

没人敢开这口子，没人愿意破这先例。司马光只好硬着头皮把这些金帛珠宝接了下来，然后将珠宝捐给了谏院当办公费，金帛送给了舅家。

身教重于言教。司马光对清廉的追求，也在感染着身边人。

司马光对自家宅院独乐园情有独钟，曾赋诗自夸："客到暂冠带，客归还上关。朱门客如市，岂得似林间。"

《独乐园图》（局部），明代仇英。该画反映了司马光的私人园林景象。美国克利夫兰艺术博物馆藏

一天，他发现独乐园里新盖了一间小屋，就问守园人："建房子的钱是从哪儿来的？"

守园人说："都是游客给的赏钱，我攒起来盖了这间房。"

司马光又问："你为什么没留着自己用？"

守园人答道："难道只有相公您不要钱？"

守园人一句反问，就把主仆双方的人品说得一清二楚。赏钱属于个人正当获利，给自己用，没毛病。可是，守园者却用它来建公共设施，显然是受到了司马光的人格魅力的熏陶。

给司马光当差，无权无势，没有油水，但司马光本人对这些仆人待之以诚，持之以礼，给他们足够的尊严，让他们活得踏实自在，真正做到老老实实做人，勤勤恳恳做事。这不是钱能买来的感觉。

——专一。

杯酒释兵权后，功臣宿将们纷纷交出兵权，拿着巨额赏钱，广置田宅，蓄养娇妻美妾，过起了锦衣玉食、不问政治的神仙日子。于是，君臣舒心，各得其所。

有这些开国功臣带头，全国的达官贵人都以蓄养妻妾为荣，以花天酒地为美。对此，宋真宗、宋仁宗不但不加限制，反而提倡百官以声色自娱。于是，纳妾成了北宋官场的常态。

跟司马光同朝为官的名人，都热衷金屋藏娇。比如欧阳修"有歌伎八九妹"，韩琦"家有女乐二十余辈"，韩绛有"家伎十余人"，苏轼"有歌舞伎数人"。连一些富起来的平民百姓，又有谁家没个三妻四妾呢。

司马光又成了例外。他达到了读书人从政的极限高度，却只娶了一个老婆——龙图阁直学士张存的女儿，而且终生未育。为了延续香火，他只好过继侄子司马康，收为嗣子。

张氏觉得，没给司马光生下一儿半女，很是愧疚。她不懂得，造成不孕不育的原因是多元的，也许是她的问题，或是司马光的问题，也许是环境、饮食所致。她想弥补这个遗憾，便打算给司马光纳妾。

她偷偷买了个美女，悄悄安置在卧室里，然后借故外出，希望司马光"生米煮成熟饭"。没想到，司马光不但赶走了这个美女，还把张氏狠狠训了一顿。

——节俭。

《训俭示康》是司马光写给嗣子司马康的文章，教导他要崇尚节俭。

这是家训，也是他一生恪守的信条。

在洛阳任职期间，司马光每年都回乡探亲。高官省亲，沿途州县都想招待。司马光不想参加这些应酬，只好骑着毛驴绕着州县衙门走。

陕州知府刘仲通跟司马光政见相同，听说他要从州府路过，很想跟他聊聊，便早早派人在路口候着。可是，左等不来，右等不来。过了好大会儿，差人来报，说司马光已经绕城而过，快到茅津渡了。

刘仲通听说后，急忙派人带了几坛好酒追到渡口，想聊表地主之谊。司马光见状，语重心长地说："我不是存心拒绝您的好意，只因看到沿途许多百姓连饭都吃不饱，甚至吃野菜充饥，实在无心享受这美酒佳肴。"

司马光家里的陈设很简单。一天，好友范镇来洛阳看他，走进屋里，大为惊愕：堂堂宰相的宅子里，除了四壁的书架上摆满书籍之外，别无他物。床上的被服早已褪色，补丁摞补丁。这过得是什么日子啊！

回到许州的住所后，范镇就让夫人做了一床被子，托人捎到洛阳。司马光非常感动，便在被头上用隶书工工整整地写上："此物为好友范镇所赠。"这床被子陪伴了他的最后时光。

临终时，他特别嘱咐司马康："我死之后，仍穿平时的衣服，盖上这床被子。"他给宋哲宗、高太皇太后的奏章里写道："国家财力困难，别搞国葬，把我的棺椁运回老家，薄葬即可。"

小偷可以作证，司马光真没多少存款。一次，小偷趁夜溜进来，以为司马光身居高位，一定家藏万贯。翻箱倒柜，一通忙活，也没翻出什么值钱的东西，大失所望。

俗话说，贼不跑空。小偷不想空着手离开，便把一个竹编衣箱扛走了。衣箱不值几个钱，但里面装着司马光夫妇的换洗衣服和被子。结果，司马光见家人没衣服穿，睡觉没被子盖，十分郁闷。还是太太张氏安慰他说："只要人没事就好，东西丢了以后还可以再买。"

后来，张氏病故，一生清廉的司马光竟然拿不出钱来办丧事。司马康建议借点钱，把丧事办得风光点，司马光却不同意，还语重心长地说，立身处世要以节俭为本，不要动不动就借钱摆排场。最后，司马光把自家一块地典当出去，换点烧埋钱，才给老婆办了丧事。

清廉、专一、节俭，共同构成了司马光做人的底线。他的自律，砸的是自己的"缸"，但这样的"砸"法，令人肃然起敬。

四、"名嘴"与"冤家"

司马光不但砸自己"缸"，还砸过同僚的"缸"，砸过好友的"缸"，更砸过皇帝的"缸"。只不过，他不是用手砸，而是用嘴砸。

麦允言是宋仁宗的亲信宦官。他去世后，宋仁宗打算追封他为"司徒"，给予高规格厚葬。问题是，"司徒"的封号和厚葬的规格，只有宰相、亲王或者功臣才有资格使用，从来没宦官什么事。然而，宋仁宗非要破例不可，大臣们噤若寒蝉，谁也不敢阻拦。

这时，刚入仕途的司马光跳了出来，写了一篇奏章。大概意思是，麦允言本来没什么功劳，如果官家以这么高的规格来安葬他，知道的人会说皇恩浩荡，不知道的人还以为官家不辨忠奸呢。

司马光的话说得很尖刻，但字字句句都在维护宋仁宗的脸面，利弊得失都说得很清楚，让宋仁宗看着办。面对这份自圆其说的奏章，宋仁宗只好收回成命，降低安葬规格。

这么看来，尽管司马光砸"缸"的话语很硬，但浸透着"忠肝义胆，敢于直言"的好名声，在朝中树立了正面典型，再加上话里话外处处维护皇帝的切身利益，让宋仁宗无话可说。

司马光当谏官多年，冲撞了不少人，但位子坐得稳，正是得益于他出于公心、恪尽职守的站位，也奠定了他在北宋朝堂之上的"名嘴"地位。

"名嘴"在北宋不止一个，司马光很快就遇到了他一生的"冤家"——王安石。

司马光和王安石有许多相似之处。

他俩的气场都很强。司马光的《资治通鉴》在中国史学史上彪炳千秋，王安石则被列宁称为"中国11世纪的改革家"。

他俩年纪相仿，司马光大两岁。都曾在包拯手下做官，才华横溢，互相认可，私交要好。

他俩都不讲迷信，不相信灾祥应验。司马光的《资治通鉴》根本不收录此类史事。王安石提出"天变不足畏"，压根没把"天人感应"当回事。

他俩都是大文豪，各领风骚。嘉祐年间，王安石曾写过《明妃曲》两首，歌咏昭君出塞的事迹。司马光、欧阳修等人都觉得这诗写得好，也跟着作诗唱和。

更重要的是，两个人的生活作风都很节俭、严谨。王安石不修边幅、不拘小节，司马光对自己也很抠门。司马光坚持一夫一妻制，拒绝纳妾，王安石在这方面也严格自律。

然而，两人友谊的小船说翻就翻，主要原因就是政见不同。

北宋中叶，"三冗"问题积重难返，社会矛盾不断加深，变法改革的呼声此起彼伏。范仲淹的庆历新政翻起了一朵浪花，旋即灰飞烟灭。时代呼唤改革，但改什么，怎么改，决策层的意见并不统一。

宋仁宗在最后几年中饱受病痛折磨，无心改革，只做点小修小补；宋英宗有心改革，却陷在"濮议"的漩涡里，顾不上改革。历史把改革的接力棒交到了宋神宗手里。而宋神宗选中了王安石。

论职业履历，王安石是"接地气"的。他长期在基层锻炼，深知百姓疾苦，办事务实果断。不过，当王安石把鄞县试验的成果推广到全国，大刀阔斧地推出青苗法、免役法的时候，司马光站了出来，跟这位老朋友打起了嘴炮。

司马光曾给王安石三次写信，责备变法操之过急，批评新法有"侵官、生事、征利、拒谏"四大缺陷，希望他重新考虑，最好把青苗法、免役法先停下来。可是，王安石非但没听进去，还写了《答司马谏议书》，一一批驳了司马光的质疑。

王安石觉得，我奉旨搞变法，怎能说我"侵官"？我为国家办事，怎能说我"生事"？我为天下理财，怎能说我"征利"？我驳斥错误言论，怎么能说我"拒谏"呢？

这封回信很经典，很强硬，也很讲语言分寸，让司马光一时语塞。谁让人家王安石深受宋神宗信任呢？

在政治见解上，司马光和王安石各执一词，非常固执，分别得到了"司马牛"和"拗相公"的外号。眼看没法说服王安石，司马光又去游说宋神宗，先后三次君臣问对，观点都亮明了，但谁也没法说服谁。

司马光百思不得其解：为什么官家和好友都听不进自己的观点呢？难道自己真的错了吗？其实，司马光的政治主张绝非"祖宗之法不可变"就能一言以蔽之的。换句话说，对于怎么变法，他有过理性思考。

儒家有传统的义利观。孔子说"重义轻利"，孟子说"义利两分"，都是在不否认利的重要性的同时，强调义更加重要。这既是伦理道德的标尺，也是经济思维的参照。因此，大儒通常主张义、利兼顾，以义为主。

在《论财利疏》中，司马光既肯定"求利所以养生"，又认为"民常以利丧其生"，因此要通过义来约束利，将义作为逐利的前提。概括起来，就是八个字："利以制事，以义制利"。具体到经济主张上，就是把富民放在首位，这才是体现民本思想的义。

然而，针对形同沉疴的"三冗"问题，王安石只能下猛药，先实现富国，再去追求富民。因而，他的财政主张就是为国敛财，打着不加税的旗号，想方设法从民间弄钱，充实国库。换句话说，就是向管理要效率。

相比之下，司马光的财政主张，就是不搞竭泽而渔，而是先撒把米，把民间养肥了，税收自然水涨船高。至于官府，首先还要节流，精简不必要开支，压缩行政成本。换句话说，就是向生产要效率。

整体来看，北宋中叶的社会问题刻不容缓，需要王安石这样的猛药。而皇帝最关心的，还是怎样才能富国强兵，怎样才能打败契丹和西夏，恢复唐朝故疆。在王安石看来，这些事归根到底就是要收钱，集中全国资源。

司马光觉得，反正社会问题已经积累到这步田地了，不如小步快跑，让病灶慢慢适应新环境，再寻找机会予以根治。这似乎也是个能行得通的主意。

政见分歧，让两人分道扬镳。王安石在宰相的位子上没干几年，就被赶回江宁了。司马光则索性躲到洛阳写书去了。直至"元祐更化"，废除新法，司马光才被重新起用，迎来了职业生涯的最高光时刻。

虽然为变法的事争得面红耳赤，但还是君子之争，都是为了扭转帝国的颓势。王安石说司马光是君子，司马光说王安石的文章"节义过人处甚多"，反对那些诋毁王安石的守旧派言论。

作为四朝老臣，司马光不但得到朝廷尊崇，也受到老百姓的爱戴。宋人王辟之在《渑水燕谈录》里讲了一个故事：

宋神宗驾崩后不久，王辟之正在青州附近的淄河驿站睡觉，突然被清晨院外的欢呼声惊醒。他睡眼惺忪地出来观瞧，只见上百名村民从南向北奔走相告：听说司马相公出任宰相了！

这件事不是编的。苏轼写了两句诗，也反映出这事是真的："儿童诵君实，走卒知司马。"

当宫廷卫士从远处看到司马光缓步赶来时，竟然用手拍着额头，大声欢呼：真是司马相公回来了啊！老百姓自发拦住去路高喊："司马相公别回洛阳了，就留在京城辅佐天子，造福百姓吧！"

活着的时候接受的殊荣，影响因素太多。司马光去世的时候，"京师之民，罢市而往吊，鬻衣以致奠，巷哭以过车者，盖以千万数"（张淏《云谷杂记》）。这一切，随着时间的推移而逐渐淡化，留下来的，除了洋洋洒洒的《资治通鉴》外，还有记录各种时事段子的《涑水记闻》，以及砸缸的故事，仍在诉说着司马光的经典传奇。

周敦颐：理学鼻祖的"爱莲"人生

338

> 芰裳荇带处仙乡，风定犹闻碧玉香。
> 鹭影不来秋瑟瑟，苇花伴宿露瀼瀼。
> 扫除腻粉呈风骨，褪却红衣学淡妆。
> 好向濂溪称净植，莫随残叶堕寒塘！

这是鲁迅早年写的七言律诗《莲蓬人》。

1900年秋天，青年鲁迅有感于近代中国的民族屈辱，给弟弟们赠诗，对莲蓬进行拟人化描写，借赞美莲蓬净植于秋寒，希望自己能像莲蓬那样洁净、高尚。

周敦颐是哲学家，注定在古代社会很难赚大钱、出风头。不过，他在中国历史上还是留下两抹印记：

——他是学术界公认的宋明理学开山鼻祖，"道承孔孟，学启程朱"。

——他的《爱莲说》家喻户晓，堪称千古杰作。那个净然独立的"莲荷"，就是他思想和人格的化身。

一、为什么独爱莲花

在周敦颐的笔下，莲花是特别的。正如他在《爱莲说》里写的："水陆草木之花，可爱者甚蕃。晋陶渊明独爱菊。自李唐来，世人甚爱牡丹。予独爱莲之出淤泥而不染，濯清涟而不妖，中通外直，不蔓不枝，香远益清，亭亭净植，可远观而不可亵玩焉。予谓菊，花之隐逸者也；牡丹，花之富贵者也；莲，花之君子者也。噫！菊之爱，陶后鲜有闻。莲之爱，同予者何人？牡丹之爱，宜乎众矣。"

一个"独"字，显出与众不同的莲荷风骨。

——莲者，联也。荷者，和也。

周敦颐平日的扮相很有"联"与"和"的意思。他头戴道冠，身穿僧服，脚蹬儒履。一身行头，不但寓意"三教合一"，而且各有定位：道学为首，佛法为心，儒行为基。曾经势同水火的三派学说，在周敦颐的扮相上融为一体，凝聚成特有的中国智慧。

曾几何时，莲荷是中国古代"和文化"的象征，寓意儒、道、佛三位一体：碧绿的荷叶，象征入世的儒学；粉红的莲花，象征遗世的道学；白玉似的藕节，象征出世的佛学。

周敦颐赞美莲荷，就是赞美自己，彰显理学格物致知和经世致用的文化价值。

——莲者，怜也。

周敦颐关心百姓疾苦，是个干实事的官。他每到一个州县履新，都会尽力而为，甚至把老百姓看作爹娘。

他宁愿把心思都放在怜爱老百姓、替老百姓做实事上，而不是只图自己升官潇洒，不管百姓贫富死活。

黄庭坚有感而发，在《濂溪诗》里对周敦颐的政治理想给予很高评价："短于取名，而惠于求志；薄于徼福，而厚于得民。"

——莲者，廉也。

周敦颐为官清廉，洁身自好。《濂溪先生墓志铭》记载了一则故事：

南昌做官期间，周敦颐生了一场大病。同僚潘兴嗣前去看望，惊讶地看到，周敦颐家里的所有衣物，只能装满一个破筐。手头的现金更是不过百文。朝廷发给的优厚俸禄，他都拿去接济别人。

周敦颐似乎朴实、廉洁到了自顾不暇的夸张地步。不过，五十岁时他还写了一首自况诗《任所寄乡关故旧》，认为自己所做的这一切都是对的：

老子生来骨性寒，宦情不改旧儒酸。

停杯厌饮香醪味，举箸常餐淡菜盘。

事冗不知筋力倦，官清赢得梦魂安。

故人欲问吾何况，为道舂陵只一般。

在留给家人的诗中，他甚至表达了对自己节俭、清贫的日子很是满足：

芋蔬可卒岁，绢布足衣衾。

饱暖大富贵，康宁无价金。

吾乐盖易足，名濂朝暮箴。

元子与周子，相邀风月寻。

《爱莲说》里的"出淤泥而不染""濯清涟而不妖"果然词如其人，树立了廉洁从政的风骨。

——莲者，君子也、立人也。

周敦颐继承了玄学和易学，提炼组合形成了一套宇宙构成论，《太极图说》讲道："无极而太极，太极动而生阳，动极而静，静而生阴，静极复动。一动一静，互为其根；分阴分阳，两仪立焉。……万物生生而变化无穷焉，惟人也得其秀而最灵。"

在这套宇宙构成论的支撑下，周敦颐模仿"太极"，创立了"人极"的概念。他认为，"人极"即"诚"，是道德的最高境界。正所谓"立天之道曰阴与阳，立地之道曰柔与刚，立人之道曰仁与义"。因此，《爱莲说》算是不折不扣的"立人"宣言。

对于周敦颐的"立人"说，鲁迅是很认可的。1908年，鲁迅在《文化偏至论》一文中提到，国家和民族的出路，"首在立人，人立而后凡事举；若其道术，乃必尊个性而张精神"。

这里的"立人"，是君子的组成要素，更像是一种独立人格。

周敦颐不爱菊，表明自己不会逃避社会责任，不会学陶渊明挂冠隐居；不爱牡丹，表明自己不会大张旗鼓地作秀，追求所谓大富大贵。周敦颐对莲花情有独钟，是因为莲花的品格跟他的为官之道是一致的。

那么，当他步入仕途之后，究竟是怎样做官的？又有哪些为官之道？

二、老周也是"关系户"

学而优则仕，是古代中国读书人的常规路径。周敦颐这样的大学问家也不例外。

令人想不到的是，周敦颐做官的起点，居然不是科举考试、金榜题名，而是靠关系上位。

景祐三年（1036），龙图阁直学士郑向得到封荫子侄的机会，他把这个机会给了外甥周敦颐。原来，周敦颐早年丧父，母亲郑氏走投无路，北上京城，投奔郑向。那年周敦颐十五岁。

郑向学识渊博、官声良好，深受百姓爱戴。他很喜欢这个外甥，不但视为己出，而且营造书香环境，让周敦颐自幼苦读经史，受益匪浅。

获得封荫的机会，郑向首先想到的是长大成人的外甥。于是，二十岁的周敦颐，得到了职业生涯的第一个官职——试将作监主簿。

这是个正九品的属官，级别很低，而且冠名"试"，说明处在实习期。将作监是古代宫廷造办处的别称，给皇家制作金、玉、丝绸、刺绣等工艺品，是肥缺，门槛不低。

堂堂理学大师的早年，是靠关系"混"进了官场，放在今天来看，没什么值得夸耀的。不过，在北宋时期，这都不叫事。

北宋时期，科举制度日臻完备，被视为做官的正途。当然，有正就有偏，当个关系户，被大佬推荐，也不违规。通过这种偏的途径当官，就叫"荫官"。

在重文轻武的宋代，如果不是进士及第，就得从正九品慢慢熬，退休前熬到正五品就不错了。至于三品以上，更是不敢想。不过，也有个著名的特例，就是高俅。

高俅是《水浒传》里的反派，在历史上有名有姓。元祐八年（1093），苏东坡把这位身边的书吏推荐给驸马都尉王晋卿。

众所周知，高俅的异军突起得益于他的副业——踢足球。这是他的爱好，也是端王赵佶的爱好。于是，高俅被选中，陪端王踢球。踢着踢着，端王阴差阳错，当了皇帝（宋徽宗）。高俅作为潜邸旧人，跟着鸡犬升天，最终做到了枢密副使。

周敦颐就没这好运气了。举荐他的郑向，只是把他扶上了战马，还没来得及抽一鞭子，就在第二年去世了。不久，母亲也去世了。他不得不停下将作监的差事，为母亲守丧。

舅舅郑向去世前，迁居润州丹徒县（今江苏镇江丹徒），母亲郑氏也跟着搬了过去。两位老人也就葬在了那里，没能落叶归根。

此后，周敦颐就像断了线的风筝，兜兜转转，混迹于州县。他当过通判、员外郎、郎中、转运判官这样的副职，也做过县令、知县这样的正职。官不大，也升不上去。

不过，北宋朝野还是给予了足够尊重。这源于他的学问，也源于佩服他的为官之道。

三、从祀孔庙，兼顾主副

知南康军，是个有意思的官职。周敦颐做过，朱熹做过，文天祥也做过。

对于朱熹和文天祥，知南康军只是他们职业生涯的过路站。而对于周敦颐，知南康军就是他仕途的顶点，也是最后一站。

知州、知军级别的地方官，在宋代为数众多，但写进《宋史》的寥寥。周敦颐不但在《宋史》里有传，还在南宋时期被追谥为"元"，取"春秋以一为元"之义，追封汝南伯，从祀孔庙。这么高的政治待遇，恐怕不仅仅是写篇《爱莲说》就能做到的。

在宋代做官，首先要做个学者。这是考试制度使然，也是重文轻武的指挥棒使然。

周敦颐不但做到了，而且做到了极致。

宋理宗在追封诏书中写道："朕惟孔子之道，自孟轲后不得其传。至我朝周敦颐、张载、程颢、程颐，真见实践，深探圣域，千载绝学，始有指归。"统治者把周敦颐作为两宋时代从祀孔庙的领头人，奉为程朱理学的开山鼻祖。

学问好，自然门庭若市，大家趋之若鹜。上司程珦就觉得，周敦颐"气貌非常人"，言谈间，"知其为学知道"，就让两个儿子前去拜师。

上司让儿子向下属拜师，这在任何时候都是不可思议的，但它的确发生在周敦颐身上。而这两个儿子，正是程朱理学的另两位代表——程颢、程颐。

周敦颐很好地处理了主业和副业的关系。做学问没耽误做官，还因为学问做得好，得到上司和同僚的好评。黄庭坚就说他"人品甚高，胸中洒落，如光风霁月。……短于取名，而惠于求志；薄于徼福，而厚于得民；菲于奉身，而燕及茕嫠；陋于希世，而尚友千古"。

黄庭坚的评语，挖掘了周敦颐的闪光点。这些用做学问积累起来的人格修养，形成如莲花般洁净的为官之道。

四、游山玩水讲节操

宋代士大夫爱玩，朝廷管得宽松，城市商业繁华，节假日众多。游青楼、逛瓦肆、娶小老婆，蔚然成风。柳永、欧阳修都是典型代表。

跟他们相比，周敦颐是个另类。他不狎妓，不纳妾。最大的业余爱好，除了做学问，就是纵情山水。

做官三十多年，他游走四方，每到一处，都要写诗刻石。当然，这些刻诗石能留到今天，都是文物。

他不是一个人在游览。陪玩的，要么是范仲淹这样的名士，要么是程颐、程颢这样的学生兼大儒，要么是高僧道士。虽然自己官不大，但无论去哪里做官，后面总跟着一群学生。他就一边游览，一边写诗，一边传道授业解惑。

一个地方官，整日醉心山水，是不是有点玩物丧志呢？其实，周敦颐以游明志，彰显他不追名逐利，更在乎同行的旅伴。他曾赋诗曰：

寻山寻水侣尤难，爱利爱名心少闲。

此亦有君吾甚乐，不辞高远共跻攀。

《秋山行旅图》，宋代郭熙。台北故宫博物院藏

意思是说，出去玩一圈，找个好山好水的地方不难，但找个志同道合的旅伴太难，一旦太在乎名利，心情就会躁动、闲不住，又怎能静下心来享受旅途的快乐呢？

周敦颐游山玩水，是很讲究节操的。他并不热衷名胜古迹、风水宝地，不跟志向不合、说不到一块儿的人同行，坚决不用公款旅游。他要的，就是寄情山水、感悟人生、修身养性、体验自然的乐趣。

《爱莲说》就是这种乐趣的集中体现。如果爱上一个人，或者一个事物，就会在周敦颐的脑海中变成一种形象，甚至演化为一种规范，约束自己、导引自己。讲莲花，就是要以莲自喻，表达自己的高贵嗜好和清廉志向。这种高贵嗜好，就是淡泊名利、怡然自得。

五、老周不是"菜鸟"

北宋的很多士大夫，对做大官没抱多大期待。只要能给个"一亩三分地"，有点自主权，就能发挥才能，一展宏图。周敦颐在有限的"自留地"里，敢于担当，政绩不俗。

给母亲守丧期满，周敦颐迎来第一个正式官职——洪州分宁县主簿。

洪州在今江西南昌，分宁县在今江西修水。主簿是知县的佐官，负责整理文书、办理行政事务，一般是官场"菜鸟"的仕途首站。

大家都没想到的是，"菜鸟"周敦颐出手不凡。当地有个案子久拖不决，周敦颐到任后，"一讯立辨"，轰动全县。当地人很惊愕，觉得这效率实在太高，连老资格的书吏都做不到。

周敦颐一炮打响，被推荐去做南安军司理参军，又碰到一桩案子。

有个人犯了罪，但根据律法，罪不当死。转运使王逵是个狠人，执意要重判，大家都不敢跟他争，只有周敦颐初生牛犊不怕虎，面对面争执。王逵听不进去，当即拒绝。周敦颐也不含糊，当场弃官而去，放出话来："杀人媚上的官，我不做！"

这句狠话，如同一瓢冷水浇在王逵的头上。他思虑再三，高抬贵手，囚犯保全了性命。

王逵是个狠人，但并非浑人。他觉得周敦颐是个人物，就推荐其去做彬县县令。

几年后，周敦颐调到南昌县当知县，当地百姓听说过他在分宁"一讯立辨"的事迹，纷纷奔走相告，兴高采烈，觉得有了盼头。而富豪、黑势力见状，都缩了脖，不敢惹事了，生怕得罪了周敦颐，吃不了兜着走。

除了能干事、想干事、干成事的担当作为之外，周敦颐做官，崇拙去巧。

他写过一篇短文《拙赋》，其中有云："巧者言，拙者默；巧者劳，拙者逸；巧者贼，拙者德；巧者凶，拙者吉。呜呼！天下拙，刑政彻。上安下顺，风清弊绝。"

"巧者"，既有聪明能干的一面，又有虚伪不诚实的一面。"拙者"，既有愚蠢笨蛋的一面，又有谦虚真诚、实事求是的一面。

周敦颐对比两者，意在倡导端正官场风气，老老实实做人、本本分分做事、踏踏实实做官，反对一切华而不实、投机取巧的做法，力求实现"上下安顺，风清弊绝"的局面。

这是周敦颐的政治理想，但实现起来并不容易。

宋代官场之中，混得好的大多是"巧者"，所谓"拙者"只能当人家的下属；在宋代的生意场上，赚得多的也是"巧者"居多，而"拙者"一般只有打工的份儿。

然而，周敦颐坚信一点：以巧为耻，以拙为荣。

在他看来，"巧官"好大喜功、言多文饰、机关算尽，处处为己，最终不免灾祸及身。反倒是"拙官"，不善言辞，注重实际，奉公守法，身家清白，吃得香，睡得着。

他为官半生，辗转多地，奔波劳碌，却没叫苦叫累；铁面无私，堵了一些官员贪赃谋私的捷径，但身正不怕影子斜，一辈子没有公敌，也没有私仇，真正做到了"官清赢得梦魂安"。

宰相吕公著就曾以身家性命担保，说如果周敦颐都贪赃，自己"甘当同罪"。

六、老周不是政治家

周敦颐不是政治家，几乎没有在中央实权部门做官的履历，总在地方上转圈圈，仅在江西就当了十八年小官。他没有政治野心，也没有施展舞台，达不到同时期文化名人范仲淹、欧阳修、王安石、司马光的政治高度。

活着的时候，周敦颐有学术地位，但并不煊赫。

他是思想家，是宋明理学的开拓者。《周敦颐全书》涵盖宇宙观、人性论、道德论、学术论、教育论、政治论等方面，形成了独特的理学思想体系。

他是哲学家，有着辩证法思维和进化思维，提出了太极、无极等命题。

他是教育家，培养了不少弟子，乃至再传弟子，也积累了一批"粉丝"。

王安石想拜访他，几次登门都没见着，很是遗憾。直至嘉祐五年（1060）回京述职，偶遇从合州（今重庆合川区）解职回京的周敦颐。两人相见恨晚，彻夜畅谈，相互启发，以至于周敦颐离开后，王安石还久久回味，废寝忘食。

周敦颐去世一百多年后，朱熹考究理学源流，周敦颐的影响力才被发掘出来，奠定了理学鼻祖地位，各种追封、从祀孔庙的待遇纷至沓来。

在古代社会，文人士大夫都以"立德、立功、立言"作为毕生追求。

周敦颐在"立功"方面是有欠缺的，毕竟官小，但"立德"足够强大，"立言"也有建树。《太极图说》《易通》《爱莲说》《养心亭说》《拙赋并序》等，文字简约，意境高远，一般人做不来。在他的培养下，两个儿子完成了他的未竟事业，考取进士，金榜题名。

评价历史人物，主要看对社会、对国家、对历史、对人民有多大贡献，而不是官职高低。李白、杜甫名垂青史，但他们的官职也都不高，一个是翰林供奉，一个是工部员外郎。周敦颐不是大官，但当得起宋仁宗时代的大人物。

熙宁五年（1072），周敦颐移居濂溪书堂，开始了退休生活。遗憾的是，这样的闲日子只过了一年，他便驾鹤西游，享年五十七岁。

柳永：最温柔的男人

　　寒蝉凄切，对长亭晚，骤雨初歇。都门帐饮无绪，留恋处，兰舟催发。执手相看泪眼，竟无语凝噎。念去去，千里烟波，暮霭沉沉楚天阔。

　　多情自古伤离别，更那堪，冷落清秋节！今宵酒醒何处？杨柳岸，晓风残月。此去经年，应是良辰好景虚设。便纵有千种风情，更与何人说？

这是北宋词人柳永的著名词作《雨霖铃·寒蝉凄切》。

"雨霖铃"这个词牌，脱胎于唐玄宗和杨贵妃在马嵬驿生离死别的场景。清脆的铃声随着飘摇的雨声回荡。独坐大殿宝座的唐玄宗，听雨声，听铃声，总能回想起马嵬驿的那一幕，于是作《雨淋铃曲》，寄托衷肠。

马嵬驿的悲剧渐渐远去，倒是《雨淋铃曲》纳入了教坊曲，演变成词牌名"雨霖铃"。

跟马嵬驿的阴阳两隔相比，柳永是幸运的，他经历的只是天各一方的生离，有感而发，写成了传唱千年的《雨霖铃·寒蝉凄切》。

两情若是久长时，又岂在朝朝暮暮。可是，与恋人一别，不知哪天还能再见。站在渡口，眺望远方，柳永的心是凉的。

告别了恋人，也就跟过往的日子说再见了。渐渐地，柳永反而变得更加温婉柔情。他号称"白衣卿相"，却似流浪歌手般浪迹天涯。

一、为何"柳三变"

柳永有好几个别名：人称"柳七"，是因为在家族中排行第七；"耆卿"和"景庄"，分别是他的字和表字；又称"柳三变"，这是他的原名。

好端端的大词人，为什么起名叫"三变"呢？其实，"三变"不是个俗词，《论语》里说："子夏曰：'君子有三变：望之俨然，即之也温，听其言也厉。'"

这里的"三变"，是古代君子的行为标杆，也是后世读书人向君子靠拢的行动指南。具体来说，就是远望时庄严可畏，接近时温和可亲，说话时严厉不苟。"三变"是个严肃而庄重的词汇，跟柳永的表字"景庄"内涵相通。显然，长辈给柳永的人生期许，是希望他修身养性，向君子看齐。

长辈的期许绝非空想，柳永完全具备做谦谦君子的各方面条件。

柳永长相俊美，风姿飘逸，才华盖世，言谈优雅。他是个天才，十岁能文，十三岁能诗，十七岁能词，年纪轻轻就甩同龄人几条街。

柳永出身书香世家。祖父柳崇是福建大儒，一辈子没做官，"以行义著于州里，以兢严治于闺门"。父亲柳宜是南唐高官，为人正派，深得李后主器重。南唐灭亡后投靠宋朝，官至工部侍郎。其他家族成员，也涌现出好几位进士和京官。这样的书香世家，给柳永带来了压力，也带来了动力。

柳永做梦都想成为"公卿"。如果当不了官，别说光耀门楣了，压根没脸混在这个家族了。

论读书，柳永是用功的。论填词，柳永是消遣的。然而，作为副业的消遣水平越来越高，堪称天才；作为主业的进士考试，却每每功败垂成。而一次次科场失意带来的痛苦与煎熬，又激发了他的创作灵感，让他的词作更加出名。

不是才高八斗吗？不是勤奋念书吗？柳永在科场上怎会一败再败呢？

二、寄情山水间

尤红殢翠。近日来、陡把狂心牵系。罗绮丛中，笙歌筵上，有个人人可意。解严妆巧笑，取次言谈成娇媚。知几度、密约秦楼尽醉。

仍携手，眷恋香衾绣被。

情渐美。算好把、夕雨朝云相继，便是仙禁春深，御炉香袅，临轩亲试。对天颜咫尺，定然魁甲登高第。等恁时、等着回来贺喜。好生地。剩与我儿利市。

这是柳永早期的词作《长寿乐·平调》，反映了他的两大爱好：既要在女人的温柔乡里把福享，又要掀开锦被将功名拿。

咸平五年（1002），十八岁的柳永背起行囊，告别福建崇安老家，前往京城，准备实现修齐治平的人生理想。他很自信，也很放松，一路上出钱塘、经苏州、游杭州、逛扬州，饱览华夏秀美风光。

在杭州，西湖畔，他如痴如醉，写下一阕《望海潮·东南形胜》词：

东南形胜，三吴都会，钱塘自古繁华。烟柳画桥，风帘翠幕，参差十万人家。云树绕堤沙，怒涛卷霜雪，天堑无涯。市列珠玑，户盈罗绮，竞豪奢。

重湖叠巘清嘉，有三秋桂子，十里荷花。羌管弄晴，菱歌泛夜，嬉嬉钓叟莲娃。千骑拥高牙。乘醉听箫鼓，吟赏烟霞。异日图将好景，归去凤池夸。

柳永没想到的是，这首词很快传遍大江南北，让他迅速蹿红，成了文坛新锐。

传说，一百多年后，金朝皇帝完颜亮读到"三秋桂子，十里荷花"的时候惊呆了，他不相信世间还有这么美的地方，就算有，也得他独享。于是，他经过多年准备，挥戈南下，进攻南宋。因为一首词引发战争，前无古人，后无来者。

北宋的苏州、杭州、扬州，青楼酒肆林立，既是商贸中心，更是烧钱熔炉。柳永走红后，就成了曲坊、青楼的香饽饽，歌伎们争先恐后地跟他交往，而他的词作也被传唱得妇孺皆知。

就这样，柳永醉倒在烟雨江南的温柔乡里，偎红倚翠，激扬青春，好不自在。

三、科场屡试不第

即便是温柔乡，也没有不散的宴席。大中祥符二年（1009），柳永告别江南，怀着"定然魁甲登高第"的志向，第一次进京赶考。这年，他二十六岁。

然而，宋真宗划了一条红线，《宋史·真宗本纪》记载："读非圣之书及属辞浮靡者，皆严谴之。"主考官据此认定，柳永搞的副业属于"三俗"，这种人怎能入朝为官呢？

郁闷之余，柳永愤然写下了《鹤冲天·黄金榜上》：

> 黄金榜上，偶失龙头望。明代暂遗贤，如何向？未遂风云便，争不恣狂荡。何须论得丧？才子词人，自是白衣卿相。
>
> 烟花巷陌，依约丹青屏障。幸有意中人，堪寻访。且恁偎红倚翠，风流事，平生畅。青春都一饷。忍把浮名，换了浅斟低唱！

主考官对柳永的"三俗"定性，并非全无道理。

不过，柳永的词深得坊间欢迎，一经问世，市价暴涨十倍，教坊乐工和歌伎争相传唱。那场面，堪比流量明星巡回演出。

柳永的词能够广为流传，得益于"变"和"俗"这两个特点。

说"变"，柳永是两宋词坛用词调最多的词人，他经常"变旧声作新声"，大量创作新兴曲调，给人耳目一新的感觉。宋词八百多个词调里，柳永原创或首次使用的有一百多个。

说"俗"，就是用平实的语言，描述市井生活，甚至没少使用俗语。王灼《碧鸡漫志》说，柳永的词"浅近卑俗，自成一体"。不过，柳永经常描述妓院生活，给人以轻薄之感，在上层人士心目中就是浪子。

大中祥符八年（1015），柳永又进京赶考了。这年，他三十二岁。

然而，这次赶考他违规了。按照朝廷规定，父母死后，儿子或长孙需在家守孝二十七个月。在此期间，不做官、不考试、不嫁娶，这叫"守制"。北宋历代皇帝都标榜以"孝"治天下，全社会必须遵循《礼记》精神，才能当得起这个"孝"字。

柳永在替父守制的丧期跑出来考试，明显违规，被处以"殿三举"。

所谓"殿三举"，就是取消三次考试资格。北宋的科举考试每三年一次。"殿三举"意味着九年没资格参加考试。这无异于将一个读书人扔出了时代的快车。

朝中有人看不下去了，就向宋真宗推荐了他。宋真宗问："得非填词柳三变乎？"主管大臣说，没错，就是他。宋真宗又说："那他还是去填词吧。"

"填词"，出自皇帝金口。柳永索性自封"奉旨填词柳三变"，整日泡在青楼里，一边体验生活，一边填词抒情，在坊间传唱。

他很颓废，或许是在对冲和掩饰科场不顺的郁闷。

九年大限期满，历史进入宋仁宗时代。柳永再次踏上赶考之路。

没想到，那首《鹤冲天·黄金榜上》四处流传，都传到了宫里。他的粉丝拥趸激增，争议也与日俱增。

没想到，宋仁宗在他的殿试试卷上给了句御批："且去浅斟低唱，何要浮名？"

这可能是秉持刘太后的意思。毕竟，刘太后执政理念更传统、更严厉。在她看来，柳永不适合做官，更适合浪迹天涯，舞文弄墨。

皇帝金口玉言，柳永再次折戟。

科场蹉跎，越发落魄，转瞬不惑。这些年给他带来心灵慰藉的，唯有那些做他"粉丝"的勾栏姐妹和市井文人。

柳永很享受"凡有井水饮处，即能歌柳词"的状态，却从没忘记和放弃科举考试。他要向世人证明自己不但副业干得好，主业也干得好。

刘太后去世了，宋仁宗亲政，反而更宽容了。他为柳永关了门，但开了窗。景祐元年（1034），朝廷举行恩科考试，专门为"暂遗贤"降低录取门槛。于是，柳永连忙进京赶考。这次，他终于跻身进士第三甲，时年五十一岁。

于是，洗心革面，改个名字，碰碰运气。从此，他告别了"柳七""柳三变"这两个名字，改名"柳永"，字"耆卿"。

既能处江湖之远，又能居庙堂之高，柳永总算是证明了自己，尽管岁数大了点。

四、不是圈内人

柳永的第一个官职是睦州团练推官。赶赴睦州的途中，他专门拜谒了时任苏州知州范仲淹，填词进献。不过，以范仲淹的个性，恐怕对柳永这样的"三俗"作家不太感兴趣。

倒是睦州知州吕蔚，对柳永这位下属很是赏识，专门向朝廷举荐。然而，朝廷的反馈就四个字——"未有善状"。也就是说，京城的"大佬"们压根就看不上柳永。

接下来，他先后调任余杭县令、定海晓峰盐监、泗州判官，为官清廉，恪尽职守，全心全意为民办事，有政绩，名声好。可是，他一直没能磨勘改官，调进京城，只能在地方上晃悠，连他自己都说"游宦成羁旅"。

是什么原因让柳永久不升迁呢？

也许，当初两位皇帝的负面评语，让大佬们心存芥蒂，不敢举荐他。

也许，他的词作更多继承了李后主的风格，更像是"通俗歌手"，不入北宋文坛主流文人，比如晏殊、范仲淹、欧阳修、司马光、王安石等人的法眼。他挤不进这个圈子。

重文轻武是北宋的祖宗之法。文坛领袖即官场"大佬"。在文坛吃不开的人，到了官场一样吃不开。这就意味着，柳永作为"圈外人士"，很难真正融入"体制内"。尽管宋仁宗时代，官场群星璀璨，但没有哪颗星星属于柳永。

当然，也有极个别的大佬对柳永情有独钟。比如苏轼。同是《蝶恋花》，柳永和苏轼各自描绘了截然不同的意境。

柳永的《蝶恋花》写的是怀念佳人：

> 伫倚危楼风细细，望极春愁，黯黯生天际。草色烟光残照里，无言谁会凭阑意。
>
> 拟把疏狂图一醉，对酒当歌，强乐还无味。衣带渐宽终不悔，为伊消得人憔悴。

其中"衣带渐宽终不悔，为伊消得人憔悴"堪称金句，塑造了一个为情所困、憔悴不堪的男人形象，可以说是一词写尽世间最痴情的男子。

而苏轼的《蝶恋花·春景》，则是一词劝慰世间痴情种：

> 花褪残红青杏小。燕子飞时，绿水人家绕。枝上柳绵吹又少，天涯何处无芳草！
>
> 墙里秋千墙外道。墙外行人，墙里佳人笑。笑渐不闻声渐悄，多情却被无情恼。

这或许是文坛上最啼笑皆非的暗恋了。同样是伤春之作，苏轼的这首比柳永少了几分凄美，多了几分清丽。他把爱情的见解藏之景中，一句"天涯何处无芳草"，让许多痴情郎最终放下了包袱，轻装前进。

苏轼曾问幕僚："我词何如柳七？"幕僚答曰："柳郎中词，只合十七八女郎，执红牙板，歌'杨柳岸，晓风残月'。学士词，须关西大汉，铜琵琶，铁绰板，唱'大江东去'。"

幕僚巧妙回避了对两人作品高下的直接判断，但明确暗示：两人的文字风格，一则豪放，一则婉约，各有千秋，各有妙处。

苏轼对这评论大加赞赏，还曾评价柳永的词"于诗句不减唐人高处"。

知音难觅，尽管两人相差半个世纪，但并不妨碍苏轼对柳永的欣赏和艳羡，尽管这只是"大佬"里的个例。

五、唱颂歌反被封杀

虽说"大佬"们不喜欢柳永，但只要能搞定皇帝，也能扭转乾坤。可是，他似乎"扭"大发了。

庆历二年（1042），教坊向宋仁宗进献新曲《醉蓬莱》。恰好司天台奏报：天上出现了老人星。宋仁宗被西北战事搞得焦头烂额，身陷病痛。听说新曲和星象的事，突然心情大好。

身边宦官史公公建议，何不请人将新曲填词呢？宋仁宗认为有理。史公公很欣赏柳永的才华，索性推荐了柳永，但接下来的事情令人大跌眼镜。

柳永提笔写了一首《醉蓬莱·渐亭皋叶下》的颂词：

> 渐亭皋叶下，陇首云飞，素秋新霁。华阙中天，锁葱葱佳气。嫩菊黄深，拒霜红浅，近宝阶香砌。玉宇无尘，金茎有露，碧天如水。

正值升平，万几多暇，夜色澄鲜，漏声迢递。南极星中，有老人呈瑞。此际宸游，凤辇何处，度管弦清脆，太液波翻，披香帘卷，月明风细。

这首颂词一气呵成，柳永很是满意，但宋仁宗瞄了一眼，脸就沉下去了。

——"渐亭皋叶下"里的"渐"有两个意思。人们通常用它来指代慢慢来，比如渐变、渐渐地，或者是病情加剧。宋仁宗本来就身体不好，看到"渐"字，心情能好得了吗？

——"此际宸游，凤辇何处"这句，酷似宋仁宗给老爹宋真宗写的《挽词》，那意思像是在说"不知您仙游到哪里去了"。教坊的新曲本来是哄皇帝开心的，冷不丁冒出这种语句，宋仁宗心里能舒服吗？王辟之《渑水燕谈录》记载，宋仁宗脸色"惨然"。

——"太液波翻"这句，"太液"即太液池，是皇帝的御用水景。一个"翻"字，寓意政权倾覆，宋仁宗勃然大怒：为什么要用"波翻"这个词，难道不能换成"波澄"吗？

宋仁宗气呼呼地把词笺扔在地上，吓得史公公赶紧跪下，捣蒜般磕头。

史公公本来为柳永好，却帮了倒忙。柳永本来要拍马屁，结果非但没拍对地方，甚至把"拍"变成了"戳"。从这一刻起，柳永的官运笃定了：无论有天大的本事、天大的名气，一旦给皇帝留下了坏印象，就再也没有翻身机会了。

不管怎样，柳永在官场混迹多年，给皇帝写颂词这种事，机会难得，他怎么会犯这种"不讲政治"的低级错误呢？难道柳永真的不懂怎样赞美别人吗？

赞美别人，本来是柳永的长项。他给歌伎写过很多词，描述她们各有特色的美。这样的词，写得再多，歌伎们也不会腻。毕竟，她们处在社会底层，被权贵和有钱人视为玩物。受人尊重，对她们来说是一种奢望。

可是，有这么一位"白衣卿相"、词坛翘楚，把她们娇美的一面展示给世人，会提升她们的身价，更会慰藉她们的心灵。

所以，柳永的"艳词"，她们会开心，会传唱，会乐此不疲。而柳永在鲜花和掌声中也脑子犯了浑，误以为只要是颂词，文字隽永，意境悠然，大家都会喜欢，却忽视了皇帝和歌伎，是完全不同的两类人。

皇帝有生杀大权。"颂"得好，龙颜大悦，词人一步登天；"颂"不好，"颂"出麻烦，"颂"得让皇帝不悦，就会"颂"灭仕途、"颂"掉脑袋。"颂"得太多太滥，又有刻意逢迎之嫌，让人感觉居心不良。

怎样把握好火候，"颂"到位，是一门复杂高超的学问，不但蕴含着音律、词章，更蕴含着心机、手腕、权谋。

柳永不缺音律、词章，缺的就是这些政治心眼。

对于遣词造句，宋仁宗是在吹毛求疵吗？

一首词里同一个字一般只出现一次。词里已有"夜色澄鲜"，从押韵和避免重复的角度看，"太液波翻"就是比"太液波澄"好。问题在于，跟涉及皇帝龙体安康、生死和大宋江山社稷稳定的政治问题相比，是否押韵，要不要重复用词，根本就不叫事。

或许柳永压根就没有冒犯皇帝的本意，也没有换位思考，站在皇帝的角度遣词造句。他绝对没想到，宋仁宗会细抠字眼，直接"翻车"。

在中国历史上，给皇帝写颂词的御用文人，都会反复揣摩皇帝的经历、心理、处事风格，这就是那个时代的政治敏感性。柳永太轻率了。

宋仁宗是个有雅量的皇帝，包拯犯颜直谏，连珠炮式发话，唾沫星子都喷到了脸上，他非但没有生气，反而耐心洗耳恭听。

宋仁宗又是个敏感多疑的皇帝，"狸猫换太子"、太后临朝、没有真爱、膝下无子，桩桩件件，哪个都是敏感点。

如果对宋仁宗只是一根筋地颂扬，显然不对症，甚至让他觉得柳永进呈颂词的动机不纯。

宋仁宗的第六感很准。

六、晏殊与虫虫：谁才是真爱

柳永进呈颂词，为的是取悦皇帝，借机给自己调个更好的官职。现如今，宋仁宗怒了，事情就难办了。虽然任期届满，磨勘合格，可以改官，但吏部不敢做主，只能报给宰相定夺。

北宋学者张舜民在《画墁录》里这样写道："柳三变既以词忤仁宗，吏部不敢改官，三变不能堪，诣政府。晏公曰：'竖俊作曲子么？'三变曰：'如相公亦作曲子。'公曰：'殊虽作曲子，不曾道：针线慵拈伴伊坐。'柳遂退。"

晏殊提到的这句"针线慵拈伴伊坐"，出自柳永的词作《定风波·自春来》。他认为，尽管柳永和他都是词人，但柳永的词作里透露出的，是藐视功名、品位低俗，跟朝廷格格不入。其实，晏殊的作品里何尝没有这类词句呢？

欲加之罪，何患无辞！

晏殊是个善于自保的"太平宰相"。他在北宋政坛上长期屹立不倒，靠的就是紧跟皇帝。宋仁宗不喜欢柳永，晏殊就要找合情合理的理由，来阻挡柳永的晋升，这样才能既向皇帝效忠，又能在选人用人的程序上说得过去，还能不连累自己的名声。

更重要的是，对于柳永描绘青楼女子的词作，特别是其中倡导男女平等的理念，晏殊很不认同。作为儒家文化教育多年的干部，男尊女卑的观念深入骨髓，他改不了了。

晏殊并不是坏人。他在用这种相对温和的方式来敲打柳永，让他不要轻视功名，不要放弃远大志向，不要醉心于青楼，浑浑噩噩。毕竟，在晏殊看来，柳永不算庸人。

不久，范仲淹主政，推行"庆历新政"，重订官员磨勘之法。柳永的申诉终于管了用，很快调回中央，改任著作佐郎，授西京灵台山令。

其后，他担任过著作郎、太常博士，并在屯田员外郎这个位子上退休。他一辈子也没做什么大官，在仕途上没什么出息，甚至心情也不大愉快。

做官后，柳永的词中常流露出不如意的情愫。比如这两首《少年游》：

长安古道马迟迟，高柳乱蝉嘶。夕阳岛外，秋风原上，目断四天垂。

归云一去无踪迹，何处是前期？狎兴生疏，酒徒萧索，不似少年时。

参差烟树灞陵桥，风物尽前朝。衰杨古柳，几经攀折，憔悴楚宫腰。

夕阳闲淡秋光老，离思满蘅皋。一曲阳关，断肠声尽，独自凭兰桡。

已过花甲的柳永，似乎悟了道：他并不适合做官。无论是晏殊，还是范仲淹，都不是真爱。正如他在《定风波》里所写，"奈泛泛旅迹，厌厌病绪，迩来谙尽宦游滋味"。

对他来说，真爱在民间。

邢州（今河北邢台）开元寺的法明和尚，有三大爱好：喝酒、赌博、柳词。人家请他做斋醮，他一概婉拒；但如果请他喝酒，则欣然愿往，一喝就醉，醉了就唱柳词。

他突然对寺内和尚们说："我明日当圆寂，你等不必送行。"大家都以为他在开玩笑，没想到次日清晨，法明沐浴更衣，安然就座，对和尚们说："我去了，当留一曲。"大家听罢，都惊了。

只听法明吟唱道："平生醉里颠蹶，醉里却有分别。今宵酒醒何处，杨柳岸晓风残月。"唱完，溘然而逝。他吟唱的后两句，正来自柳永的《雨霖铃·寒蝉凄切》。

柳永的词作已不光是青楼专属了，而是飞进了市井街巷、百姓人家，乃至佛寺道观。只要有人的地方，就有柳词吟唱。哪怕不少人嗤之以鼻，说柳永"薄于操行""依红偎翠"，说柳词"词语尘下""淫冶讴歌"。

事实上，柳永和他的词作，正是北宋时代社会稳定、歌舞升平的文化映射，是城市经济发展、娱乐活动繁荣的真实写照。

浅斟低唱，就是这个时代的特色。

每当柳永人生顺遂，或是遇到波折之时，青楼花丛都敞开怀抱，笑脸相迎。陈师师、赵香香、谢玉英，一个个冰雪聪明，色艺双绝，独把柳永当知交：

> 不愿穿绫罗，愿依柳七哥。
>
> 不愿君王召，愿得柳七叫。
>
> 不愿千黄金，愿得柳七心。
>
> 不愿神仙见，愿识柳七面。

在众多青楼女子之中，虫虫跟他最亲密，陪伴最多，堪称红颜知己。柳永写过一首《集贤宾·小楼深巷狂游遍》：

小楼深巷狂游遍，罗绮成丛。就中堪人属意，最是虫虫。有画难描雅态，无花可比芳容。几回饮散良宵永，鸳衾暖、凤枕香浓。算得人间天上，惟有两心同。

近来云雨忽西东。诮恼损情悰。纵然偷期暗会，长是匆匆。争似和鸣偕老，免教敛翠啼红。眼前时、暂疏欢宴，盟言在、更莫忡忡。待作真个宅院，方信有初终。

柳词之所以广为流传，是因为它源于市井，又提升了市井之风韵，自带烟火气、人情味，虽然置身温柔乡，却没有真正颓废低俗，而是给人潇洒出尘、玉树临风之感。

故而，看似"放荡不羁，穷困潦倒"的柳永，有"白衣卿相"之名。说他放荡，实则放而不荡；说他潦倒，实则潦而不倒。他没有宋代士大夫的那种轻浮气，而是更真诚、更实在。

皇祐五年（1053），柳永在润州（今江苏镇江）去世，享年七十岁。这一刻，他的"粉丝基础"再次令人刮目相看。

同日，"红颜知己"虫虫随他而去。

柳永的后事是一群歌伎凑钱张罗的。歌伎们不但妥为安葬柳永，而且每年春日还上坟，人称"吊柳七"，还形成了一种绵延百年的地方风俗。

滚滚长江，流淌着一代才子不朽的词魂。

浪迹天涯，又有谁介意三变是几品官呢？

毕昇：书写历史的工匠

　　陶舍重重倚岸开，舟帆日日蔽江来。

　　工人莫献天机巧，此器能输郡国材。

　　这是明代诗人缪宗周的七言绝句《咏景德镇兀然亭》。

　　缪宗周是进士出身，当过正六品的户部主事。在江西做官期间，目睹景德镇烧瓷工匠们巧夺天工的技艺，全国各地对景德镇瓷器的需求络绎不绝，船只遮天蔽日，他感慨良多，撰写了这首七言绝句。

　　景德镇这个名字，得名于宋真宗的年号"景德"。这里有黄金水道，有优质高岭土原料，有利于烧窑的燃料，有技术精湛的制瓷工匠，出品的青白瓷享誉海内外。

　　北宋时期，大国工匠辈出，推动科技创新亮点频频。四大发明中的印刷术、指南针、火药，都在宋代有了升级。其中的印刷术，由雕版走向活字，对于文化传播的世界级意义不言而喻。

　　所有人都不该忘记，活字印刷术的发明人——毕昇。他是一千年前的小人物，却是影响千年的大人物。

一、千古之谜

毕昇的知名度很高，但关于他的记载很少。只有北宋科学家沈括在《梦溪笔谈》里，用了一大段话描述活字印刷术的原理，其中两次提到了毕昇。

第一次，"庆历中，有布衣毕昇又为活板"。

第二次，"（毕）昇死，其印为予群从所得，至今宝藏之"。

沈括的只言片语，透露了几个重要信息：毕昇是个平头百姓，生活在宋仁宗时期，在庆历年间发明了活字印刷术。毕昇死后，沈括得到了他的活字板，作为传家宝收藏了起来。

那么，毕昇是哪里人士？做什么职业的？家世怎样？他发明活字印刷术的动机是什么？沈括又是通过怎样的机缘，得到毕昇的活字板的？

《梦溪笔谈》没有给出答案，其他历史文献也没有任何说法。1981年上映的电影《毕昇》，人物形象和情节设计很丰满，但大多是文艺创作，缺乏可靠的史料依据。

这些谜团，在湖北英山出土的一块墓碑上找到了解开的希望。

1990年，英山县基层干部黄尚文检查抗旱工作，在草盘地镇五桂墩村毕家坳睡狮山，看到路旁的一个墓地。墓碑尚存，是用变质岩麻灰石凿刻而成，竖梯形、圆头式、带莲花基座。墓碑上阳刻着两行大字："故先考毕昇神主、故先妣李氏妙音墓。"

看到"毕昇"二字，他立刻想起小时候学过的活字印刷术。这难道就是北宋大发明家的墓地吗？黄尚文不敢相信自己的眼睛。

凭着生活直觉和职业自觉，他把这个情况写成书信，送到了县里的博物馆。博物馆非常重视，当即派出专家实地勘查和走访。一开始，这些工作并不顺利。

草盘地这个地方，确实在明代出过毕姓的牛人。一个叫毕翰儒的书生官至大学士，后来他在家乡大建宅子、私造铜钱，被朝廷诛灭三族，这个地方的毕氏家族也就彻底绝迹。

如今，草盘地已经没了姓毕的后人，只保留了毕家坳、毕家铺、毕家河这样的地名。

接着，专家又搜罗《毕氏家谱》，按图索骥，到安徽等地毕姓聚居的村落，调查毕氏家族的源流，依然一无所获。

就在对毕昇墓的考古陷入停滞的当口，根据群众提供的线索，1993年考古工作者在过路滩乡王坑村的一个田埂，发现了毕昇的孙子毕文忠墓，还在毕家铺发现了多座毕氏家族的宋代和明代墓葬。这些考古遗存说明，毕氏家族在宋明时期确曾聚居英山县。

这些墓葬出土的文物里，除了珍贵的宋瓷之外，还有大量的宋代买地券，上面写明了墓主人的生卒年月、地属关系、购地价格、吉祥用语、印制时间、鉴证人等。这些买地券，刻字规范，竖线清晰，一看就是雕版印刷品。

英山县在北宋初期归淮南路蕲州蕲水县管辖，地理位置独特，且有驿路和驿站，是连通湖北东部、安徽西部的交通要冲。在这么个交通便利、经济活动频繁、雕版盛行的地方，出个印刷类的超级人才，似乎顺理成章。

毕昇墓碑的发现，引起了国内考古学界、历史学界、印刷学界的关注。国家文物鉴定委员会和湖北省有关方面专家深度介入，确定这座墓地是皇祐四年（1052），也就是毕昇客死他乡后的第二年，在他的家乡设立的招魂葬（衣冠冢），寓意"落叶归根"。

如今，毕昇墓碑已移入中国印刷博物馆收藏。它至少解开了一个谜团：毕昇是湖北人。

二、"抄书"与印刷术的风口

印刷术发明以前，文化传播的方式无外乎三种：口耳相传、手抄书籍、留存档案。尤其是抄书，几乎成了一种时髦，甚至发展成为名曰"佣书"的产业，其中有收藏、有学习、有牟利，大家各取所需，共同形成了产业链。

大家为什么对抄书乐此不疲呢？

春秋战国时期，"天子失官，学在四夷"，以孔子为代表的私家讲学，逐渐蔚然成风。在诸子百家的带动下，读书写字的权利和能力从贵族阶层向士阶层乃至平民阶层延伸，士阶层为了实现政治理想，也为了充实自我，在游学期间就开始抄书。

两汉时期，世家大族深受经学思想熏陶，形成了众多书香门第。他们有经济实力，有文化底蕴，有收藏爱好，对读书的渴求更强烈，单靠自己抄书已经无法满足现实需要，便乐意出钱雇人抄书。这种私家抄书的风气，越发普遍。

抄书的弊端也是显而易见的。不仅费时费力，而且容易抄错。靠抄书来传播文化，这效率还是低了点。

扭转"抄书"风气的，是雕版印刷术的出现。

雕版印刷的发明，一般认为是唐代人受到了刻印章的启发，并在唐代中后期得到了普遍使用。它的原理也很简单。

人们用薄而近乎透明的稿纸抄书，然后铺在一定厚度的平滑木板上，就把反体的清晰字迹留在木板上。接下来，雕刻工人用刻刀把木板上没有字迹的部分削掉，那些字迹就成了字体突出的阳文，跟字体凹下去的碑刻阴文截然不同。印刷的时候，在凸起的字体上涂上墨汁，然后把白纸覆盖到它上面，轻拂纸背，字迹就留在纸上。

雕版印刷是中国人的创举，也是全球最早的印刷形式。现存最早的雕版印刷品，是唐代咸通九年（868）印刷的《金刚经》。如今，这本珍贵的印刷品保存在大英博物馆。

雕版印刷，让书籍的复制速度大幅加快。元稹曾为《白氏长庆集》写序道："二十年间，禁省、观寺、邮候墙壁之上无不书，王公、妾妇、牛童、马走之口无不道。至于缮写模勒，街卖于市井，或持之以交酒茗者，处处皆是。"

元稹所说的"模勒"，就是雕版印刷。"持交酒茗"就是拿着白居易诗集的印刷本去换茶换酒。显然，雕版印刷早已不限于佛经，老百姓喜欢读什么，就印什么。雕版印刷成了全社会搞文化普及的重要载体。到了北宋时期，雕版印书更是蔚然成风，数量惊人。

不过，雕版印刷的缺陷也是显而易见的。

印一本书，刻那么多板子，雕刻工人费眼费力，相当辛苦。一块板子，如果有一个字错了，或者要改动，那整个板子就作废了。

如果一本书不再加印，全套板子也就作废了，没法重复利用，存放又占地方，造成巨大浪费。比如北宋初年刊刻的《大藏经》，一共五千多卷，一共刻了十三万块板子，花费十二年。

时代呼唤活字印刷术横空出世。

活字印刷能在北宋应运而生，成全毕昇的历史定位，离不开"稽古右文"的社会大环境。

"右文"，是祖宗之法的核心内容之一。宋太祖立志"宰相须用读书人"。宋太宗也曾说过："朕无他好，但喜读书，多见古今成败。"宋真宗写过《劝学诗》。宋仁宗更以文治著称，组织编纂《新唐书》《新五代史》，诗词、古文和理学都有了长足进步。

在官僚社会，最高统治者的喜好往往是引领社会时尚的风向标。北宋历代皇帝主张尚文抑武，自然会带动朝野上下形成不学无术为耻的社会共识。

北宋王朝从笼络知识分子、扩大统治基础考虑，大幅增录进士，年均录取量是唐代的十四倍。更多寒门子弟通过考试走入仕途，给官场补充了新鲜血液，带来了新风气。

有研究表明，北宋官员的经济待遇相当于汉代的十倍，唐代的两倍多。这样的高收入，使他们有条件摆脱"稻粱谋"，专注于读书、写书与文化传播。

北宋决策层重视图书事业。大量收集散落民间的古籍，组建昭文馆、史馆和集贤院，开展图书管理和研究，尤其作为官办图书馆的崇文院，藏书多达八万多卷，学科覆盖面广泛。

对于科技人才和科技发明，北宋决策层是欢迎的。冯纪生进献火药的制作方法，得到皇帝赏赐。高宣制造了八车船，得到官府的表扬。沈括业余研究天文历算，朝廷干脆调他去做提举司天监，专门负责观测天象、编纂历书，让专业的人干专业的事。

"体制内"大搞"科教"的激励导向，对"体制外"的发明创造是重大利好，这为平民毕昇和更多的"毕昇们"带来了技术迭代和产业升级的历史性契机。

毕昇不知不觉站在了时代的风口。

三、毕昇其人其事

毕昇的本职工作是什么？传世文献和出土文献都没有记载，反而让中外学者热议起来。

——近代学者王国维说，毕昇是个锻工。

——法国汉学家儒莲说，毕昇是个铁匠。

——《大英百科全书》说，毕昇是个炼金术士。

——北京出版社出版的《宋朝史话》说，毕昇是杭州的一名雕版刻制工人。

——1981年上映的电影《毕昇》说，毕昇是杭州一家书店的老板。

究竟谁说得更靠谱呢？

《梦溪笔谈》里沈括讲了这么一个故事：

宋真宗大中祥符年间，有个江湖术士名叫王捷，犯了事被发配到沙门岛。这个术士有炼金的绝活。有个名叫毕升的老铁匠，当年在宫里帮王捷干过炼金这事。

毕升后来回忆说："王捷的炼金术，就是用炉灶炼，让别人隔着墙鼓风，大概是不想让人知道这里的门道。那些金子其实都是用铁炼成的。刚出炉的时候还是黑的，攒到一百多两就做一个金饼。每个饼分成八块。人们常说的'鸦觜金'，指的就是这个。"

这些铁做的金饼直至几十年后沈括写书的时代，依然有人在收藏。

皇帝觉得这些金饼以假乱真，看着很"正式"，便让人做成金龟和金牌。皇帝拿出一批金龟赏给了十七个大臣，剩下的埋在宫殿的地下。金牌赏给了各地的官员，后来又叫"金宝牌"。

洪州李简夫家就收藏了一个金龟，是他叔公传下来的。这个金龟，可能就是当初皇帝赏赐的十七个金龟中的一个。

令人惊奇的，这个金龟晚上会四处走动，闪闪发光，如果挡着光亮，就啥都看不见了。

沈括讲的故事很灵异，或许有真有假，也有道听途说，但有一点是明确的。这里提到的毕升，就是个锻工，冶铁技术不错。问题是，由于岁数太大，恐怕很难在三十多年后的庆历年间，还在科研一线搞发明创造。况且锻工的活儿跟雕版印刷没有直接关系。

因此，发明活字印刷的毕昇，并非老锻工毕升。王国维很可能搞混了，而儒莲和《大英百科全书》采纳了王国维的观点，将错就错。

相比之下，电影《毕昇》对于毕昇职业的设定，虽然是推测，但不无道理。毕昇发明活字印刷的最初动机，很可能不是申请专利，也不是赚大钱，而是改进雕版印刷技术的缺陷。

如果没有刊刻书籍的切身体验，不熟悉雕版印刷的技术，怎能想得到去发明活字印刷呢？又怎能花费大量时间、精力和物力进行反复试验呢？

在《梦溪笔谈》的记载中，毕昇发明的泥活字排版印刷，技术比较复杂，发明过程艰辛，如果只是个锻工或者刻工，肩负着养家糊口的重任，又哪有工夫和闲钱去搞研究呢？就算发明出来了，也很难产生什么社会影响。

因此，毕昇的职业必须具备五个条件：从事的行业跟图书的雕版刊刻直接相关，有充裕的资金实力和富余时间，能够调动刻工、印工共同参与，有一定的生产规模来转化发明成果，确有开展这项科技研究的现实需要。五个条件缺一不可。而书店老板的身份非常恰当。

毕昇研制的活字印刷术，究竟是怎样的原理呢？

《梦溪笔谈》也做了记述。

毕昇的方法是用胶泥刻字。字的厚度跟铜钱的边缘一样。每个字制成一个字模，用火烧烤，让它变得坚硬。先设置一块铁板，上面用松脂、蜡、纸灰混在一起，做成药剂，盖上。想要印刷的时候，就拿个铁框子放在铁板上，然后密密匝匝地把字模排好。

排满一铁框，就作为一个印版，然后在火上烘烤。等上面的药剂开始熔化的时候，就用一块平板按压在它表面。于是，排在板上的字模就像磨刀石一样平整了。

沈括坦陈，如果就印两三本，那还不如雕版效率高，但如果要印几十本，乃至成百上千本，活字印刷就比雕版印刷快捷多了。

印刷的时候，通常制作两块铁板，一块正在印刷，另一块排字模；这一块刚印完，另一块已经准备好了。两块交替使用，提升工作效率。

每个字有好几个字模，比如"之""也"，这都是常用字，一块板里经常多次出现，一般各备有二十多个字模。字模不用的时候，就用纸条做标签，按照韵部进行分类存放。生僻字随遇随刻随烤，很快就能做出来。

在发明活字印刷之前，毕昇是熟悉雕版印刷的。雕版嘛，都是木板刻制的。那么，毕昇在发明活字印刷时，为何使用泥活字，而不用更简易的木活字呢？

沈括这样解释：因为木头的纹理有疏有密，沾了水就会变得高低不平。木活字的字模跟药剂容易粘连，一旦排在铁框里，不容易取下来。用泥来烧制字模，这些问题就迎刃而解了。一次排版结束后，用火烘烤，使药剂熔化，再用手一抹，字模就会自行脱落，不被药剂弄脏。

现在问题来了，毕昇的这些成就，沈括是怎么知道的？

四、当"活字"遇上好时代

正如毕昇不可能凭空发明活字印刷术一样，沈括也不可能凭空去了解毕昇的科技成就。尽管沈括在《梦溪笔谈》里没有提及他跟毕昇的关系，也对毕昇的个人事迹没有着墨，但他俩之间绝不只是记载和被记载的关系。

不少专家推测，沈括不但认识毕昇，而且关系亲密，也许毕家和沈家是亲戚或近邻。

毕昇死后，他的活字技术被沈括的子侄所得。这件事也能说明，沈括和毕昇之间的关系不一般。至少，毕昇长期生活在杭州，而沈括就是杭州人。

不管两人关系如何，沈括是立功的。幸亏他在《梦溪笔谈》里写了这段话，才让毕昇的泥活字印刷术得以流传后世。

对于沈括的子侄来说，如果不从事印书这个行当，即便拿到毕昇的全套泥活字技术，也没多大用，只当是个收藏品。显然，毕昇的技术革新没有迅速转化为全社会的生产力。

1965年，浙江温州出土了一件《佛说观无量寿佛经》。专家推测是北宋崇宁二年（1103）的活字印刷本，也是迄今发现最早的活字印刷本。它出版时，毕昇已经离世半个世纪了。

平心而论，毕昇发明的泥活字，虽然看起来笨重原始，但基本原理跟现代印刷技术相仿。后来，木活字、铜活字纷纷亮相，让活字印刷的材质选择面更大，印制效率更高。因此，坊间对毕昇的评价就有两句话：既是雕版印刷术的革新者，又是现代活字印刷术发明者的先驱。

活字印刷正在普及，但有些大部头著作还是在用雕版来印制。因为泥活字作为一项新技术，还不够成熟。许多人不愿意为不成熟的技术买单，反而又回到了"抄书"的时代。"抄书"的过程，也是学习的过程，把眼、手、脑及其协调能力进行了全方位检查。这不但锻炼了记忆力和自控力，还训练了文人们的书法，因此掀起了一场小范围的国学表演赛。

毕昇赢了，在经历了几十年沉寂后，活字印刷术改头换面，逐步传到了世界各地。

毕昇输了，他没能借此得到皇帝的关注和士大夫群体的追捧，而是继续默默无闻。

在中国古代的科技图谱中，毕昇是有历史定位的。他用大脑和双手诉说着，一个勤劳聪明的老百姓是怎样青史留名的。他用特有的工匠精神书写历史，自己也成了这部历史中的一朵浪花。

下 集
带兵人——战士军前半生死

宋朝是个特殊的朝代。为期三百多年，却从没有完成大一统。

宋仁宗时代，北有契丹（辽国）、西夏，南有侬智高，烽烟四起，一时情势危急。

宋仁宗时代，市面的繁华，掩盖不了日益严重的社会矛盾。"三冗"带来的系统性危机，正在侵蚀着帝国的肌体。

对手强劲，将领无能，一而再再而三地打败仗。更糟糕的是，前线被俘，宁死不屈，还有人在后方说坏话，搞诛连，让将士们寒心。

狄青出身行伍，升任枢密使，任福和葛怀敏，也在边疆独当一面。在"重文轻武"的气氛里，宋仁宗给了武将最高的尊严，但也挡不住朝臣们告黑状。

带兵的人生在宋朝，似乎就是一种错误。

民不聊生，官逼民反，有的揭竿而起，有的纵横江湖，有的接受招安，当了"御猫"。

带兵人的覆盖面更广，既有汉族人，也有党项人，还有壮族人，术业有专攻、口音有差别、风俗习惯有不同，但他们都是华夏儿女。他们的存在，让宋仁宗时代故事更丰富、图谱更全面。

带兵人，能管好别人，能管好自己，也是大人物。

元昊："东方金字塔"埋藏的秘密

　　早秋明月新圆，汉家戚里生飞将。青骢宝勒，绿沈金锁，曾瞻天仗。种德江南，宣威西夏，合宫陪享。况当年定计，昭陵与子，勋劳在、诸公上。

　　千骑风流年少，暂淹留、莫辜清赏。平坡驻马，虚弦落雁，思临虏帐。遍舞摩围，递歌彭水，拂云惊浪。看朱颜绿鬓，封侯万里，写凌烟像。

　　这是北宋书法家黄庭坚的词作《鼓笛慢·水龙吟》。

　　他怀念西汉远征匈奴的盖世功勋，讽喻当世朝廷与西夏交战，屡战屡败，不复当年之勇。

　　前线战事不利，许多人都在反思，将其归咎于"三冗"，归咎于将帅无能，归咎于敌人太狡猾。然而，北宋决策层究竟对西夏和元昊了解多少？恐怕还是一笔糊涂账。

　　塞上大漠，一座座"东方金字塔"拔地而起。那是西夏王陵。如今，它变身旅游胜地，依旧承载着西夏人曾经的傲骄。尤其是开国君王元昊，成了宋仁宗君臣挥之不去的梦魇。

　　讲宋仁宗时代的大人物，元昊算一个，而且他是改变北宋历史走向的那个。

　　接下来，我们就要探一探，埋藏在"东方金字塔"下的那些属于元昊的秘密。

一、"元昊"姓太多

"元昊"是个名字，"元"并不是姓。严格意义上说，他压根就没姓。

之所以没姓，是因为他跟了太多的姓，连他自己都搞不清，他应该姓什么。

元昊是党项人，属于羌族的一支。他本姓"拓跋"，是党项八大部之一，跟建立北魏的鲜卑皇族拓跋氏八竿子打不着。

夏州，位于陕西靖边，是西夏政权的兴起之地。十六国时期，这是夏国都城统万城。唐代末年，首领拓跋思恭（李思恭）站队朝廷，被安置在这里，还赐了"国姓"，受封定难军节度使，割据一方，形同"半独立"。五代十国时期，中原王朝都拿他没办法，只能羁縻。

转机发生在太平兴国七年（982），拓跋部内讧，刚继任定难军节度使的李继捧控制不住局面，只好带领族人前往东京开封府，朝觐北宋，情愿放弃世袭割据，接受册封。

宋太宗觉得，这是一劳永逸解决夏州割据的天赐良机，便顺势册封李继捧为彰德军节度使，将他调虎离山，再派文武官员和军队前去接管夏州。

李继捧归降宋朝，族弟李继迁并不认可。看到北宋要全盘接管夏州，他索性带领部众，以"李氏子孙"自居，走上了割据和对抗道路。宋太宗不重视"心急吃不了热豆腐"的道理，总想建立不世之功，无论是北伐契丹，还是收降夏州，都急于求成，结果捅了马蜂窝。

见势不妙，他赶紧让李继捧继任定难军节度使，赐国姓赵，赐名"赵保忠"。李继迁就没了名分上的正统，只好上表请降。

宋太宗是个好面子的皇帝。李继迁既然投降了，就不用"痛打落水狗"了。于是，也给李继迁赐了个国姓，赐名"赵保吉"，授了个"银州观察使"的官衔。

元昊，就是李继迁的孙子。不同的史书，对他的称谓有所不同，有的称"李元昊"，有的称"赵元昊"。不过，"拓跋元昊"这个称谓几乎没人再用了。

从李继迁开始，祖孙三代，一直对宋朝貌合神离。既称臣纳贡，卑躬屈膝，获得宋朝的封号，占据道义正统，又蚕食周边部落，统一党项各部，准备出兵河西走廊，扩大地盘。

元昊上位后，背靠强悍的军力，以及越来越大的地盘，主张摆脱对宋朝的依附，建立以"蕃俗"为本的独立政权。而唐宋赐姓赐名，全部废掉。

元昊给自己起了个古怪的姓名：姓"嵬名"，名"曩霄"。

二、奇怪的姓名

宋仁宗景祐年间，有三个华州籍的书生到京城赶考，全部名落孙山。其中的张姓考生最悲催，一路过五关斩六将入围殿试。然而，就在殿试这最后一关被刷了下来。此前的努力和成绩白费，一切从头再来。

三人深感怀才不遇，又都性情豪爽，便结伴到边境游历，饱览大好河山。张姓书生触景生情，创作了一首颇具霸气的《咏雪》诗：

> 七星仗剑决云霓，直取银河下帝畿。
>
> 战退玉龙三百万，断鳞残甲满天飞。

诗写得再霸气，终究是改变不了现状。于是，他们仨结伴去投军。到了边境的宋军驻地，本想毛遂自荐，但又怕被人耻笑，就设计了一出行为艺术：他们仨找来一块大石头，把这首霸气的诗刻在石头上，雇几个壮汉拉着石头走到军营前，他们仨跟在大石头后面哭。

在军营门口这么玩，肯定会引起驻军注意。于是，他们仨被带到军营里，见到了驻军主将。然而，聊了几句，话不投机。张姓书生和吴姓书生见状，就离开了宋营，转而投奔元昊。只有姚姓书生靠着一腔热诚留在了宋营，谋了个幕僚的差事。

张、吴两人来到兴庆府（今宁夏银川），在一家酒楼喝得大醉。临走时借了笔墨，在墙上题写了几个大字："张元、吴昊，来此楼饮。"这是他们两人起的化名，显然故意冲撞了元昊的名讳。

就像宋江"浔阳江头题反诗"的情节一样，这两个书生很快就被捉拿收监。

元昊听说后，觉得这两个书生有点来头，决定亲自会会。

两个书生被带进宫里，还没站定，只听元昊厉声道："你们为什么来夏州？为什么不避我的名讳？"

没想到，书生早有准备，淡淡答道："某些人连姓都不在乎，何况名字？"言外之意，是讽刺元昊至今还没放弃唐宋的赐姓。

元昊一时语塞，觉得这两个人思路清奇，立即待如上宾，授予官职，把他俩当成谋士。

就这样，化名变成了学名，他俩干脆就叫张元、吴昊了。尤其是张元，为元昊出谋划策，折腾北宋，深得宠信，位极人臣。在北宋得不到的荣华富贵，他在西夏加若干倍享受到了。

张元出名了，北宋君臣把放跑他，也视为宋军战败的教训之一，为此还专门修改了科举制度，规定只要进了殿试，不管考第几，都不会被刷掉。

或许北宋的读书人还应该感谢张元。

张元、吴昊的狂言，让元昊受了点刺激。他发现，要想摆脱北宋，实现独立建国，必须在文化上去中原化，他带头改姓改名。其实，这也是张元、吴昊的主意。

于是，元昊放弃了宋朝赐的赵姓，改姓"嵬名"，改名"曩霄"。

在西夏汉文、西夏文《杂字·番姓名》中，"嵬名"都排第一，凸显了作为帝王姓氏的独尊地位。北宋版《百家姓》的"赵钱孙李"，把皇帝姓氏"赵"摆在首位，如出一辙。

其实，元昊的小名就叫嵬埋，跟"嵬名"谐音。

历史学家发现，改姓之后，"拓跋部"这个称谓基本不提了，有可能被"嵬名"取代了。

元昊认为，"嵬名"这个姓，代表了尊贵，代表了与众不同，代表了脱离北宋的迫切愿望。他甚至认北魏鲜卑皇族拓跋部当老祖宗，尽管此"拓跋"非彼"拓跋"。

既然北魏的拓跋部都能改姓"元"，自己改姓"嵬名"又有什么不可以的呢？

改了姓的元昊，是怎么统治西夏的？他治下的西夏，又是什么样子的呢？

三、元昊是谁？西夏长啥样？

元昊以一己之力，改变了西夏人的发型，这算是改姓的配套措施。

一声令下，元昊带头剃了光头，打耳洞，戴重环。然后，强令全体党项人限期三天，一律秃发，不从就是死。

古代羌人是把头发披散下垂，盖住脸。元昊认为这样的发型既不美观，也很碍事。而剃掉头顶的头发，只蓄刘海，这样的发型在朝鲜、鲜卑、靺鞨的历史上都出现过。

显然，元昊颁布"秃发"令，主要是脱离羌人的习俗，顺便也把西夏臣民跟契丹、北宋、吐蕃的百姓区分开来。当然，这也是为了保持党项人的"特立独行"。

发型变了，服饰也跟着变。元昊下令，文官武将、庶民百姓，各有所服。服饰风格充分吸收吐蕃、回鹘的特色。

除了发型和服饰，元昊还主持创制了党项文字，仿照北宋建立了职官制度，完善了党项人主导的军事制度。他还改了年号，接受了"兀卒"的尊号，意为"皇帝"或"可汗"，北宋将其译为"青天子"。

整体看来，元昊塑造了西夏的政权形象，使其具备了与北宋、契丹分庭抗礼的资本。尽管名义上西夏还要向北宋和契丹称臣、接受册封，但实力不可小觑，成了宋仁宗的心病。

那么，元昊究竟是谁？他是怎样跃居一方雄主的呢？

咸平六年五月初五（1003年6月7日），元昊出身在灵州（今宁夏银川灵武）的党项贵族家庭。第二年，爷爷李继迁阵亡。父亲李德明继任定难军节度使。

跟李继迁先叛后降的作派不同，李德明更狡黠更高明。他以不惹事为能事，奉行"联辽睦宋"的策略，你好我好大家好，深得宋太宗赏识。他通过名义上的称臣给北宋面子，换取了北宋给予的册封、边贸等实实在在的里子。

元昊并不认同父亲的谋略，建议恩养蕃族，习练弓箭，不断壮大军力。他不晓得，在李德明看来，党项人还不具备秀肌肉的实力，只能低头装孙子捞好处，这才是识时审务。

元昊很失望，觉得党项人的英雄不该这样吃饱喝足放牛羊，而应称王称霸。

宋军边将曹玮，是开国元勋曹彬的长子，曹皇后的伯父。在这个军人世家里，曹玮政治历练丰富，看问题很准，混得不错。他倒是觉得，元昊有理想抱负，也有深邃见识。

李德明曾派使者来中原做贸易，结果被中间商摆了一道，挣钱太少。他怒不可遏地想把这位使者杀了出气。

老板盛怒，谁敢劝谏？十几岁的长子元昊毅然站出来说，以前用马匹去中原交换不急需的物资，已经是失策了。现在还要为这点钱去杀了守边的人，以后谁还敢为我们卖命啊？

这个故事可能是曹玮道听途说的。他觉得元昊这孩子不简单，想看看长啥样。可是，几次守在元昊经常出没的榷场附近，都没见到。他只好派人暗中蹲守，偷偷绘制了元昊的画像。

看到画像，曹玮惊了："真英物也。若德明死，此子必为中国患！"

究竟是怎样的颜值，能让曹玮有如此预言呢？

文献记载，元昊长着一张圆脸，目光炯炯，鹰钩鼻子，中等身材，眉宇间透着凛然杀气。这么惊世骇俗的颜值，或许对他的人生结局有些影响。

他有武艺，经常带兵出巡；他有文采，手不释卷，尤其爱看兵书和法律专著，精通多门民族语言，又懂点佛学。

可以说，元昊是个文武全才。

元昊对父亲有意见，但父亲一直在为他打基础。

李德明一面对宋朝谦恭，一面当着"土皇帝"。他在延州（今陕西延安）西北的敖子山上修建宫殿，绵延二十里，规格不亚于宋朝皇帝。他还追尊李继迁为皇帝，庙号"武宗"。

元昊的都城兴庆府，也是李德明选定的。大中祥符十年（1017）夏天，有情报显示，怀远镇北边的温泉山出现了龙。李德明觉得这是祥瑞，就派官员前去祭祀，营造"迁都怀远乃天命所归"的舆论。于是，怀远镇升格为兴州，正式定都。这就是后来的兴庆府。

李德明在世的时候，元昊带兵东征西讨，攻陷甘州（今甘肃张掖）、西凉（今甘肃武威）、沙州（今甘肃敦煌）等地，控制了河西走廊，形成了割据西北之势。

明道元年（1032），李德明去世，元昊接掌大权。他不再低头，而是对宋仁宗的诏书遥立而不跪拜，火药味越来越浓。

当文字、发型、服饰、制度自成一套之后，元昊大胆迈出了最重要的一步——称帝。景祐五年（1038），他登上皇帝宝座，建立西夏政权。

然而，建国称帝就是他的终极梦想吗？恐怕没那么简单。

四、跟大国掰手腕

党项人之所以能在北宋和契丹两个大国的夹缝中生存和壮大，得益于四个字：闷声发财。

如今，元昊要改变这一切，不再闷声，走到前台。景祐六年（1039），元昊上表宋仁宗，要求宋朝承认他的皇帝称号。虽然东拉西扯一大堆，但还是让宋仁宗忍无可忍，不但拒不承认，还传旨"削夺赐姓官爵"，停止互市，在边境张贴榜文，重金悬赏元昊的人头。

接下来，元昊一边给宋朝写信挖苦，一边拉拢契丹，威胁宋朝。这么做，只是为了激怒宋仁宗，让宋军先动手，把战争责任推给宋朝。

仁弱多年的宋仁宗终于硬气了一回，调动各路宋军向西北集结。然而，宋夏双方在三川口、好水川、定川寨三度交手，宋军三战三败。

元昊甚至喊出了"亲临渭水，直据长安"的口号。

范仲淹到陕西主政后，改修碉堡，稳扎稳打，蚕食西夏控制区。西夏骑兵虽然机动性好，但面对高大城墙干着急没办法。宋夏双方的战场态势，正在朝着有利于北宋的方向倾斜。

西夏控制区原本就不能自给自足，民生经济过度依赖中原。如今，战场上捞不到便宜，经济又被北宋卡了脖子。西夏急需的北宋银、绢、铜钱等流通不进来，西夏特产青白盐运不出去，北宋的贸易禁运政策正在起效。

军事战和贸易战，让北宋承受了高成本，但对西夏的破坏更大。西夏市面上，生活物资短缺，物价飞涨，战争损耗巨大，搞得民穷财尽，得不偿失。

元昊一开始想着，眼前的困难咬咬牙就挺过去了。早在元昊当太子的时候，就曾迎娶契丹的兴平公主。借助婚姻纽带，西夏与契丹结成了军事同盟。

庆历二年（1042），契丹趁机向宋朝提出领土要求，如不答应，就威胁动武。宋朝面临两线作战、顾此失彼的险境。这原本是元昊在西北破局的战略契机。然而，他不甘心做契丹的棋子，眼红契丹坐收渔人之利，便跟契丹翻了脸。

很快，富弼出使契丹，以增加"岁币"的代价换取不割地、不动武。西夏失去了让北宋两线作战、顾此失彼的战略契机。

这时，元昊才猛然发现，自己既得罪了北宋，也得罪了契丹，更得罪了自己的臣民，阶级矛盾、民族矛盾、社会矛盾交织，西夏处于"死亡创痍者相半，人困于点集"的临界境地，随时有可能崩盘。而北宋就像一座大山，怎么也翻不过。

眼下，这位面目凶悍、心比天高的家伙，总算弄懂了"胳膊拧不过大腿"的道理。他必须调整策略，减少树敌，免得将"开国皇帝"和"亡国之君"的名号集于一身。他很清楚，破局的关键，在于尽早结束宋夏战争，恢复跟北宋的贸易，让西夏经济复苏。

尽管范仲淹等人希望再耗两年，没准就把元昊耗死了，但宋仁宗不想耗下去了。庆历四年（1044）六月，经过一年半旷日持久的谈判，宋夏达成了一个双方各取所需的庆历和议。

——北宋方面。

虽说每年要付出七万多两白银、十五万匹绢、三万斤茶叶的岁赐，但比打仗的消耗低得多，还能重开边贸获得西夏盛产的青白盐，输出大批生活物资，逐渐控制西夏的财政经济。宋仁宗以册封元昊"夏国主"的方式，使元昊在名义上俯首称臣。

这样一来，里子和面子都有了。

——西夏方面。

元昊不但稳定获取岁赐的白银、绢帛、茶叶，还通过重开榷场，源源不断获得中原的生活物资，稳住了自身经济和民生，缓和了内部矛盾。尽管元昊表面上向北宋称臣，但继续维持作为"土皇帝"的面子。

跟北宋媾和，内部也消停了，元昊腾出手来，专心对付契丹。

契丹和西夏表面上结盟，但裂痕越来越深。兴平公主跟元昊感情不和，契丹对叛逃的党项人来者不拒，这些都让元昊大为光火。

本来，契丹人是拿西夏当枪使，要挟北宋的。如今，宋夏达成庆历和议，契丹发现这"枪"不听话了，就打算发兵教训一下。庆历四年（1044）十月，辽兴宗率十万骑兵，分路南下，长驱直入，进攻西夏。

这次，元昊把三次全歼宋军的招数又拿了出来，如法炮制。先是初战败退，诱敌深入，边退兵边求和边坚壁清野，切断契丹粮草补给。待时机成熟，纵兵突袭契丹军营，大获全胜。契丹军几乎覆灭，辽兴宗险些被俘。

紧接着，元昊一面乘胜跟契丹讲和，一面把契丹俘虏献给宋朝，借机挑拨北宋和契丹的关系。直到这时，西夏才算是摆正了自己的位置。说到底，它只是个地方割据政权。

五、都是酒色惹的祸

喝酒是党项人的最大爱好，也是西夏社交活动的重要内容，更是祭祀和打仗的必备项目。仇家和解后，要将猪血、狗血掺入酒中，倒到骷髅里，双方共饮，发誓不再复仇。元昊调兵时，各部落首领歃血为盟，喝下滴血的酒表决心。立功将士得到的奖赏，一般也是美酒。

元昊尤喜喝酒，整日沉湎酒色，混成酒色之徒，最终耽误了自己。

野利皇后是元昊册封的第一位皇后，出身贵族、姿色出众、有勇有谋，曾跟随元昊出征作战。两口子原本感情很好，生了三个儿子：宁明、宁令哥、薛埋。

薛埋早夭，宁明宽厚，宁令哥霸道。元昊觉得，宁令哥更像自己，便着力培养，立为太子。宁明失宠，转而修炼辟谷术，走火入魔而死。

元昊是党项人的英雄，又是个杀人不眨眼的恶魔。在通向权力之巅的路上，无论是母后、叔父，还是亲信重臣，只要不合意，都成了刀下鬼。大舅子野利遇乞也不例外。

后来，元昊发觉这位大舅子是冤枉的，很是懊恼，就想弥补这个错误。在一个寺院里，他找到了大舅子的遗孀没藏氏。这位遗孀，姿色美艳，气质高雅，不拘谨，放得开。元昊垂涎欲滴，居然把她接进了自己的寝宫。

寡嫂即"小三"，这让野利皇后又生气又无奈，只好逼迫这位寡嫂没藏氏出家为尼。元昊倒不介意，经常打着参禅拜佛的名义，到寺院里去跟没藏氏偷情，甚至带到郊外打猎。

庆历七年（1047），没藏氏给元昊生下一个儿子。由于临盆的地点是在两岔河边的营帐里，因而元昊给孩子起名宁令谅祚。

无论是太子宁令哥，还是这个宁令谅祚，都有"宁令"二字，这是党项文"欢喜"的意思。至于"谅祚"，是党项文"两岔"的谐音。

这孩子毕竟是偷情的结晶，既带不进宫，养在寺院里也不方便，便寄养在没藏氏的哥哥没藏讹庞家里。没藏讹庞跟着鸡犬升天，被提拔为国相，在要害部门安插了一批亲信子弟。

几个月后，太子宁令哥大婚。儿媳妇没移氏出身贵族，年轻貌美。元昊看到后，惊为天人，竟然把她也接进了寝宫，纳为妃子。

霸占寡嫂、强抢儿媳，元昊在好色的路上已经没了底线。

宁令哥敢怒不敢言。野利皇后背地里吐槽，被打入冷宫，给没移氏腾出了皇后宝座。元昊征发数万民夫，为没移氏在贺兰山修建离宫，两人日夜饮酒作乐，醉生梦死。至于朝政，就扔给国相没藏讹庞看着办吧。

没藏讹庞大权在握，但看着没移氏受宠，担心哪天没藏氏会被抛弃，让自己也跟着倒霉。为留后路，他跟妹妹没藏氏一商量，决定利用太子宁令哥做点文章。

眼下，宁令哥就是个倒霉蛋。没藏讹庞出面挑唆，信誓旦旦地保证：只要宁令哥干掉元昊，就拥他当西夏国主。

这是一箭双雕的毒计。如果刺杀成功，没藏讹庞就以弑君之罪捕杀宁令哥；如果刺杀失败，宁令哥就会被元昊干掉。反正，无论成败，宁令哥都死定了，可以给宁令谅祚腾位子。

这是极具风险的毒计。如果宁令哥告密，没藏讹庞就死定了。

不过，没藏讹庞笃定：宁令哥年轻气盛、骄横鲁莽，会出手干掉元昊的。

国相就是国相，绝非浪得虚名，看人就是准。庆历八年（1048）元宵节，宁令哥带人潜入皇宫，挥戈直指酩酊大醉的元昊。

事出突然，元昊躲闪不及，鼻子被砍掉了。宫里陷入混乱。一边是侍卫们在抓刺客，一边是元昊疼得嗷嗷叫，流血不止，第二天就死了。

宁令哥逃到了没藏讹庞的府上，等着兑现誓言。没想到，没藏讹庞把他和野利皇后抓了起来，以弑君罪处死。

元昊戎马一生打下的江山，最后落到了"小三"没藏氏的手里。她抱着年仅一岁的宁令谅祚上位。新皇帝取消了元昊的姓氏"嵬名"，改回李姓，这就是李谅祚。

十几年后，正是这个小皇帝发动政变，不仅干掉了没藏讹庞全家，还把没藏讹庞的儿媳妇梁氏据为己有，立为皇后。

李谅祚跟元昊一样，既心狠，又好色。杀自己人不眨眼，专给家里人戴"绿帽子"，俨然"绿帽子王"。果然是有其父必有其子。

集勇猛彪悍的英雄和沉湎酒色的暴君于一身，这就是元昊。

元昊心狠手黑，经常割掉俘虏的鼻子，沾沾自喜，没想到自己也死于割鼻子。

无论是光彩，还是丑陋，元昊带给宋仁宗及其时代的印记，都随着他的鼻子一起，埋进了贺兰山下号称"东方金字塔"的西夏王陵（泰陵），任凭后人评说。

任福：悍将兵败好水川

塞下秋来风景异，衡阳雁去无留意。四面边声连角起，千嶂里，长烟落日孤城闭。

浊酒一杯家万里，燕然未勒归无计。羌管悠悠霜满地，人不寐，将军白发征夫泪。

这是范仲淹的词作《渔家傲·秋思》，堪称边塞词的千古绝唱。

庆历二年（1041），范仲淹赴任延州知州，整备军事，安定边民，鼓励农耕，逐步扭转了西北战场宋军的被动态势。

文人多情，伤春悲秋。范仲淹也不例外。边关生活的体验、跟戍边军民的日常接触，让他面对秋日萧瑟，更有壮志难酬和思乡报国的苍凉情怀。

词中展示了一幅寥廓荒僻、萧瑟悲凉的边塞鸟瞰图，抒发了沉郁雄浑、慷慨激昂的真情实感，景中带情，情中着景，把将士们的戍边之苦和思乡之切，表达得淋漓尽致。

范仲淹的苍凉并非空穴来风，就在他赴任西北之后不久，北宋军队先后在三川口、好水川、定川寨，一次次重复着战术错误，陷入动辄全军覆灭的恶性循环。

悍将任福，就成了北宋军事指挥层战术错误的牺牲品之一。

一、前线换帅

康定元年（1040），北宋军队贸然出击，孤军深入，在三川口（今陕西延安西北）遭遇西夏骑兵主力，陷入重围，寡不敌众，全军覆没。

三川口战败，北宋决策层痛定思痛，决心调整前线部署。

庆历元年（1041）四月，夏竦奉旨担任陕西四路经略安抚招讨使，前往延州主持布防。宋仁宗还给他配了两个副使：范仲淹和韩琦。

这三位是当时的"文官之星"，各有特色。

夏竦作为统帅，虽说军务繁忙，但手不释卷，即便睡觉前，还用手指头在身上比划，研究古文奇字。庆历四年（1044），他出版了一部古文字专著《古文四声韵》，成为研究战国文字的重要参考资料。

之所以能有这个闲工夫搞研究，很大程度上得益于他的超脱。

夏竦治军严格，对违规者格杀勿论，对伤病者照顾有加，不过，他不擅长打仗，甘居第二线，偌大的前沿阵地，都交给了范仲淹和韩琦两位副手。

范仲淹发现，西夏的骑兵之所以强悍，主要是马好。三川口宋军之所以惨败，就是因为孤军深入河谷，缺乏重装骑兵掩护，被西夏骑兵冲垮。为了扬长避短，他确立了"严边城，使之久可守；实关内，使无虚可乘"的军事谋略。

具体来说，就是宋军主力放弃主动出击，退守坚固设防的城寨，并在周边屯田，自给自足。坚城之下，西夏人的骑兵优势就无从发挥。北宋就这样耗下去，西夏人是耗不起的。

从当时态势看，范仲淹打持久战、消耗战的谋略是对路的。

当然，这是"伤敌一千、自损八百"的谋略，北宋也要承受持久战带来的巨大消耗。到最后，比的就是国力，比的就是谁耗得过谁。

韩琦跟范仲淹相反。他立场强硬，力主打出去，跟西夏军队速战速决。他认为："元昊虽倾国入寇，众不过四五万人，吾逐路重兵自为守，势分力弱，遇敌辄不支。若并出一道，鼓行而前，乘贼骄惰，破之必矣。"（《宋史·韩琦传》）

韩琦深知，这么打下去，北宋的财政吃不消、将士吃不消、边民吃不消。

消耗战，西夏打不起，北宋也打不起。

不管谁的主张有道理，有一点是明确的，那就是"文官典兵"。这是北宋的一大特色。

后晋成德节度使安重荣说过："天子，兵强马壮者当为之，宁有种耶？"（《旧五代史·安重荣传》）武夫专权跋扈、藩镇割据一方、皇帝频繁更迭，这就是五代十国的政治常态。

鉴于此，宋太祖、宋太宗明确了重文轻武的祖宗之法。不但选派文官去做知州，管理行政事务，而且让文官到前线指挥打仗，为的就是消除边将跋扈、割据一方的可能性。

然而，过度防范武将，造成军人整体素质下滑，以及整个社会对军人的鄙夷。当兵不再光荣，武将没有机会出将入相，军队的狼性和战斗积极性严重削弱。

武将平时练兵，文官战时带兵，这就是个很别扭的操作。在军中，文官是统帅，但没有威望，又不懂业务；武将有威望、懂业务，但不是统帅，无权调兵。两者相互牵制，到头来只能是带着镣铐跳舞，能打赢才是活见鬼呢。

就在夏竦、范仲淹、韩琦到任前夕，元昊率军攻打怀远（今甘肃西吉），号称要进攻渭州（今甘肃平凉）。韩琦觉得，这是跟元昊决战的好机会。于是，他下令环庆路副总管任福率军出击，准备抄元昊的后路。

韩琦的算盘打得很美，但事情会按照他的预想进行下去吗？

二、兵临好水川

任福是北宋镇守西北的悍将。武艺高强，十几岁就入选殿前司，给皇帝当侍卫，一直做到七品，跻身中级军官。北宋和西夏开战后，他主动请缨，赶赴陕西前线。

他以环庆路副总管的头衔在庆州布防，修工事，搞侦察，详细分析当地地形地貌，并因地制宜，做军事准备。

虽说出身行伍，从士兵做起，但任福打仗鬼点子多。

西夏军队进攻保安军路（今陕西延安）、镇戎军路（今宁夏固原），他带人巡视边境、集结部队，把西夏人调动起来，减轻保安军路、镇戎军路的压力。然后突然袭击西夏后方的白豹城,大获全胜。

任福立了大功,被封为龙神卫四厢都指挥使、贺州防御使,改侍卫马军都虞候,但这也是他戎马一生最后的高光时刻。

康定二年(1041)春,韩琦下令任福率军出击。当然,这支一万八千人的出击部队是临时组建的,途中才陆续到齐,没有整编。

临行前,韩琦特别交代:宋军出击目标是解怀远之围,全军要按照预先设计的行军路线,迂回到羊牧隆城(今宁夏西吉西北),再向西夏后方发起进攻。这条路线上的各个堡寨,相距不过四十里,道路畅通,辎重运输方便。韩琦专门强调,能打就打,打不赢就退到敌后,凭险据守,打元昊的伏击。

一开始,任福确实是按照这条路线行军,途中与西夏小部队遭遇,一举将其击溃。西夏人见势不妙,纷纷丢盔卸甲,放弃了大批物资和马匹。

宋军将士见敌人败退,胆子就壮了起来,一边追击,一边捡战利品。这一追,就深入敌境很远,偏离了既定行军路线,不但成了孤军,还拉长了补给线,有断粮的风险。

可是,根据探子侦察的情报,前面的西夏军人数不多。于是,任福有些放松,下令继续追击,直指羊牧隆城。

傍晚时分,宋军抵达好水川(今宁夏西吉)。这里是河畔峡谷,因水好而得名。全军追得太猛,人困马乏,粮草不济。任福决定就地宿营,等等其他两路人马,约定次日再向羊牧隆城进发。

然而,这竟然是他人生的最后一夜。

三、全军覆灭

次日清晨,任福领兵沿好水川的峡谷西行,在距羊牧隆城五里的地方,发现路边有许多银泥盒子,一动一动,里面有声音。

将士们很好奇,就纷纷把盒子捡起来。一打开,盒子里钻出许多悬哨家鸽,扑扑啦啦飞跃而起,在宋军队伍的上空盘旋。随后,大批西夏骑兵突然出现了。

原来,这些装着鸽子的银泥盒子,都是元昊派人预先放置的。鸽子盘旋而起，恰好为西夏军指明了宋军主力的位置。

韩琦原先设计的，是半路伏击回撤的西夏军主力。可是，还没等任福用这招，元昊先用了。显然，元昊在渭州是佯攻，要的就是把固守坚城的宋军主力引诱出来，予以围歼。韩琦的算盘打错了，为他执意坚持的速决主张付出了血的代价。

四面八方围拢过来的西夏骑兵超过十万，数倍于宋军。

接下来的激战毫无悬念。宋军遭到突袭，不知所措，阵脚大乱。

冬日清晨，天气寒冷。宋军将士左冲右突，想占据附近山头作为制高点，继续抵抗。没想到，刚冲到半山腰，西夏伏兵闪出，居高临下一阵猛攻。宋军仰攻，位置不利，纷纷坠崖。

任福突围不成，身受十多处箭伤，仍然殊死抵抗。随军校尉劝他赶紧逃命，任福毅然表示："吾为大将，兵败，以死报国尔！"带着必死信念，任福冲入敌阵，不幸阵亡。

宋军英勇抵抗，让西夏人付出了惨重代价，但终归是寡不敌众。从清晨打到中午，只有一千多人冲出了包围圈。上万将士埋尸荒野，数十名将领为国捐躯。至今仍能在古战场找到阵亡者的白骨，以及西夏陶罐等生活物品。

接着，元昊乘胜进击，击破宋军援军，大掠边境州县，而后从容退兵。

好水川战役以宋军的完败而告终。宋军残部撤退途中，阵亡将士的父兄妻子几千人，迎上前来，披麻戴孝，抛撒纸钱，为亡灵招魂。

噩耗传到开封，北宋朝廷"关信大震"，宋仁宗"为之旰食"。韩琦主动上书自责，承揽了战败责任。就在这时，夏竦做了一件事，救了韩琦。

四、复盘好水川

夏竦派人去好水川清理战场，在任福的衣装里找到了韩琦的一份书信。

这是韩琦写给任福及其下属的，嘱咐大家一定要按行军路线，切勿轻敌，否则军法从事。

在实战中，任福骄傲轻敌，纵兵追击，一度偏离行军路线，中了圈套。韩琦事先有提醒、有警示，不该承担战败全责。夏竦立即上表，强调不能把失败责任全部推给韩琦。

正是这封书信和夏竦的表章救了韩琦。

最终，韩琦"犹夺一官，知秦州"，旋即官复原职，没有冲击他未来的仕途。

平心而论，宋军在好水川战败，原因是多方面的。

——最主要的原因，还是指挥层意见不统一。

韩琦主战，范仲淹主守，夏竦没主意。宋仁宗也摇摆不定，最后派了使者尹洙到前线，让范仲淹出击。范仲淹认为出兵时机不成熟，坚决不同意。

尹洙见他固执己见，慨叹道："范公这就不如韩公了，韩公曾说过，大凡用兵，当置胜败于度外。"

范仲淹立即反驳："大军一动，关系万人性命，竟可置胜负于度外吗？"说得尹洙语塞。

韩琦和范仲淹都是朝廷重臣、边疆大帅，他们的军事指挥水平是得到坊间认可的。很难说范仲淹都是对的，韩琦都是错的。

可是，指挥层的意见分歧，转化为将令后传达到基层，就使得前线将士无所适从，军心浮动。一旦主战的人打疯了，主守的人拦都拦不住，最终造成全军头脑发热，骄傲轻敌。

——战前敌情不明，也是不可忽视的重要原因。

"知己知彼，百战不殆"，这是老祖宗留给后人的基本战法。遗憾的是，无论是韩琦还是任福，都没搞清楚元昊进攻怀远的行动，究竟是真打，还是佯攻；也没搞清楚西夏小部队战败，究竟是佯败，还是真败，后面究竟有没有大股伏兵。

任福的骑兵追到好水川，好似"盲人骑瞎马，夜半临深池"，怎么可能打赢呢？

——仓促应战，准备不足，战略方针不明确。

任福此次出击，只是韩琦为了给渭州解围的仓促部署。由于事出突然，任福所部是临时拼凑，缺乏默契，一旦碰到小便宜或者遭遇袭击，就方寸大乱，带乱了全军部署。

韩琦虽然给任福交代了行军路线和作战方案，却始终没有明确这次出击究竟为了什么，遇到敌军该怎么办。对于任福来说，虽然来自上级的限制少了，但依旧是两眼一抹黑。

——主将急于求成，中了敌人的诱敌之计。

任福久经沙场，经验丰富。也正是因此，思想上容易麻痹。或许他以为元昊的主力被牵制在渭州，一时回不来，或许他急于向上司表现自己，于是，他放心大胆地追击那支西夏小部队，甚至边追边捡战利品，偏离了事先约定的行军路线，结果落入圈套。

事实证明，那支小部队只是鱼饵，西夏军进攻怀远也是佯攻。心急吃不了热豆腐。

那么，好水川这一仗有打的必要吗？答案是肯定的。

恩格斯曾说过："在中世纪，骑兵是具有决定意义的兵种。"（《马克思恩格斯全集》）冷兵器时代，如果没有强大的骑兵，就不可能成为军事强国。中原王朝抵御草原民族的最有效方法，就是发展骑兵。

北宋决策层也意识到马匹的军事价值。可是，马种好配，牧场难觅。北宋境内主要是农耕区，很难辟出广阔牧场，因此养马行业不太景气。

包拯曾讲过："访闻广平虽分为两监，马只有五六千匹，不及往时一监之数，亦不销得此地，枉有废为闲田。"（《孝肃包公奏议》）他认为，基层养马的产能严重不足，就连国家养马的专门机构都认为马匹数量太少。既然北宋养马费劲，那就去战场上想想办法。

六盘山，被誉为"黄土高原上的绿色明珠"，拥有良好的军马场，北宋和西夏对这里都志在必得。更何况，六盘山下的峡谷地带，是陆地丝绸之路河西走廊路段的重要通道。

如果西夏控制了六盘山，就可以吃定陆地丝绸之路，在河西走廊设卡收费，改善其财政状况，增强对抗北宋的实力。

如果北宋控制了六盘山，就可以打通河西走廊，恢复与西域的经贸联系，并对西夏形成战略包围和堵死财路的有利态势。

因此，六盘山地区就是宋夏双方的必争之地。

好水川，就在六盘山下。这一仗非打不可，任福及其麾下将士，就成了这一仗的"代价"。

葛怀敏："军二代"定川寨惨剧

霜天秋晓，正紫塞故垒，黄云衰草。汉马嘶风，边鸿叫月，陇上铁衣寒早。剑歌骑曲悲壮，尽道君恩须报。塞垣乐，尽囊鞬锦领，山西年少。

谈笑。刁斗静，烽火一把，时送平安耗。圣主忧边，威怀遐远，骄虏尚宽天讨。岁华向晚愁思，谁念玉关人老？太平也，且欢娱，莫惜金樽频倒。

这是北宋官员蔡挺的边塞词《喜迁莺·霜天秋晓》。

在他笔下，草原、马匹、鸿雁、晓月，以及身穿铁甲、骑马挥剑的将士，融为一个整体，实现了听觉、视觉与触觉的有机结合，勾勒了独特的边塞秋景图。

在他笔下，宋军屡战屡败的阴霾一扫而光，边塞一夫当关，万夫莫开，从容戍边，丝毫不惧怕西夏骑兵。他对宋军的态势足够自信。

蔡挺留下了足以与范仲淹《渔家傲·秋思》相提并论的千古绝唱。

然而，有时候过度自信就会变成自负，会惹乱子。定川寨之战就是典型一例。在定川寨，"军二代"葛怀敏就为自己的过度自信付出了血的代价。

一、纨绔子弟上战场

好水川伏击战的大获全胜，让元昊做起了"亲临渭水，直据长安"的春秋大梦。

光有梦是不够的，还得有圆梦的好办法。眼下，北宋决策层吓破了胆，宰相吕夷简惊呼"一战不及一战，吁可骇也"，夏竦、范仲淹、韩琦等前线指挥官都降了职。不过，范仲淹"以守为攻"的打法得到了更多认同，至少大家都不敢出击了。

宋军坚守不战，西夏军就无机可乘，无法发挥骑兵的野战优势，这怎么办？

就在元昊一筹莫展的时候，谋臣张元提议：宋军边防精锐尽在宋夏边境，关中空虚，西夏可分兵两路，一路牵制宋军边防部队，另一路乘虚直捣关中，攻取长安。

张元的设想，就是避实就虚，实现战略大迂回。这跳出了既有思想桎梏，与元昊的梦想不谋而合。元昊当即采纳。

庆历二年（1042）九月，元昊在天都山（今宁夏海原）集结十万大军，兵分两路，进攻北宋。一路出刘璠堡（今宁夏隆德），一路出彭阳城（今宁夏固原东南部），夹击镇戎军（今宁夏固原），引诱宋军主力出击，从而聚歼。

北宋也在调兵遣将。泾原路招讨经略安抚使王沿决定，派副使葛怀敏率军出渭州，前往瓦亭寨（今宁夏隆德东北部）阻击西夏军。

葛怀敏是谁？为什么派他去打阻击呢？

对于葛怀敏，可以给出八个字的评语：扎着金腰带的草包。

葛怀敏是将门之子。老爸葛霸曾任侍卫马军都指挥使，是宋军勇将。深受家庭熏陶，葛怀敏军事理论扎实，群众基础不错，是大家眼中的"好孩子"。他还在婚姻上"强强联合"，当上了枢密副使王德用的妹夫。

从出身看，葛怀敏倒是跟战国时期"纸上谈兵"的赵括颇为相似。

靠父亲的荫蔽，葛怀敏从西头供奉官起步，先后做过雄州、沧州的知州，具有边境地区治理经验。后来，王德用贬官，他也受到牵连，贬到了滁州当知州。

眼看仕途即将终结，没想到又有了新转机。

北宋跟西夏开战以来，前线急需用人，葛怀敏靠着父亲的人脉被派到前线，担任泾原路马步军副总管兼泾原、秦凤两路经略安抚副使。

宋仁宗在召见谈话后，把曹玮的一副铠甲赐给了他。要知道，曹玮是曹皇后的已故伯父，在军中有很高威望，智勇双全。宋仁宗这么做，是对葛怀敏这位将门虎子寄予了厚望。

葛怀敏到了陕北前线，官职换了几次，最终轮岗到泾原路招讨经略安抚副使。他在军中我行我素，没人敢管，谁让他是将门后代，谁让他人脉广泛、群众基础好呢。

不过，范仲淹对葛怀敏评价不高，说他"猾懦不知兵"。事实证明，范仲淹看人真准。

王沿也认同范仲淹的看法，特地告诫葛怀敏：一定要小心谨慎，切勿孤军深入。可是，葛怀敏根本没听进去。在他看来，前往瓦亭寨阻击的宋军多达七万，兵力庞大，跟元昊的十万大军有一拼。更何况，宋军有"主场"之利，西夏军劳师远征。他信誓旦旦，立志要打个漂亮仗。

葛怀敏在军中浸淫多年，但从没指挥过这么多军队。兵权在握后，他就一再犯错误：

——宋军分兵四路，直趋定川寨，导致兵力分散，易被敌人各个击破。

——拒绝听从部将建议，没有扼守交通要道，阻断西夏军归途，也没有保障粮道安全。

——当王沿派人送信，告诫他背城为营，示弱诱敌，设伏奇袭，攻其不备，他没当回事。

自信不是坏事，但如果到了自负的程度，那就要出大事了。

二、定川寨惨剧

惨剧很快就降临了。

庆历二年（1042）闰九月二十一日，宋军先头部队在赵福新堡（今宁夏固原西北部）遭遇西夏军队，吃了败仗。葛怀敏闻讯，立即下令全军退守定川寨。

定川寨位于今宁夏固原，是北宋西北边陲的一个重要堡寨。可是，它太小了，实在装不下这么多人啊。于是，退守变成了溃退，秩序全无，自相践踏。

一阵乱哄哄后，葛怀敏算是退进了定川寨，几万人马也都驻扎在这座堡寨周边。

退入定川寨并不意味着万事大吉。西夏骑兵早就闻腥而动，不但把寨子团团围住，而且切断了水源、粮道和退路。

对于葛怀敏来说，还没怎么打就陷入了死局。现在能做的，只有拼死突围。宋军人数众多，如果集中力量，还是有可能冲出去的。只要能冲到镇戎军，就算突围成功了。葛怀敏传令全军，听到鼓声就开始突围。各部分别担任前锋、策应和掩护，分工很明确。

然而，就在凌晨卯时，葛怀敏突然谜之操作：他径自率领精兵九千多人，抢先开始突围了。至于其他六万将士，就等着鼓声吧，他不管了。

这算什么"骚操作"呢？原来，他觉得七万大军一起行动，目标太大，还不如自己化整为零，先逃出去再说。可是，主帅这一开溜，首先惊动了马夫。马夫一看，敢情主帅白天的部署全是作秀啊，是要让大家当诱饵，掩护他跑路啊！于是，马夫不干了，拽着马缰绳不放。

葛怀敏没打过这么大的仗，被元昊的奇袭和围攻吓破了胆，说啥也不想在这儿等死了。于是，他竟然朝自己人下手，一边喊着"挡我者死"，一边拔剑乱砍，然后向东南方向狂奔两百里。

西夏方面第一时间侦知葛怀敏开溜的消息。元昊认为，定川寨虽然群龙无首，但好歹还有六万人，就算都是诱饵，西夏军一口也吃不掉。更何况，这么多人盘踞堡寨，易守难攻。

既然葛怀敏率部先溜了出去，那就先追击他，毕竟他是主帅，而且身边人马不多。更重要的是，葛怀敏离开了坚城，来到西夏骑兵更得心应手的平原地区。

葛怀敏万万没有想到，自己煞费苦心，放出那么大的鱼饵，掩护自己抢先突围，还是被西夏人盯上了，真是聪明反被聪明误。

他逃到长城壕，前方没路，后有追兵，只好硬着头皮接战。结果，葛怀敏一命呜呼，他带出的十五位将领和九千多精兵也全军覆没。

元昊获胜后，没有继续攻打定川寨，而是长驱直入，攻到渭州，在方圆六七百里的范围内，烧杀抢掠。定川寨里的宋军吓破了胆，不敢突围，只好坐视西夏人胡作非为。

直至几天后，范仲淹率援军赶到，元昊才调转马头，从容撤走。

三、复盘定川寨

明明实力差不多，一把好牌让葛怀敏打得稀烂。三川口、好水川、定川寨，宋军三次出击三连败，而且一败就是全军覆灭。具体到定川寨之战，葛怀敏当然有很大责任。《宋史·葛怀敏传》记载，葛怀敏虽然"通时事，善候人情"，群众基础好，有大佬推荐，但"轻率昧于应变，遂至覆军"。"官二代"、会来事，并不是优秀指挥员必备的素质，顶多算加分项。葛怀敏这个主帅实在是不称职。

如果把定川寨惨败的责任都推给葛怀敏，合适吗？不管怎样，他还是血洒疆场，没有投降敌人，至少保住了军人的气节。

事实上，无论是宋仁宗，还是葛怀敏的顶头上司王沿，识人用人都有偏差。更重要的，则是北宋军事制度的死循环。

北宋立国以后，就奉行重文轻武的军事制度。日常训练和带兵打仗不是同一个指挥官，搞得"兵不知将、将不知兵"，在战场上如何做出符合部队实际的恰当部署？又怎样振奋军心士气呢？

北宋对高级军官的子嗣执行恩荫政策，在禁军里给个官做，让这些"军二代"一成年就含上了金钥匙。长期承平，没有战事，禁军成了"养老院"，"军二代"大多成了"老爷兵"。

一旦战事再起，朝廷猛然发现，军队要职都被这些"二代"把持。他们文化程度不高，又仗着老爹的军功目空一切，自我感觉良好。真正的一线军事人才，要么被"重文轻武"的社会导向搞得只能去做文官，要么只能在基层待着，很难提拔起来。

于是，北宋的边防线上出现了两种奇观：要么是"二代"出征，要么是文官典兵。无论是"二代"，还是文官，都缺乏作战经验。他们对战场形势的判断，要么来自兵书，要么干脆豪赌。可是，战争并非儿戏，一下注，可就是千万将士的性命！

庆历四年（1044），西夏和北宋达成了"庆历和议"。北宋用开边贸和给"岁赐"的形式，换取元昊放弃皇帝称号，接受北宋册封。北宋得了面子，省了军饷；西夏得了里子，活了下来。

而这一切，葛怀敏和他的九千多名将士是没机会看到了。

狄青：生不逢时的北宋"战神"

394

老夫聊发少年狂，左牵黄，右擎苍。锦帽貂裘，千骑卷平冈。为报倾城随太守，亲射虎，看孙郎。

酒酣胸胆尚开张，鬓微霜，又何妨？持节云中，何日遣冯唐？会挽雕弓如满月，西北望，射天狼。

这是苏轼豪放词的早期作品《江城子·密州出猎》。

写这首词的时候，也就是熙宁八年（1075）冬，苏轼恰在密州（今山东诸城）知州任上。苏轼渴望报效朝廷，渴望为国戍边，却壮志难酬。他只能把慷慨激愤诉诸纸上。

词尾，苏轼表露了雄心壮志：总有一天，要把弓弦拉得像满月一样，射掉那贪残成性的"天狼星"，将西北方向的敌人（西夏）一扫而光。

这不光是他的梦想，也是北宋中叶许多仁人志士的梦想。

在苏轼尚未出道的年代，就有一位军人，出身寒微，脸上印着刺字，人称"面涅将军"。宋仁宗的令旗指到哪里，他就挥师打到哪里，招之能战，战之必胜。更可贵的是，他用脑子打仗，文武兼备，在重文轻武的北宋王朝实现了出将入相。

他，就是狄青。

一、从打架到当兵

狄青的"狄"，是个不常见的姓氏。北宋以前，这个姓氏只出过一个名人，就是武则天时代的名相狄仁杰。因此，狄青做了大官以后，就有人给他送了一幅狄仁杰的画像，劝他将其认作自家祖宗，提高自己的社会地位，光耀门楣。

狄青感谢来人的好意，还回赠了礼物，但婉拒了来人的建议："一时遭际，安敢自附梁公？"狄仁杰去世后，被武则天追封梁国公，后人称之为"梁公"。

若干年后，狄青去世，宰相王珪在《狄武襄公神道碑铭》里，还是把狄仁杰归入了狄青家族的家谱，并且说狄青是官宦子弟，祖上几代人都是做官的。

狄青是有自知之明的。在当兵以前，他就是个庄稼人家庭的普通孩子。

狄青的老家，在河东汾州西河（今山西汾阳）。这里曾是宋辽战争的前沿阵地，当地盛行尚武之风。狄青受此熏陶，练出一身肌肉，体魄强健，武艺高强。

很快，这身肌肉和武艺派上了用场——打架。

关于打架这事，坊间有两种说法：

一说，西河县的陈家庄镇有个名叫王壮的恶霸，外号"拦街虎"。凡是到镇上喝酒吃饭的人，都被他勒索过。谁若不从，就会挨打。这类具有黑社会性质的小混混，像极了《水浒传》里专门跟杨志过不去的牛二。狄青决心为民除害。

某日，他来到镇上喝酒。"拦街虎"照例勒索请吃饭，狄青当场拒绝。于是，"拦街虎"继续以前的套路，抬手就打。没想到狄青练过，三拳两脚把他打死了。

虽说是为民除害，但出了人命还是要吃官司的。于是，狄青蹲了大牢。

另一说，狄青有个兄长，名叫狄素。哥俩感情不错。狄青十六岁那年，狄素跟同村一个外号"铁罗汉"的人打架。狄素出手太重，把"铁罗汉"打到了水里。大家看到有人落水，都说狄素杀了人。

于是，村里的保正就要把狄素绑去官府报案。这个时候，狄青站出来说："杀罗汉者，我也。"于是，保正就放了狄素，去绑狄青。

这时，狄青又说："我不逃死。然待我救罗汉，庶几复活。若决死者，缚我未晚也。"后来，"铁罗汉"被人捞起，一阵抢救后，醒了过来。

保正见没出人命，乡里乡亲的，磕磕碰碰难免，也就不再追究了。这事算过去了。

不管有没有蹲监狱，对于狄青来说，成年了总要找点事做。没有文化、没有经商头脑，让他早早就断了科举和做生意这两条路。除了一辈子种地之外，当兵似乎是最好的选择。

北宋长期奉行"重文轻武"政策，士兵地位低下，"好男不当兵"逐渐成为社会共识。当兵在北宋是一件很容易的事。虽然地位不高，但好歹有军饷，能养活自己，还能补贴家里。官府征兵，有时还会把监狱里轻罪的犯人拉来凑人数。

就这样，狄青当兵了。

二、禁军岁月

狄青是哪年入伍的？历史文献没有明确记载。比较明确的是，狄青入伍的第一站，就是在厢军当个养马的兵，比"弼马温"的级别低多了。

北宋王朝长期实行"强干弱枝"的军事体制，精锐都在禁军，作为地方驻军的厢军，通常被视为老弱病残，只能维持治安、赈灾搬运，打仗指望不上。因此，要想在军中出人头地，还得加盟禁军。

天圣五年（1027），禁军里的"拱圣营"，也就是皇家仪仗队，到厢军选拔兵员。狄青脱颖而出，跻身禁军行列。这年，他二十岁。

禁军里也分三六九等。"拱圣营"的兵员成分复杂，因而在禁军谱系里地位较低。

是金子，总会发光的。凭借一身肌肉和骑射技艺，经过层层选拔，狄青从"拱圣营"进入了"骑御马直"，又进入了"散直"。在禁军里，"散直"是皇帝近卫军"班直"里地位较低的角色。就这样，经过"三级跳"，狄青从皇家仪仗队转入皇帝近卫军。

"三级跳"并非轻而易举。狄青花了整整十年。这段在底层摸爬滚打的磨炼历程，让他练就了钢筋铁骨。武艺高强和相貌英俊，成了狄青实现"三级跳"的重要砝码。

说狄青相貌英俊，是有文献记载的。《续资治通鉴长编》记载："青每出入，辄聚观之，至雍路不得行。"狄青长得帅，帅到回头率太高，阻塞了交通。皇帝近卫军是皇帝的脸面，需要这样的气质和形象。

不过，狄青英俊的脸庞上，有个"面涅"，也就是"刺字"。

"刺字"是文身的一种。在中国古代史上，刺字文身最早是南方的风俗。《左传·哀公七年》就记载吴越人"断发文身"。

后来，汉族王朝把它学了过来，当作一种刑罚，称为"墨刑"或者"黥刑"。不过，这种刑罚也就秦汉时期流行，后来就废掉了。直至五代十国，才死灰复燃，但使用的场合变了。

五代十国时期，后梁太祖朱全忠下令，给士兵们脸上刺字，防止他们逃跑。北宋承袭了这个做法，给下级士兵脸上刺字作为标记。

对于狄青的"面涅"，很可能是狄青最初在低级别部队里效力的规定动作。《水浒传》里吃过官司被发配充军的人物，比如宋江、卢俊义、林冲、武松，脸上都刺了字。

中国有句古话："打人不打脸，揭人不揭短。""面涅"造就了区别于他人的脸部特征，意味着终身受辱。

"三级跳"，让狄青的生活境遇有了改善。然而，他没有满足于此。作为战士，他渴望建功立业，而不是整日陪着皇帝出巡，或者值班守大门。

宝元元年（1038），元昊称帝，建立西夏政权，不但跟北宋王朝分庭抗礼，还一再蚕食北宋西北疆土。宋军在前线屡吃败仗。一时间，西北告急。宋仁宗下诏挑选卫士参加戍边军队。

历史给了狄青出人头地的机会。

三、让"万胜军"转败为胜

朝廷有召唤，狄青主动要求到前线去。

对他来说，这是一个"树挪死、人挪活"的理性选择。在京城，他充其量只是皇家近卫军边缘军团的高级军士，说白了还是个士兵。可是，戴

《辋川图卷》（局部），宋佚名。中国国家博物馆藏

着"散直"的光环到前线去，他就有资格担任低级军官。

狄青在前线担任的第一组职务，是"三班差使、殿侍、延州指使"。其中，延州指使是鄜延路延州都巡检司的一个指挥使。由于边境府州都巡检司的驻军都是精锐部队，因而延州指使这一职位相当于边防军主力营的营长。显然，狄青职位不高，但兵权不小。

宝元元年（1038）十一月，元昊围攻保安军（今陕西志丹），狄青当时就驻军保安军西南八十里，闻讯后奉命率军支援。

北宋在西北的边防军里，有一支新招募的部队号称"万胜军"。由于训练不严格，实战经验不足，经常被西夏人打成"屡败军"。

狄青的援军也打着"万胜军"的旗号，穿着"万胜军"的行头。唯一不同的，是狄青本人的奇特扮相：披头散发、戴着青铜面具。或许是为遮盖脸上的刺字，但还是吓着西夏人了。

西夏人看到对手还是"万胜军"，以为又是来送死的，依旧发起冲锋，企图一口吃掉。没想到，这个版本的"万胜军"沉着冷静、进退有序、阵型不乱、作战勇猛，跟"原版"不太一样。渐渐地，西夏军支撑不住，纷纷败退。宋军虽然也伤亡巨大，但保安军保住了。

战后论功行赏，狄青连升四级，从"殿侍"提拔为"右班殿直"。

这一战，让狄青出了风头。不过，西夏人只知他是延州指使，故而起个外号叫"狄天使"。

保安军之战，只是西夏人的一次试探性进攻。康定元年（1040），元昊动真格了，围攻延州，并向延州外围据点安远寨发起了进攻。他不知道，安远寨的守将正是狄青。根据《宋史·狄青传》的记载，狄青身先士卒，拼死鏖战，保住了安远寨。

元昊这次出兵攻陷金明寨，围攻延州城，在三川口全歼宋军主力。只是在狄青的防区没占到什么便宜。狄青的战绩在宋军阵营可谓"鹤立鸡群"。

三川口惨败后，北宋决策层检讨教训，决定走马换将。夏竦、范仲淹、韩琦取代了范雍，接管了陕西防务。范仲淹、韩琦到任后，立即着手整顿防务，寻找合适将才。狄青脱颖而出。

推荐狄青的，是陕西经略判官尹洙。他是狄青的上司，对狄青在安远寨战斗中的表现非常青睐。战后，两人见面，谈论兵法，尹洙对狄青的好印象又有增加。于是，他就把狄青推荐给了范仲淹和韩琦。

范仲淹和韩琦都是文官，颇为惜才爱才，跟狄青面谈之后，大为赏识。范仲淹觉得，狄青文化程度较低，要想成长为将才，必须恶补文化课。据《宋史·狄青传》记载，范仲淹送给狄青一本《左传》，还专门叮嘱他说："将不知古今，匹夫勇尔。"

狄青对范仲淹的教诲牢记在心，一有闲暇，就去读书，熟悉将帅兵法。一个勇冠三军的武夫，一旦文化底蕴和智商情商大幅度提高，又得到上司欣赏，战斗力就会爆表。

在范仲淹部署下，狄青率小部队袭击西夏要塞，屡建奇功，逐步晋升为鄜延路兵马都监。

北宋在陕西前线主要有鄜延路和泾原路这两个防区。狄青长期供职的鄜延路，在庆历元年（1041）出了大事。韩琦等人决策失误，宋军主力贪功冒进，在好水川遭遇惨败。

战后，鄜延路指挥层换帅，夏竦、韩琦、范仲淹都被降职，庞籍取而代之，担任鄜延路经略安抚使，成了狄青的新上级。陕西的防区重新划分为秦凤、泾原、环庆、鄜延四路。

庞籍上任后，一反范仲淹力主的守势，而是节节渗透，小规模进攻，积小胜为大胜。狄青终于获得了大显身手的机会。

庆历二年（1042），庞籍派狄青率军深入西夏腹地，攻克要塞金汤城（今陕西志丹附近），包围宥州（今内蒙古鄂托克前旗东南城川古城），震惊西夏朝廷。其后，狄青又在战略要地桥子谷修建了招安寨，挡住了西夏大军的围攻。

这两仗打完，宋军在鄜延路的战局开始扭转。

可是，泾原路又出事了。

四、独当一面

庆历二年（1042），泾原路宋军在定川寨（今宁夏固原）惨败。为稳住战局，北宋决策层决定，让狄青担任秦州刺史，兼任泾原路经略安抚招讨副使，负责泾原路防区。至此，狄青跻身高级将领行列，开始独当一面。

他到任后发现，不少宋军将士被西夏骑兵吓魔怔了。这种状态怎么可能打胜仗呢？于是，他一边抓训练，一边调士气。

狄青经常下基层，跟将士们称兄道弟、打成一片、同甘共苦。为了招募弓箭手，他甚至拨出田地，奖励给那些出弓箭手的家庭。

大家觉得主帅都这么没架子，办事厚道，也乐意为其效劳。每次战斗，将士们争先恐后，英勇顽强，屡打胜仗。

状态调好了，接下来就是调整战法。

经验告诉狄青，西夏人惯用步骑配合打伏击战，重装骑兵突击，步兵随后跟进。要想打败西夏人，必须调整战法，出奇制胜。狄青思前想后，决定对军中传令的乐器做文章。

两军交战，传统的传令方式是敲鼓和鸣金。敲鼓前进，鸣金收兵，这是许多人的常识。

狄青在战前临时做了点改动：所有人放弃弓弩枪戟，只带护身短刀。听到第一声鸣金，全军停止前进，就地待命；听到第二声鸣金，做出要退却的样子，但不能乱了阵脚；待到第二声鸣金声停下，立即大喊着冲杀过去。这个改动，比以前要复杂，但好在狄青平时带兵有方，将士们都牢记在心。

第二天，宋夏两军摆开阵势，准备交手。西夏人见宋军士兵没有携带长枪大戟，比较诧异。忽听宋军阵中鸣金，宋军全体将士停下了脚步，都不动了。

西夏人懵了：怎么还没打就要鸣金呢？

过了一会儿，第二声鸣金开始了。这时，宋军将士们都转过身子，做出了要撤退的样子。

西夏人这才恍然大悟：敢情狄青这是要逃跑啊！谁说狄青作战勇猛，其实是个胆小鬼！西夏人一边讪笑宋军，一边放松了戒备。

就在这时，第二声鸣金戛然而止。宋军将士们突然转过身来，大喊着冲向敌阵。

宋军来势凶猛，近乎贴身肉搏，西夏人的重装骑兵和长枪大戟无法发挥作用。倒是宋军手里的短刀，在人丛中砍削切剁，得心应手。这一仗把西夏人打得丢盔卸甲，死伤大半。即便是侥幸捡了一条命的，也吓得魂飞魄散，落荒而逃。

狄青打仗，不但善于动脑子，还善于观察。每次战前，他都会仔细查看地形、侦察军情，尽可能做到知己知彼；他会认真总结兄弟部队战败的教训，发现问题，避免重蹈覆辙。

一次，狄青率军击败西夏人后，乘胜追杀。追了几里，猛然发现，前方敌军突然停了下来，堵在路上，乱哄哄的。狄青怀疑其中有诈，怕吃亏，赶紧下令鸣金收兵，不追了。

事后，狄青带人再去查看，才发现"果临深涧"。也就是说，当时敌军确实是堵在悬崖边上过不去，而不是有埋伏。

听到这个消息，将士们顿足捶胸，后悔没有乘胜追杀。狄青却淡淡地说：西夏人跑着跑着突然停了下来，谁知道是否有诈。本来我军都赢了，敌人也垮了，再追上去咬他一口，也占不了多大便宜。如果因为追击中了埋伏，就亏大了。这个便宜宁可不占，也不能吃大亏。毕竟，世界上没有卖后悔药的。

俗话说，"小心驶得万年船"。狄青粗中有细，大胆和谨慎相得益彰。

狄青打仗，不拘一格，机动灵活，一切从实际出发，改变了宋军长期以来靠阵图、靠死守、靠贪功冒进的传统战法，让西北战局耳目一新。不但推动战局朝着有利于北宋的方向扭转，也让狄青战功累累。

狄青戍边四年，前后打了二十五场战斗，八次负伤，击溃多个党项部落，攻占金汤城、宥州，焚毁西夏储粮数万石，俘虏五千多人，修建多个城堡，牢牢遏住西夏的咽喉要地。这样的战功，让宋仁宗也为之惊叹，也让元昊望而却步。

征战西夏，让狄青成了最大的受益者。他的知名度一跃而起。皇祐四年（1052），狄青在辗转多地后，升任枢密副使，成为国家最高军事指挥机关的二把手。长期以来，枢密院领导班子里充斥着文官，狄青这样的武将的加盟，带来了不一样的新气象。

枢密院的实权不亚于中书门下（宰相府），狄青也就跻身执政大臣行列，书写了北宋历史上罕见的"出将入相"奇观。

在枢密副使任上，狄青率军南下两广，平定了侬智高叛乱，政治声誉更加突出。

五、功高震同僚

宋仁宗时期，宋军在大规模战争中鲜有胜绩。然而，狄青在对付西夏和平定侬智高的两场战争中，展现了鹤立鸡群般的本事。

平定侬智高后，宋仁宗论功行赏，准备把已经做到枢密副使的狄青提拔为枢密使、同平章事，也就是全国最高军事指挥机关的一把手，且享受宰相的政治待遇。

按战绩、按品行、按表现，狄青都堪当此大任。然而，这个提议却招致了许多大臣的反对。就连当初力挺狄青的老上级庞籍，也坚决不同意。庞籍对宋仁宗发表了长篇大论，主旨就一条：对于狄青，可以奖赏，不能升官。理由也很直接：武将做枢密使，本朝没有先例，这样封赏有点过分。

其实，不光庞籍有意见，狄青在前方指挥打仗，不断立功升官，各种攻讦、谩骂、构陷的表章就如雪片一般，在后方作妖。从中央到地方，几乎所有官员都看狄青很不顺眼。

庞籍费尽口舌，总算让宋仁宗听进去了。可没过几天，宋仁宗又觉得打败侬智高是大功，狄青当得起枢密使，就跟庞籍又提这事。庞籍说："这是大事，得去中书门下，跟执政大臣们商量。"

宋仁宗马上摆摆手说："别去中书门下了，你们就在皇宫里商量得了，我就坐在这儿听着。"宋仁宗这么安排，意图再明白不过：狄青这个枢密使，朕是用定了。

有皇帝盯着，庞籍等人还能咋办呢？只能是例行公事，讨论通过。

到这儿为止，宋仁宗表现出了慧眼识珠的"好领导"气质。为了提拔一个奇才，不惜得罪众多亲信重臣。有他力排众议，大宋朝"出将入相"的第一例，就此诞生。

枢密使这个位子太"突出"。狄青出身寒微，又开了先例，自然是"人怕出名猪怕壮"，一不小心走上了风口浪尖。

开封城里，有无数双眼睛盯着他。

有的是善意的。士兵们都把狄青当英雄夸耀。京城百姓对狄青的军功和人品非常推崇，甚至连他带着刺字印记的脸庞，也都会引来很高的回头率。狄青享受了一线流量明星的待遇，众星捧月，圈粉无数。

有的是恶意的。要么背后嚼舌头，编故事，说什么狄青家里的狗很厉害，头上生出了犄角；要么连篇累牍地写举报信，把任何风吹草动都归咎于狄青。甚至还有人把狄青蔑称"赤枢"。这些恶意的流言蜚语，还是源于北宋王朝的一条祖宗之法：重文轻武。

军队的指挥权被拆分，军人上前线还需要盖好多个章；

军官的自主权被剥夺，必须按皇帝给的阵图打仗；

地方军事长官大多由文人充任，军人文化程度普遍低下；

平时练兵的军官，没资格带自己训练的士兵参战，乃至"兵不知将，将不知兵"；

这些做法的出发点，就是限制军权。

在北宋，这是一项制度、一种社会共识。狄青纵有天大的本事，也改变不了这一切。

时人尹洙曾说："状元登第，虽将兵数十万恢复幽蓟，逐强敌于穷漠，凯歌劳还，献捷太庙，其荣亦不可及也。"还是那一句话，北宋的军人，就算是屡立奇功，终究不如文官。

如果狄青不去当兵，谏官们就不会找他的茬，但他也做不到元帅，没法达到人生巅峰。鱼和熊掌，不可兼得。

狄青运气不错，遇到了好领导，但他的功劳，震的是同僚。而这些同僚，虽然不会拿刀打仗，却会用软刀子杀人。

六、软刀子杀人

嘉祐元年（1056），首都开封发生了两件大事：水灾、宋仁宗病重。

水灾是天灾，宋仁宗本身就有家族遗传精神疾病。这两件事跟枢密院和狄青八竿子打不着。然而，就有几位大臣，非要把这两件大事归咎于狄青。

宋仁宗病重，最让大臣们担心的，还是"国本"问题，也就是皇位谁来接班。三个亲生儿子全部夭折，养子赵宗实当了多年"备胎"。大臣们都希望宋仁宗承认现状，早定皇太子。

皇太子问题引申出另一个问题，就是如何才能确保政权平稳交接。

宋仁宗病体康复后，知制诰刘敞就上书说："天下有大忧者，又有大可疑者，今上体平复，大忧者去矣，而大疑者尚存。"（《宋史·刘敞传》）殿中侍御史吕景初也上书说："天象谪见，妖人讹言，权臣有虚

声，为兵众所附，中外为之汹汹。"（《宋史·吕景初传》）

刘敞所说的"大可疑者"，吕景初所说的"权臣"，就是狄青。他俩把狄青视为大宋王朝最大的潜在威胁。他俩建议："陛下幸爱（狄）青，不如出之，以全其终。"（《宋史·刘敞传》）

也就是说，因为没有狄青谋反的把柄，所以不能给他定罪，不如让他离开枢密使这个惹是生非的位子，保留级别，去地方做官。

平心而论，他俩的话语反映了很多大臣的共识：狄青不是坏人，但不适合做枢密使，最好还是远离朝廷，让朝廷放心，让大家安心，让他本人也踏心。

在这股怀疑与猜忌的舆论浪潮中，冲得最猛的，居然是大文豪欧阳修。

身为翰林学士，欧阳修有大把的时间琢磨人。在《上仁宗乞罢狄青枢密之任》的奏章中，欧阳修语出惊人："武臣掌机密而为军士所喜，自于事体不便，不计青之用心如何也。"

这话是什么意思呢？他认为，狄青开了武将当枢密使的先例，士兵们欢欣鼓舞，这里面是不是有什么猫腻呢？

团队一把手拿了奖，整个团队的成员欢欣鼓舞，将其视为对团队工作的肯定，就说明他们有集体荣誉感。也只有这样的团队，才可能拧成一股绳，拉得出、打得赢。因此，士兵出身的狄青升官，士兵们欢欣鼓舞，是再正常不过的事，这与拉帮结派、图谋不轨是两码事。

欧阳修过于强词夺理了，把自己的疑虑与感受，变成强加的帽子和莫须有罪名，这不是一个心胸豁达的文学家干的事。

或许欧阳修也觉得自己的论调太过牵强。他要等待一个时机，一个足以搞掉狄青的时机。

东京水灾给了他这个机会。

欧阳修连上两份奏章，振振有词地讲："《易》曰：'主器莫若长子。'殆此之警戒乎？至于水者，阴也。兵亦阴也，武臣亦阴也，以此类推而易见者。天之谴告，苟不虚发，唯陛下深思而早决，庶几可以消弭灾患而转为福应也。"（《宋代诸臣奏议》）

他借助阴阳五行学说，把"水"和"兵"联系起来，再从"兵"引申到武臣，影射狄青。甚至说水灾是天谴，催促宋仁宗为了化灾为福，赶紧把狄青弄走。

不否认欧阳修对北宋朝廷的忠心。他之所以对狄青穷追猛打，就是认定"武臣掌国机密而得军情"，非好事，必须"为国家消未萌之患"。

也不否认欧阳修为狄青的处境着想。毕竟狄青当枢密使，"讹言籍籍"，还不如逃离是非之地，当个高配的地方官，以保全之。

更不否认欧阳修作为文坛领袖的气质。他的三份奏章，行文流畅，表述清晰，抛开方法论上的瑕疵，至少文笔还是一流的。

遗憾的是，作为唐宋八大家之一的欧阳修，文笔似乎跑偏了。生搬硬套、牵强附会，不顾一切地向狄青泼脏水。不管宋仁宗有没有听进去，但这样的软刀子，越抹越黑、越传越邪，让狄青背负了巨大的精神压力，陷入了无法自拔的政治困境之中。

七、告别枢密院

面对排山倒海的质疑和弹劾，就没人出来说句公道话吗？

其实，吕景初奏请外放狄青，文彦博是反对的。据《宋史·吕景初传》记载，文彦博认为狄青"忠谨有素，外言皆小人为之，不足置意"。他充分肯定狄青的忠诚和办事能力，不相信关于狄青的传言是真的。

文彦博是吏部尚书、同中书门下平章事、昭文馆大学士，就是宰相兼组织部部长，对高级干部的提拔任用，他心里有杆秤。

可是，吕景初放出了一句足以让文彦博冒冷汗的话："（狄）青虽忠，如众心何，盖为小人无识，则或以致变。大臣宜为朝廷考虑，毋牵间里恩也。"

吕景初故意强调，文彦博和狄青是老乡。这是把文彦博架在火上烤啊！如果继续同情狄青，那就是假公济私、团团伙伙。

文彦博为了保住官帽和名声，只能不再保护狄青，转而打压狄青。他的发言，威力远比欧阳修大得多。毕竟，他是宰相。

有一次，宋仁宗和文彦博谈事。宋仁宗表示，最近有不少大臣参劾狄青，但在他看来，狄青是个忠臣。文彦博回复了一句话，把宋仁宗说得

"默然"："太祖岂非周世宗忠臣？但得军情，所以有陈桥兵变。"

后周时期，赵匡胤是周世宗柴荣的殿前都点检，一等一的忠臣。可是，柴荣死后，尸骨未寒，赵匡胤就发动陈桥兵变，取代后周，建立宋朝。

这个历史桥段，是两宋历任皇帝都牢记在心的。他们对类似赵匡胤这样的良将十分怀疑，唯恐他们一旦有了异心，会出乱子。

这年，东京开封府发生城市内涝，灾情严重。大相国寺地势比较高，狄青就携家眷搬到大相国寺的大殿里，一边躲避水灾，一边指挥士兵们忙活。只是因为他穿了一件浅黄色的袄子，就被坊间说成穿着黄袍擅上金銮殿。要知道，北宋王朝就是靠陈桥兵变"黄袍加身"建立起来的，坊间如此造谣，政治杀伤力很大。

宋仁宗时期，首都开封的消防工作抓得很严，各家各户入夜必须灭烛。谁家要是晚上点蜡烛祭奠亲人，必须预先报告管片的厢官。或许这就是"只许州官放火，不许百姓点灯"的真实写照吧，虽是为了消防安全。

某天晚上，狄青就在家里设祭，仆人忘了上报厢官。深夜，巡逻的士兵看到火光，马上报告厢官。厢官不知具体情况，报告了开封府。当一群人急急忙忙赶到狄青家灭火的时候，才发现只是家祭，虚惊一场。

按说这是个小事，可第二天京城就盛传狄青家里夜有怪光。在当时人的认知中，只有出皇帝的地方，比如"潜龙邸"，才会冒出这种怪光。

老百姓只是口耳相传，当个谈资，但知制诰刘敞就说："当年篡唐自立的朱全忠，早年家里也经常夜出怪光，害得邻居们跑去灭火。狄枢密家里这情况，似乎有些类似啊！"

于是，狄青家冒怪光的事，就沾上了政治谣言的味道，流传广泛。

众口铄金，积毁销骨。宋仁宗也顶不住了，终于同意免去狄青的枢密使职务，以同中书门下平章事的身份，外放陈州做知州。

消息传来，狄青非常惊愕。他连忙去找宰相文彦博，了解原委。文彦博直言六个字："无他，朝廷疑尔。"狄青听罢，倒吸口凉气，"惊怖，却行数步"。

狄青心冷了，带着遗憾、焦虑和不安，离开了京城。时为嘉祐元年（1056）八月。他在枢密使的位子上，一共只待了四年。

大臣们对狄青的软刀子追杀，肇起于狄青的快速晋升，特别是担任枢密使职务。包括欧阳修在内的许多大臣，在连篇累牍的奏章里，只是希望把狄青调离枢密使岗位，调离京城，外放地方。如今，狄青离开了，难道就真的足以自保了吗？

八、将军的归宿

狄青走了，欧阳修、刘敞等人不再"追杀"了，但文彦博不依不饶。

在北宋王朝的地面上，挂着同中书门下平章事头衔的，包括文彦博在内，没几个人，唯一的武将就是狄青。

文彦博认为，狄青是个人才，没准过几天时来运转，还会"王者归来"的。以文人相轻的一贯作风，他不希望竞争对手过得太舒服。

于是，文彦博摆出一副为国操心的架势，向宋仁宗提出了一项新的建议：定期派使者前往陈州看望狄青。

前不久，宋仁宗大病一场，性情骤变，加上"三人成虎"的因素，导致他对狄青越发不放心。于是，他采纳了文彦博的建议，每个月派两拨使者去陈州，名为慰问，实则监视。

再说狄青。

文彦博"无他，朝廷疑尔"的话语，总在他耳畔回响。即便到了陈州，他也寝食难安。如今，朝廷使者频繁前来"问候"，让他的心理压力陡然增大。自从接到外放陈州的调令，这种不祥的预感就时刻萦绕在狄青身边。宋代学者周辉的《清波杂志》记载，离京赴任之前，狄青曾心事沉重地对亲友说："（狄）青此行必死。"亲友大惑不解。狄青说："陈州出种梨子，号'青沙烂'。今去本州，（狄）青必烂死。"狄青的命运，不幸被他的预感言中。

狄青意识到，皇帝对他不再信任了，或许今后会有更多灾祸降临。他惶惶不可终日，不到半年就背上发疽而死，享年五十岁。

狄青死了。不是宋仁宗君臣直接干掉的，却是他们一手促成的。这位在战场上出生入死、战功卓著的将军，没有马革裹尸、血染疆场，却以君臣的猜忌和迫害，作为一生的归宿。这是莫大的悲剧。

——狄青是个谨小慎微的将军。

他深知自己出身寒微，深知自己逆袭不易，深知大宋朝重文轻武、以文制武，武将地位很低。他格外低调，决策前反复思量，不轻易表态。行军布阵、对敌交战，必先有十足把握后，才会一马当先，率军冲杀。

——狄青是个不忘本色的将军。

位极人臣之后，狄青没有为了面子而整容，去掉"面涅"。他曾对宋仁宗说，这是为了给手下人看，勉励他们上进。

他给全国的军人树立了一个奋发进取的榜样。英雄不问出身，只要英勇杀敌、报效国家，一切皆有可能。

当然，他也间接地肯定了宋仁宗不拘一格降人才的品质。

——狄青是个有涵养有肚量的将军。

在定州驻防期间，作为副帅的狄青宴请主帅韩琦，同邀当地名士刘易作陪。酒席宴上，请艺人演出助兴。艺人们讲起关于儒生的段子，消遣逗乐。

刘易认为这是故意讽刺他，把东道主狄青骂了一顿，还摔了盘子拂袖而去。其实，刘易这个人，脾气火爆，只要有一丁点不如意，就会出口成脏。

面对刘易的谩骂，狄青泰然自若，好言相劝，并未发作。第二天，他还亲往刘易府上回访，表达歉意。

读书人的涵养还赶不上一介武夫，这种事大概也就只能发生在狄青身上。

——狄青是个接地气的将军。

他身先士卒，与士兵同甘共苦，行军打仗期间不搞特殊；他的军队纪律严明、赏罚得当，将士用命，前赴后继；他不贪功，不推诿。

安抚使孙沔曾是侬智高的手下败将，狄青南征侬智高期间，孙沔协同作战。班师回朝后，狄青没有独揽战功，而是把功劳全部算在了孙沔头上。《宋史·狄青传》记载："沔始叹其勇，既而服其为人，自以为不如也。"

——狄青是个用脑子打仗的将军。

南征侬智高的时候，路过桂林南边的一座庙宇。听当地人说，这庙里供奉的神仙非常灵验。于是，狄青就下令部队停止前进，带着将领们进庙祈祷说："这次出征，胜负难料，如果上天让我打赢，就让我这钱袋子里撒出去的钱全部正面朝上。"

众将听罢，面面相觑，都觉得这样祈祷，风险太大。这么多铜钱撒出去，怎么可能保证全都正面朝上呢？如果做不到全都正面朝上，那不是还没打，就灭了自己的威风吗？这对振奋士气很不利啊。于是，大家连忙上前劝阻狄青，别去撒钱。

面对大家的劝阻，狄青摆了摆手，然后把口袋里的几百枚铜钱撒向空中，又落在地上。众将上前观瞧，只见所有铜钱全部正面朝上。大家都惊呆了，接下来就是齐声叫绝。

消息传开，全军欢呼，军心大振。狄青喜形于色，下令把这些落地的铜钱用铁钉钉在地上，等凯旋之日，再来取钱和感谢神仙。

南征侬智高，狄青大获全胜。回师路过这座庙宇时，他带人进庙还愿，下令拔出铁钉，取下铜钱，给众将观看。大家这才恍然大悟：原来狄青撒出去的铜钱，正面和背面都一样。

狄青诡用两面钱，以善意的谎言和魔术，调动了全军的必胜信心，也显现出他并非头脑简单、四肢发达的武夫，而是脑洞大开、不按常理出牌的"战神"。

如果没有一以贯之的低调和谨慎，或许狄青也得不到追赠中书令、谥号"武襄"的哀荣。

然而，狄青之死开了两宋时代的恶例——军事人才不能锋芒太盛，否则容易招致猜忌，甚至背上"莫须有"的谋反嫌疑。南宋初年岳飞的死，就是狄青悲剧的重演和升级。

在两宋时代，将军的归宿，没有衣锦还乡，没有豪情万丈，只有甘于平庸，承受非议。只是在对外战争中出现了"师唯不出，出则丧败；寇唯不来，来必得志"的糟糕局面后，皇帝和大臣们才会感慨"国无良将"，却几乎没人反思为什么会"国无良将"。

好男不当兵，哪怕当将军。这是一个时代的遗憾。

侬智高：南国的较量

　　常羡人间琢玉郎，天应乞与点酥娘。尽道清歌传皓齿，风起，雪飞炎海变清凉。

　　万里归来颜愈少，微笑，笑时犹带岭梅香。试问岭南应不好，却道：此心安处是吾乡。

　　这是北宋大文豪苏轼的词作《定风波·南海归赠王定国侍人寓娘》。

　　好友王巩受苏轼"乌台诗案"牵连，被贬到了岭南，王巩的歌伎柔奴毅然随行。宋代的岭南仍是烟瘴之地，北方人不适应这种湿热气候。因此，同行前往的都是真交情。元丰六年（1083），王巩北归，跟苏轼饮酒叙旧，柔奴作陪，为苏轼劝酒。苏轼问及岭南风土人情，柔奴以"此心安处，便是吾乡"作答，引得苏轼大为感慨。

　　苏轼问及的岭南风情，正是他几年后就要贬官的去处；而王巩被贬的处所宾州，在几十年前的宋仁宗时期，发生了一场内战。主角分别是狄青和侬智高。

　　狄青的知名度很高，但侬智高鲜为人知。对于侬智高，有人说他是"反贼"，有人说他是"农民起义军首领"，有人说他是"爱国英雄"，盖棺而不论定。

　　侬智高是谁？他和狄青又有怎样的互动？

一、南国战事紧

皇祐四年（1052）五月，东京（今河南开封）皇宫的福宁殿里，群臣俯首，默不作声，只听宋仁宗一人发牢骚。

就在一个月前，远在广南西路的部族首领侬智高，率众攻陷重镇邕州（今广西南宁）。随后，他在二十二天时间里，席卷广南西路，连克九座州城，并且包围了广州。

侬智高宣布建立大南国，自称仁惠皇帝，年号启历，正式跟北宋王朝对着干了。

北宋的基本行政区划是路、州（府、军、监）、县三级。全国共有十五个路，每个路有转运使作为行政主官，并设置安抚使、提点刑狱公事，分别管理该路的军事和司法事务。

广南西路是北宋全国十五路之一，首府在桂州，也就是今天的广西桂林。辖区包括今天广西全境，以及雷州半岛和海南岛等地。如今的广西之称，就由此而来。

与之相对的，是广南东路，管辖今广东大部地区，首府在广州。作为一路首府的广州被围，那可是大事。

广州危在旦夕，指望朝廷救援，肯定是远水不解近渴，广南东路只得自己想办法，派兵增援。结果援军不给力，非但没给广州解围，还把自己搭进去了。

侬智高围攻广州五十七天，没打下来，担心后路被断，只好悻悻而去。借着喘息间隙，北宋方面马上调兵遣将，派孙沔、余靖为经略安抚使，前去稳定大局。可是，看着战斗力孱弱的南方宋军，孙沔、余靖也是深感"巧妇难为无米之炊"。

面对这样的局面，也难怪宋仁宗会发牢骚。

就在北宋朝廷对南方战事一筹莫展之际，位于中南半岛的邻国交趾表示，愿意出兵帮宋朝平定侬智高。余靖对这样的援手来者不拒，甚至着手为交趾军队准备粮草了。

然而，此议在东京的朝堂上引起了争议。新任枢密副使狄青建议，婉拒交趾"好意"。

狄青指出，交趾处心积虑向广南西路辖区渗透，占领了北宋的广源州（今越南高平广渊县）。《宋史·狄青传》记载："假兵于外以除内寇，非我利也。"交趾出兵，意在浑水摸鱼，倘若允许交趾兵进入宋境，万一引发新的战乱，局面就更难收拾了。宋仁宗采纳了。

嘉祐四年（1059），交趾果然出兵进攻宋朝南境，抢掠人口财物，其对北宋南疆领土的野心昭然若揭。狄青没有看走眼。

前方需要主心骨，皇帝需要主心骨，边境老百姓需要主心骨。在其他人畏葸不前的情况下，狄青主动上表，慷慨自荐，奏请带兵平定侬智高。在表章中，狄青的话说得很朴实："臣起行伍，非战伐无以报国。愿得蕃落骑数百，益以禁兵，羁贼首致阙下。"

宋仁宗欣然同意，任命狄青为宣徽南院使，宣抚荆湖南北路，治理节制盗贼之事。为表重视，还特地在垂拱殿摆宴饯行。

垂拱殿是皇帝处理政务和召见大臣的重要场所，在宫里的地位不亚于紫禁城的乾清宫、养心殿。在这个地方设宴，规格很高。

被器重的感觉是珍贵的。狄青当得起这样的器重。接下来，他要把这份器重，转化为打败侬智高的智慧和力量。

怎样才能打败侬智高呢？

二、侬智高是谁

要想打败侬智高，必须先熟悉这个侬智高。

侬智高究竟是谁？这还要从北宋王朝岭南的政治版图说起。

北宋时期，朝廷在岭南边境设立广南西路，作为边境行政区，与中南半岛各国接壤。这里虽是边疆，也是烟瘴之地，但战略位置非常重要。

邕州，是广南西路重镇。北宋王朝在此设立军事指挥机构，构筑城寨要塞，形成了北宋王朝岭南地区的军事前哨和第一道国防线。

广源州，位于"邕州西南郁江之源"。虽然地处偏僻，但盛产黄金，躺着也能养活自己。于是，当地部族聚居于此，"俗椎髻左衽"。只是这里经常搞内讧，今天你抢我，明天我抢你。《宋史》的记载是"善战斗，轻死好乱"。

虽说是窝里横，但对中央政权还是一团和气。早在唐代，整个部族就接受朝廷招抚，连人带地盘一起归附唐王朝。广源州也就成了唐王朝的羁縻州，名义上划入唐朝版图，实际上还由当地部族首领当知州，形同自治。

安史之乱以后，唐王朝陷入藩镇割据，顾不上广源州和再往南的交趾了。于是，广源州安静地过起了自治的日子，而交趾走向了分离建国。

宋太祖开宝元年（968），交趾的地方豪强丁部领建立"大瞿越国"，自称"大胜明皇帝"，迈出了分离建国的关键一步。丁部领在越南历史上被称为"丁先皇"，是越南第一个封建王朝——丁朝的缔造者。

开宝八年（975），丁部领的儿子丁琏接受宋太祖册封，拿到了开府仪同三司、检校太师、交趾郡王的头衔。这样一来，中原王朝和交趾之间，从中央和地方的关系，变成了宗主国和藩属国的关系。

交趾分离建国以后，奉行对外扩张政策。多次派兵袭扰北宋边境，又企图拉拢和控制广源州，使其成为向北宋内地渗透的跳板。

对于交趾国的步步进逼，北宋王朝视而不见，消极退让。

宋军精锐必须云集北方，对付契丹和西夏两大劲敌，拱卫京城。南方宋军的力量就相对薄弱，武备不修，将帅怯懦，往往一触即溃，弃城而逃。因此，跟交趾不能硬拼，免得丢人现眼，暴露军力不足的真相。

北宋的软弱姿态，为交趾攫取广源州打开了方便之门。经过多年经营，到景祐三年（1036），交趾国在广源州开始征收赋税、征集黄金、扶植傀儡官员，实现了全盘控制。

侬氏也是广源州部族的大姓，世代聚居于此。交趾国的横征暴敛，导致自身权力即将架空。侬氏首领侬存福担心，一旦大权旁落，恐怕身家性命不保。

他的对策，就是抱紧北宋。天圣七年（1029），侬存福正式归附北宋。垂帘听政的刘太后册封他邕州卫职，但没有把广源州的地盘划入北宋版图。毕竟，北宋的战备重心在北方，顾不上广源州，帮不了侬存福。

见北宋朝廷实在是不给力，侬存福只好靠自己了。

北宋宝元二年（1039），他建立"长其国"，练兵修城，不再向交趾称臣。可是，交趾怎能容许侬氏有二心，立即发兵攻入了广源州。侬存福打不过交趾，只好束手就擒，被装进囚车，送往交趾的首都。

所幸，侬家没有被一锅端。城破之时，侬存福的老婆带着十五岁的儿子，趁乱逃了出去。这个孩子目睹了广源州城夷为平地的惨状。为了救父亲，他只能忍辱负重，向交趾国称臣。

交趾国俘获了侬存福，认为奇货可居，便将他作为人质，向广源州索要大量黄金。金子送出去了，侬存福并没有被换回来，旋即遇害身亡。

侬存福死了，这个孩子勇敢地接过了部族首领的重任，一边对交趾国佯装恭顺，一边召集旧部，准备复仇。他就是侬智高。

三、怪异的复仇姿势

两年后，也就是北宋庆历元年（1041），十七岁的侬智高开始了他的复仇计划。

这项计划的核心是"夺国"。侬智高以藩属的身份，前往交趾国朝拜，结交权贵，准备发动政变，推翻交趾国，自己取而代之。

对于广源州来说，这是个一劳永逸的"翻身"良策。可是，消息走漏，计划还没实施就失败了。侬智高只好逃回了广源州，跟交趾国也彻底撕破了脸。

得不到北宋的支持，侬智高只能孤军作战。可是，胳膊拧不过大腿，他战败当了俘虏。

交趾国的决策层认为，如果把侬氏斩尽杀绝，不利于对广源州的统治，更不利于以广源州为跳板，向北宋内地渗透，不如收买和利用侬氏，替自己卖命。于是，交趾方面不但释放了侬智高，还封给他"太保""郡王"的头衔，让他继续治理广源州。

交趾国这些"骚操作"，北宋决策层并非一无所知。然而，宋仁宗君臣认定：不能得罪交趾，不要轻开边衅，牺牲广源州，换得边境苟安，这买卖还是合算的。

与北宋的默然相比，侬智高一刻没闲着。北宋庆历八年（1048），怀着家国仇恨，他再次起兵反抗交趾。当然，这次他又输了，再次臣服交趾。

侬智高意识到，广源州夹在交趾国和北宋之间，处境尴尬。为了赢得主动，他一面发展地方经济，团结周边部族，增强自身实力，一面帮着交趾国蚕食北宋地盘，以此作为筹码，跟北宋方面要价。

他只有一个念想：侬氏部族要想长治久安，必须归附北宋，背靠大树好乘凉。可是，北宋方面继续当"鸵鸟"，婉拒了他。

思前想后，侬智高觉得还是要把事情搞大，才能让北宋重视自己、接纳自己。于是，他做出了惊人之举：进攻邕州，包围广州。

短时间内，侬智高席卷岭南，攻陷不少北宋的城池，但既没有屠城，也没有扰民，更没有派兵驻守，或是给交趾当"带路党"，打完就撤。

二十年间，侬存福、侬智高父子，先后八次申请归附北宋，均遭婉拒。是什么力量促使他们如此执着，一定要当大宋的臣民呢？

概括来说，就是一条根脉，一份理念，一个梦想。

说"一条根脉"，就是广源州和中原地区同根同源。

同是农耕文化区，生产生活方式相似，儒家文化影响很深。隋代的冼夫人就是南方少数民族热爱祖国和追求统一的代表。侬智高继承了这一精神，有着追求做中原王朝臣民、维护大一统秩序的思想和行动自觉。这份自觉，强化了他的归属感、成员感和融合感，至死不渝。

说"一份理念"，就是广源州"先经后政"的理念。

为了生存下去，摆脱交趾的控制，回归宋朝版图，侬智高在政治上向交趾低头，换取经济发展的宽松环境。利用交通和黄金两大优势发展贸易，搞活地方经济。通过跟邕州、广州等地的宋朝商人做买卖，密切了与内地的经贸联系，也让广源州成了岭南重要的商贸集散地。

说"一个梦想"，就是实现自己的政治理想。

当时，广源州的许多部族首领，依靠黄金致富，满足于封闭自守的过小日子。侬智高则是为广源州长远发展计，担心分散封闭、小富即安，会被各个击破，无法长期繁荣。他有个梦想，就是"请内属，求一官以统摄诸部"。即便在席卷邕州等州县后，他仍派人跟北宋方面谈判，甚至提出连官职都不要了，只求"内属"。

本来，宋仁宗已经"将受其降"了，但枢密使梁适认为："若尔，则岭表非朝廷有矣！"恰好狄青自告奋勇，出征讨伐。于是，侬智高以战逼和，以战逼"附"的设想，归于失败。

侬智高起兵前曾说："吾今既得罪于交趾，中国又不纳我，无所自容，止有反耳。"（《涑水记闻》）

不过，侬智高没有想到，他将迎来人生中最强劲的对手——狄青。

四、兵败狄青

皇祐五年（1053）正月，狄青的西北骑兵与孙沔、余靖所部会合，完成集结。

按说，新官上任三把火。许多将领以为，狄青会先对侬智高来个"三板斧"，发起进攻，力求速胜，赶紧报功。可是，狄青到任后，却下令全军休整，不得与侬智高接战。

他为什么要这么做呢？

一方面，当地宋军刚吃败仗，惊魂未定，需要稳定军心，重振士气。另一方面，要解决军纪问题，重树主帅权威。他下令，将擅自出击招致惨败的广西钤辖陈曙等三十一人阵前斩首。这样一来，再没人敢擅自违抗军令了。

侬智高听说宋军换帅，连续派人打探，得到的情报都是宋军正在休整，不会马上进攻。他更纳闷了：先前的宋军援军，都是到了前线立即发起进攻，狄青这是要干什么？

等了十天，仍然不见宋军有动静。直至上元节（正月十五）的晚上，探子报告说，狄青决定大宴三天。第一夜，宴请诸位将领，第二夜宴请中层军官，第三夜宴请全体士兵。侬智高一想，宋军大吃大喝连搞三天，短期内肯定不会发起进攻了。于是，侬智高及其部下放松了戒备，不派探子了。

那么，狄青的葫芦里到底卖的是什么药呢？

狄青一直没闲着。

正月十五日，确实整宿饮宴。十六日半夜，狄青酒过三巡，借口身体不适离席，让部将继续主持宴会，一直持续到第二天清晨。

狄青没有回卧房，而是喝了醒酒汤后，悄悄带兵出发。顶着风雪，一路急行军九十里，突袭昆仑关得手。此时，宋军大营的宴会还没结束。

《孙子·虚实篇》有云："形兵之极，至于无形，无形则深间不能窥，智者不能谋。"昆仑关是邕州的门户，地形险峻，易守难攻，要想拿下，只能靠突袭和速战，避免顿兵坚城，造成被动。狄青所做的一切，都是在麻痹对手，攻其不备。

夺占昆仑关，打乱了侬智高的军事部署。他没料到，宋军换帅如换刀，攻势如此神速。更让他惊讶的是，一天后，即正月十八日，狄青率领宋军主力抵达了邕州城外的归仁铺。

归仁铺一带，地形平坦，有利于骑兵作战，狄青的西北骑兵有备而来。侬智高仓促应战，准备不足，他的军队主要是步兵，依托险要地形有优势，但在平坦的开阔地，就不是骑兵的对手了。

虽说没啥优势，侬智高还是要打这一仗。

他一般会让骁勇善战的士兵拎着长枪站在队列的前面，把老弱放在队列的后面，集中精锐，先来"三板斧"，把对手冲乱，而后一路掩杀，造成对手崩盘。对付战斗力较差的南方宋军，这种战法还是管用的。不过，它也有缺陷，就是后队羸弱、后劲不足。

狄青找到了这个缺陷，便有针对性地部署。

他先派骑兵绕到敌后，埋伏起来，把其他部队分成左、中、右三路，跟随令旗，整体行动，顶住敌军精锐的"三板斧"冲击，为奇兵抄袭敌军后路、实现前后夹击争取时间。

这个打法概括起来，就是正面硬扛、奇兵抄后、避敌锋芒、后发制人。这个打法的关键，就是正面能否顶住敌人的"三板斧"。一旦正面被击溃，奇兵的作用就会大打折扣。

归仁铺之战打响后，侬智高的军队攻势猛烈，宋军右路前锋孙节阵亡，左路僵持不下。打得很艰苦，但慑于严苛的将令，没有哪个宋军将领敢后撤。

就在双方拼消耗的当口，侬智高的后路忽然喊杀声震天。原来，宋军的西北骑兵杀过来了。这下，侬智高腹背受敌，陷入被动，阵型被西北骑兵冲得七零八落。

一仗打下来，侬智高军队损失数千人，精锐丧尽，不得不放弃邕州。

紧接着，狄青进占邕州，宣告战事结束。

仅仅两天时间，侬智高军队就被狄青打得鼻青脸肿。狄青在北宋方面"一战封神"。就连先前瞧不起狄青、甚至写奏章弹劾他的将领，也对狄青的军事才能刮目相看。

狄青恰当处理了快与慢、分与合、正与奇的辩证关系，统一军令，做足准备，扬长避短，速战速决，使智取侬智高系列战役的指挥艺术出神入化。

在打扫战场的时候，将士们发现了一个穿着金龙衣服的尸体，都以为是侬智高。大家建议狄青上奏朝廷邀功。可狄青不同意。他认为，这具尸体究竟是不是侬智高，尚且存疑，没准其中有诈。在没有搞清楚之前，决不能欺瞒朝廷，冒功领赏。

后来证实，这具尸体确实不是侬智高。他吃了败仗，还想东山再起，在混乱中逃之夭夭。关于他的最后结局，历史文献说法各异。

苏辙《龙川别志》记载："（侬）智高至南诏，复谋为乱，为南诏所杀。"《宋史》记载："（北宋方面）募死士使入大理取（侬）智高，至则已为其国所杀，函首归献。"马端临《文献通考》记载："侬智高败奔大理，其国捕之以闻。"

这些主流历史文献都认为，侬智高跑到了位于今天云南的大理国避难。然而，迫于北宋王朝咄咄逼人的架势，大理非但不敢继续收留他，还打算要他的人头。最终，大理方面干掉了侬智高，把他的脑袋装在盒子里，送到开封去了。

同样是《宋史》和《文献通考》，在别的篇目里又出现了自相矛盾的记述。《文献通考》说："（侬）智高不知所终。"《宋史》说："既而西川复奏（侬）智高未死，谋寇黎、雅州，诏本路为备。御史中丞孙抃又请敕益州先事经制，以安蜀人。然（侬）智高卒不出，其存亡莫可知也。"

虽然对侬智高的最后结局还有争议，但可以肯定的是，侬智高给北宋带来的"肘腋之患"，就这样戛然而止、烟消云散了。

五、怎样看待侬智高

侬智高本来有机会成为十一世纪的风云人物。毕竟，他的起兵影响很大，让北宋朝廷为之震撼，让宋仁宗意识到，中央政权在南国投入的治理力量不堪一击，治理政策几乎完败。然而，他遇到了"战神"狄青，这让他的失败带有了更多的悲情色彩。

战后，宋仁宗下令，随狄青南征的宋军将士，不必都返回西北前线，许多人索性留在这里屯垦，逐渐演化为新的世袭土官。这就是"土司"的前身。狄青带来的这些兵，多数来自山东青州。现在许多广西人自称祖籍山东，就并不奇怪了。

遗憾的是，北宋王朝并没有吸取侬智高起兵的教训。二十年后，交趾国派兵悍然进攻广西，横扫钦州、廉州，并在邕州屠城。

尽管宋军把交趾军队驱赶出境，但在交趾国境内又吃了败仗。最后，战略占优的宋朝，竟然把侬智高长期经营、狄青辛苦夺占的广源州"赐予"了交趾国。

如果狄青和侬智高还活着，看到这样的场景，不知是哭是笑。

广源州的地理位置，就在今广西靖西和越南高平。从这个意义上说，侬智高是个跨境历史人物，中国壮族和越南侬族，都把他视为本民族乃至本国的历史人物。

侬智高起兵事件，很难用"反宋""起义"这样的字眼定性。不过，北宋以后，侬智高一直被中国和越南的官方视为贼寇，饱受战争之苦的当地汉族居民，也对侬智高评价很低，将其称为巫师。不过，广源州的壮族百姓却将他奉为英雄。

如今，在广西靖西等地建了侬智高庙，越南北部也建了卯岑庙、灵印庙、旗岑殿等纪念侬智高的庙殿，甚至把他进行了神化。

客观地说，侬智高是个悲情英雄。

王则：宋版"好男不当兵"

山冥云阴重，天寒雨意浓，数枝幽艳湿啼红。莫为惜花惆怅对东风。

蓑笠朝朝出，沟塍处处通，人间辛苦是三农。要得一犁水足望年丰。

这是南宋词人王炎的词作《南柯子·山冥云阴重》。

这是一首正面表现农民劳作的宋词。与多数宋词描绘春景经常落入风花雪月的俗套不同，王炎营造的意境清新自然，情感质朴健康，展现了中国农民的吃苦耐劳精神和朴实的人生追求。

王炎是南宋地方官里的正人君子，以主张"为天子臣，正天子法"闻名。可是，在南宋满足于偏安一隅的政治氛围里，他很难有大的作为。于是，他把关注点转向了民生疾苦、苍生冷暖。

"望年丰"是个美好的梦想。靠天吃饭的农民，一旦遭遇天灾，极有可能衣食无着。为了减少灾民聚众闹事的可能性，北宋决策层每逢灾年就大规模征兵，把身强力壮的灾民纳入体制内养起来、用起来。这样，灾民求温饱，朝廷求平安，各得其所。

在北宋，当兵是被歧视的。经济上吃了饱饭，政治上没了尊严，成了许多将士的纠结。

两宋时代小规模的兵变、暴动、起义频繁。王则兵变，就是诸多小规模兵变中的一回。

一、贝州兵变

庆历七年（1047）十一月二十八日，临近冬至。这是中国古代最重要的节日之一。按照北宋的惯例，皇帝要在东京开封举行冬至节郊祀大礼。

几百里外的贝州（今河北清河），过节的喜庆气氛被兵变取而代之。

兵变的领头人名叫王则，涿州（今河北涿州）人。出身农民，赶上饥荒年，在本地活不下去，就当了流民，流浪到贝州。为了谋生，他在后背上插标，把自己卖了，给人放羊。

命运的转机发生在庆历年间。北宋禁军大规模扩张，在贝州招募了一批当地人，编组为"宣毅军"。他就参军入伍，吃粮当差，做个小校。

贝州这个地方，离宋辽边境不远，但澶渊之盟后，宋辽之间没有大的战事，驻扎贝州的这支"宣毅军"就无事可做了。

王则倒是吃饱了饭，闲得没事，研究起"旁门左道"了。

他钻研的"旁门左道"，就是一些妖术，比如"五龙、滴泪等经及图谶诸书，言释迦佛衰谢，弥勒佛当持世"（《宋史·明镐传》）。通俗地讲，就是皈依了秘密宗教。

唐宋以后，特别是明清时期，秘密宗教在中下层老百姓中很有市场。普通人的日子过得很艰难，希望生活有点盼头，寻求心灵寄托。白莲教、八卦教、天理教、红阳教，甚至晚清的拜上帝教，大概都是抓住老百姓的这种心理需求，应运而生。

贝州位于北宋抗辽前线，曾遭战火蹂躏，当地百姓遭受的苦难更多，对于秘密宗教的需求更高。一种名叫"弥勒教"的秘密宗教就冒出来了。

弥勒教历史悠久，主要在黄河流域传播，其教义援引了佛教的内容，但不隶属于佛教。"弥勒"，是梵语"慈爱者"的意思。弥勒佛以光头、裸上身、洋溢笑容的慈爱形象，给人一种憨态可掬的亲近感。据说，弥勒出世的时候，黑暗糟糕的世界将变得光明幸福，人们也会斩断一切苦难，成就智慧和威德。

弥勒教主张构建一个"无水火、刀兵、怨贼、劫窃、饥馑、毒害之难""不闭户、不杀生、不贪众宝，人无远近，皆两得相见"的境界。好比救世主降临人间，拯救受苦受难的苍生一般。这样的教义和理想，在底层老百姓中还是很有吸引力的。

北魏后期，法庆领导的冀州起义，就公开喊出"新佛出世，除去旧魔"的口号，这跟王则看到的"释迦佛衰谢，弥勒佛当持世"的说法高度一致。

对于秘密宗教的传播，北宋官府是有防范的。大中祥符二年（1009），宋真宗下诏禁止河北籍老百姓学习"击刺之术"。第二年又禁止太康老百姓"起妖祠以聚众者"。天禧三年（1019）又"禁兴州三泉县，剑、利等州白衣师邪法"。

问题在于，官方越禁止，老百姓越好奇。宋真宗的这些诏令，反而给弥勒教转入地下、扩大传播做了宣传。人们渴求弥勒降临，政治上有想法的教派首领就动了利用弥勒教、假称弥勒降临、聚众起事的念头。王则就是其中之一。

对于聚众起事这件事，王则是认真的。当兵之后，他曾回了一趟老家涿州，母亲听说他有聚众起事的想法，深知这是"谋反"，九死一生，于是不但"与之诀别"，而且还在王则的背上刺了个"福"字。

老母亲刺"福"，寄托的期待是朴素的，比如追求生活幸福、摆脱苦难、平安归来，但王则把刺"福"当作神化自己、挑动信众的政治工具。

贝州州衙小吏张峦、卜吉给王则当军师。王则在德州（今山东德州）、齐州（今山东济南）有信众基础，因此张峦、卜吉建议，庆历八年（1048）元旦，河北、山东几个州县同日起事，首先占领澶州（今河南濮阳）浮桥，切断首都驻军北上之路，而后抢占整个河北，并在大名建都。

这个计划看起来很完美，其实理想化成分很多，各个步骤环环相扣。一旦其中某个步骤出了纰漏，就可能导致计划落空，甚至满盘皆输。

弥勒教毕竟不是有着高度纪律性的政治组织，不乏自行其是的愣头青，潘方净就是这种人。这家伙拎了把刀，跑到北京大名府的留守府，"书谒"北京留守司、大名府通判贾昌朝，逼他投降。看样子，如若一言不合，就把贾昌朝干掉。

贾昌朝何许人也？人家当过宰相，攀附张贵妃，见多识广，怎能被愣头青吓着。潘方净为他的冒失付出了沉重代价，不仅自己被当场抓获，还泄露了王则元旦举事的计划。

王则必须调整原计划，提前举事。

庆历七年（1047）冬至节，贝州知州张得一去天庆观行礼。这是冬至节的规定动作。由于僚属们跟着知州都去行礼了，州城战略要害位置的看管不严，就给了王则可乘之机。

事不宜迟，王则决定就在这个冬至节发动兵变。

二、州城争夺战

由于通信条件的限制，一场十几个州县同时爆发的兵变，变成了贝州率先揭竿而起。在王则的指挥下，起义军首先占领贝州城的武器库，抢出武器，然后直奔天庆观，去堵云集在此的贝州大小官员。知州张得一、通判董元亨等人束手就擒。

占领贝州城后，为了把先前约定的州县都号召起来，王则自封东平郡王，效仿北宋朝廷设立官署，分别任命张峦、卜吉为宰相和枢密使。

虽然就占了这么一座城，王则还是建国号"安阳"，年号"得胜"，将十二月改为正月，把自己居住的城门改称"中京"。"居室厩库，皆立名号。"一个城楼命名为一个州，挂上州名的牌匾，安排知州过去管理。如此一来，贝州城俨然一个"城邦"。

为了彰显弥勒教的特质，起义军还重新划分编制，区分旗帜，都以××佛作为所部的名号。

之前说过，北宋的军人地位很低，当兵都必须"涅面"，也就是脸上刺字，免得他们当逃兵。王则占领州城后，下令十二岁以上、七十岁以下的老百姓，都要"涅面"。

虽然是仓猝举事，但王则等人对建立新政权和治理州城，还是有完整的规划。

接下来，王则将要面对的挑战还很多。比如接踵而至的"围剿"。

在对付兵变的方面，北宋地方官还是很有经验的，反应也很迅速。

——切断。贝州城的官员没有被一网打尽，提点刑狱田京就逃了出去，直奔州城南关，进入骁捷营抓捕信教士兵，切断了这个据点跟王则的联系。

——围攻。贾昌朝遇刺后，立即调兵遣将，派大名府钤辖郝质带兵前往贝州。紧接着，还有两路人马加入围攻队伍。云集贝州城下的官军多达上万人。

——防堵。澶州、孟州（今河南孟州）、定州（今河北定州）、真定府（今河北正定）奉命严加守备，防堵起义军四处扩散。

——绕道。冬至节离元旦（正月初一），也就一个月的光景。按照惯例，契丹会派贺正旦使来开封，贝州是必经之地。为了确保契丹使臣的旅途安全，宋仁宗决定，使臣绕道来汴。

在官军的各路围堵下，贝州形同一座孤城。可是，贝州的城池是按照防御契丹的标准修建的，城墙坚固高耸，易守难攻。官军如果冒险强攻，会付出巨大代价，还未必能打下来。

为了掌握"制空权"，官军在城外垒起土堆，搭建木架高楼，形成俯瞰城内的制高点，称为"距闉"。起义军则在城墙上搭设战棚，称为"喜相逢"，跟"距闉"隔墙相望。就在"距闉"建到跟城垣一样高的时候，起义军投掷火把，把还没完工的"距闉"烧毁。官军争夺"制空权"的努力归于失败。

贝州城南有条临御河，是隋朝大运河永济渠的一段。官军一面派兵猛攻城北，牵制起义军的注意力；一面派出高手，连夜潜入这条河里，游到城边挖洞，挖出的土都扔进河里，这些高手白天就藏在洞里，城上的起义军看不见。

贝州城内有个叫汪文庆的家伙，并不喜欢起义军，而是设法跟官军取得联络，自愿充当内应。正月初六日夜里，他拉拢一帮人，从城墙上坠下大绳，白天藏在洞里的几百名官军士兵纷纷攀绳而上，冲入城内。不过，起义军发现及时，很快就把这几百人消灭掉了。

官军屡攻不克，反而内部出了状况。

早在十二月十日，朝廷就任命权知开封府明镐担任河北安抚使，作为前线官军的总指挥。他的最大贡献，就是把各路宋军统筹协调了起来。假以时日，是有可能打赢的。

问题是，明镐跟枢密使夏竦不和。夏竦在调兵遣将、后勤补给上给明镐制造了不少麻烦。这也是贝州城久攻不下的重要原因之一。

对手勾心斗角，王则自然信心十足。可是，北宋这边就抓瞎了。强攻怕死，智取不成，内部掣肘，官军数万，顿兵坚城之下，愣是打不进去。宋仁宗忧心如焚，一个劲跟张贵妃吐槽大臣们的无能："相公枢密日上殿来，无一人与国家了事者，何益？"（《续资治通鉴长编》）

就在宋仁宗抓耳挠腮的时候，有个大臣站了出来，自告奋勇要去前线。

三、兵败身死

这个主动请缨的大臣，就是右谏议大夫、参知政事文彦博。

王则没想到，这是他一生最强劲、最要命的劲敌。

文彦博是张贵妃朋友圈里的重要成员。他在宋仁宗面前多次美言，为张贵妃的晋升帮了大忙。如今，张贵妃既要给丈夫分忧，又要投桃报李，就托人给文彦博捎了口信。

少年时代，文彦博就以"灌水取球"的经典故事闻名。得到张贵妃的口信后，他马上意识到：在领导最艰难的时刻，精明的下属应该自告奋勇，帮领导出头扛责，博得领导的好感。这个头，必须出，而且要赶紧出。

一开始，宋仁宗没有准奏，但心里很愉悦。

文彦博再次上书，直戳皇帝"痛点"，表明自己"少图报效，上宽宵旰"，为皇帝分忧。

他做过地方官，也带过兵，如今又是掌管全国军队的枢密院二把手，业务过硬。

政治表现好，业务能力强，这样靠谱的大臣，哪个头脑正常的皇帝会不爱？

当然，文彦博主动请缨，也不是无条件的。他希望跳开"将从中御"制度的束缚，提出"今在军中，请得便宜从事，不中覆"（《涑水记闻》）。宋仁宗当即准奏，允许他"便宜从事"。另给了三百道空名告敕宣头札子（空白委任状），论功行赏，不用请示汇报。临行前，还"燕饯赐赏，荣盛倾一时"（《渑水燕谈录》）。

就这样，文彦博成了较早享受"将在外，君命有所不受"待遇的北宋前线统帅。

有文彦博挂帅，宋仁宗心情大好，他曾信心满满地表示："'贝'字加'文'字为'败'，卿必擒（王）则矣。"（《渑水燕谈录》）

就这样，文彦博戴着"河北宣抚使"的头衔和空白委任状来到前线，取代明镐担任前线总指挥，而明镐改任"河北宣抚副使"，屈居副手。

文彦博到任后，马上部署挖地道，夜以继日，从城外挖到城里去。

官军前线换帅，以及这背后的决策过程，王则一无所知。不过，官军挖地道的事，他大概略知一二。问题是，地道口在哪？官军会在哪天突然从地下钻出来？他不清楚。

坚守孤城无异于坐以待毙，王则听说契丹使者要路过贝州，准备打个伏击，争取早点扭转战局。可是，情报工作做得太差，非但没逮到契丹使团，派出的三百人反被官军伏击，损失惨重。至于契丹使者，早已在北宋官军保护下，绕道而去。

闰正月初一日，挖了半个月的地道终于直通城里。文彦博挑选两百名精兵，趁夜钻进地道，突入贝州城中，登上城垣，砍杀哨兵。接着，从城垣坠下绳子，引领官军大队士兵登城。

王则听说官军进城，先是大吃一惊，而后连忙组织反击。不过，他反击的战术很奇葩：摆火牛阵，在牛尾巴上点火，刺激发疯的公牛冲向官军。

看样子，王则本人或者谋士还懂点历史，听过战国田单大摆火牛阵的故事，想如法炮制，复制经典，一举扭转战局。可是，时代变了，套路也变了。官军将士们举枪刺中牛鼻，牛疼得嗷嗷叫，转身向后，冲入王则的军阵。

王则麾下毕竟不是训练有素的正规军，而是临时拼凑的起义军。哪见过火牛反戈一击的场面，顿时四散奔逃。王则、张峦、卜吉等人见大势已去，也拔腿就跑。

可是，没走多远，他们就被围在一处村舍。张峦、卜吉死于乱军，其他人死守村舍，举火自焚。官军士兵怕王则自杀，抓不到活口，一拥而上，把他压在了身下。

就这样，王则当了俘虏，装入囚车，送往京城。宋仁宗传旨，对他施以肢解的酷刑。所有被俘的起义军将士全部斩杀，家属要么绞杀，要么发配为奴。

对待起义农民，宋仁宗一点也不"仁"。

贝州兵变戛然而止，但王则带来的震动，久久萦绕在宋仁宗君臣心间。一场兵变，为什么会闹得这么大？

四、当兵真难

起事之前，出身寒微的王则是个小人物。占领贝州后，王则愣是把自己搞成了大人物。他以一己之力，让宋仁宗君臣倒吸一口凉气，迫使北宋决策层不得不调整国家治理策略。

北宋王朝一直对军队防范很严，怎么会闹出兵变呢？

早在北宋初年，宋太祖就颁布"更戍法"，并纳入祖宗之法，规定无论是禁军还是厢军，在同一地方驻扎不得超过三年。期满必须轮换。这么做，就是为了防止驻军割据一方。

凡事都是一体两面。"更戍法"让驻军频繁调动，无法扎根和割据，但也很难深入了解驻地敌情、民情和地形地貌。因此，这是个矫枉过正的措施。

宋真宗有心克服"更戍法"的弊端，便在澶渊之盟后，把边境的禁军撤回来，改成厢军。

厢军是地方部队，军饷和装备比禁军差，养兵成本低。朝廷允许厢军士兵的来源多元化，可以"父子相代"，也可以招募顶替，不用呈报中央拣选。这意味着，厢军在驻防边境时可以招募当地人，称为"土兵"。

土兵确实"知山川道路"，熟悉边境的军情和地理状况，但武艺就参差不齐了。有高级军官就讲，河东地区的土兵擅长骑马，但刀剑技术不行，应该让禁军里的高手给土兵做队长，帮他们提高武艺水平。

对于土兵的优势和短板，北宋决策层是有清醒认识的。宋真宗采取掺沙子的做法，既招募土兵弥补禁军和厢军的员额不足，但又控制规模，不允许土兵取代禁军。

有时候，为了应急，宋真宗会临时招募一批土兵，给部队打短工。应急状态结束后，这些土兵就复员务农了。

这么来看，土兵规模不大且多是临时工，新增军费开支不多，财政能承受。

可是，到了宋仁宗时期，情况发生了变化。

随着西夏的崛起，宋夏之间的战事越打越激烈。宋军屡吃败仗，使朝廷不得不大量抽调内地禁军增援西北，填补前线兵员空缺。这就造成内地驻军出现真空。

为了填这个真空，朝廷又大规模招募平民和灾民当兵，使内地驻军规模迅速膨胀，导致军费开支靡费，财政压力巨大。所谓冗兵和冗费，跟这个有一定关系。

北宋军人的社会地位并不高。到街巷和村口募兵，能招来的大多是刑满释放的囚犯、占山为王的强盗。为了完成募兵任务，有的地方官甚至把厢军里四十岁以下的将士挑出来，全部纳入禁军充数。这就搞得禁军里鱼龙混杂，整体素质直线下降。

禁军成分复杂、山头林立，招致许多老资格的禁军将士的不满。于是，宋仁宗就把短期内新增的这些禁军兵员统一编组为"宣毅军"。

宣毅军的士兵，脸上不用刺字，数量多达十万，全是驻地本地人。王则就是其中之一。

脸上不用刺字，意味着没有明显记号；都是本地人，意味着沟通无障碍，便于弥勒教的传播；十万的数量，意味着有可能一呼百应，跨州连郡，形成气候。宣毅军的这些特征，给王则坚定起事的信心注入了强心剂。

通过弥勒教的传播，王则与河北各地驻军建立了广泛联系。他在驻军里培养首领，授予剑、印一类的法物，并用"妖言"鼓动士兵入伙皈依。处在社会底层的士兵们，为了改变自身命运，纷纷投奔弥勒教，从而使贝州兵变拥有了深厚的群众基础。

庆历八年（1048）闰正月二十七日，王则被处以极刑。就在他上刑场前五天，崇政殿亲从官颜秀等四名宫廷卫士发起暴动，这就是庆历宫变。尽管四人当场死亡，人证全毁，但据推测，这四人可能与宫闱丑闻有关，但也不排除跟弥勒教有瓜葛。

贝州兵变震动了北宋决策层。

兵变平息后，宋仁宗传旨，免除贝州当地的夏税。赈济瀛、莫、冀、恩等州的饥民，凡是卖儿卖女的，每人给两万枚铜钱，把孩子赎回来。

庆历八年（1048）七月，河北发生大水灾，时任青州知州兼京东东路安抚使的富弼，动员各方力量施救，拯救了五十万灾民，并趁机招募灾民上万人当兵。

贝州兵变成全了文彦博的美名。

得胜回朝后，宋仁宗论功行赏，文彦博升任礼部侍郎、平章事。他没贪功，而是多次为明镐报功，帮他跳出了夏竦挖的坑，几经沉浮后当上了参知政事。这让文彦博在士大夫群体中的威望进一步提升。

如果历史可以假设，再给王则一次机会，或许他不会选择当兵。因为在宋朝，当兵意味着身处底层，当兵意味着割舍家人，当兵意味着随时丧命。当兵真的很难。

只要在宋朝，"好男不当兵"。

展昭：抽刀断水水更流

三月七日，沙湖道中遇雨。雨具先去，同行皆狼狈，余独不觉，已而遂晴，故作此。

莫听穿林打叶声，何妨吟啸且徐行。竹杖芒鞋轻胜马，谁怕？一蓑烟雨任平生。

料峭春风吹酒醒，微冷，山头斜照却相迎。回首向来萧瑟处，归去，也无风雨也无晴。

这是苏轼的词作《定风波·莫听穿林打叶声》，字里行间饱含沧浪侠客的气度。"侠之大者，为国为民"，这是金庸《射雕英雄传》里郭靖的原话，也是中国古代侠客文化的精髓。"言必信，行必果，诺必诚，不爱其躯，赴人困厄"，这是司马迁眼中的侠客精神，也是中国古代侠客文化的特质。

侠客尚武，不讲究等级和秩序，这既是儒家文化无法容忍的，也是历代皇帝不希望看到的。因而，侠客们的归宿，要么转型，要么消灭。

两汉以后，作为群体的侠客消失了，但作为个体的侠客依然故我。《三侠五义》等北宋题材文学作品里，侠客们再次集体亮相。

宋仁宗时期虚构的南侠展昭，更是家喻户晓。电视剧《包青天》片尾曲《新鸳鸯蝴蝶梦》里那句"抽刀断水水更流，举杯浇愁愁更愁"，更加凸显了展昭的侠客气质。

一、展昭的定位

清代光绪年间，当时的畅销书排行榜上，有套题为《忠烈侠义传》的武侠小说，分为《三侠五义》《小五义》《续小五义》三部。知名度最高的，就是《三侠五义》。

《三侠五义》讲的是宋仁宗时代的故事，中心人物是清官包拯。在定远县和开封府任职期间，审奇案、平冤狱、除暴安良。当然，包青天不是孤军奋战。每次逢凶化吉，遇难成祥，都离不开众多侠客出手相助。这些侠客合起来，就被称为"三侠五义"。

所谓"三侠"，指的是南侠展昭、北侠欧阳春、双侠丁兆兰丁兆蕙兄妹。

所谓"五义"，就是"五鼠闹东京"中的五个侠客：钻天鼠卢方、彻地鼠韩彰、穿山鼠徐庆、翻江鼠蒋平、锦毛鼠白玉堂。

至于包青天身边的张龙、赵虎、王朝、马汉，也属于侠客。

在这些侠客里，知名度最高的当属展昭。

《包青天》里的展昭，是"御前四品带刀护卫"，属于"官侠"。不过，他并非一开始就在"体制内"，而是被"体制"半路收编的。

事实上，展昭早就有归顺朝廷的念头。《三侠五义》第六回，张龙、赵虎、王朝、马汉，原本是落草为寇的"匪"。他们在半道上打劫包拯，经展昭介绍，不打不成交。展昭提议这四位勇士弃暗投明，投靠包拯。

既然能劝别人归顺朝廷，那么展昭自己投奔"体制"，大概也只是时间和时机的问题了。

包拯权知开封府后，展昭并没有立刻接受招安，而是做了几件大事，比如巧换藏春酒搭救烈妇金玉仙、助擒安乐侯庞昱，杀妖道救包拯，等等。这几件事，更像是他在招安之前纳的"投名状"，为了给朝廷留下正面印象。

展昭行走江湖，无拘无束，但进了"体制"，就得入乡随俗，夹着尾巴做人了。包拯领着他叩见皇帝。宋仁宗听说展昭轻功盖世，要见识一下。《三侠五义》这样讲道："（展昭）走到高阁柱下，双手将柱一搂，身体一飘，两腿一飞，嗤、嗤、嗤、嗤顺柱倒爬而上。到了柁头，用左手把住，左腿盘在柱上，将虎体一挺，右手一扬，作了个探海势。……又见他右手抓住椽头，滴溜溜身体一转，把众人吓了一跳。他却转过左手，找着椽头，脚尖儿登定檀方，上面两手倒把，下面两脚拢步，由东边串到西边，由西边又串到东边。串来串去，串到中间，忽然把双脚一拳，用了个卷身势往上一翻，脚跟登定瓦陇，平平的将身子翻上房去。"

宋仁宗见状，当即表示："奇哉！奇哉！这哪里是个人，分明是朕的御猫一般。"

虽说还在房顶，听到皇帝夸他"御猫"，展昭赶紧下跪谢恩。这一刻，展昭的侠客气质无影无踪，展现的满是"吾皇万岁"。

任职"带刀护卫"后，他在包拯面前也是"恭恭敬敬，连连称是"。

这样的侠客，最受朝廷欢迎。

二、仁爱游侠

近代国学大师章太炎在《儒侠篇》中提出，侠本出自儒的一支，无论在治世还是乱世，侠都能辅法辅民、为国除害。其实，侠客文化走到北宋时代，儒家思想已经浸透到侠客精神的内核。展昭就是儒侠两种文化交融的代表人物。

进入"体制"之前，展昭是个"宅"不住的人，独自邀游名山胜迹，到处赏玩。不过，他不是瞎逛，而是走一路打一路，遇有不平之事，便与人分忧解难，即《水浒传》里讲的"路见不平一声吼，该出手时就出手"。

说白了，这就是在践行儒家的核心精神——仁。或者说，他的侠客精神受到了儒家思想的影响，乃至包装，从而具有了讲仁义的品质。从某种意义上说，展昭就是"儒侠"的代表。

——金龙寺。展昭和包拯初次相遇。包拯只是一介赶考举子，展昭的夜行打扮，以及他除恶救人的义举，令包拯一眼看出"此人必是侠客"。从此，两人风云际会，展昭在归顺"体制"之前，先后四次搭救过包拯。如此说来，展昭是包拯的恩公。

展昭火烧金龙寺，虽然烧死的法本、法明两和尚都是恶僧，展昭干掉他俩也算为民除害，但纵火毕竟违反了大宋律法，属于重罪，可他非但没有受到惩处，反而摇身一变成了朝廷命官，这或许要感恩包拯从中斡旋。两人相互感恩，不但不算扯平，而且感情加深了。

——陈州。路遇逃荒难民，上前询问方知，安乐侯庞煜奉旨到陈州发放赈灾物资，仗着老爹庞太师的权势，威逼青壮年老百姓给他盖花园，抢掠美貌女子作为姬妾，搞得人心惶惶，怨声载道，许多人不得不离家出走，流离失所。

展昭听罢，怒火中烧，拿些银子施舍给难民后，潜入庞府，警告威吓庞煜，为百姓出了恶气。

——安平镇。在潘家酒楼，展昭见到恶霸苗秀欺负乡邻，放高利贷，当众逼迫老者偿债。老人家"衣衫褴褛、形容枯瘦"，两眼掉泪，苦苦哀求，使展昭动了恻隐之心。于是，展昭夜探苗家寨，劫夺了苗秀的不义之财。

——榆林镇。一个妇人，因婆婆生病，自己无能为力，只好沿街乞讨。展昭给了她半锭银子。这时，一个叫季娄儿，跟展昭说，这妇人设了个"仙人跳"。前几天有人同情她，给她钱，招致她丈夫的讹诈，说这人调戏妇人。到头来两口子讹了一笔钱才算完事。

展昭放心不下，晚间来到妇人家，偶遇季娄儿正在敲诈妇人。于是，展昭斩杀了季娄儿，也向妇人的丈夫澄清了一切。

在展昭的眼中，普通百姓的难处，就是他行侠仗义、能帮就帮的对象。一个个生动具体的案例，展现的是他不同寻常的"仁者爱人"。

三、职场官侠

展昭之所以被称为"南侠"，主要是因为出生地和活动区域在南方。他是常州府武进县杰村人氏，长期定居江南。而"北侠"欧阳春的活动区域，基本都在北方。

被展昭搭救过好几次，包拯自然感激、敬重这位"南侠"。斩杀安乐侯庞煜之后，包拯曾表示："要做几件惊天动地的事，一来不负朝廷，二来与民除害，三来也显我包某心中的抱负。"

包拯是个爽快人，表露了出将入相、光耀门楣的个人志向。先前的荣辱得失，都是在为这一刻做准备、打基础。

当宋仁宗问他奏章所说的"义士展昭，不知他是何如人"时，包拯回答说："此人是个侠士，臣屡蒙此人救护。"君臣对话引起了皇帝的兴趣，给展昭提供了大内表演轻功的机会。

从某种意义上说，展昭能得到"御猫"的绰号，以及"御前四品带刀护卫"的头衔，首先得益于包拯的推荐。知恩图报，是包拯的人生信条。对于展昭的搭救之恩，包拯采取了"靶向"报答，直戳展昭"痛点"，那就是侠客的归宿问题。同时，包拯是爱才的，见展昭轻功了得、袖箭神准、剑法高超，很希望将其收归麾下。

展昭几次搭救包拯，并非贪图富贵。特别是第一次搭救时，包拯还只是个赶考的书生。展昭出手，只因他要履行侠客精神——路见不平，拔刀相助。展昭之所以入朝为官，既有自身归宿的考量，也有盛情难却、回报知遇之恩的因素。

435

展昭并非权力崇拜者。他虽然得到了皇帝的首肯，但没有攀附比包拯官大的人，比如庞太师。显然，展昭进入"体制"，在包拯身边当差，在很大程度上是为了全朋友之义，正所谓"士为知己者死"。在包拯和展昭之间，不存在谁投靠谁的问题。

包拯与展昭的互动，是侠客融入官僚政治的典型形式之一。包拯作为清官的代表，给侠客"恩同兄弟"的赏识、"光耀门楣"的待遇，而侠客也相应地用忠诚与技能来回报。双方的关系，更像是一种权利和义务的对等交换。

混迹官场，最看重的品质，是"忠"。

站位准、嘴巴严、关键时刻出手，甚至长期保持沉默，这些都是不同时期、不同环境里"忠"的表现。

"受人之托，忠人之事"，是侠客文化中"忠"的表现。比如荆轲，受太子丹所托，不畏艰险，不怕牺牲，也要去完成刺秦的使命。

展昭只不过将"忠事"扩大到"因事忠人"，从而将"侠之忠"的品质演绎得淋漓尽致。

从此，包拯和展昭就成了一对黄金办案组合。包拯负责智力，展昭负责武艺。即便是公孙策加入后，展昭的地位依然稳固。

初登庙堂的展昭，为人谦虚，儒雅温和，胸怀豁达，心系江湖，俨然谦谦君子。供职开封府的几年里，收五鼠，定军山，平襄阳，殚精竭虑，无往不胜，被后世视为"其人雍容，大将之风"。

四、"侠"文化改造者

《史记·游侠列传》记载了从先秦到汉初的不少侠客的故事。他们的共同特点，不光是行侠仗义、扶危济困、忠于承诺，更重要的就是居江湖之远，与庙堂只合作、不合流。

展昭改变了这一切。

为了全朋友之情，展昭加入了官府。这既彰显了"侠之忠"和"侠之义"，也会被视为对侠客文化的背叛。

传统来看，官府和江湖是两个折叠的世界，平行而缺乏交集。官府不会掺和江湖的事，江湖也不轻易招惹官府，两者的界线是清晰的。

侠客往往自命不凡，逾越世间规则，批判现行秩序；官府掌管国家权力，有责任有义务维护现行秩序。

如果非让侠客和官府产生互动，往往要么侠客正义凛然，官员大奸似忠；要么侠客劣迹斑斑，官员清清白白。对比度天差地别，不大可能出现哥俩好或者同流合污的情况。

然而，时代变了。

北宋王朝的建立，没有经历天下大乱，而只是兵变上台，平稳更迭，原有社会秩序得以延续。到宋仁宗时期，承平已近百年。这与《史记·游侠列传》中那些侠客身处的乱世有很大不同。因此，北宋的侠客不可能超然物外、脱离社会、脱离官府。

宋仁宗不是一个爱走极端的皇帝。应对王则兵变，他派兵围剿，处决了王则，但迅速反省，采取减税、赈灾、开仓放粮等措施缓解贝州的社会问题。虽然只是"头疼医头"，总比执迷不悟要好。

值得一提的是，宋仁宗坚持降低"体制"门槛，大量征兵和扩大开科取士的数量，最大限度增加盟友，减少敌人。

简而言之，宋仁宗的做法不是简单镇压，而是软硬兼施，镇压与维持并存，以维持和发展为主。

在这样的政治环境里，侠客们猛然发现，他们总是小众，很难形成气候，就像北宋时期的兵变和农民暴动那样，一直是区域性的、点状的，坚持不了多久就被灭掉了。不少侠客会静下来琢磨：自己独来独往，打打杀杀，究竟为了什么？

就这样，相当一批侠客跟官府的关系，由井水不犯河水、截然对立，变成了若即若离，甚至是良性互动。一些侠客意识到，宋仁宗时期国泰民安，这不也是侠客致力于实现的目标吗？既然跟官府的目标一致，又有一定基础，官与侠何不走向合作呢？

于是，北宋侠客的志向，就从传统的锄强扶弱，上升到维持国泰民安的层次了。就这样，官府和侠客之间不再泾渭分明，也让展昭进入"体制"顺理成章。

按说，展昭先前属于"小民"这个阶层，跟包拯所属的"忠臣"阶层，本质上是对立的。也就是传统历史教材所说的农民阶级和地主阶级的矛盾，这是当时社会的主要矛盾。

包拯为官，公正执法，坚持王子犯法与庶民同罪，演绎了为民请命的清官形象。他兴的是皇帝之利、国家之利、百姓之利，除的是国家之害，也是百姓疾苦的源头之一。

包拯反对企图挑起宗室内讧的襄阳王，反对当朝奸臣庞太师，反对借放赈欺压百姓的庞煜，反对恶霸马强，反对流氓花冲，反对利用高利贷鱼肉乡里的苗秀，固然是为了赵宋江山社稷，固然是为了彰显他的公正无私，但也维护了"小民"的利益。

包拯实现了展昭的一部分理想，而且做得更到位。毕竟，侠客仗剑江湖，对人对事只按个人判断，做不到时时处处公正公道；只能救人一时一事，做不到救人一世一众，铲除祸根。

认清了这些，展昭才选择退出江湖，进入庙堂。这是对传统侠义精神的升华，而非背叛。锄强扶弱是侠的旧义，是小义；为国为民才是大义。展昭所做，完全符合"侠之大者，为国为民"的信念。

展昭对"侠"文化的改造，是具有示范引领作用的。

以锦毛鼠白玉堂为代表的"陷空岛五鼠"，原本个性高傲、好事逞强，但在与展昭过招和感召下，也纷纷告别江湖，进入开封府当差，成了融入庙堂的典范。

与展昭齐名的北侠欧阳春，虽然没有加入"体制"，但在开封府办案期间间接帮忙，形成了另类的合作关系。

至于双侠丁兆兰、丁兆蕙兄妹，跟展昭多次过招，后来还把妹妹丁月华嫁给了展昭。这么说来，双侠相当于官员亲属了。

尽管他们都有案底，但只要加入官府阵营，一律既往不咎，这或许就是北宋"体制"的魅力吧。

后 记

大人物要有大智慧

乾兴元年（1022），宋仁宗赵祯走上了"最高领导岗位"。距今约一千年。嘉祐八年（1063），宋仁宗病逝。

四十二年里，他不是一个人在战斗，他身边大人物的成长曲线、生离死别、起承转合，留下许多历史经验和教训。书写他们，不为歌功颂德，不为翻案取宠，不为吹毛求疵，只为汲取智慧，古为今用。

他们提供了许多有用的场景，比如遇到重大挫折，比如领导误解、猜忌，比如同僚诬告，比如出身寒微，输在起跑线，比如夫妻反目，比如母子隔阂，比如路见不平，等等。面对这些场景，怎样做效果比较好，怎样做可能会办砸。

大人物通过身体力行，甚至是血的教训，为我们留下了不少大智慧。

这些大智慧，既体现了中国传统文化的精华，又诠释了什么才是正确的世界观、人生观、价值观和方法论，什么样的办事、处世之道才能既对得起良心，又屹立不倒。

我写的是人，但还原的是北宋中叶的社会全景。既有国之大者，也有青蘋之末，让历史学的光芒洒满各个角落。

更重要的是，我秉持大中国观和中华民族意识，高点站位，不局限于宋朝的实际控制区，还把关注点延伸到宋朝的对手身上，将契丹（辽国）、西夏的统治者，以及广西少数民族的首领囊括进来，让大人物的群像更中国、更全面。

毕竟，中国历史是多民族共同创造的，离了谁都不行，一个都不能少。

北宋是文人的盛世、诗词的天堂。诗词也是一个研究大人物、理解大人物的好渠道。每个人物，每个篇章，我都用一段诗词赏析，跟人物搭边，让故事更饱满，印象更深刻。

撰写《宋仁宗时代的大人物》，灵感来自2020年的热播剧《清平乐》和2021年颇受争议的网播剧《大宋宫词》。

这些年，我很少看历史剧，但疫情反复，这部剧就成了打发碎片时间的伴侣。我也跟着剧情写了几篇文章，发在自己的公众号"唐博士讲历史"上，帮同在观剧的朋友揭开历史谜团，传承正确的历史观。

广东人民出版社柏峰老师是我多年的朋友，她看到公众号的文章，慧眼识珠，果断邀约。陈其伟老师直接定题，限时加码。赵璐老师定期催稿，紧盯进度。感谢他们的统筹与付出。

就这样，几篇公众号文章几经修订、增扩，变成了几十万字的《宋仁宗时代的大人物》。

440

我写《宋仁宗时代的大人物》，构思三个月，写了大半年。积累全靠日常。

尽管我的主业是清史研究，但绝不意味着画地为牢，只知清朝，不知魏晋隋唐。历史是一脉相承的，钻研清史，也应该懂得其他断代史，包括宋史。

感谢好友邓颖先生，本书可以回答他在观剧期间向我提出的很多问题。

感谢中国工商银行总行的刘康博士，在宋代经济和金融方面提供的跨学科建议，很珍贵。

感谢我的家人，包括天上的爸爸，是他们给了我坚持下去，把书写完的不竭动力。

要把这本书献给我的女儿唐令怡。这本书的成长，与她同步，期待她的未来也有大智慧。

更要把这本书献给所有我爱的和爱我的读者。希望大家都来读宋史，增智慧。

唐　博

2021年4月3日于北京虎坊桥